ALEXANDRE **ASSAF NETO**

13ª EDIÇÃO

ESTRUTURA E ANÁLISE DE BALANÇOS

UM ENFOQUE ECONÔMICO-FINANCEIRO

INSTITUTO ASSAF

gen | atlas

- Data do fechamento do livro: 31/05/2023

- **Atendimento ao cliente: (11) 5080-0751 | faleconosco@grupogen.com.br**

  Editora Atlas Ltda.
  Uma editora integrante do GEN | Grupo Editorial Nacional
  Travessa do Ouvidor, 11
  Rio de Janeiro – RJ – 20040-040
  www.grupogen.com.br

- Capa: Manu | OFÁ Design
- Editoração eletrônica: 2 estúdio gráfico
- Ficha catalográfica

CIP-BRASIL. CATALOGAÇÃO NA PUBLICAÇÃO
SINDICATO NACIONAL DOS EDITORES DE LIVROS, RJ

A862e
13. ed.

Assaf Neto, Alexandre

Estrutura e análise de balanços : um enfoque econômico-financeiro / Alexandre Assaf Neto. - 13. ed. [2ª Reimp.] - Barueri [SP] : Atlas, 2025.

Inclui bibliografia e índice
ISBN 978-65-5977-511-8

1. Balanço (Contabilidade). 2. Administração financeira. I. Título.

23-82905 CDD: 657.3
CDU: 657.3

Meri Gleice Rodrigues de Souza - Bibliotecária - CRB-7/6439

A Deus, pela vida.

A Gabriel e Lidia, meus pais.

À Anita, minha esposa.

A Alexandre e Rodrigo, meus filhos.

A Miguel, Samira e Mariana, meus netos.

SOBRE O AUTOR
ALEXANDRE ASSAF NETO

Economista, pós-graduado (mestrado e doutorado) em Métodos Quantitativos e Finanças no exterior e no país. Possui o título de livre-docente pela Universidade de São Paulo (USP). Professor Emérito da Faculdade de Economia, Administração e Contabilidade de Ribeirão Preto (FEA-RP) da USP, atua como professor e coordenador de cursos de desenvolvimento profissional, treinamentos *in company* e cursos de pós-graduação *lato sensu* – MBA. Autor e coautor de diversos livros, além de mais de 70 trabalhos técnicos e científicos publicados em congressos e em revistas científicas com arbitragem no país e no exterior. Consultor de empresas nas áreas de *corporate finance* e *valuation*, e parecerista em assuntos financeiros.

Autor de *Valuation*, *Finanças Corporativas e Valor*, *Matemática Financeira e suas Aplicações*, *Matemática Financeira – Edição Universitária*, *Mercado Financeiro* e *Mercado Financeiro: exercícios e prática*; coautor de *Administração do Capital de Giro*, *Curso de Administração Financeira*, *Fundamentos de Administração Financeira*, *Investimentos no Mercado Financeiro Usando a Calculadora HP 12C* e *Retorno de Investimento*, todos publicados pelo GEN | Atlas.

alexandreassafneto@gmail.com
www.institutoassaf.com.br

PREFÁCIO

As novas edições de *Estrutura e Análise de Balanços* foram elaboradas de forma a refletir os principais avanços que ocorreram no instrumental de avaliação de empresas e atender, identicamente, a uma necessidade crescente de os analistas adquirirem uma visão mais ampla e crítica da matéria. Uma preocupação também presente nesses trabalhos de revisão foi a de manter uma constante adequação entre as técnicas e critérios de análise de balanços com a realidade empresarial brasileira.

Em verdade, o livro vem sofrendo profundas revisões, que alteraram bastante sua estrutura original.

Os principais avanços propostos nas partes que compõem este livro, trazidas pelas novas edições, estão relacionadas a seguir.

Foi dispensado maior aprofundamento dos aspectos conjunturais que exercem influências sobre o desempenho das empresas, permitindo-se, com isso, melhor compreensão de sua posição atual e tendências futuras. É importante que o analista não restrinja sua avaliação unicamente aos registros contábeis publicados pelas empresas, procurando sempre relacioná-los com o ambiente em que elas estão inseridas. Esse objetivo encontra-se desenvolvido na **Parte I**, que aborda os vários aspectos internos e externos das empresas (interligações entre os mercados e seus agentes, formas jurídicas das empresas, valores mobiliários, tipos de sociedades anônimas), as decisões financeiras e os objetivos da empresa. A Parte I trata, ainda, dos critérios e técnicas de análise de balanços, seus usuários e objetivos.

A **Parte II** dispensa um tratamento mais profundo e analítico das várias demonstrações contábeis elaboradas pelas empresas, enfocadas como os insumos básicos da análise financeira de balanços. A estrutura das várias demonstrações, conforme desenvolvida nos capítulos dessa parte, engloba extenso número de situações práticas, normalmente identificadas nas empresas brasileiras, permitindo melhor compreensão da evolução das empresas. Essa parte, ainda, diante da metodologia adotada, serve como um pequeno manual de consulta permanente para interpretação dos vários demonstrativos contábeis formalmente publicados pelas empresas de atividade não financeira (comércio e indústria, basicamente).

A **Parte III**, além de desenvolver o instrumental intermediário da análise de balanços, aborda, de forma mais extensa, os critérios da análise e os ajustes necessários nos demonstrativos. São estudados, nos capítulos que compõem essa parte, a forma como devem ser aplicadas e interpretadas as análises vertical e horizontal, o cálculo e uso das alavancagens financeira e operacional, a alavancagem total, as principais características de avaliação dos ativos e passivos permanentes, o ativo circulante, o ciclo operacional e a liquidez.

A **Parte IV** inclui um instrumental mais aprimorado da análise econômico-financeira, envolvendo estudos avançados sobre a rentabilidade, formulações analíticas do desempenho, taxa de atratividade, viabilidade econômica e financeira de um negócio, estrutura de equilíbrio financeiro e análise dinâmica do capital de giro. É desenvolvida nessa parte, ainda, a metodologia de apuração do **valor econômico agregado**, moderno indicador do sucesso empresarial.

A **Parte V** trata da análise de balanços de instituições financeiras, centrando o estudo em bancos comerciais e múltiplos. Diante da destacada importância desse segmento de negócios na atual conjuntura, considerou-se relevante sua inclusão no livro, permitindo maior capacitação no processo de análise econômico-financeira de empresas.

Somos de opinião de que um curso de *Estrutura e Análise de Balanços* insere-se no campo contábil-financeiro como uma de suas mais importantes especializações. O conhecimento da matéria gera atuação profissional num segmento definido de mercado. Hoje, mais do que nunca, notamos crescente demanda, por parte das empresas em geral, de profissionais que reúnam condições de interpretar e mensurar seus demonstrativos contábeis e que possam, da mesma maneira, efetuar uma análise voltada para seus aspectos econômicos e financeiros.

Dessa forma, dentro de nossa maneira de configurar a matéria, o processo de estrutura e análise de balanços, além de estar voltado para os aspectos internos e externos da empresa, deverá atender às seguintes fases:

a. Interpretação e ajustamento dos demonstrativos.
b. Identificação dos problemas.
c. Levantamento das causas.
d. Diagnóstico atual e possíveis soluções.
e. Perspectivas e tendências futuras da empresa.

Esperamos que o livro possa atender, pelo menos, a alguns dos aspectos mais importantes aqui apresentados.

Desde a elaboração da 5ª edição de *Estrutura e Análise de Balanços*, dentro do direcionamento proposto para o livro, procura-se reforçar os conceitos e aplicações do valor econômico agregado, medida moderna e amplamente aceita de avaliação do desempenho das empresas.

É relevante reconhecer o conceito e os inúmeros méritos de avaliação da riqueza gerada pelos negócios e sua superioridade diante de outros modelos de gestão propostos.

O lucro, conforme é calculado tradicionalmente pela contabilidade, é uma medida limitada da capacidade competitiva de uma empresa, geralmente referenciada a um horizonte de curto prazo. A apuração de um resultado positivo não garante necessariamente o sucesso do empreendimento, medido pela atratividade econômica em remunerar o custo de oportunidade de seu investimento. O indicador do valor econômico agregado, por considerar a remuneração exigida pelos proprietários de capital, constitui-se na melhor medida de avaliação, preocupando-se com o sucesso e a continuidade da empresa.

CONTRIBUIÇÕES DA 13ª EDIÇÃO

A 13ª edição procedeu de uma ampla revisão do texto, identificando e corrigindo algumas falhas e erros de digitação e impressão, e introduziu ilustrações em diversos tópicos abordados no livro, com o objetivo de facilitar a compreensão da matéria. Foram criados novos boxes para atualizações e melhor desenvolvimento dos conceitos e técnicas importantes da matéria.

Mais especificamente, as principais novidades do livro foram a introdução de novos assuntos e conceitos, destacando-se:

- Capítulo 8: custo marginal e ganhos de escala.
- Capítulo 12: novos indicadores do *EBITDA* – margem *EBITDA* e múltiplos *EBITDA*; conciliação de cálculo dos diversos tipos de fluxos de caixa.
- Capítulo 13: estudo comparativo do lucro operacional e do lucro líquido; análise de diferentes estruturas de resultados; cálculo do lucro operacional nos sentidos amplo e restrito.
- Capítulo 14: foram inseridas novas aplicações e práticas sobre os diversos assuntos tratados.

Alexandre Assaf Neto

ABREVIATURAS E SIGLAS

ADR *– American Depositary Receipts*

AC – Ativo Circulante

AH – Análise Horizontal

ANS – Ativos Não Sensíveis

AP – Ativo Permanente

APR – Ativos Ponderados pelo Risco

AS – Ativos Sensíveis

AV – Análise Vertical

BNDES – Banco Nacional de Desenvolvimento Econômico e Social

CC – Capital Circulante

CCL – Capital Circulante Líquido

CDF – Custos e Despesas Fixos

CDV – Custos e Despesas Variáveis

CG – Capital de Giro

CGL – Capital de Giro Líquido

CMPC – Custo Médio Ponderado de Capital

CMV – Custo da Mercadoria Vendida

CPC – Comitê de Pronunciamentos Contábeis

CPV – Custo de Fabricação dos Produtos Vendidos

CSLL – Contribuição Social Sobre o Lucro Líquido

CTE – Custo Total do Empreendimento

CVM – Comissão de Valores Mobiliários

DCF *– Discounted Cash Flow* (Fluxo de Caixa Descontado)

DF – Despesas Financeiras

DPA – Dividendos por Ação

DR *– Depositary Receipts*

DOAR – Demonstração de Origens e Aplicações de Recursos

DY – *Dividend Yield*

EBITDA – *Earning Before Interest, Taxes, Depreciation and Amortization* (Lucro Antes dos Juros, Impostos, Depreciação e Amortização)

ELP – Exigível a Longo Prazo

EVA – *Economic Value Added* (Valor Econômico Agregado)

FC – Fluxo de Caixa

FCLA – Fluxo de Caixa Livre do Acionista

FCOL – Fluxo de Caixa Operacional Livre

FGTS – Fundo de Garantia do Tempo de Serviço

FOCF – *Free Operating Cash Flow* (Fluxo de Caixa Operacional Disponível)

FTE – Financiamento Total do Empreendimento

GAF – Grau de Alavancagem Financeira

GAO – Grau de Alavancagem Operacional

GAT – Grau de Alavancagem Total

Ibovespa – Índice de Bolsa de Valores de São Paulo

ICMS – Imposto Sobre Circulação de Mercadorias e Serviços

IE – Índice de Eficiência

IGP-DI – Índice Geral de Preços – Disponibilidade Interna

IPI – Imposto sobre Produtos Industrializados

IR – Imposto de Renda

JCP – Juros sobre o Capital Próprio

LA – Liquidez Absoluta

LAIR – Lucro Antes do IR

LALUR – Livro de Apuração do Lucro Real

LC – Liquidez Corrente

LG – Liquidez Geral

LL – Lucro Líquido

LOP – Lucro Operacional

LPA – Lucro por Ação

LS – Liquidez Seca

MVA® – *Market Value Added* (Valor Agregado pelo Mercado)

NIG – Necessidade de Investimento em Giro

NOPAT – *Net Operating Profit After Taxes* (Lucro Operacional Líquido de Impostos)

NTFP – Necessidade Total de Financiamento Permanente

P – Passivo

PC – Passivo Circulante

PEPS – Primeiro que Entra, Primeiro que Sai
PL – Patrimônio Líquido
P/L – Índice Preço/Lucro
PMC – Prazo Médio de Cobrança
PMDD – Prazo Médio de Desconto de Duplicatas
PME – Prazo Médio de Estocagem
PMF – Prazo Médio de Fabricação
PMPD – Prazo Médio de Pagamento de Despesas
PMPF – Prazo Médio de Pagamento a Fornecedores
PMV – Prazo Médio de Vendas
PP – Passivo Permanente
PNS – Passivos Não Sensíveis
PS – Passivos Sensíveis
PV – *Present Value* (Valor Presente)
QTD – Quantidade
RLP – Realizável a Longo Prazo
ROA – *Return on Assets* (Retorno sobre Ativos)
ROE – *Return on Equity* (Retorno sobre o Patrimônio Líquido)
ROI – *Return on Investment* (Retorno sobre o Investimento)
RROI – *Residual Return on Investment* (Retorno sobre o Investimento Residual)
RSPL – Retorno sobre o Patrimônio Líquido
RV – Receita de Vendas
SD – Saldo Disponível
Selic – Sistema Especial de Liquidação e Custódia
TLP – Taxa de Juros de Longo Prazo
TRA – Taxa de Retorno Total da Ação
TRL – Taxa de Reinvestimento do Lucro
UEPS – Último que Entra, Primeiro que Sai
VA – Volume de Atividade
VCA – Valor Criado ao Acionista
VEA – Valor Econômico Agregado
VEF – Valor Econômico Futuro

SUMÁRIO

Capítulo 18

INDICADORES E CRITÉRIOS DE ANÁLISE DE BANCOS, 317

Parte I ASPECTOS GERAIS INTERNOS E EXTERNOS DA EMPRESA

Esta primeira parte objetiva, fundamentalmente, apresentar as principais características da empresa, de maneira a subsidiar todo o processo de análise econômico-financeira a ser desenvolvido em partes posteriores. É atribuída importância ao conhecimento prévio da unidade econômica e de seu mercado de atuação, visando a uma melhor compreensão da avaliação empresarial.

Diante do objetivo enunciado, esta parte inicial encontra-se dividida em três capítulos. O Capítulo 1 aborda as diversas características legais, econômicas e administrativas de atuação das empresas. O Capítulo 2 engloba dois importantes temas financeiros: as decisões financeiras e os objetivos da empresa. Finalmente, o Capítulo 3 descreve os objetivos da análise de balanços e seus usuários. Propõe, ainda, um esquema metodológico de avaliação de empresas.

1

IDENTIFICAÇÃO DA EMPRESA

O capítulo preocupa-se, inicialmente, em posicionar a empresa dentro do sistema econômico, identificando a organização dispensada aos recursos de produção, distribuição e consumo dos bens e serviços disponíveis da economia, e também ao conjunto de suas instituições. Posteriormente, é dado destaque às **unidades produtivas** (empresas), sendo esclarecidos seus principais aspectos legais, administrativos e econômicos.

1.1 INTERLIGAÇÃO ENTRE MERCADOS E AGENTES

A economia preocupa-se, essencialmente, com a forma como seus agentes tratam os escassos recursos de mercado, visando à produção de bens e serviços orientados ao atendimento de suas necessidades de consumo.

A essência dos problemas econômicos surge na escassez de recursos, determinada pelas necessidades fortemente expansionistas de seus agentes. Crescimento populacional, evolução tecnológica, melhoria do padrão de vida, entre outros argumentos convincentes, justificam uma demanda continuamente crescente das diversas necessidades de consumo – bens e serviços em geral. É importante compreender que essas necessidades, ilimitadas em países ricos, sinalizam para uma expansão maior em nível internacional, incentivando o processo de globalização da economia.

Basicamente, são identificados dois sistemas econômicos que se caracterizam por uma separação extrema diante de uma escala de afinidades: o **capitalismo** – ou economia de mercado – em que predomina a propriedade privada, e o **socialismo** – ou sistema de planificação central – em que as propriedades são transferidas ao Estado. Conceitualmente, o primeiro sistema define o capital como propriedade privada, sendo acumulado como consequência de uma livre negociação de bens e serviços dentro das regras predominantes de mercado. Por outro lado, o sistema socialista prescreve principalmente a transferência das propriedades para o controle direto do Estado e, consequentemente, a supressão da livre iniciativa empresarial em favor de um sistema centralizado de planejamento.

Desde que Keynes defendeu o intervencionismo moderado do Estado como um antídoto à crise econômica mundial de 1929/1930, ficou proposta uma alternativa conhecida por **sistema misto**. Esse sistema misto caracteriza-se por um afastamento dos extremos marcado, talvez, pela interdependência da ordem econômica mundial, avaliada pelo economista britânico, e também por uma necessidade cada vez mais crescente de controle da atividade econômica por parte do Estado.

Os sistemas mistos adotados destacam-se pela utilização e aplicação de conceitos e normas da economia de mercado e da planificação central, embora com dosagens diferentes de um país para outro.

Ao se proceder a uma análise mais profunda das atuais tendências do mundo econômico, é destacada a predominância de economias mais voltadas ao mercado, conduzidas essencialmente pelas decisões de seus consumidores. A abertura de mercados e o crescimento da competitividade entre as unidades produtivas foram marcas impostas pela globalização da economia, exigindo maior nível de qualidade e eficiência de seus agentes.

GLOBALIZAÇÃO

A globalização é uma tendência atual verificada no mundo, que pode se desenvolver por meio de uma abertura econômica, política, social e cultural das nações. É o estágio mais avançado do capitalismo e pressupõe a transformação de economias fechadas e protegidas em um modelo de interdependência com outras economias mundiais.

Do ponto de vista da economia, a globalização pressupõe o livre comércio entre as nações, a integração dos mercados internacionais e a redução dos preços dos produtos. Esse processo de integração da economia prevê o crescimento global dos países envolvidos.

A contabilidade assume enorme importância nesse processo de globalização ao apurar e divulgar os resultados das empresas em diferentes contextos econômicos e sujeitos a normas específicas, e também diante da volatilidade dos agregados de mercado. Seu objetivo básico, que se torna um desafio na globalização, é o de fornecer dados e informações corretas, úteis e comparáveis a todos os usuários das informações contábeis, de maneira que possam tomar as melhores decisões.

A contabilidade está convergindo para normas globalizadas, descrevendo o que está ocorrendo com as empresas em todo o mundo de forma padronizada. Essa globalização contábil visa definir critérios e padrões a serem adotados por todas as economias de forma a tornar a interpretação dos relatórios financeiros clara, precisa e comparável. As demonstrações contábeis das empresas passam, assim, a ser elaboradas a partir de um conjunto de informações normatizadas por órgãos especializados, atendendo de forma mais transparente possível aos objetivos de análise do desempenho empresarial.

Principais instituições responsáveis por normas contábeis no Brasil

- Comissão de Valores Mobiliários (CVM): https://www.gov.br/cvm/pt-br
- Comitê de Pronunciamentos Contábeis (CPC): http://www.cpc.org.br/CPC/CPC/Conheca-CPC
- Instituto de Auditoria Independente do Brasil (Ibracon): http://www.ibracon.com.br/ibracon/Portugues/
- Conselho Federal de Contabilidade (CFC): www.cfc.org.br

Principais instituições responsáveis por normas contábeis no exterior

- International Accounting Standards Board (IASB).
- Financial Accounting Standards Board (FASB).
- International Financial Reporting Standards (IFRS).

Na análise de empresas, ganham essência a valorização do empreendimento e a competência demonstrada em atuar nos mercados mais exigentes e concorridos. Nesse ambiente, as unidades produtivas devem voltar-se a seus mercados identificando as melhores oportunidades de investimento e financiamento, e estabelecendo, com base no comportamento observado, suas estratégias operacionais. As decisões empresariais são, no atual ambiente econômico, tomadas essencialmente pelos agentes de mercado, cabendo à empresa moderna a tarefa de adequar-se, de maneira economicamente atraente, às exigências de seus consumidores.

Nesse contexto, qualquer que seja a estrutura de mercado adotada, o sistema econômico apresenta uma interligação definida por quatro elementos essenciais:

1. **Fatores de produção**, que representam as riquezas disponíveis de um país, cuja finalidade é satisfazer às necessidades e aos desejos de consumo de sua população. Esses fatores compõem-se do conhecido conjunto de recursos: **recursos naturais** – terra, minérios, água etc., **trabalho** – englobando os aspectos intelectuais, físicos e de capacidade empreendedora dos recursos humanos disponíveis, e **capital** – identificado nos bens econômicos materiais.
2. **Empresas ou agentes produtivos**, que desempenham a função de produzir e oferecer bens e serviços à população por meio da transformação e intermediação dos fatores de produção. Dessa maneira, possuem os **agentes produtivos** dupla função na configuração do sistema econômico: **demanda** de fatores de produção e **oferta** de bens e serviços.
3. **Empresários ou produtores**, que podem vir da área estatal ou da privada. A eles se atribui a responsabilidade produtiva da economia. São também os **produtores** que remuneram os proprietários dos fatores de produção por meio de salários, juros ou aluguel.
4. **Consumidores ou população**, para quem são oferecidos os bens e serviços produzidos. Na interligação econômica, os consumidores assumem, também, funções paralelas, ou seja, a de proprietários dos fatores de produção e a de consumidores propriamente ditos.

A Figura 1.1 apresenta um modelo sucinto das interligações econômicas verificadas entre os agentes e os mercados componentes de um sistema capitalista.

Visando à produção de bens e serviços demandados pela economia, os agentes produtivos (empresas) procuram no mercado de fatores de produção os vários recursos naturais, humanos e econômicos disponíveis. Em troca, oferecem como remuneração recursos monetários que assumem, em função do fator demandado, a forma de aluguel (terra), salário (trabalho) e juros e lucros (capital).

Após a transformação dos fatores adquiridos, os agentes produtivos voltam-se ao mercado de bens e serviços oferecendo certas quantidades físicas de alimentos, vestuário, produtos de transformação, serviços diversos etc. para serem demandadas pelos consumidores (população). A procura por bens e serviços é alimentada pelos recursos monetários (rendas) pagos aos proprietários dos fatores de produção.

É de se notar que os preços dos bens e serviços, numa economia voltada ao mercado, estão vinculados à lei de oferta e procura, ou seja, seus valores de transação são estabelecidos livremente pelos agentes econômicos. Em alguns casos, entretanto, essa realidade da livre força dos mercados não se verifica, sofrendo decisivas influências de monopólios, oligopólios e, também, de intervenções governamentais sobre a economia.

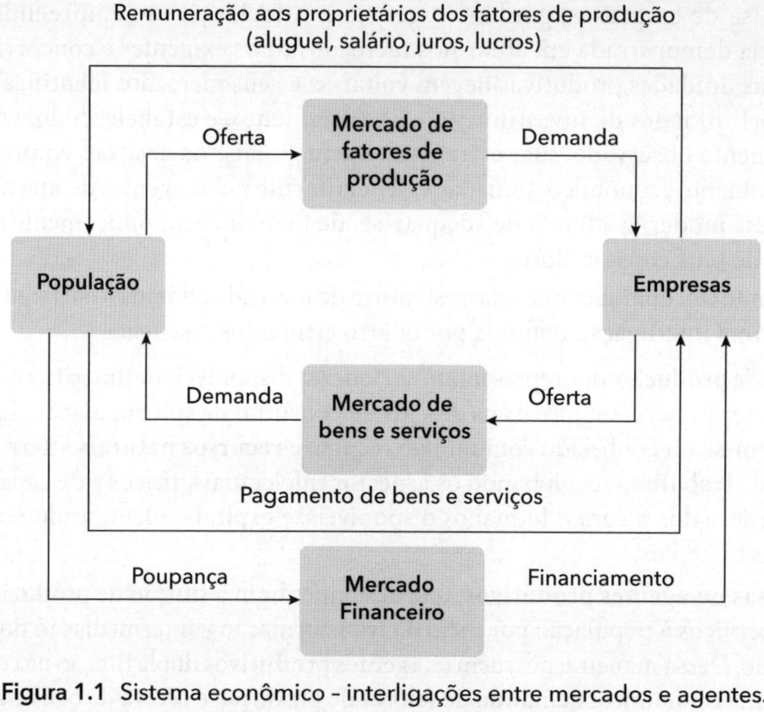

Figura 1.1 Sistema econômico – interligações entre mercados e agentes.

Os vários agentes do sistema econômico pressupõem diferentes objetivos, os quais, quando inseridos em modelos voltados ao livre mercado, complementam naturalmente um ao outro. Ao se observar inicialmente o consumidor, verifica-se que seu objetivo de maximizar a satisfação de consumo define naturalmente os bens e serviços a serem ofertados e os fatores de produção a serem demandados pelos agentes produtivos. O consumidor, efetivamente, é quem aciona as interligações entre os mercados e os agentes, ditando regras, de acordo com suas condições e interesses de consumo, sobre **o que**, **quanto**, **como** e **para quem** produzir. Em verdade, esse fluxo racional de mercado propicia, além da satisfação de consumo, a realização de objetivos de maximização de resultados (lucros) para os agentes produtivos e de rendas para os proprietários dos fatores de produção.

1.1.1 Poupança e financiamento das empresas

O financiamento dos agentes produtivos também está ilustrado na Figura 1.1. No desenvolvimento das atividades operacionais, as empresas suprem suas necessidades financeiras retendo lucros e efetuando captações no mercado financeiro. Para a realização dessa última alternativa de financiamento, é indispensável que a população não consuma integralmente sua renda, canalizando parte para o mercado financeiro sob a forma de poupança.

Quando essa poupança é direcionada ao setor produtivo (empresarial) da economia, ela promove o investimento e, consequentemente, o aumento da oferta de bens e serviços. Quando direcionada aos consumidores, a poupança passa a financiar a demanda por bens e serviços. Essa poupança é transferida dos agentes econômicos superavitários (com capacidade de poupança) aos deficitários (aqueles que necessitam de crédito) por intermediários financeiros. É por esse sistema de intermediação que uma economia promove seu desenvolvimento econômico e social.

Todavia, não são somente as empresas e os consumidores que participam dessas intermediações financeiras. O governo também atua no mercado, geralmente como captador de recursos, com o objetivo de financiar os gastos públicos. Procura, ainda, promover o equilíbrio da economia mediante o ajuste da oferta e da demanda agregadas e o controle dos meios de pagamentos, e gerar o desenvolvimento pela condução da poupança às unidades empresariais produtivas.

O principal instrumento utilizado pelas autoridades monetárias para captar a poupança no mercado é a emissão dos denominados **títulos públicos** (títulos representativos da dívida pública). A venda desses títulos promove o enxugamento da liquidez monetária do mercado, direcionando recursos das unidades familiares superavitárias ao governo. A compra desses valores, ao contrário, age de forma a expandir a quantidade de dinheiro na economia, estimulando a procura agregada por bens e serviços. É amplamente aceito que o equilíbrio do sistema econômico passa necessariamente pelo ajuste do volume de recursos monetários às efetivas necessidades de seus agentes.

1.2 CLASSIFICAÇÃO DAS EMPRESAS

As empresas podem ser classificadas considerando-se três aspectos: **aspecto econômico**, **aspecto administrativo** e **aspecto jurídico**.

1.2.1 Aspecto econômico

No que se refere ao **aspecto econômico**, as empresas classificam-se em três grandes grupos ou setores de atividade:

1. **Setor primário**, em que se relacionam as empresas cujas atividades se identificam diretamente com o cultivo e a exploração do solo, com a finalidade de obter alimentos, matérias-primas e combustíveis (mineração, agricultura, pecuária, atividades extrativas etc.).
2. **Setor secundário**, em que se relacionam as empresas de transformação, ou seja, as empresas industriais. Pela utilização dos fatores de produção, essas empresas elaboram, por diversos processos, um produto diferente do original, para posterior comercialização.
3. **Setor terciário**, em que se relacionam as atividades de comércio e de prestação de serviços. A empresa comercial atua como intermediária entre o produtor e o consumidor, por meio da compra de mercadorias para revenda. Por outro lado, a empresa de serviços atua na prestação de serviços por meio de pessoas e equipamentos.

1.2.2 Aspecto administrativo

Quanto ao aspecto **administrativo**, as empresas classificam-se em **estatais**, **mistas** e **privadas**.

A empresa **estatal** ou **pública** é aquela cujo capital social é controlado totalmente pelo poder público. A empresa pública é criada por meio de lei específica e dotada de personalidade jurídica de direito privado. Esse tipo de participação do Estado na atividade econômica pode ser identificado, principalmente, a partir dos anos posteriores à Segunda Grande Guerra. A justificativa apresentada para essa interferência estatal na economia é o baixo interesse da iniciativa privada em determinados empreendimentos.

As causas utilizadas para justificar a apatia do empresariado privado em grande parte dos investimentos nacionais podem ser assim resumidas:

- baixa rentabilidade oferecida por certos projetos de investimentos; excessivo capital requerido e longo prazo de maturação exigido por determinados investimentos;
- alguns empreendimentos são básicos ao interesse público e à segurança nacional, e o Estado deve tomar para si essa responsabilidade.

No entanto, o mundo não vive segundo uma ordem econômica estática. As tendências modernas são visíveis em cada ciclo econômico, exigindo mudanças de seus agentes de forma a inserirem-se num novo contexto de competitividade internacional. Essa realidade ocorre notadamente a partir da década de 1990, quando o mercado passou a ser dominado pela iniciativa privada, afastando o Estado-patrão de suas decisões principais. Nesse período, algumas iniciativas são bastante evidentes, como o declínio do socialismo e o avanço simultâneo do liberalismo, promovendo a ampla abertura dos mercados e a denominada **globalização** da economia. Há forte redução das barreiras tarifárias e comerciais, ampliando os horizontes dos investimentos internacionais. Os agentes produtivos passam a atuar em um ambiente de negócios marcado por maior competitividade, exigindo estratégias empresariais mais avançadas e novas técnicas de gestão. O avanço da globalização incentiva, ainda, a criação de blocos econômicos regionais, como o **North American Free Trade Agreement** (Nafta) e o **Mercado Comum do Sul** (Mercosul) entre outros, nos quais são incentivados os resultados de livre comércio entre seus participantes.

Exemplos de empresas públicas: Empresa Brasileira de Correios e Telégrafos (EBCT), Caixa Econômica Federal (CEF), Banco Nacional de Desenvolvimento Econômico e Social (BNDES).

A empresa **mista** é classificada como pessoa jurídica de direito privado, sendo constituída somente como sociedade anônima. Essa empresa é criada mediante autorização legal, visando explorar determinada atividade econômica ou prestação de serviço.

Nesse caso, o segmento público associa-se ao privado para a consecução de grandes empreendimentos julgados relevantes à economia, e também como forma de melhor participar de determinadas atividades econômicas consideradas essenciais aos interesses nacionais.

O capital social da empresa mista é dividido entre o poder público, que detém o controle do capital votante, e investidores particulares. Essas empresas obedecem ao regime jurídico de empresas privadas e, apesar dessa característica, não estão sujeitas à falência ou recuperação judicial.

Exemplos de sociedades mistas: Petróleo Brasileiro S.A. (Petrobras) e Banco do Brasil (BB).

Finalmente, relaciona-se a empresa **privada**, cujo capital e administração são de total responsabilidade da iniciativa particular. Seus objetivos, gestão e política de funcionamento são definidos pelo empresário privado e a influência do Estado se concentra, basicamente, nos aspectos legais de funcionamento.

Uma preocupação de toda empresa no atual ambiente de globalização da economia é sua inserção nas oportunidades de investimentos de mercado, viabilizada por um aumento de seu poder de competitividade. A visão moderna dos negócios exige que a empresa promova continuamente investimentos estratégicos, focando em seus objetivos de longo prazo.

Em contextos de concorrência, uma empresa deve ser avaliada por sua capacidade de romper barreiras e desafios determinados pela abertura dos mercados e globalização da economia mundial. Devem ser analisados o acesso à tecnologia disponível, a qualidade de seus produtos, a prdutividade e a escala de produção, e os recursos financeiros necessários a promoverem os investimentos necessários. Pelos balanços, é possível avaliar a qualidade das decisões das empresas em relação ao mercado, principalmente mediante indicadores que demonstrem a agregação de valor econômico. Partes posteriores deste livro tratarão (Parte IV, principalmente), com ênfase especial, do desenvolvimento dessa avaliação essencial para prever a continuidade do empreendimento.

1.2.3 Aspecto jurídico

No que se refere ao aspecto jurídico, as sociedades comerciais podem ser classificadas em dois grandes grupos: **empresa individual** e **empresa societária.**

1.2.3.1 Empresa individual

É aquela cujo capital pertence a uma só pessoa (empresa sem sócios). Esse único dono será o responsável por todos os resultados da empresa. Poderá apoderar-se de todos os lucros conseguidos; mas, por outro lado, dará seu nome a todos os seus bens, como garantia dos resultados adversos que possam vir a ocorrer.

Nesse grupo enquadram-se, principalmente, as pequenas empresas, como o pequeno comércio, o agricultor, uma simples prestação de serviços e o industrial quase artesão.

Apesar de grande parte dessas empresas apresentar-se indefinida e transitória, à medida que a economia se desenvolve pode-se esperar um contínuo dinamismo desses empreendimentos, com um número cada vez maior de aberturas com relação a fechamentos.

1.2.3.2 Empresa Individual de Responsabilidade Limitada

A Empresa Individual de Responsabilidade Limitada (EIRELI) é um tipo de empresa regulada pela Lei nº 12.441/2011 e formada por um único sócio (único dono). Uma característica dessa empresa é a separação do patrimônio do sócio em relação ao da empresa, eliminando, assim, o risco de o sócio se responsabilizar pela liquidação financeira das dívidas. No caso da empresa individual, estudada na seção anterior, os bens pessoais do sócio servem como garantia dos passivos da empresa.

1.2.3.3 Microempreendedor Individual

O Microempreendedor Individual (MEI) é representado por todos que trabalham por conta própria (empresário individual) em alguma atividade prevista na legislação vigente. Esse tipo de empresa possui diversas vantagens operacionais e fiscais (simplificação de abertura da empresa, impostos mais simplificados e reduzidos etc.), e também certas limitações para se manter funcionando como MEI, como limite de faturamento anual, somente um funcionário contratado etc. O empresário individual, nesse caso, é responsável, de forma ilimitada, por todo o passivo da empresa.

1.2.3.4 Empresa societária

No que se refere ainda ao aspecto jurídico, o atual Código Civil brasileiro, em vigor desde 2002, define como **sociedade empresária** toda sociedade de pessoas que tem por objetivo a produção ou circulação de bens ou serviços com finalidade de lucro. As sociedades empresariais devem ter seus documentos de constituição registrados no Registro Público de Empresas Mercantis (Junta Comercial).

No Brasil, as sociedades obedecem, basicamente, à seguinte classificação:

a. Sociedade em cota de participação.

b. Sociedade em comandita simples.

c. Sociedade em comandita por ações.

d. Sociedade em nome coletivo.

e. Sociedade por cotas de responsabilidade limitada.

f. Sociedade anônima.

A **sociedade por cotas de responsabilidade limitada** e a **sociedade anônima** são os dois principais tipos de empresa societária. As demais sociedades não são muito comuns, estando, inclusive, algumas delas, quase em desuso.

A **sociedade por cotas de responsabilidade limitada** (LTDA) foi institucionalizada no Brasil em 1919. Nessas sociedades limitadas, o capital é representado por **cotas** e distribuído aos sócios de acordo com o aporte financeiro de cada um. Esse tipo de sociedade é constituída por, no mínimo, dois sócios. A responsabilidade limitada de cada sócio irá até o valor de suas respectivas participações em cotas na sociedade; deve-se considerar, para esse efeito, que o capital da sociedade se encontre totalmente integralizado.

Em caso de existirem cotas não integralizadas, qualquer cotista, mesmo os que se acham com suas obrigações para com a sociedade atualizadas, pode ser chamado a completar a parcela descoberta do capital.

Finalmente, a responsabilidade limitada de cada cotista desse tipo de sociedade irá até o valor do capital social, e não ao valor de suas respectivas cotas.

A **sociedade anônima** (S.A.) é o tipo de empresa societária que mais tem se desenvolvido nos últimos anos.

Seu capital social é dividido em parcelas, as quais são representadas por valores mobiliários denominados **ações**.

A sociedade anônima é uma empresa de responsabilidade limitada; não existe a preocupação de identificar o acionista. A responsabilidade dos acionistas reside na integralização efetiva das ações subscritas e, a partir desse ponto, a quantia realizada pertencerá integralmente à empresa, que a lançará a crédito de seu patrimônio líquido.

Em função da importância dessas empresas no capitalismo moderno, e de suas inúmeras peculiaridades, desenvolveremos com um pouco mais de detalhes algumas das principais características das sociedades anônimas.

Uma sociedade anônima (ou companhia) tem seu capital social expresso em ações de mesmo valor nominal, as quais podem ser livremente negociadas no mercado. Nessa sociedade, o capital não é alocado a um sócio específico; aquele que possuir a maior quantidade de ações tem o seu controle.

Na S.A., a responsabilidade do acionista é limitada ao montante subscrito ou adquirido de ações. Em caso de insolvência da companhia, somente o patrimônio da sociedade é atingido.

Os estatutos sociais das empresas, visando imprimir maior agilidade na busca de recursos para financiar suas atividades, principalmente em momentos de expansão dos negócios, podem permitir a criação de um **Capital Social Autorizado**, o qual, como o próprio nome sugere, atribui competência ao Conselho de Administração da Sociedade Anônima para elevar o seu valor do Capital Social, até determinado limite, sem necessidade de prévia autorização.

O limite fixado do valor autorizado deve ser divulgado pelas sociedades em suas Demonstrações Contábeis.

Capital Social Realizado é o capital que consta do Patrimônio Líquido da Sociedade indicando que foi totalmente integralizado pelos acionistas. Caso o capital tenha sido subscrito, porém ainda não realizado pelos acionistas, é classificado como **Capital Social a Integralizar**. Assim, tem-se a seguinte identidade:

Capital a Integralizar = Capital Subscrito (–) Capital Realizado

1.2.3.5 Microempresas e Empresas de Pequeno Porte

As Microempresas (ME) e as Empresas de Pequeno Porte (EPP) recebem, no Brasil, um tratamento diferenciado no que se refere aos seus aspectos administrativos e obrigações fiscais e creditícias. Essa preocupação da legislação brasileira tem por objetivo proporcionar as melhores condições para o seu crescimento.

A definição de ME e de EPP está prevista na Lei nº 9.841/1999, e tem como base de classificação a receita bruta anual. Entre os incentivos oferecidos a essas empresas, destacam-se certas condições favoráveis em termos de taxas de juros e prazos de amortização nas operações de crédito, e a eliminação de algumas barreiras burocráticas nos campos fiscal, trabalhista e administrativo.

Uma das principais contribuições a essas MEs e EPPs foi a criação do Sistema Integrado de Pagamento de Impostos e Contribuições (Simples). Esse sistema permite que diversos impostos incidentes sobre essas empresas possam ser recolhidos de maneira simplificada, por meio de um recolhimento mensal único e calculado de forma proporcional ao seu volume de receita bruta de vendas. As MEs e EPPs que optarem pelo Simples podem, ainda, manter seus registros contábeis de maneira mais simplificada.

1.2.3.6 Principais regimes tributários

Regime tributário é um conjunto de normas e legislação que disciplina a tributação da pessoa jurídica no cálculo dos impostos a pagar: Imposto sobre a Renda das Pessoas Jurídicas (IRPJ) e Contribuição Social sobre o Lucro Líquido (CSLL).

Os principais regimes tributários utilizados no Brasil são: Simples Nacional, Lucro Presumido e Lucro Real.

Simples Nacional

Regime tributário capaz de simplificar os impostos a pagar (todos os impostos são unificados e pagos em uma única guia) e reduzir a carga tributária das empresas (alguns impostos possuem alíquotas mais baixas). O Simples é recomendado para MEs e EPPs cujas receitas brutas não ultrapassam os limites previstos em lei e que exerçam atividades previstas na regulação do regime pela Receita Federal.

Lucro Presumido

A alíquota do imposto definida na regulação desse regime tributário deve incidir sobre um lucro médio que a Receita Federal presume que a empresa poderá gerar. Os percentuais de lucro variam de acordo com o tipo de atividade da empresa, podendo ficar entre 8,0% (indústria e comércio) e 32% (prestação de serviços). A alíquota do imposto pode ser de 15% ou 25% de IRPJ e 9% de CSLL. Os cálculos do imposto a pagar são bastante simplificados com o uso do Lucro Presumido. Esse regime tributário pode ser adotado por empresas cujas receitas brutas não ultrapassem certo limite fixado.

Lucro Real

Nesse regime, é calculado o IRPJ e a CSLL, sendo os tributos calculados sobre o efetivo lucro da empresa. Diferentemente dos regimes anteriores, o Lucro Real não é simplificado em seus cálculos e sua alíquota é maior. Há ocorrência de impostos somente no caso de a empresa apurar um lucro tributável (Lucro Real) calculado de acordo com as normas estabelecidas no Livro de Apuração do Lucro Real (LALUR).

O **Lucro Real** é obtido a partir do Resultado Líquido Contábil acrescido ou deduzido de certos ajustes previstos pela legislação fiscal.

No Lucro Real há, ainda, a possibilidade de a empresa com prejuízo fiscal no passado compensar esses resultados em exercícios futuros. O limite permitido da dedução é de até 30% do Lucro Real do período seguinte.

Algumas atividades devem, obrigatoriamente, optar por esse regime tributário, como instituições financeiras e empresas com faturamento superior a determinado limite estabelecido pela Receita.

1.2.3.7 Principais impostos das empresas

Imposto de Renda da Pessoa Jurídica (IRPJ) – Esse tipo de imposto incide sobre os lucros das empresas (pessoas jurídicas e empresas individuais), tendo como base de cálculo o regime tributário adotado pela empresa.

Contribuição para o Financiamento da Seguridade Social (Cofins) – É um imposto (contribuição) federal, recolhido todo mês, tendo por base de cálculo a receita bruta das empresas. Possui alíquotas específicas para empresas com regime tributário de Lucro Real e Lucro Presumido.

Programa de Integração Social (PIS) e **Programa de Formação do Patrimônio do Servidor Público (PASEP)** – Tanto o PIS como o PASEP são contribuições federais de caráter tributário.

O PIS é uma contribuição federal paga mensalmente pelas pessoas jurídicas. O valor da contribuição é um percentual sobre o faturamento da empresa apurado em cada mês. O objetivo é financiar o seguro desemprego e abonos. O PIS cobre os empregados das empresas privadas, sendo o programa administrado pela CEF.

O PASEP é um programa similar ao PIS, porém destinado a funcionários públicos.

Imposto sobre Circulação de Mercadorias e Serviços (ICMS) – O ICMS é um imposto estadual incidente sobre as operações comerciais sobre mercadorias e certos tipos de prestação de serviços realizados entre estados e municípios. O valor da alíquota é definido por cada estado.

Imposto sobre Serviços (ISS) – O ISS é um imposto municipal definido pelo município no qual se realizou o serviço. Esse imposto deve ser pago por todas as empresas prestadores de serviços e por profissionais autônomos. Exemplos de prestadores de serviços: clínicas médicas e odontológicas, hospitais, escolas, empresas de contabilidade e consultorias, turismo, segurança privada etc.

1.2.4 Tipos de sociedades anônimas

A sociedade anônima pode ser classificada em dois tipos: sociedade anônima de **capital aberto (companhia aberta)** e sociedade anônima de **capital fechado (companhia fechada)**.

A sociedade anônima, cujo capital é dividido em ações, será classificada como **companhia aberta** na hipótese de ter seus valores mobiliários (ações ou debêntures, basicamente)[1] admitidos à negociação no Mercado de Valores Mobiliários. Deve ser notado que a negociação no mercado somente é possível se a companhia tiver cumprido uma série de exigências, em que se inclui o prévio registro das ações (ou debêntures) na Comissão de Valores Mobiliários (CVM).

Ações são títulos representativos de uma parcela do capital social de uma empresa. Concede a seus titulares (acionistas), no limite das ações possuídas, todos os direitos e deveres inerentes a um sócio.

Debêntures são títulos de dívidas, contraídas por uma empresa no mercado; o credor dessa dívida é conhecido por "debenturista".

As ações e debêntures são nominativas e negociáveis no mercado.

A **sociedade de capital aberto** é uma consequência natural do estágio de desenvolvimento econômico que vive um país. Possui um número ilimitado de sócios e apresenta as melhores condições para uma fácil negociação de suas ações. Esses valores mobiliários constituem-se, ainda, em excelente alternativa de investimento, atraindo diferentes investidores e recursos para o mercado de capitais.

1 São entendidos como títulos e valores mobiliários: ações, debêntures, bônus de subscrição, partes beneficiárias e notas promissórias para distribuição pública.

Esse tipo de sociedade atua como captadora das poupanças dispersas da população, canalizando-as para as atividades produtivas da economia. É considerada a forma mais democrática de empresa, sendo seu modelo reflexo do moderno capitalismo, em que os pequenos poupadores se tornam sócios dos grandes empreendimentos.

O mecanismo de captação de recursos pela colocação de ações no mercado, como alternativa ao financiamento bancário, reflete uma das vantagens de se constituir uma sociedade de capital aberto. É reconhecido, ainda, que a abertura de capital impõe uma profissionalização maior nas sociedades, motivada pelas exigências legais e expectativas dos acionistas quanto a uma gestão mais qualificada. A abertura de capital promove maior segurança financeira aos negócios e permite, mais rapidamente, a solução de eventuais questões de arranjos societários.

MERCADO PRIMÁRIO E MERCADO SECUNDÁRIO

As ações podem ser negociadas no **mercado primário** ou no **mercado secundário**. No **mercado primário** as ações são negociadas pela primeira vez e compreendem o lançamento de novas ações no mercado pela empresa. Ao demandar capital para investimentos, uma empresa pode emitir novas ações e negociá-las, pela primeira vez, no mercado primário.

Posteriormente a essa colocação inicial, as ações passam a ser negociadas no **mercado secundário** (bolsas de valores), constituído pelas bolsas de valores e mercados de balcão.

De forma contrária, uma sociedade é definida como **companhia fechada** quando os valores mobiliários de sua emissão não são colocados em negociação no mercado. Em verdade, os recursos de capital próprio necessários não são captados publicamente no mercado; são provenientes, basicamente, da poupança dos próprios acionistas.

TIPOS DE MERCADO

As operações no mercado secundário podem ocorrer no mercado à vista e no mercado de derivativos.

- **Mercado à vista** – os preços são estabelecidos em bolsa de valores de acordo com o mecanismo de oferta e procura dos investidores e as ações são entregues e pagas à vista (atualmente D + 3).
- **Mercado a termo** – as operações são estabelecidas para pagamento e entrega física do ativo em data futura.
- **Mercado de opções** – em operações de compra ou venda de ações (ou qualquer outro ativo admitido para negociação) são negociados **direitos** de comprar ou vender as ações em um prazo futuro determinado.
- **Mercado futuro** – no qual são realizadas operações de compra ou venda de ações para liquidação financeira e física em uma data futura determinada.

Em função dessa conceituação, a companhia fechada terá um número limitado de sócios. É o tipo mais tradicional de sociedade anônima, que representa essencialmente a empresa familiar.

1.2.5 *Holdings*

As *holdings* (ou controladoras) são sociedades formadas com o intuito de participar do capital de outras sociedades, geralmente tendo o controle por meio de cotas ou ações.

A *holding* não se dedica, geralmente, à produção de bens e serviços, constituindo-se para manter o controle das diversas empresas produtoras, conhecidas por subsidiárias.

Podem existir situações de empresas que, além de terem por objetivo a produção de bens e serviços, também possuem o controle de outras empresas subsidiárias.

As empresas multinacionais constituem-se, geralmente, em forma de *holdings*, controlando todos os seus negócios no mundo por meio de uma única empresa, de preferência sediada em país com legislação fiscal e societária que lhe seja mais favorável.

Algumas vantagens da constituição de uma *holding*:

- controle de grandes negócios mediante participações fracionadas no capital das controladas;
- descentraliza individualmente o controle das entidades exercendo, no entanto, um controle centralizado das mesmas;
- diante da separação jurídica adotada (a *holding* é juridicamente independente) os riscos individuais das controladas não afetam a empresa *holding*;
- por manter o controle de várias empresas, assumem maior poder de negociação no mercado (clientes, instituições financeiras, fornecedores etc.).

Em resumo, podem ser identificados dois tipos de *holding*: pura e mista. A *holding* pura tem por objetivo somente a participação no capital de outras empresas, sendo remunerada somente pelos dividendos; na *holding* mista também se verifica o interesse de participação em atividade empresarial com intuito de participar nos lucros.

1.3 VALORES MOBILIÁRIOS: AÇÕES E DEBÊNTURES

Todo **valor mobiliário** gera ao seu titular algum direito de participação (ou parceria), devendo seguir as regras, o controle e a fiscalização da CVM.

Os valores mobiliários são, essencialmente, as ações e as debêntures. Outros valores são as cotas de fundos de investimentos, bônus de subscrição, direitos de subscrição etc.

As **ações** constituem-se na menor parcela (fração) do capital social da sociedade anônima. São valores caracteristicamente negociáveis e distribuídos aos subscritores de acordo com a participação monetária efetivada. As ações devem ser nominativas, não sendo permitidas emissões de ações ao portador.

Elas podem ser emitidas **com** e **sem** valor nominal, de acordo com o regido no estatuto da companhia. Na hipótese de emissão com valor nominal, todas as ações terão idêntico valor, não podendo, ainda, ser emitidas novas ações com valor diferente.

Quando as ações não possuírem valor nominal, o preço de emissão será definido pelos sócios fundadores e, no aumento de capital, pela assembleia geral de acionistas (ou conselho de administração). Nessa alternativa de emissão, a companhia pode estabelecer qualquer valor para suas ações, não havendo obrigatoriedade de respeitar um valor mínimo, como no caso descrito das ações com valor nominal.

A Legislação Societária vigente prevê o preço de emissão das ações; seu valor nominal será fixado na constituição da companhia pelos fundadores e no aumento de capital, pela assembleia geral ou pelo conselho de administração.

> As ações podem circular no mercado de capitais de duas formas: **nominativa** e **escritural**.
>
> A ação **nominativa** possui um certificado emitido em nome de seu titular, devendo ser registrado em "Livro de Registro de Ações Nominativas".
>
> A ação **escritural** não prevê a emissão de certificado (ou cautela), ou seja, não existe movimentação física de papéis. As ações são registradas (escrituradas) por uma instituição financeira, que se responsabiliza pelos pagamentos e transferências a crédito ou a débito dos acionistas.

As ações podem ser classificadas, de acordo com a natureza dos direitos e vantagens que conferem a seus titulares, em quatro espécies: **ordinárias**, **preferenciais**, ***units*** e de **fruição** ou **gozo**. As ações são sempre nominativas.

As ações **ordinárias** apresentam como principal característica o direito de voto nas deliberações da assembleia geral, permitindo, assim, que esse acionista influa nas diversas decisões de uma empresa. Os acionistas ordinários deliberam sobre os destinos da sociedade, analisam e votam suas contas patrimoniais, decidem sobre a destinação dos resultados, elegem a diretoria da sociedade e podem promover alterações nos estatutos, além de deliberar sobre outros assuntos de interesse da companhia.

Com relação aos dividendos, sua distribuição aos acionistas ordinários normalmente é efetuada em função do dividendo obrigatório previsto em lei ou de acordo com o percentual previsto no estatuto da companhia, se maior que o mínimo legal.

As ações **preferenciais** apresentam as principais preferências ou vantagens:

a. preferência no recebimento de dividendos, devendo isso ocorrer antes dos acionistas ordinários, ficando esses na dependência de saldo;

b. vantagem no recebimento dos dividendos, com a fixação de um dividendo mínimo obrigatório ou fixo (caso bastante raro nas empresas brasileiras);

c. preferência no reembolso do capital em caso de liquidação da sociedade;

d. direito ao recebimento de dividendo pelo menos 10% maior que o atribuído à ação ordinária;

e. acumulação das vantagens e preferências enumeradas.

Em razão desses privilégios na distribuição de dividendos, as ações preferenciais não possuem o direito de voto e não participam, em consequência, das deliberações da empresa.

No entanto, podem adquirir o direito de voto caso a empresa não distribua, pelo prazo de três anos consecutivos, os dividendos mínimos ou fixos a que os acionistas preferenciais fizerem jus, mantendo esse direito até a realização do referido pagamento. Esse direito ao voto dos acionistas preferenciais, se utilizado, é capaz de comprometer a posição do acionista controlador de uma sociedade.

O número de ações preferenciais, de acordo com a legislação atual, não pode ultrapassar 50% do total das ações emitidas pela companhia. Essa exigência é válida somente para as companhias que se constituíram após a vigência dessa lei.

As *units* representam um conjunto de ações ordinárias e preferenciais, e bônus de subscrição negociados no mercado de forma "unida". O investidor, ao adquirir uma *unit*, está investindo em um pacote de diferentes tipos de ações de uma única vez.

Uma empresa pode optar por distribuir a seus acionistas montantes, expressos em ações, que supostamente lhes caberiam na hipótese de dissolução da companhia. Essas ações são denominadas **gozo** ou **fruição**. Confere-se, ainda, a esses valores mobiliários, certa participação nos lucros produzidos pela empresa.

As ações de **gozo** ou de **fruição** não são colocadas em negociação em bolsas de valores, revelando interesse somente aos fundadores da companhia.

Todas as informações relativas às ações de capital social de uma companhia como quantidade, espécies e classes, devem ser destacadas em Notas Explicativas das demonstrações financeiras publicadas.

A legislação prevê, ainda, que o estatuto da companhia pode autorizar a manutenção de ações em contas de depósito, em nome de seus titulares, na instituição que designar (fiel depositário), sem emissão de certificados (cautelas). Essas ações são denominadas **escriturais** e podem circular no mercado de capitais sem a emissão de títulos de propriedade, mediante apenas extratos das instituições depositárias.

As **vantagens** dos investidores na aquisição de ações podem ser definidas em quatro itens:

1. **Dividendos**: é uma parte dos resultados da empresa, determinada em cada exercício social e distribuída aos acionistas sob a forma de dinheiro. Todo acionista tem o direito de receber, no mínimo, o dividendo obrigatório fixado em lei.
   A legislação brasileira criou também a figura dos "Juros sobre o Capital Próprio (JSCP)", que pode também ser entendida como um pagamento de parcela do lucro líquido auferido no exercício.
2. **Bonificação**: é a emissão e distribuição gratuita aos acionistas, em quantidade proporcional à participação de capital, de novas ações emitidas em função do aumento de capital efetuado por meio da incorporação de suas reservas. De forma eventual, pode ocorrer pagamento de bonificação em dinheiro.
3. **Valorização**: da mesma forma que as instituições financeiras, os subscritores de capital poderão, ainda, beneficiar-se das valorizações de suas ações no mercado, ganho esse que dependerá do preço de compra, da quantidade de ações emitidas, da conjuntura do mercado no momento e do desempenho econômico-financeiro da empresa.
4. **Direito de Subscrição**: como os atuais acionistas da empresa gozam do direito de serem previamente consultados em todo aumento de capital, esse direito pode também constituir-se em outro tipo de remuneração aos investidores. Isso ocorre quando o preço

fixado pelo mercado de determinada ação apresenta-se valorizado em relação ao preço de lançamento.

As empresas brasileiras podem captar recursos no mercado internacional mediante o lançamento de recibos de depósitos lastreados em ações. São denominados ***Depositary Receipts*** (***DRs***), conhecidos também por ***American Depositary Receipts*** (***ADR***), quando lançados no mercado dos Estados Unidos, e por ***International Depositary Receipts*** (***IDR***), quando negociados em outros países.

As ações que lastreiam essa operação são custodiadas em uma instituição financeira custodiante, sendo o *DR* emitido, com base nesse lastro de ações, por um banco depositário no exterior.

Se uma companhia brasileira desejar negociar suas ações no mercado dos Estados Unidos, por exemplo, ela não pode realizar essa operação oferecendo diretamente seus valores mobiliários aos investidores. Essas ações devem inicialmente ser custodiadas em alguma instituição financeira nacional, que enviará uma autorização para um banco norte-americano emitir os respectivos *ADRs*. Após estas providências, os *ADRs* são oferecidos para negociação em bolsa de valores dos Estados Unidos, de maneira igual às ações de empresas locais. Dessa forma, o *ADR* é um título representativo de ações de companhias brasileiras negociado no mercado dos Estados Unidos em moeda local (dólares norte-americanos).

O processo inverso é conhecido por ***Brazilian Depositary Receipt*** (*BDR*). Uma empresa do exterior, ao desejar ter suas ações negociadas no mercado de capitais do Brasil, tem *BDRs* emitidos com base em lastro de suas próprias ações custodiadas em alguma instituição financeira.

As **debêntures** são títulos de crédito emitidos por sociedades anônimas e representativos de uma dívida da empresa contraída diretamente junto a investidores de mercado. Esse título tem por garantia os ativos da empresa e são contabilmente classificados como passivo exigível. Da mesma forma que as ações, as operações com debêntures são normatizadas pela CVM.

As debêntures são livremente negociadas no mercado de capitais, no denominado mercado secundário de títulos de renda fixa. Os recursos captados pela emissão de debêntures são destinados a financiar projetos de investimento da empresa, reforçar seu capital de giro ou promover a reestruturação de seu passivo.

As debêntures podem ser emitidas como "conversíveis em ações", cujas condições, época de exercício da conversão e preço são previamente estabelecidos na escritura de emissão do título. Nesse caso, por opção do debenturista, a debênture é resgatada em dinheiro, no seu vencimento, ou em equivalente valor de resgate convertido em ações preferenciais da sociedade.

Suas principais vantagens são os custos, geralmente menores que outras formas de empréstimos bancários, possibilidade de maiores volumes de captação e alongamento do prazo da dívida. Os atuais acionistas da companhia têm prioridade de compra no lançamento das debêntures com cláusula de conversibilidade em ações.

A principal diferença entre ações e debêntures é que as ações oferecem a participação do investidor no capital social da sociedade, e as debêntures são títulos (obrigações) de dívidas que devem ser resgatadas quando de seu vencimento.

As debêntures remuneram seus titulares com juros fixos ou variáveis e atualização monetária. Os juros são pagos periodicamente (a cada trimestre, por exemplo), e a atualização monetária costuma ser desembolsada com a amortização do título, em seu vencimento. Existe a possibilidade, ainda, da emissão debêntures que concedem aos seus titulares participação nos resultados da empresa.

1.3.1 Partes beneficiárias e bônus de subscrição

Partes beneficiárias são títulos emitidos sem valor nominal e de forma independente do capital social da companhia. Esses papéis podem ser negociados no mercado ou cedidos gratuitamente a partes interessadas, como acionistas, sócios fundadores da sociedade, empregados, entre outros. Esses títulos são cedidos por decisão da assembleia de acionistas e de acordo com o previsto em seus estatutos.

O direito explícito que os beneficiários têm é o de participar dos lucros anuais auferidos pela empresa emitente, desde que se registre um resultado líquido positivo no exercício. De acordo com a legislação brasileira vigente, a participação nos lucros não poderá exceder a 10% dos resultados líquidos auferidos, sendo essa a base de cálculo ajustada segundo a Lei das Sociedades por Ações. As companhias abertas brasileiras, ainda de acordo com a legislação societária, não podem emitir partes beneficiárias, restringindo a emissão desses títulos somente às companhias fechadas.

A primeira e mais importante razão da emissão e negociação de partes beneficiárias no mercado é a de promover a captação de recursos para a empresa. O valor recebido pela colocação do valor mobiliário é registrado pela contabilidade em contas de "Reserva de Capital". As partes beneficiárias também podem ser emitidas e entregues como forma de remuneração por prestação recebida de serviços pela sociedade emissora dos títulos, pagando ao contratado participação nos lucros durante certo intervalo de tempo. Conforme citado anteriormente, as empresas podem, ainda, atribuir gratuitamente as partes beneficiárias emitidas, sendo geralmente escolhidas fundações de empregados ou associações beneficentes.

O prazo de duração desses títulos é estabelecido pelo estatuto social da sociedade e, sempre que for estipulado um resgate para as partes beneficiárias, deverá ser criada uma reserva especial para esse fim.

Os **bônus de subscrição** são papéis emitidos por sociedades por ações e negociáveis no mercado de valores mobiliários. Os bônus conferem aos seus titulares, de acordo com as condições constantes em seu certificado, o direito de subscrever, pelo valor de emissão, ações da companhia oferecidas quando do aumento de seu capital social.

É importante ressaltar que os acionistas de uma companhia apresentam preferência para subscrever as novas emissões de bônus, sendo esse direito válido por um determinado período. Ao não desejar exercer esse direito, o acionista pode vender no prazo previsto para a subscrição. Não ocorrendo qualquer manifestação para venda ou exercício da subscrição no período, o direito do bônus é extinto.

1.4 ÓRGÃOS REPRESENTATIVOS DAS SOCIEDADES ANÔNIMAS

Para o perfeito funcionamento e equilíbrio da sociedade anônima, são estabelecidos órgãos representativos em sua estrutura de funcionamento interno, cabendo a cada um deles funções específicas.

Os órgãos representativos previstos por nossa legislação são: **assembleia geral, conselho de administração, diretoria e conselho fiscal**.

A **assembleia geral** é o órgão máximo representativo dos acionistas da empresa. Conhecida como o poder legislativo da sociedade anônima, quando convocada tem poderes para decidir todos os negócios relativos ao objeto da companhia e tomar as resoluções que achar convenientes à sua defesa e ao seu desenvolvimento.

São de competência privativa da assembleia geral de acionistas, entre outras resoluções:

a. reformar o estatuto social;

b. autorizar a emissão de debêntures e partes beneficiárias;

c. deliberar sobre as demonstrações financeiras apresentadas pelos administradores da companhia;

d. deliberar sobre a destinação do lucro líquido produzido no exercício e a distribuição de dividendos;

e. autorizar os administradores a confessar falência e pedir concordata etc.;

f. deliberar sobre transformação, fusão, incorporação e cisão da companhia.

A **Assembleia Geral** (**AG**) poderá ser **Ordinária** (**AGO**) ou **Extraordinária** (**AGE**). A AGO é convocada pelo menos uma vez por ano, nos quatro primeiros meses seguintes ao término do exercício social para, entre outras deliberações: (a) tomar as contas dos administradores, examinar, discutir e votar as demonstrações financeiras; (b) deliberar sobre a destinação do lucro líquido do exercício e a distribuição de dividendos; (c) eleger os administradores e os membros do Conselho Fiscal, quando for o caso; (d) aprovar a correção da expressão monetária do capital social.

A AGE é convocada eventualmente a qualquer tempo para deliberações de matérias fora do âmbito da AGO. Por exemplo, é pertinente a uma AGE reformar o estatuto social da companhia, deliberar sobre transformação, fusão, incorporação e cisão da companhia, sua dissolução e liquidação, eleger e destituir liquidantes e julgar-lhes as contas etc.

A **diretoria**, considerada o órgão executivo e de representação da companhia, será composta por dois ou mais diretores, acionistas ou não, eleitos e destituíveis a qualquer tempo pelo conselho de administração ou, se inexistente, pela AG. O número máximo de diretores, sua eleição e forma de substituição, o prazo de gestão e as atribuições e poderes de cada um são estabelecidos pelo estatuto da empresa.

O **conselho de administração** pode ser entendido como um órgão de deliberação privativo dos diretores, sendo obrigatória sua constituição nas companhias de capital aberto e nas de capital autorizado. Por sociedades de capital **autorizado** entendem-se aquelas que possuem, em seu estatuto social, a devida autorização para elevar o capital até certo limite (capital autorizado), sem a necessidade de convocação frequente da AG. Atingido o limite de aumento de capital estabelecido, sempre mediante a emissão de novas ações, a AG deliberará sobre o novo capital autorizado, permitindo que a companhia execute aumentos gradativos até atingir o novo limite estabelecido e assim por diante. Para os demais tipos de sociedades anônimas a constituição do conselho de administração é facultativa.

O conselho de administração, segundo a Lei das Sociedades por Ações, será composto por, no mínimo, três membros, eleitos pela AG da companhia e por ela destituíveis a qualquer tempo. Os critérios e normas adotados para definição do número de membros do conselho de administração, o processo de escolha e substituição do presidente do conselho, o prazo de gestão, o modo de substituição dos conselheiros, normas de convocação, instalação e funcionamento etc. são estabelecidos pelo estatuto social da companhia.

Compete, entre outras deliberações, ao conselho de administração:

a. fixar a orientação geral dos negócios da companhia;

b. eleger e destituir os diretores da companhia, e fixar-lhes as atribuições;

c. fiscalizar a gestão dos diretores, examinar, a qualquer tempo, os livros e papéis da companhia, solicitar informações sobre contratos celebrados e em vias de celebração;

d. escolher e destituir os auditores independentes, no caso de existirem;

e. manifestar-se sobre o relatório da administração e as contas da diretoria;

f. deliberar, quando autorizado pelo estatuto, sobre a emissão de ações etc.

O **conselho fiscal** é o órgão fiscalizador da sociedade, mais especificamente dos atos praticados pelo conselho de administração e diretoria. É composto por no mínimo três e, no máximo, cinco membros, e suplentes em igual número, acionistas ou não, eleitos pela AG da sociedade.

Compete, basicamente, ao conselho fiscal, fiscalizar os atos dos administradores da empresa; opinar sobre o relatório anual da administração, opinar sobre propostas relativas à modificação do capital social, emissão de debêntures, distribuição de dividendos, plano de investimento de capital, transformação, incorporação, fusão ou cisão etc. a serem submetidos à AG; denunciar erros, fraudes ou crimes que descobrirem; analisar, ao menos trimestralmente, o balancete e demais demonstrações financeiras elaboradas pela companhia periodicamente; examinar e opinar sobre as demonstrações financeiras do exercício social etc.

1.4.1 Governança Corporativa e Comitês de Auditoria

As empresas, de maneira geral, estão se adaptando às novas exigências do mercado de monitoramento de seus valores e padrões de comportamento. Após os escândalos financeiros recentes, envolvendo grandes corporações mundiais (Parmalat, Enron, Worldcom etc.) passou a ser uma preocupação dos governos o relacionamento entre acionistas, conselhos (de Administração e Fiscal), diretoria e auditoria das empresas.

Nesse contexto, foram estabelecidas as ideias fundamentais daquilo que se denominou de "Governança Corporativa". Podem-se aplicar os conceitos de Governança Corporativa tanto na preocupação pela transparência como uma empresa é dirigida e controlada, quanto na sua responsabilidade em questões que envolvem toda a sociedade.

Em outras palavras, Governança Corporativa é um sistema de valores que rege as empresas, tanto em suas relações internas como externas.

Um dos pilares da Governança Corporativa é a criação de comitês voltados a controlar as diversas áreas de atuação da empresa. Uma dessas áreas mais sensíveis é a de auditoria, que recebe grande importância pela sua responsabilidade na qualidade das informações econômicas e financeiras refletidas nas demonstrações contábeis das empresas.

Nos Estados Unidos, todas as empresas são obrigadas a manter um Comitê de Auditoria com o intuito de atribuir maior transparência aos acionistas das companhias e aprimorar os trabalhos de seus conselhos. No Brasil, a legislação dispõe da obrigatoriedade de constituição de Comitês de Auditoria somente para as instituições financeiras, sendo facultativa para as sociedades não financeiras.

Apesar dessa não obrigatoriedade de Comitês de Auditoria para empresas não financeiras, a CVM e o Instituto Brasileiro de Governança Corporativa (IBGC) vêm, por meio de documentos próprios, destacando sua importância para o mercado brasileiro e recomendando sua criação em todas as sociedades.

O Comitê de Auditoria é composto por membros do conselho de administração da empresa e por profissionais com vivência em contabilidade e finanças contratados no mercado. A competência e a responsabilidade desse Comitê, exceto para instituições financeiras, são determinadas pela própria sociedade, mediante seus estatutos sociais e regulamentações elaboradas pelo conselho de administração.

GOVERNANÇA CORPORATIVA

A análise dos demonstrativos financeiros publicados pelas empresas deve refletir, de forma correta e elucidativa, a situação econômica e financeira, o risco e a viabilidade do negócio. A confiança dos diversos investidores no retorno apurado, e dos gestores no processo de tomada de decisões, depende bastante da qualidade das informações contábeis e das técnicas de análise empregadas, assim como do ambiente de mercado econômico no qual a empresa se insere.

De forma geral, a **Governança Corporativa** se insere nessa descrição, podendo ser definida como um conjunto de mecanismos e práticas administrativas que visam garantir os direitos dos acionistas – minoritários e controladores, conhecidos por *shareholders* – e fazer respeitar também os direitos dos demais agentes, denominados *stakeholders*. Uma boa Governança Corporativa reduz o risco de que os recursos dos investidores não sejam bem aplicados, aumentando suas expectativas de retorno.

Stakeholders, ou "partes interessadas", são todos os agentes envolvidos (participantes) nos negócios da empresa, expressando diferentes expectativas como remuneração financeira, satisfação dos serviços prestados, garantias dos produtos, e assim por diante, as quais devem ser identificadas e atendidas pela empresa.

Estão incluídos como *shareholders*, além dos próprios acionistas (proprietários), empregados, fornecedores, clientes, credores, gestores, sindicatos, governo e demais agentes que possuem alguma interação com a empresa.

Uma empresa de sucesso procura conhecer seus *stakeholders*, entender a interação com essas pessoas, avaliar sua importância e atender suas necessidades e demandas.

A Governança Corporativa está voltada, basicamente, a dois grandes objetivos:

1. otimizar o desempenho da empresa;
2. atender, da melhor forma, as expectativas de todas as partes interessadas, os *stakeholders*.

A função essencial do Comitê de Auditoria é controlar a contabilidade, os procedimentos de elaboração dos demonstrativos contábeis e a auditoria realizada, tendo sempre por objetivo a transparência das informações e dos atos praticados pela sociedade.

1.5 TRANSFORMAÇÃO E CONCENTRAÇÃO DE SOCIEDADES

A transformação não identifica, necessariamente, a extinção da sociedade e sim a mudança da natureza social ou da forma jurídica. De acordo com nossa Lei das Sociedades por Ações, a transformação é a operação pela qual a sociedade passa, independentemente de dissolução e liquidação, de um tipo para outro, ou seja, uma alteração do tipo societário. Por exemplo: transformação de uma companhia limitada em sociedade anônima.

A mudança da natureza social é a passagem de um ramo de atividade para outro. Por exemplo, uma empresa que se dedica ao ramo da construção civil pode decidir alterar seu objeto social, passando a explorar o comércio de materiais para construção.

A transformação por meio da forma jurídica é a passagem de um tipo de empresa para outro. Por exemplo, uma sociedade limitada, em função do grande crescimento de suas atividades, poderá mudar seu aspecto jurídico, incorporando mais sócios por meio de uma transformação para sociedade anônima.

Para que se proceda à transformação de uma sociedade é necessário o consentimento unânime dos sócios ou acionistas, salvo se prevista no estatuto ou no contrato social, caso em que o sócio dissidente terá o direito de retirar-se da sociedade. É importante acrescentar-se que a transformação não prejudicará, em nenhum caso, os direitos dos credores, que continuarão, até o pagamento integral de seus créditos, com as mesmas garantias que o tipo anterior de sociedade lhes conferia.

Uma forma de transformação prevista em nossa legislação é a **cisão**. Efetivamente, cisão é uma operação pela qual uma companhia transfere parte ou a totalidade de seu capital (patrimônio) para uma ou mais sociedades, constituídas para esse fim ou já existentes. O processo de cisão pode ser parcial, em que somente parte do capital é transferido, ou total, identificado com a transferência de todo o patrimônio. No primeiro caso, o capital é dividido, mas a sociedade cindida continua existindo. A sociedade que absorver parcela do patrimônio da companhia cindida sucede essa nos direitos e nas obrigações relacionados no ato da cisão. No caso de cisão total, a sociedade cindida extingue-se, e as sociedades que absorveram parcelas de seu patrimônio a sucederão, na proporção dos patrimônios líquidos transferidos, nos direitos e obrigações não relacionados.

Por outro lado, as principais formas de concentração de sociedades são: **fusão**, **incorporação**, **consórcios**, **controladas**, **coligadas** e **grupo**.

Fusão é uma operação pela qual se unem duas ou mais sociedades, as quais, mediante objetivos comuns, formarão nova sociedade que as sucederá em todos os direitos e obrigações. Ao contrário da transformação, para que ocorra a fusão deve haver o desaparecimento das sociedades envolvidas na operação, da qual se constituirá uma única empresa societária, com personalidade jurídica distinta, e atuando sob uma mesma administração.

Uma fusão pode também ser realizada sem a extinção das empresas envolvidas. Nesses casos, é criada uma empresa *holding*, conforme apresentado na Seção 1.2.5, sendo o seu capital integralizado por meio das ações das empresas envolvidas na operação.

Por exemplo, as ações das companhias **A** e **B** podem ser usadas para integralizar a constituição de uma empresa *holding*. As duas companhias continuam suas atividades econômicas normais e elaboram demonstrações contábeis próprias. A *holding* criada, controladora das duas empresas, comanda as decisões e a gestão dos negócios.

As razões que levam duas ou mais sociedades a se fundirem são, entre outras, a procura de melhor eficiência administrativa, o objetivo de redução dos custos e o desenvolvimento das atividades operacionais.

Incorporação é a absorção de uma ou mais sociedades por outra, que as sucede em todos os direitos e obrigações. Em outras palavras, incorporação é uma operação em que uma ou mais sociedades, denominadas "incorporadas", unem-se em torno de outra sociedade, definida como "incorporadora". Nesse caso, somente a sociedade (ou sociedades) incorporada se dissolve, passando a integrar o ativo e o passivo da incorporadora.

A forma de concentração por meio de **consórcio** ocorre quando sociedades, sob o mesmo controle, ou não, decidem unir-se visando executar determinado empreendimento. No consórcio, as empresas integrantes da operação (consorciadas) não perdem sua personalidade jurídica e autonomia administrativa. As consorciadas somente se obrigam nas condições previstas no contrato, respondendo cada uma delas por suas obrigações, sem presunção alguma de solidariedade.

O consórcio define-se mediante um contrato, sem assumir essa forma de concentração "personalidade jurídica". A falência de uma consorciada não se estende às demais, subsistindo o consórcio com as outras empresas contratantes.

De acordo com a Lei das S.A., são **coligadas** as sociedades quando uma participa com 10%, ou mais, do capital da outra, sem apresentar com essa participação o poder de controle. Por outro lado, a legislação considera **controlada** a sociedade na qual a controladora, de forma direta ou por meio de outras controladas, possui participação no capital que lhe assegura, de modo permanente, preponderância nas deliberações sociais e o poder de eleger a maioria dos administradores.

A sociedade controladora e suas controladas podem constituir, segundo o previsto na legislação, um **grupo de sociedades**, mediante convenção pela qual se obriguem a combinar recursos ou esforços para a realização dos respectivos objetivos, ou a participar de atividades ou empreendimentos comuns. Apesar de os critérios de estrutura administrativa, controle e coordenação estarem afeitos ao estabelecido formalmente na convenção do grupo, cada sociedade integrante conservará personalidade e patrimônio distintos.

A convenção do grupo deve ser aprovada pela AG, facultando-se aos sócios, ou acionistas dissidentes da deliberação de se associar a grupo, o reembolso efetivo de suas ações ou quotas.

A sociedade controladora, ou de comando do grupo, deve ser brasileira e exercer, direta ou indiretamente e de modo permanente, o controle das sociedades filiadas, como titular de direitos de sócio ou acionista ou mediante acordo com outros sócios ou acionistas.

1.6 PROPRIEDADE E GESTÃO

O notável crescimento das empresas nos últimos anos veio acompanhado de importantes mudanças, destacando a dispersão de seu controle acionário, realizada por meio da subscrição pública de novas ações. Esse movimento de abertura de capital das companhias produziu, entre outras, duas consequências relevantes:

1. proporcionou um enorme crescimento ao mercado de capitais, elevando a quantidade de companhias listadas em bolsas de valores e a quantidade de investidores em ações, contribuindo para uma maior pulverização da propriedade;
2. incentivou as operações de fusões e aquisições de empresas, possibilitando a expansão dos negócios em bolsas de valores.

Com isso, a propriedade das grandes companhias passa a ser, em boa parte, disputada no mercado (bolsas de valores), alterando o controle acionário de forma mais ágil e dinâmica.

Esse processo de maior diluição do controle do capital das grandes companhias e a participação de um número crescente e elevado de investidores em ações determinam uma separação entre a **propriedade** e a **gestão**. A tendência observada foi a saída dos proprietários (fundadores) da gestão das empresas modernas, sendo transformadas em companhias abertas, tornando bastante visível a sua nova estrutura de poder. Conflitos de agentes e diversos aspectos positivos no desempenho das empresas foram observados nessa dispersão da propriedade.

A atuação dos executivos das empresas ganha importância nessa abertura de capital. Rossetti e Andrade[2] destacam três importantes funções exercidas pelos executivos profissionais contratados pelas grandes corporações: representar os **interesses dos acionistas** controladores; exercer a **gestão dos negócios**; e **decidir** sobre os rumos da empresa. Assim, o poder das companhias modernas é exercido pelos executivos (gestão) e não pelos proprietários (acionistas controladores), surgindo dessa separação o conhecido **conflito de agentes**. Nesse conflito entre propriedade e controle, ficam de um lado os **agentes executivos** que, apesar de deterem o poder e representarem os controladores, não possuem exatamente os mesmos interesses dos proprietários e, de outro lado, os **agentes controladores**, com objetivos e interesses próprios nem sempre convergentes aos dos executivos.

Vários problemas de conflitos de interesses passam a ocorrer no ambiente das grandes companhias como consequência do divórcio descrito entre propriedade e controle, dando origem a uma nova forma de organizá-las. Os controladores desligam-se das empresas e executivos são contratados para exercerem sua gestão, não sendo mais a propriedade e o controle exercidos pelas mesmas pessoas.

Nas empresas modernas, ainda surgem, de forma paralela, dois grupos distintos de acionistas (agentes) com conflitos de interesses: os **acionistas controladores** e os **acionistas minoritários**, que não mantêm uma participação relevante no capital da companhia.

Os conflitos potenciais trazidos pela separação entre propriedade e gestão e abertura de capital nas grandes companhias ocorrem entre acionistas e gestores ou entre acionistas controladores e minoritários. Essa teoria consagrada de agência, destacada por Jensen e Meckling,[3] denomina esses antagonismos de **conflitos de agência**. Na avaliação dos autores, esses conflitos são muito difíceis de evitar, principalmente pela inexistência de um agente entendido como **perfeito**.

---

2 ROSSETTI, J. P.; ANDRADE, A. *Governança Corporativa*. 5. ed. São Paulo: Atlas, 2011. p. 71.

3 JENSEN, M.; MECKLING, W. Theory of the firm: managerial behavior, agency cost and ownership structure. *Journal of Financial Economics*, 1976.

Em uma **relação de agência**, os acionistas são os agentes principais, conhecidos como **outorgantes**, e os gestores contratados são os executores das decisões, assumindo o papel de **outorgados**. Os outorgados são contratados para desempenhar alguma atividade (prestação de serviços) em benefício dos outorgantes que, por sua vez, concedem a eles uma delegação de autoridade para a tomada de decisões.

Os acionistas disponibilizam os recursos necessários para a capitalização da empresa e remuneram os executores pelos serviços de gestão prestados; os executivos (gestores), por seu lado, assumem o compromisso de conduzir os negócios com eficiência, procurando maximizar o retorno dos acionistas e fornecerem informações completas e precisas sobre a gestão da empresa, seus riscos e cenários futuros.

A **relação de agência** descrita, tem por objetivo maximizar o valor econômico da empresa. O **custo de agência** pode ser descrito como a perda econômica determinada por conflitos de interesses entre os agentes. Por exemplo, a visão dos gestores é, geralmente, de curto prazo, visando elevar a remuneração pelo desempenho. Os acionistas, ao contrário, visam o retorno econômico em longo prazo, a viabilidade econômica e a continuidade dos negócios.

Os agentes buscam, em essência, os melhores resultados, porém com objetivos nem sempre simétricos. Fica sempre presente a ideia de que os executivos priorizam decisões que atendam melhor seus objetivos próprios, procurando maximizar a satisfação de suas preferências. Para Jensen e Mackling, **agente perfeito** é de difícil realidade, sendo definido como aquele que se apresenta indiferente entre satisfazer aos objetivos de terceiros e aos seus próprios. Em outras palavras, para esses agentes é indiferente maximizar a "função utilidade" dos acionistas e dos credores.

Conforme colocado, o conflito entre propriedade e gestão estendeu-se também para acionistas majoritários, que mantêm o controle do capital acionário da companhia, e acionistas minoritários. É o segundo conflito de agentes. Os minoritários reivindicam mais direitos, melhores retornos de seus investimentos e proteção contra o poder dos majoritários. Esse conflito é forte no Brasil e em outras economias emergentes, nas quais a concentração de capital acionário é acentuada. A Governança Corporativa, conforme foi comentado, surge naturalmente como uma consequência desses conflitos de agentes, visando aperfeiçoar os mecanismos de controle e levar os executivos a um comportamento voltado à maximização da riqueza dos acionistas.

Em um ambiente de separação da propriedade e do controle, os métodos de Governança procuram criar as melhores condições de relação entre gestores e acionistas, reduzindo os conflitos de agentes.

A Governança Corporativa está preocupada também com a qualidade das informações contábeis, a estrutura de seus demonstrativos financeiros e a interpretação de seus resultados apurados.

ALGUNS EXEMPLOS DE CONFLITOS DE AGÊNCIA

Acionistas × Gestores

Muitas vezes, para garantir salários e estabilidade no emprego, os executivos de uma empresa podem decidir investir sempre em alternativas de mais baixo risco. As decisões de investimentos passam a ser selecionadas pelo mais baixo risco e não pela melhor relação risco-retorno. No conflito de agência, os gestores supõem maior segurança de seus postos de trabalho em curto prazo. A longo prazo, essa posição pode ser ruim para o objetivo de maximização de riqueza econômica da empresa. Não assumir riscos pode manter a empresa estagnada diante de um mercado mais competitivo.

Acionistas × Credores

Em situação de elevado endividamento e risco de a empresa não poder cumprir com seus compromissos financeiros (alta probabilidade de descontinuidade), a empresa deixa de fazer novos investimentos lastreados em capital próprio, mesmo diante de alternativas com boa atratividade econômica. A razão dessa retração é que os resultados positivos dos investimentos seriam utilizados no pagamento dos credores (juros), sobrando pouco (ou nenhum) retorno ao acionista.

Acionistas Majoritários × Acionistas Minoritários

Um foco importante desse conflito é a política de dividendos. Os controladores preferem reter mais lucros e distribuir menos dividendos visando o crescimento e a valorização da empresa. Os minoritários, ao contrário, têm preferência pela maior distribuição de dividendos. Outro foco de conflito ocorre também quando os majoritários utilizam seu controle de capital para decidir sobre questões que lhes tragam maiores benefícios próprios.

É comum, nos conflitos de agência, que as partes convivam com a assimetria de informações, em que cada parte tem acesso a diferentes informações, ocasionando diferentes visões do negócio e constituam diferentes objetivos e interesses.

2

DECISÕES FINANCEIRAS E OBJETIVO DA EMPRESA

Definidas as várias características básicas gerais das atividades de uma empresa, conforme enunciadas no capítulo anterior, este capítulo centra sua atenção fundamentalmente em seus aspectos financeiros internos. Dentro desse enfoque, a empresa passará a ser avaliada como tomadora de duas grandes decisões: **aplicação** (investimento) e **captação** (financiamento) de recursos financeiros. Nessa situação, são discutidas determinadas características que devem prevalecer na composição do custo dos passivos e retorno dos ativos. Complementarmente ao estudo, o capítulo desenvolve, também, uma análise dos objetivos da empresa, incluindo a agregação de valor econômico na tomada de decisões financeiras.

2.1 DECISÕES FINANCEIRAS

Basicamente, as decisões financeiras tomadas regularmente por uma empresa resumem-se na captação de recursos – **decisões de financiamento** – e na aplicação dos valores levantados – **decisões de investimento**. Os montantes determinados por essas decisões, assim como suas diferentes naturezas, estão apurados nos ativos (investimento) e passivos (financiamentos) contabilizados pela empresa. São decisões que toda empresa toma de maneira contínua e inevitável, definindo sua estabilidade financeira e atratividade econômica.

Essas decisões financeiras não podem ser tomadas de forma independente, como se uma decisão não fosse influenciada de alguma forma pela outra. É natural que as decisões financeiras assumam um caráter interdependente pois o volume e a forma do investimento empresarial são determinados pelos procedimentos e condições adotados no financiamento. Em outras palavras, pode-se inferir que o retorno exigido dos investimentos e o nível de imobilização dos recursos financeiros dependem fundamentalmente da maturidade e dos custos dos passivos selecionados.

Para uma posição de equilíbrio financeiro, torna-se essencial uma adequação entre a **maturidade** dos passivos e a capacidade de **geração de caixa** dos ativos. Uma decisão de empréstimo de curto prazo direcionado para financiar bens de natureza permanente, por exemplo, sinaliza uma deterioração da estabilidade financeira da empresa, tornando-a dependente da renovação da dívida circulante para manter os ativos de longo prazo.

Igualmente, as decisões financeiras devem estabelecer a **atratividade econômica** da empresa promovendo sua continuidade e valorização. O retorno dos investimentos realizados deve, no mínimo, satisfazer as expectativas de remuneração dos proprietários de capital (credores e acionistas) de maneira a viabilizar economicamente a empresa.

Observa-se de maneira mais ilustrativa na Figura 2.1 como são acionadas as decisões financeiras. Na consecução de suas atividades, as empresas utilizam duas fontes de recursos: **recursos próprios** e **recursos de terceiros.**

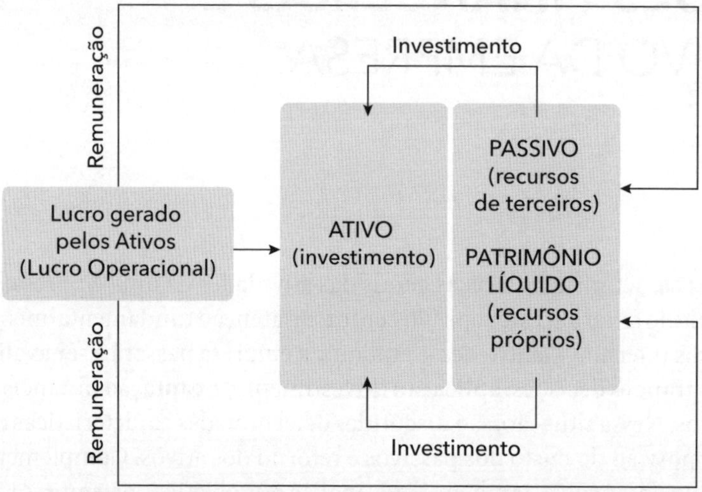

Figura 2.1 As decisões financeiras no balanço patrimonial.

Os **recursos próprios** de uma empresa são os provenientes do capital subscrito e integralizado pelos sócios e dos lucros retidos. Esses valores são identificados no patrimônio líquido.

Já os **recursos de terceiros** são originados de fontes externas, mais especificamente do mercado financeiro, podendo assumir a modalidade de empréstimos e financiamentos, descontos de duplicatas, repasses de recursos internos e em moeda estrangeira, colocação de debêntures etc. Deve ser notada, ainda, a existência de determinados passivos (basicamente de curto prazo) que não são provenientes de instituições financeiras, tais como créditos concedidos por fornecedores, contribuições e encargos sociais, impostos a recolher etc. denominados **passivos de funcionamento.**

Esses valores passivos são investidos nos ativos da empresa, alimentando financeiramente seus ciclos operacionais e proporcionando certa capacidade física de produção e vendas. Como consequência desse processo, é obtido um resultado que deverá ser suficiente para retribuir aos financiamentos levantados, seja por meio da remuneração de **juros** aos recursos de terceiros, ou de **lucros** ao capital próprio.

Em suma, todo financiamento apresenta um custo, que é a remuneração atribuída aos proprietários de capital (próprios e de terceiros) pela utilização de tais recursos. O resultado proveniente do investimento desses capitais, definido por **lucro operacional** deve, idealmente, satisfazer essas expectativas de retorno de maneira a viabilizar economicamente o empreendimento.

A existência de lucro, por si só, não garante necessariamente o sucesso de um empreendimento. É essencial que o resultado operacional apurado cubra pelo menos as expectativas de retorno das diversas fontes de capital, representadas pelos juros dos credores e lucro líquido dos proprietários.

O **lucro operacional** genuíno é proveniente exclusivamente das decisões de ativo e não é influenciado pela forma como a empresa é financiada. O **resultado operacional** é calculado antes da dedução das despesas financeiras (juros) apuradas de dívidas onerosas (empréstimos e financiamentos) mantidas pela empresa.

O **lucro operacional** representa a remuneração dos acionistas (lucro líquido) e dos credores (despesas com juros) da empresa, ou seja:

Lucro Operacional = Lucro Líquido + Despesas Financeiras (Juros)

A Parte IV deste livro trata do resultado operacional com maior profundidade.

De forma idêntica, as decisões financeiras devem levar em conta os prazos preestabelecidos de reembolsos dos passivos, os quais devem ajustar-se com a maturidade do investimento realizado. É a viabilidade financeira da empresa que coteja a capacidade de os ativos se transformarem em caixa em prazo condizente com as saídas (desembolsos) programadas.

2.1.1 Retorno gerado pelos ativos e custo do passivo

Um dos aspectos mais importantes de medição do desempenho de uma empresa centra-se na comparação entre o retorno que os ativos (investimentos) são capazes de produzir em determinado período e o custo dos recursos alocados para seu financiamento.

O princípio financeiro fundamental de toda empresa é oferecer um retorno de seus investimentos que cubra, pelo menos, a expectativa mínima de ganho de seus proprietários de capital (credores e acionistas). Toda decisão de investimento que promove um retorno maior que seu custo de capital cria valor (riqueza) aos seus proprietários.

Evidentemente, se o retorno do investimento superar o custo de capital, é possível concluir que a empresa está bem em sua meta econômica de maximizar a rentabilidade de suas decisões de investimentos. Ou seja, as decisões de financiamento tomadas comprometeram uma remuneração às várias fontes de capital inferior ao retorno auferido pelas respectivas aplicações desses recursos. Naturalmente, tanto melhor terá sido o desempenho econômico da empresa quanto mais alto se situar o diferencial das taxas (retorno do investimento menos custo de capital).

Uma empresa que apura taxas de retorno superiores à remuneração exigida pelos proprietários de capital promove uma **agregação de valor econômico**, demonstrando capacidade de apurar resultados econômicos acima das expectativas de seus investidores. É avaliada como um investimento bastante atraente em termos de remuneração do capital investido, sendo a riqueza de seus proprietários incrementada pela consequente valorização de seu preço de mercado.

Em caso contrário, quando o custo total de capital supera o retorno produzido pelos ativos, denota-se algum sacrifício econômico em uma ou mais fontes de financiamento. As fontes geradoras dos recursos alocados pela empresa (instituições financeiras, investidores e proprietários) percebem remunerações aquém do previsto (exigido como mínimo), e essa situação pressiona a baixa de seu preço de mercado. Ocorre, ao contrário da situação descrita anteriormente, uma **destruição do valor econômico** pela incapacidade de os investimentos promoverem um retorno que satisfaça ao custo do capital. Evidentemente, perdurando essa situação de destruição de valor, a empresa será afetada, principalmente, pela redução de sua capacidade de pagamento (liquidez), pelo incremento de seu endividamento (maior risco financeiro), e também por um grande desestímulo de investir em ativos produtivos.

Importante: o objetivo de uma empresa é auferir um retorno de seus ativos maior que o custo de suas fontes de financiamento (próprias e de terceiros). Ao apurar esse **retorno em excesso**, a empresa demonstra viabilidade econômica, continuidade e incrementa a riqueza de seus acionistas.

2.2 CUSTO DOS RECURSOS PRÓPRIOS E DE TERCEIROS

Conforme foi abordado, os recursos de uma empresa podem originar-se de seus proprietários e credores, cujos custos refletem o retorno exigido pelas fontes geradoras desses recursos. A remuneração formalmente comprometida com o credor (juros e demais despesas financeiras), por exemplo, define o custo de uma operação de empréstimo e financiamento e, consequentemente, do capital de terceiros alocado. O custo da dívida é, geralmente, representado por *Ki*.

Da mesma forma, ao investir seus recursos em determinada empresa, os acionistas exigem (esperam) determinado retorno mínimo pelo investimento de risco, de maneira a remunerar o capital aplicado. Esse percentual de retorno sobre o capital investido requerido pelos acionistas reflete o **custo dos recursos próprios da empresa**, representado, geralmente, por *Ke*.

Ao confrontar os custos das fontes de financiamento (próprias e de terceiros) de uma empresa é correto admitir que, em situação de certa estabilidade e equilíbrio econômico, o capital próprio é **mais caro** que o capital de terceiros. Algumas razões importantes podem explicar essa situação típica.

- Pelas regras tradicionais de tributação, a remuneração paga ao capital de terceiros (despesas financeiras) pode ser abatida da renda tributável da empresa, diminuindo, por conseguinte, o volume do **imposto de renda** a recolher. Por outro lado, a remuneração paga aos proprietários (dividendos) não recebe esse incentivo fiscal, sendo apurada do resultado calculado após a provisão do imposto de renda.

  Dessa forma, um custo de 15% ao ano, cobrado de determinado financiamento, por exemplo, representa para a empresa, admitindo-se uma alíquota de imposto de renda de 34%, um custo líquido anual de 9,9%, ou seja:

  Ki Líquido (após IR) : *Ki* Bruto (antes do IR) × (1 – Alíquota de IR)

  Ki Líquido (após IR) : 15% × (1 – 0,34)

  Ki Líquido (após IR) : 9,9% a.a.

- Por apresentar **risco maior**, o acionista costuma exigir retorno maior pelo capital investido que o credor. Em verdade, quando a empresa se financia mediante recursos de terceiros (empréstimos, financiamentos etc.), há um prazo de resgate e uma remuneração previamente estabelecidos, condições estas portadoras de uma garantia preferencial a qualquer distribuição de lucros aos acionistas. Enquanto a remuneração dos recursos de terceiros constitui-se em obrigação contratual prévia e formalmente convencionada, os rendimentos devidos aos proprietários são dependentes do desempenho da empresa. Em momento de retração (ou fracasso) dos negócios, a remuneração do capital próprio é normalmente comprometida pela necessidade de caixa da empresa, mantendo-se inalterados os desembolsos dos encargos dos credores.

Em muitos casos, ainda, dependendo das diretrizes econômicas estabelecidas pelas autoridades monetárias, poderá ocorrer o **subsídio** dos encargos financeiros para determinados tipos de investimentos. Isso fará com que a remuneração do capital de terceiros se reduza ainda mais, situando-se abaixo daquelas livremente praticadas pelo mercado.

2.2.1 Custo do capital de terceiros a curto e a longo prazos

Outro aspecto importante para a análise de balanços refere-se ao caso do capital de terceiros a curto prazo e a longo prazo.

O custo de uma operação de financiamento a longo prazo normalmente supera o de curto prazo em razão dos maiores riscos assumidos pelo credor. Esses riscos são definidos basicamente por: (a) **risco de previsão**; e (b) **risco de flutuações** nas taxas de juros.

O **risco de previsão** denota que quanto maior for o prazo de resgate concedido menor se apresenta a capacidade de previsão do retorno do capital emprestado. Em outras palavras, ao comprometer recursos por um tempo maior, o credor tem menores condições de estimar a capacidade de pagamento do devedor, impondo, em consequência, um custo adicional à operação.

Já o **risco de variação dos juros** demonstra que, para prazos maiores, o capital emprestado permanece mais exposto às flutuações que venham a ocorrer nas taxas de juros. Na verdade, é estabelecido a longo prazo um risco de o credor não ser remunerado a taxas de juros condizentes com aquelas normalmente praticadas no mercado durante o período da operação. Diversos fatores podem alterar as taxas de juros de mercado sem que isso modifique, necessariamente, as condições previamente estabelecidas no contrato de empréstimo.

Para enfrentar esse risco, os credores normalmente definem percentuais de juros maiores, onerando o custo da operação de longo prazo.

Uma forma de se precaver do risco das flutuações reside na adoção de taxas de juros pós-fixadas, as quais seriam estabelecidas periodicamente (durante o prazo da operação) em função dos níveis em que o mercado financeiro definisse seus percentuais. Na prática, alguns exemplos de pós-fixação dos juros podem ser encontrados no lançamento de debêntures que, ao conter cláusula de repactuação, estabelece que os juros da operação são revistos a cada intervalo de tempo em função dos novos níveis praticados pelo mercado.

Outro critério, também adotado na prática, é o uso de taxas de juros flexíveis, conforme é mais usual em operações que envolvem recursos externos. Nessas operações com moeda estrangeira, a taxa contratada (*Libor* ou *prime rate*) é considerada, normalmente, em bases anuais e válida, no entanto, para intervalos menores de tempo (mês, trimestre). Ao cabo de cada período, a taxa é automaticamente ajustada aos níveis praticados na época.

Outra característica observada em nossa economia são as frequentes políticas de restrição ao crédito adotadas em diferentes momentos. Controlando amplamente o segmento de curto prazo no sistema financeiro nacional, os bancos privados partiram para cobranças de encargos adicionais, onerando ainda mais o custo financeiro do crédito a curto prazo no país.

Importante: nem sempre as colocações anteriores, tidas como teoricamente coerentes, se verificam na economia brasileira. São observados, em diversos momentos, desajustes entre o custo do crédito a curto e a longo prazos. Nesses períodos de desequilíbrio, os custos efetivos dos empréstimos a curto prazo apresentam percentuais bastante elevados, suplantando as taxas de longo prazo. Essa característica conflitiva deve-se, em grande parte, ao subsídio dispensado ao crédito a longo prazo no Brasil, como forma escolhida de incentivar determinados investimentos e suprir a carência de poupança a longo prazo na economia.

Diante de todo o exposto, pode-se concluir que o custo mais baixo do crédito de curto prazo em relação ao de longo prazo constitui-se, pelo menos em nível teórico, numa expectativa lógica e racional. Situações contrárias podem ocorrer e, de fato, ocorrem, principalmente em economias em desenvolvimento. No entanto, deve-se atribuir um caráter cíclico a esse desajuste, com tendências de desaparecer toda vez que a economia retomar o equilíbrio natural.

2.3 SEGMENTAÇÃO DO RISCO EMPRESARIAL: OPERACIONAL E FINANCEIRO

As decisões financeiras segmentam o risco empresarial em duas grandes partes: **risco operacional** (**econômico**) e **risco financeiro**.

O **risco operacional** é derivado do ativo da empresa, da natureza de sua atividade. Reflete a estabilidade dos negócios da empresa diante do comportamento da conjuntura econômica. Setores que se movem de maneira bastante próxima ao desempenho do mercado apresentam riscos maiores que aqueles mais estáveis. Por exemplo, indústrias de construção civil são mais sensíveis a políticas econômicas que o setor de alimentos, revelando maior risco aos investidores.

Outro aspecto que indica o risco operacional de uma empresa é a sazonalidade de seus negócios. Por exemplo, empresas do setor de brinquedos costumam ter quase 70% de suas atividades realizadas num único período do ano (segundo semestre). Uma eventual recessão econômica nesse período pode comprometer os resultados de todo o exercício, denotando um risco mais elevado.

Da mesma forma, a estrutura de custos, a dependência tecnológica e a concorrência, entre outros, são também exemplos que interferem no risco operacional das empresas.

Por outro lado, o **risco financeiro** é determinado pelo endividamento da empresa. Evidentemente, níveis mais elevados de recursos de terceiros (empréstimos e financiamentos) em relação ao capital próprio podem comprometer a capacidade de pagamento em períodos de retração da atividade, abalando a saúde financeira da empresa.

Teoricamente, uma empresa pode não apresentar risco financeiro ao manter-se totalmente financiada por capital próprio; entretanto, sempre incorrerá em risco operacional, inerente a seu negócio.

2.4 OBJETIVOS DAS EMPRESAS

Uma empresa pode pressupor vários objetivos. Ainda que seu objetivo estabelecido seja rigorosamente de maximização da riqueza de seus proprietários (ou de seu valor de mercado), a empresa pode ser justificada e analisada a partir de vários outros objetivos, discutidos a seguir.

2.4.1 Objetivos econômicos e sociais

Dentro do contexto da economia, a empresa pode ser compreendida como uma unidade tomadora de decisões econômicas (por exemplo, definir a combinação ideal de produção-preço) voltadas para a realização do lucro por meio da venda de bens e serviços.

Basicamente, a principal característica de diferenciação das empresas é a forma como as decisões econômicas são tomadas. Entre as várias medidas que ela deve, regularmente, acionar encontram-se a adequada seleção de fatores de produção visando à minimização de seus custos, o nível programado de produção e receitas que maximizem seus resultados, a escolha das alternativas de investimento mais rentáveis e adequadas ao custo do financiamento selecionado, e assim por diante.

A par desses aspectos da teoria econômica, é possível admitir, ainda, que uma empresa pode ser justificada por outros objetivos. A meta final de toda empresa, dentro de qualquer sistema econômico, é a produção de bens e serviços, os quais promovem, naturalmente, a satisfação das necessidades da sociedade em que está inserida.

As necessidades declaradas de uma sociedade podem ser agrupadas em duas classes:

1. **Necessidades básicas**: são aquelas identificadas na subsistência das pessoas, e os principais bens e serviços que as satisfazem são aqueles relacionados com vestuário, assistência médica, alimentação, moradia etc.
2. **Necessidades de consumo**: são aquelas que começam a surgir de acordo com a elevação do poder aquisitivo da pessoa; são normalmente estimuladas pela sociedade em que se vive. Essas necessidades de consumo são também denominadas "induzidas" ou "provocadas", por terem origem, algumas delas, nos meios de comunicação.

Paralelamente a esses objetivos sociais de satisfação das necessidades básicas e de consumo de uma sociedade, a empresa vai naturalmente cumprindo outros, como a criação de riquezas, a geração de impostos, a abertura de novos postos de trabalho etc. Esses objetivos, por seu lado, requerem determinados recursos humanos, técnicos, materiais e financeiros, que permitirão à empresa criar riqueza e, consequentemente, retribuir (remunerar) aos referidos recursos.

2.4.2 Objetivos próprios

Dentro da natureza de sua atividade operacional e de como se desenvolvem seus vários mercados de atuação (concorrência, fornecedores, consumidores etc.), a empresa pode definir certos objetivos específicos a serem perseguidos ao longo do tempo. Constituem-se esses objetivos próprios, na verdade, em mecanismos de atuação mais dinâmicos, os quais permitem que a empresa assuma maior capacidade de adaptação às constantes mutações e crises conjunturais. A seguir, são discutidos alguns desses objetivos.

O objetivo de **crescimento** da empresa é imposto fundamentalmente por sua própria capacidade e interesse de sobrevivência. Economicamente, a realização de qualquer um dos parâmetros que definem o crescimento (receitas de vendas, lucros, rentabilidade etc.) traz normalmente vantagens aos proprietários. Evidentemente, critérios de crescimento que não produzem benefícios econômicos aos proprietários são geralmente descartados (por exemplo, o crescimento das receitas somente é possível a preços baixos e com sacrifício dos lucros).

A **maximização dos lucros** é um objetivo frequentemente sugerido para a atividade empresarial. Empresas que perseguem incrementos em seus resultados a longo prazo transferem maior nível de riqueza a seus proprietários: o empreendimento valoriza-se, a rentabilidade e os dividendos crescem, os negócios ampliam-se etc.

No entanto, é importante ter em conta que o lucro, conforme é apurado pela contabilidade tradicional, embute algumas limitações que devem ser consideradas no momento de incluí-lo como objetivo da empresa, principalmente na dimensão de longo prazo.

Inicialmente, o lucro contábil não define capacidade financeira de pagamento da empresa pois o critério de apuração adotado é o regime de competência (e não o de caixa). De forma mais grave ainda, o resultado contábil não incorpora os vários riscos e incertezas associados à atividade da empresa, assim como o custo de oportunidade do capital investido.

O objetivo de **independência** assume grande importância, principalmente a partir das últimas décadas. Nesse período, em que os grandes grupos empresariais (nacionais e multinacionais) tendem a pressionar ou até mesmo a absorver pequenas e médias empresas nacionais, nota-se, na iniciativa privada e nos poderes públicos, determinadas reações visando à sobrevivência e à manutenção do nacionalismo dessas empresas.

Os objetivos de maior **competitividade** e **internacionalização** revelaram-se indispensáveis na conjuntura atual de globalização da economia. Nesse contexto, as empresas têm de se mostrar mais eficientes para poderem concorrer num mercado mais exigente e disputado por grandes corporações.

2.4.3 Objetivo no contexto da administração financeira

Os acionistas (sócios ou cotistas) são os genuínos proprietários das empresas e, ao subscreverem uma parte (ou todo) de seu capital como investimento de risco, desejam ser bem remunerados pela decisão. Ainda que a sociedade seja administrada por profissionais contratados, sem participação no capital da sociedade, eles devem reportar-se às expectativas dos acionistas, gerindo os negócios de forma a criar valor econômico aos investidores. Os administradores são responsáveis perante os acionistas e devem buscar constantemente o seu bem-estar econômico.

Dentro do contexto da administração financeira, o objetivo da empresa envolve a busca da **maximização de seu valor de mercado**. No entanto, até chegar-se a esse objetivo atual, a administração financeira definiu outros, os quais foram submetidos, ao longo do tempo, a um gradual processo de evolução e ajustes.

Até aproximadamente a segunda metade da década de 1920, a principal preocupação do administrador financeiro concentrava-se em seus aspectos externos. A captação de recursos junto ao mercado em geral (instituições financeiras e investidores particulares) era vista, tradicionalmente, como a função primordial da empresa, assumindo um caráter preferencial sobre todas as demais decisões.

No entanto, a partir dessa época, com o surgimento da crise econômica de 1929/1930 e a posterior necessidade de reestruturação organizacional das unidades produtivas, aliada aos importantes trabalhos de administração desenvolvidos no período (notadamente os de Taylor, Fayol e Ford), notou-se uma tendência geral pela alteração do objetivo tradicional da empresa; sua preocupação essencial passou a concentrar-se nas necessidades de melhor organização interna, visando manter um desenvolvimento em suas atividades operacionais.

Essa abordagem administrativa do objetivo da empresa, que predominou até o início dos anos 1940, tornou-se, por sua vez, bem sensível aos novos conceitos e ideias desenvolvidos a partir dessa época nos vários campos da ciência. O investimento e seu respectivo retorno tornaram-se, a partir de então, parâmetros básicos de decisão. "A Teoria Geral", de Keynes, então publicada, enunciou que "o que interessa para as nações e para as empresas em geral é o investimento agregado". Dessa forma, a administração financeira passou a buscar idealmente a maximização da riqueza dos acionistas (proprietários) como forma de justificar a existência da atividade empresarial. A empresa deverá, dentro desse enfoque contemporâneo, centrar suas decisões financeiras de maneira a oferecer uma remuneração compatível com as expectativas de seus proprietários, tornando cada vez mais eficaz o uso dos recursos aplicados em suas operações.

Ao produzir um retorno inferior à remuneração mínima exigida por seus vários capitais (credores e acionistas), a empresa sofre uma redução de seu valor de mercado, destruindo parte da riqueza de seus proprietários. Somente há agregação de valor econômico e, consequentemente, incremento de riqueza, quando a empresa demonstra ser capaz de gerar um resultado operacional excedente ao retorno exigido pelos proprietários de capital.

Por outro lado, no que se refere à mensuração do objetivo de riqueza de uma empresa, seu preço de mercado é o indicador mais adequado de seu valor econômico. Esse preço é obtido pelo valor de mercado da ação, quando esse for possível e refletir adequadamente a riqueza econômica do empreendimento, ou mediante apuração do valor presente dos benefícios econômicos esperados de caixa (método do fluxo de caixa descontado).

Ao promover um incremento em seu valor de mercado, a empresa atingirá o objetivo esperado de **maximização da riqueza de seus proprietários**.

O objetivo de maximização do lucro é uma visão de curto prazo, sendo superado em importância pelo objetivo de maximização da riqueza dos acionistas. Lucro Contábil não significa, necessariamente, valor. Uma empresa pode apurar um lucro líquido no exercício e esse resultado ser insuficiente para remunerar o risco do investimento. A empresa, nessa situação, mesmo apurando lucro, destrói valor.

No longo prazo, a meta de maximização do lucro não se apresenta consistente com o objetivo de maximização da riqueza do acionista. A maximização da riqueza incorpora, de forma implícita, uma permanente preocupação com relação ao risco. A maximização do lucro contábil não atribui importância ao risco.

2.4.4 Maximização da riqueza e objetivos sociais e próprios da empresa

O objetivo de maximização do valor de mercado de uma empresa, conforme foi exposto, é consequência (resultado) dos vários objetivos que podem ser estabelecidos para ela. Ao adquirir ações, o acionista está, implicitamente, adquirindo determinado potencial futuro de riqueza. O valor de seu investimento é função de suas expectativas com relação ao futuro da empresa. Assim, ao transmitir uma imagem positiva com relação a seu crescimento, independência, rentabilidade, segurança etc., a empresa gerará uma expectativa otimista no mercado, acarretando um incremento de seu valor e, consequentemente, da riqueza de seus proprietários. Pode-se concluir, dessa forma, que o objetivo proposto pela administração financeira é reflexo da consecução dos vários objetivos que podem ser fixados para uma empresa.

Por outro lado, os objetivos sociais inerentes às empresas em geral não se invalidam com a definição do objetivo de maximização de seu valor de mercado. Mesmo mantendo-se os critérios de lucro e incremento da riqueza acionados, a empresa poderá perfeitamente atingir sua função social. Solomon e Pringle[1] complementam essa convivência de objetivos da seguinte forma:

> Na verdade, são precisamente estes critérios que a sociedade deve esperar que as empresas apliquem às decisões econômicas para que fique assegurada a alocação eficiente dos recursos escassos.

De forma conclusiva, a busca da maximização da riqueza das empresas gera, com a participação da sociedade e das autoridades, incrementos de certas responsabilidades sociais, tais como recolhimento de impostos e encargos previdenciários; melhorias em outros, tais como critérios de seleção e treinamento de funcionários, adoção de técnicas antipoluentes, implantação de medidas mais acuradas de segurança de trabalho, eficiência administrativa etc.

O objetivo da empresa é obter o maior retorno possível, considerando o menor risco. Com isso, mostra-se capaz de promover a maximização da riqueza de seus acionistas. Essa riqueza é dimensionada, geralmente, mediante o preço do mercado das ações ordinárias.

Importante: a moderna análise de balanços deve dar ênfase a esse objetivo, avaliando a relação lucro (retorno) e risco. Maior retorno para o mesmo risco, ou menor risco para o mesmo retorno, são estratégias que elevam o valor da empresa. Deve avaliar, ainda, como as decisões financeiras são formadas pela empresa e como repercutiram sobre o valor de mercado de suas ações.

---

1 SOLOMON, E.; PRINGLE, J. J. *Introdução à Administração Financeira*. São Paulo: Atlas, 1981. p. 34.

Quadro 2.1 Decisões e Estratégias Financeiras

<table>
<tr><td colspan="2">No processo de tomada de decisões financeiras a empresa estabelece três grandes estratégias: investimentos, financiamentos e operacionais. Essas estratégias têm por objetivo nortear as decisões no sentido de viabilizar os negócios promovendo a maximização de seu valor econômico.
O grande objetivo na análise de demonstrações financeiras é avaliar, por meio de instrumentos e ferramentas adequadas, a qualidade e os resultados das decisões financeiras tomadas. Nesse desafio, são analisadas as condições de equilíbrio financeiro e liquidez, eficiência operacional, retorno dos investimentos, risco e geração de valor.
No objetivo de criação de valor econômico, destacam-se três áreas de relacionamento:
1. identificar alternativas que oferecem retornos que superam o custo de capital (estratégias de investimentos);
2. selecionar alternativas de financiamento que apresentam custos baixos, de modo a viabilizar as decisões de investimentos (estratégias de financiamentos);
3. operar com eficiência operacional (estratégias operacionais).</td></tr>
<tr><td>Investimentos</td><td>■ Essas decisões procuram identificar oportunidades de investimentos que remuneram, pelo menos, o custo de capital, entendido como a remuneração mínima exigida pelos investidores (credores e acionistas)
■ Os investimentos são direcionados para três áreas:
1. capital de giro e liquidez: caixa, vendas a prazo (valores a receber), estoques etc., em excesso ao financiamento com passivo circulante operacional formado por créditos de fornecedores, salários e encargos sociais, impostos sobre vendas etc.
2. ativos fixos produtivos tangíveis: equipamentos, máquinas, instalações, edificações etc.
3. investimentos fixos intangíveis: desenvolvimento de produtos, pesquisas de mercado, tecnologia, patentes etc.
■ Os investimentos são recuperados no futuro, devendo remunerar a taxa mínima de retorno esperada pelos investidores. Essas decisões são tomadas, geralmente, a partir de planos anuais de investimentos, voltados a promover o crescimento e a competitividade da empresa
■ As fontes de financiamento das decisões de investimentos são formadas por recursos próprios (dos proprietários) e recursos de terceiros (dívidas), podendo ainda ser utilizados recursos já existentes e disponíveis nos ativos da empresa, ou novos fundos levantados no mercado
■ Sempre que o retorno dos investimentos superar o custo de capital há criação de valor (riqueza) ao acionista. Se o retorno estiver abaixo das expectativas mínimas dos investidores, a decisão financeira não se mostra atraente</td></tr>
<tr><td>Financiamentos</td><td>■ As decisões de financiamento podem se originar de fontes próprias, recursos dos acionistas, ou de terceiros, identificados em empréstimos e financiamentos. Esses recursos apresentam custos, definidos pelas taxas de retorno exigidas pelos proprietários dos capitais, os quais devem ser cobertos pelo retorno dos investimentos
■ A empresa deve avaliar a melhor proporção entre dívidas e capital próprio, de modo a ajustar o risco da empresa a um nível adequado. Quanto maior for o risco da empresa, mais elevada é a taxa de retorno exigida pelos investidores, como forma de remunerar a incerteza crescente</td></tr>
</table>

(continua)

(continuação)

Operacionais	■ Essas estratégias consideram as variáveis que formam o resultado operacional da empresa. São incluídas nessa avaliação estratégias de fixação de preços de venda, distribuição e logística, escala de produção, margem de lucro, volume de venda e escala de produção, alavancagem operacional, e assim por diante ■ São estudados diversos indicadores que medem a eficiência da gestão da empresa e eficiência na utilização dos recursos investidos, voltados principalmente para preços de venda e volume, custos e lucros

2.5 EMPRESA SUSTENTÁVEL

O conceito de sustentabilidade e sua inserção no ambiente das organizações surgiu por volta de 1980 no mundo, e teve uma aceitação bastante rápida desde então pelos agentes econômicos. Esse conceito foi trazido ao Brasil e amplamente assimilado pelas empresas e pelo mercado financeiro.

A ideia básica de **sustentabilidade** está na preservação da humanidade, na necessidade dos países adotarem mecanismos para promover o crescimento econômico sem interferir no meio ambiente, permitindo que gerações futuras tenham suas necessidades atendidas.

Uma empresa é entendida como **sustentável** quando promove, junto com o retorno econômico de seus acionistas, proteção ao meio ambiente e bem-estar das pessoas. Uma empresa sustentável mantém um desejável equilíbrio entre o objetivo de lucro e as necessidades ambientais e sociais, preservando a interdependência entre as pessoas e o meio ambiente.

A avaliação do desempenho das empresas no conceito de sustentabilidade prevê que os resultados sejam interpretados nos segmentos econômico (capital), ambiental (água, energia e matérias-primas) e social (tempo, capacidade de trabalho e infraestrutura). Esses resultados, discutidos por Savitz e Weber,[2] são conhecidos por **Tríplice Resultado**, e estão representados de forma simplificada no Quadro 2.2, desenvolvido pelos autores.

Quadro 2.2 Tríplice Resultado

Resultado econômico	Resultado ambiental	Resultado social
■ Vendas e lucros ■ Retorno sobre o investimento ■ Fluxos de caixa ■ Geração de empregos	■ Qualidade do ar ■ Qualidade da água ■ Utilização de energia ■ Resíduos	■ Práticas trabalhistas ■ Direitos humanos ■ Impactos sobre a comunidade

O **Tríplice Resultado** propõe que o desempenho de uma empresa deve ser analisado não somente por medidas financeiras tradicionais, mas **também** por seu comprometimento social e desempenho ambiental.

2 SAVITZ, A. W.; WEBER, K. *A Empresa Sustentável*. 2. ed. Rio de Janeiro: Campus, 2007. p. 5. As relações "Econômica, Ambiental e Social" são também expressas no denominado **Tripé de Sustentabilidade**, conforme expressão proposta por John Elkington.

Apesar da dificuldade natural em mensurar a sustentabilidade, a representação de Savitz e Weber é importante para entender o seu impacto sobre os negócios. Quando um **Tríplice Resultado** se apresentar positivo, indica que a empresa agregou valor, contribuindo tanto para a riqueza econômica dos acionistas como para toda a sociedade por meio de capital humano (social) e ambiental.

Cada vez mais as empresas estão se inserindo no ambiente de responsabilidade; é cada vez mais comum as modernas empresas se reportarem não somente aos seus investidores (credores e acionistas), mas também a outros *stakeholders*, como ambientalistas, empregados, clientes, organizações de direitos humanos, setores de saúde pública e a sociedade em geral.

Uma **empresa sustentável** cria valor para os acionistas no longo prazo, contribui para o equilíbrio dos recursos ambientais e sociais e atendimento das necessidades das gerações futuras.

2.5.1 A sustentabilidade na Bolsa de Valores do Brasil

A Bolsa de Valores do Brasil (Brasil, Bolsa, Balcão – B3) entende a sustentabilidade dentro de um novo modelo de gestão que leva as empresas à criação de valor. O entendimento de questões ambientais e de Governança Corporativa passa a ser fundamental para as decisões financeiras e precificação dos ativos no mercado.

Nessa tendência de criação de valor de "investimentos socialmente responsáveis", a Bolsa de Valores de São Paulo (Bovespa) e a Bolsa de Mercadorias e Futuros (BM&F), junto com diversas instituições, desenvolveram, em 2005, um índice de ações conhecido por **Índice de Sustentabilidade Empresarial** (**ISE**), composto por organizações comprometidas com responsabilidade social e sustentabilidade empresarial. Nos Estados Unidos, o Índice de Sustentabilidade Dow Jones (*Dow Jones Sustainability – DJSI*) avalia o desempenho financeiro das empresas comprometidas com sustentabilidade desde o início de 2000.

O ISE oferece uma análise comparativa do desempenho das empresas em termos de eficiência econômica, ambiental e social, destacando as organizações comprometidas com os princípios de sustentabilidade corporativa. É verificada, atualmente, uma crescente cobrança das empresas por uma postura socialmente mais responsável, procurando promover maior igualdade social.

3

OBJETIVOS E CRITÉRIOS DA ANÁLISE DE BALANÇOS

Por meio das demonstrações contábeis levantadas por uma empresa, podem ser extraídas informações a respeito de sua posição econômica e financeira. Por exemplo: um analista pode obter conclusões sobre a atratividade de investir em ações de determinada companhia; se um crédito solicitado merece ou não ser atendido; se a capacidade de pagamento (liquidez) se encontra numa situação de equilíbrio ou insolvência; se a atividade operacional da empresa oferece uma rentabilidade que satisfaz as expectativas dos proprietários de capital; e assim por diante.

A análise de balanços é desenvolvida com base nas demonstrações contábeis formalmente apuradas pelas empresas, as quais encontram-se detalhadas na Parte II. As expressões **análise de balanços, análise das demonstrações/demonstrativos contábeis** e **relatórios financeiros** são consideradas sinônimos.

O objetivo da contabilidade é fornecer informações sobre o desempenho e os resultados de uma empresa, e também sobre sua estrutura patrimonial.

Os diversos aspectos básicos dos objetivos da análise de balanços, as diferentes expectativas de seus usuários e a descrição das técnicas científicas mais adotadas são comentados ao longo deste capítulo. Visa-se, com isso, introduzir o leitor no processo formal de análise de balanços, mostrando sua importância prática e metodologia de avaliação.

3.1 OBJETIVOS E CONTEÚDO DA ANÁLISE DE BALANÇOS

A análise de balanços tem por objetivo relatar, com base nas informações contábeis fornecidas pelas empresas, a posição econômico-financeira atual, as causas que determinaram a evolução apresentada e as tendências futuras. Em outras palavras, pela análise de balanços extraem-se informações sobre a posição passada, presente e futura (projetada) de uma empresa.

Corroborando com Iudícibus,[1] pode-se partilhar da ideia de que a análise de balanços é uma arte pois, apesar das técnicas desenvolvidas, não há nenhum critério ou metodologia formal de análise válidos nas diferentes situações e aceitos de maneira unânime pelos analistas. Dessa maneira, é impossível sugerir-se uma sequência metodológica ou um instrumental científico capazes de fornecer diagnósticos sempre precisos das empresas.

---

1 IUDÍCIBUS, S. *Análise de Balanços*. 10. ed. São Paulo: Atlas, 2009.

A maneira com que os indicadores de análise são utilizados é particular de quem faz a análise, sobressaindo-se, além do conhecimento técnico, a experiência e a própria intuição do analista. Dois analistas podem chegar a conclusões bem diferentes sobre uma empresa, mesmo tendo trabalhado com as mesmas informações e utilizado iguais técnicas de análise. As conclusões de diferentes analistas, por outro lado, poderão estar bem próximas, conforme demonstrem maior nível de experiência; no entanto, dificilmente apresentarão conclusões exatamente iguais.

Na verdade, a preocupação do analista centra-se nas demonstrações contábeis da sociedade, das quais extrai conclusões a respeito da situação econômico-financeira, e toma (ou influencia) decisões com relação a conceder ou não crédito, investir em seu capital acionário, alterar determinada política financeira, avaliar se a empresa está sendo bem administrada, identificar sua capacidade de solvência (estimar se falirá ou não), avaliar se é uma empresa lucrativa e se tem condições de saldar suas dívidas com recursos gerados internamente etc.

Para essas conclusões e decisões, a análise de balanços é fundamentalmente dependente da **qualidade** das informações (exatidão dos valores registrados, rigor nos lançamentos e princípios contábeis adotados etc.) e do **volume** de informações disponíveis ao analista.

A **análise de balanços** permite que se extraia, dos demonstrativos contábeis apurados e divulgados por uma empresa, informações úteis sobre o seu desempenho econômico-financeiro, podendo atender aos objetivos de análise dos investidores, credores, concorrentes, empregados, governo etc.

3.1.1 Insumos da análise de balanços

Os insumos básicos do processo de análise de balanços são os relatórios contábeis elaborados periodicamente pelas empresas.

Os relatórios contábeis distinguem-se em **obrigatórios** e **não obrigatórios**.

Os relatórios **obrigatórios** são aqueles definidos pela legislação societária, sendo mais conhecidos por "demonstrações contábeis" ou "demonstrações financeiras".

A atual Lei das Sociedades por Ações[2] determina que ao final de cada exercício social (12 meses) toda empresa deve apurar, com base nos fatos registrados pela contabilidade, o seguinte resumo de demonstrações contábeis:

- Balanço Patrimonial.
- Demonstração do Resultado do Exercício.
- Demonstração dos Lucros ou Prejuízos Acumulados ou Demonstração das Mutações do Patrimônio Líquido.
- Demonstração dos Fluxos de Caixa.
- Demonstração do Valor Adicionado (companhias abertas).

---

2 Lei nº 6.404/1976, complementos e atualizações. A Lei nº 11.638/2007 e a Lei nº 11.941/2009, sancionadas em 2008 e 2009, respectivamente, modificaram a Lei das Sociedades por Ações vigente.

As demonstrações de cada exercício serão publicadas com a indicação dos valores correspondentes das demonstrações do exercício anterior.

As companhias de capital aberto (que têm suas ações negociadas em bolsas de valores) e as instituições financeiras, pela necessidade de melhor informar ao mercado em geral, devem apurar (e publicar) suas demonstrações contábeis a cada semestre.

A Parte II desta obra dedica-se ao estudo da estrutura dessas demonstrações financeiras.

Os relatórios **não obrigatórios** não fazem parte da estrutura básica das demonstrações contábeis que devem ser elaboradas para efeitos de divulgação, sendo normalmente destinados ao uso gerencial interno. Muitos desses relatórios são bastante importantes para a análise, permitindo que sejam obtidas conclusões mais completas sobre a situação da empresa. Exemplos: projeções de vendas, desempenho por produto etc.

Complementarmente às demonstrações financeiras obrigatórias, as companhias de capital aberto devem responsabilizar-se também pela publicação, entre outros, do **Relatório de Diretoria**, **Notas Explicativas** e **Parecer dos Auditores**.

O **Relatório de Diretoria** inclui informações de caráter bem geral sobre a empresa, tais como: dados estatísticos diversos, política de recursos humanos, programas de exportação, projeções financeiras, projetos de expansão e modernização, perspectivas do mercado e da empresa etc.

Uma companhia de capital aberto deve apurar as seguintes demonstrações, em atendimento às exigências da Comissão de Valores Mobiliários (CVM), Bolsa de Valores do Brasil (Brasil, Bolsa, Balcão - B3) e seus acionistas:

- **Demonstrações Financeiras Padronizadas** (**DFP**): esse documento é composto por todos os demonstrativos financeiros referentes ao exercício social encerrado e deve ser encaminhado ao final de cada trimestre de cada ano à CVM e à B3.
- **Informações e Resultados Trimestrais** (**ITR**): são elaborados e enviados por todas as companhias listadas em Bolsa de Valores para a CVM e B3 todo trimestre. A ITR tem por finalidade permitir que o investidor acompanhe o desempenho da empresa no trimestre.
- **Informações e Resultado Anual** (**IAN**): esse documento inclui, de forma mais completa, as mais relevantes informações da companhia de natureza societária, contábil, financeira e de mercado.
- **Relatório de Administração e Parecer de Auditoria Independente**: relativos às Demonstrações Contábeis Anuais.
- **Divulgação de Fato Relevante**: entende-se por fato relevante todo evento que possa provocar alterações nos preços de mercado das ações da companhia, tais como aquisições, fusões, alterações no controle acionário etc.
- Importante acrescentar que toda companhia aberta deve manter, ainda, uma **Diretoria de Relações com Investidores** com o objetivo de atender às necessidades de informações dos investidores de mercado.
- **Assembleias Gerais Ordinárias** (**AGOs**) e **Extraordinárias** (**AGEs**) de acionistas divulgadas com Edital.

As **Notas Explicativas** visam esclarecer certas informações importantes que não podem ser detalhadas nas demonstrações contábeis elaboradas. Por exemplo: composição do capital social (quantidade de ações ordinárias e preferenciais, principais acionistas etc.); detalhamento das dívidas de longo prazo (garantias, amortização, encargos financeiros etc.); participação acionária da empresa em outras empresas; principais critérios de avaliação de elementos patrimoniais (especialmente estoques) etc.

Finalmente, o **Parecer dos Auditores** reflete se as demonstrações financeiras representam adequadamente a situação econômico-financeira da empresa, se há uniformidade com relação aos relatórios apurados em exercícios anteriores e se foram seguidos os princípios contábeis. Os comentários do auditor atribuem maior segurança aos analistas de balanços, valorizando a qualidade da informação contábil.

3.1.2 Metodologia de análise

Conforme comentado anteriormente, a análise de balanços é não somente desenvolvida por meio de aplicações de técnicas, mas também orientada, em grande parte, pela sensibilidade e experiência do analista.

Com o intuito de colaborar na formação de uma rotina metodológica, é proposto, a seguir, um esquema básico de avaliação. Os capítulos posteriores desenvolvem as técnicas e critérios de avaliação de cada parte do esquema sugerido.

3.1.2.1 A empresa e o mercado

Uma preocupação essencial do analista deve ser a de conhecer mais detalhadamente a empresa e seu mercado de atuação, de maneira a melhor avaliar as decisões financeiras (investimento e financiamento) tomadas.

A análise de balanços torna-se bem mais consistente quando interpretada dentro das características do setor de atividade da empresa. Por exemplo, um giro de 70 dias dos estoques pode ser excessivo para determinado segmento comercial, sendo considerado, entretanto, adequado em outro.

No estudo do setor de atividade em que uma empresa se encontra inserida, devem ser avaliados os potenciais atual e futuro do mercado consumidor, o nível e o tamanho da concorrência, o crescimento esperado e as tendências, a dependência tecnológica, os fornecedores, a política de preços adotada para o setor etc.

3.1.2.2 Relatórios financeiros

Esse item engloba todas as demonstrações contábeis elaboradas pela empresa, que servirão como fonte de informações para a análise econômico-financeira. É importante, nesse item, avaliar-se os procedimentos contábeis padronizados para o setor, o plano de contas, o tratamento da inflação adotado nos demonstrativos etc.

3.1.2.3 Análises horizontal e vertical

A aplicação dessas técnicas, conforme é demonstrado na parte seguinte, tem por objetivo básico a avaliação dos demonstrativos contábeis pela evolução de seus valores ao longo do tempo (análise horizontal), e pela participação relativa de cada valor em relação a um total (análise vertical).

3.1.2.4 Análise da liquidez

O estudo da liquidez visa conhecer a capacidade de pagamento da empresa, isto é, suas condições financeiras de cobrir, no vencimento, todos seus compromissos passivos assumidos. Revela, ainda, o equilíbrio financeiro e sua necessidade de investimento em capital de giro.

3.1.2.5 Análise do endividamento

Avalia basicamente a proporção de recursos próprios e de terceiros mantidos pela empresa, sua dependência financeira por dívidas de curto prazo, a natureza de suas exigibilidades e seu risco financeiro.

3.1.2.6 Análise de rentabilidade e lucratividade

É uma avaliação econômica do desempenho da empresa, dimensionando o retorno sobre os investimentos realizados e a lucratividade apresentada pelas vendas.

3.1.2.7 Análise de valor

Avalia a capacidade de a empresa gerar não somente lucro líquido, mas também valor econômico aos seus acionistas. Para tanto, são utilizadas diversas métricas de valor aplicadas aos demonstrativos contábeis, que identificam a riqueza econômica agregada.

3.1.2.8 Conclusões

Apesar de cada item do esquema proposto de análise proporcionar conclusões específicas, esta parte final deve se apresentar conclusiva, desenvolvendo sucintamente a efetiva situação econômico-financeira da empresa e suas perspectivas de desempenho.

3.2 USUÁRIOS DA ANÁLISE DE BALANÇOS

A análise das demonstrações contábeis de uma empresa pode atender a diferentes objetivos consoante os interesses de seus vários usuários, pessoas físicas ou jurídicas, que apresentam algum tipo de relacionamento com a empresa. Nesse processo de avaliação, cada usuário procurará detalhes específicos e conclusões próprias e, muitas vezes, não coincidentes.

Os usuários mais importantes da análise de balanços de uma empresa são os fornecedores, clientes, intermediários financeiros, acionistas, concorrentes, governo e seus próprios administradores.

Os interesses dos **fornecedores** estão preferencialmente voltados para o conhecimento da capacidade de pagamento da empresa, ou seja, sua liquidez. Por serem as demonstrações contábeis relatórios estáticos, representando uma posição em determinado momento do tempo, os fornecedores também se preocupam em extrair conclusões de outros indicadores da empresa, de forma a lhes proporcionarem maior segurança. Dessa maneira, são identicamente consultados o nível do endividamento e rentabilidade das empresas compradoras, além de outras informações julgadas relevantes para a concessão do crédito.

Análises importantes também são aquelas efetuadas por empresas **clientes**. Em verdade, é prudente que empresas compradoras avaliem firmas vendedoras em algumas situações especiais, tais como quando ocorrer forte dependência de certos fornecedores que não apresentam uma estrutura empresarial compatível com a importância dos pedidos, ou quando o número de fornecedores disponíveis no mercado é reduzido diante da demanda existente. Nesse segmento de análise de balanços, os itens mais importantes da avaliação centram-se na capacidade física instalada de produção, existência de projetos de expansão, nível dos investimentos em pesquisas e desenvolvimento de produtos, condições econômicas e financeiras em curto e longo prazos e, também, no potencial de captação de recursos, notadamente em longo prazo.

Os **intermediários financeiros**, basicamente bancos comerciais e de investimento, constituem-se tradicionalmente no principal usuário da análise de balanços. Historicamente, sabe-se que o processo de avaliação de empresas foi desenvolvido, em grande parte, no sistema bancário norte-americano, que procurava relacionar o risco das diversas empresas com suas solicitações de empréstimos.

O surgimento dos bancos de investimento e desenvolvimento, com atuações típicas de longo prazo, deu grande impulso ao processo de análise de balanços, vinculando, normalmente, todo o projeto de financiamento à avaliação profunda da situação econômico-financeira da empresa.

Os interesses dos bancos, em geral, incluem o conhecimento da posição de curto e longo prazos da empresa. Mesmo que a operação de crédito se verifique a curto prazo, o relacionamento entre bancos e clientes é, geralmente, visto também no longo prazo em razão das possibilidades de renovações do empréstimo, do interesse em manter determinada empresa como cliente etc. Dessa forma, além dos aspectos tradicionais da análise de balanços a curto prazo, o grau de endividamento, a solvência, a rentabilidade, entre outros, assumem também grande importância no processo de avaliação.

Os atuais e potenciais **acionistas** procuram, prioritariamente, identificar o retorno de seus **investimentos**, ou seja, a capacidade que a empresa apresenta em gerar lucros e remunerar os recursos próprios aportados. O interesse pela **liquidez** financeira está mais restrito a identificar a capacidade da empresa em manter suas operações e, muitas vezes, em avaliar as condições atuais e futuras de distribuição de dividendos. Além desses aspectos, a análise por parte dos acionistas engloba identicamente estudos sobre os diversos indicadores de ações, tais como preço de mercado da ação, valorizações, lucro por ação etc.

A análise de **concorrentes** é muito importante à medida que a empresa possa melhor conhecer seu mercado e comparar sua posição econômico-financeira (liquidez, rentabilidade, crescimento de vendas etc.) em relação a seu setor de atividade (empresas concorrentes). Por essa análise de toda a concorrência, é possível a construção de índices-padrão indispensáveis a uma autoavaliação.

O interesse do **governo** na análise de balanços é explicado em processos de concorrência pública, em que o desempenho empresarial é fator importante no processo de seleção; na necessidade de conhecer a posição financeira dos diferentes ramos e setores de atividade como forma de subsidiar a formulação de certas políticas econômicas; no controle mais próximo de empresas públicas e concessionárias de serviços públicos etc.

Para seus **próprios administradores**, a análise de balanços não é menos importante, servindo como instrumento de acompanhamento e avaliação das decisões financeiras tomadas pela empresa. Em outras palavras, ao avaliar seus diversos relatórios contábeis, os dirigentes das empresas poderão mensurar os resultados de suas políticas de investimentos e financiamentos. Por exemplo, será possível conhecer o retorno dos investimentos totais, a rentabilidade do capital próprio, a rotação dos ativos, o volume de dívidas em relação ao capital dos proprietários etc. Da mesma forma, por meio de demonstrações projetadas, é possível desenvolver uma avaliação sobre o desempenho futuro da empresa, sua capacidade esperada de gerar lucros, posição prevista de caixa, crescimento das vendas e custos etc.

3.3 TÉCNICAS DE ANÁLISE DE BALANÇOS

O raciocínio básico da análise de balanços se desenvolve por meio de técnicas oriundas de diferentes áreas do saber (contabilidade, matemática e estatística, principalmente). Essas técnicas apresentam uso bastante generalizado e sofrem periodicamente um processo natural de aprimoramento e sofisticação. Métodos empíricos de avaliação de empresas, por sua vez, alcançaram evidências científicas ao longo do tempo, comprovando suas validades.

As principais técnicas de análise de balanços são apresentadas a seguir, sendo seus detalhamentos desenvolvidos ao longo dos diversos capítulos posteriores.

1. **Análise horizontal**: identifica a evolução dos diversos elementos patrimoniais e de resultados ao longo de determinado período de tempo. É uma análise temporal do crescimento da empresa, que permite avaliar a evolução das vendas, custos e despesas; o aumento dos investimentos realizados nos diversos itens ativos; a evolução das dívidas etc.
2. **Análise vertical**: de maneira idêntica à análise horizontal, a análise vertical objetiva, basicamente, o estudo das tendências da empresa. Complementando as informações horizontais, o estudo vertical das demonstrações contábeis permite conhecer a estrutura financeira e econômica da empresa, ou seja, a participação relativa de cada elemento patrimonial e de resultados. Por exemplo, qual porcentagem das vendas representa lucro líquido; do total de seu passivo quanto a empresa deve a curto e a longo prazo etc.

   Apesar da grande importância dessas duas técnicas, suas aplicações práticas têm sofrido alguns desgastes em razão, principalmente, das características do sistema de apuração do lucro no Brasil, do tratamento adotado pela contabilidade legal em ambientes inflacionários e das bruscas e constantes modificações verificadas na economia brasileira.
3. **Indicadores econômico-financeiros**: procuram relacionar elementos afins das demonstrações contábeis de forma a melhor extrair conclusões sobre a situação da empresa. Existem diversos índices úteis para o processo de análise, metodologicamente classificados nos seguintes grupos: liquidez, operacional, rentabilidade, endividamento e estrutura, análise de ações e geração de valor.

   Visando a uma comparação interempresarial, é possível obter em revistas especializadas, ainda, indicadores de empresas concorrentes e padrões do setor de atividade e do mercado.
4. **Diagrama de índices**: constitui-se em importante instrumento de análise de balanços, sendo desenvolvido pela decomposição dos elementos que exercem influências nos índices. A elaboração de um diagrama de índices é mais adotada quando se estuda a rentabilidade da empresa, sendo o modelo *ROI* (Retorno sobre o Investimento Operacional) amplamente conhecido pelos analistas.

3.3.1 Comparações

É importante acrescentar, ainda, que a análise de balanços é fundamentalmente comparativa. Ou seja, determinado índice, quando avaliado isoladamente, não produz informações suficientes para uma correta conclusão. É indispensável que se conheça como evoluiu esse resultado nos últimos anos e em que nível ele se situa em relação aos concorrentes e aos padrões de mercado.

Dessa forma, a comparação que se processa na análise de balanços apresenta-se de duas formas:

1. **Temporal**: envolvendo resultados de períodos anteriores. São estudados, geralmente, os três últimos exercícios sociais da empresa. O essencial da análise está em compreender a tendência apresentada pelos indicadores de desempenho, e não limitar a avaliação num resultado restrito a um único período;
2. **Interempresarial**: relacionando o desempenho de uma empresa com o setor de atividade e o mercado em geral.

Na comparação interempresarial são utilizados índices-padrão do mercado, os quais podem ser obtidos de publicações especializadas ou desenvolvidos pela própria empresa. O Capítulo 14 (Seção 14.10) trata do estudo de estabelecimento de indicadores padrões de análise para as empresas.

Quadro 3.1 Uma visão mais ampla da análise de balanços

É importante destacar que para uma boa análise de balanços é relevante que se conheça o setor de atuação da empresa e as características fundamentais do negócio. Por exemplo, uma mesma taxa de retorno não apresenta a mesma avaliação para todos os segmentos de negócios, podendo ser considerada adequada para alguns e insuficiente para outros. Da mesma forma, o endividamento de uma instituição financeira não segue o mesmo padrão de uma empresa não financeira.

Ao mesmo tempo, devem ser ressaltadas as especificidades contábeis adotadas em cada tipo de negócio, de forma a permitir a análise das informações disponibilizadas nos demonstrativos financeiros de acordo com a realidade contábil da empresa. Critérios de apropriação de receitas e despesas e avaliação de ativos, por exemplo, seguem critérios próprios e diferenciados em concessionárias de serviços públicos, instituições financeiras e elétricas.

O risco de extrair conclusões erradas do desempenho de uma empresa cujo **negócio e mercado de atuação não são conhecidos** é bastante alto. O importante para a análise financeira é evitar generalizações na interpretação dos balanços; o requisito básico de uma boa análise é entender como funciona o negócio da empresa em avaliação e seus riscos, e principalmente conhecer as regras contábeis adotadas.

Importante: uma boa análise de balanço é, atualmente, bastante dependente de uma correta interpretação dos critérios contábeis utilizados na apuração dos demonstrativos financeiros publicados.

Em resumo, três grandes questões devem ser entendidas e incorporadas para uma boa análise de balanços:

1. o **setor** de atividade da empresa e seus **riscos**;
2. o seu **negócio**, como a empresa atua no mercado;
3. o modelo de **contabilização**, como interpretar os relatórios financeiros.

3.4 INFLAÇÃO E BALANÇOS

Reconhecidamente, a inflação exerce grande influência sobre os resultados das empresas, distorcendo a realidade de sua estrutura patrimonial quando não devidamente considerada nos relatórios contábeis. Em épocas de altas taxas inflacionárias, como as ocorridas no

Brasil na década de 1980 e início dos anos 1990, a elaboração dos demonstrativos financeiros somente fazia sentido se expressas em moeda constante, por meio da sistemática de correção integral. As sociedades por ações, durante muito tempo, foram obrigadas legalmente a corrigir seus balanços pelo mecanismo de correção monetária definido na Lei nº 6.404/1976. As companhias de capital aberto, por sua vez, publicavam adicionalmente, por determinação da CVM, suas demonstrações contábeis apuradas, também, segundo o critério de correção integral.

A partir de 1995, no entanto, as empresas ficaram legalmente desobrigadas de refletir os efeitos inflacionários em suas demonstrações contábeis, privilegiando a contabilidade a valores históricos. Com isso, os números das empresas passaram a não refletir efetivamente sua realidade econômico-financeira. Mesmo em contextos de baixa inflação, é importante que se tenha balanços em moeda de mesma capacidade de compra. Por exemplo, uma taxa de inflação de 10% ao ano projeta a duplicação dos índices gerais de preços em pouco mais de 8 anos, mascarando significativamente o estudo da rentabilidade da empresa.

Em conclusão, é entendido como relevante que o analista tenha sempre a preocupação de trabalhar com os demonstrativos contábeis em moeda constante, pelo método da correção integral. Balanços a valores históricos, como os revelados pela legislação societária, apresentam-se bastante duvidosos, permitindo conclusões equivocadas da realidade da empresa.

Em 2008 e 2009, com a adoção das Leis nº 11.638/2007 e nº 11.941/2009, a contabilidade brasileira passou a convergir às normas internacionais – ***International Accounting Standards Board*** (IASB) –, estabelecendo novos procedimentos na elaboração e divulgação dos demonstrativos contábeis de nossas empresas (sociedades por ações e empresas de grande porte). Junto com a edição dessas leis também foi criado, em 2005, o Comitê de Pronunciamentos Contábeis (CPC), formando o amplo conjunto de normas contábeis brasileiras aprovadas pelos diversos órgãos reguladores, como o Conselho Federal de Contabilidade (CFC) e a CVM, entre outros. Importante acrescentar que essas normas cobrem praticamente todas as organizações com fins lucrativos em atuação no Brasil.

O principal objetivo da nova lei é a atualização dos padrões contábeis brasileiros, promovendo sua completa convergência às práticas internacionais.

Importantes modificações foram introduzidas no conjunto de normas aprovado nos critérios de avaliação dos ativos e passivos das empresas, priorizando sua expressão nos demonstrativos contábeis pelo conceito de "Valor Justo" (*fair value*).

3.5 DEMONSTRAÇÕES CONTÁBEIS CONSOLIDADAS

Uma empresa que possui participação societária em outras entidades é conhecida por "controladora" (*holding*). A controladora tem suas ações negociadas em bolsas de valores assumindo, junto às controladas, uma empresa única. A **demonstração contábil consolidada** destaca uma visão única e integrativa da empresa, revelando a posição consolidada das diversas empresas que compõem o conglomerado. Na análise de balanços, a demonstração consolidada oferece um foco amplo da situação da empresa, permitindo confrontar seus resultados com outros conglomerados.

A consolidação das demonstrações contábeis é uma exigência adicional aos demonstrativos normais, devendo refletir a posição da controladora (investidora) e suas controladas (investidas). A lei faz essa exigência basicamente para todas as companhias abertas.

A CVM define as **demonstrações consolidadas**[3] como as demonstrações contábeis de todas as entidades que formam um grupo econômico (controladora e todas as suas controladas), apresentadas como se fossem uma única entidade econômica.

A **coligação** é identificada quando uma sociedade detém participação acionária em outra sociedade que lhe assegure influência relevante em suas decisões. Não é necessário ter o controle do capital acionário para ser coligada, basta que a participação no capital assegure influência importante nas principais decisões financeiras da outra empresa.

Para ser considerada coligada, é estimada uma participação mínima de 20% do capital com direito a voto da sociedade investida.

3 Deliberação CVM nº 668/2011.

Parte II ESTRUTURA DAS DEMONSTRAÇÕES CONTÁBEIS NO BRASIL

Concluída a fase descritiva do ambiente em que se inserem as empresas, conforme demonstrado na Parte I, esse novo segmento de estudo centra sua atenção básica no entendimento das demonstrações contábeis regularmente apuradas pelas empresas não financeiras (comércio, indústria e serviços). Mais especificamente, será apresentado, no Capítulo 4, o balanço patrimonial; no Capítulo 5, as demonstrações de resultados do exercício, dedicando-se o Capítulo 6 às demonstrações dos fluxos de caixa e do valor adicionado, conforme previstas na nova legislação societária (Lei nº 11.638/2007 e Lei nº 11.941/2009). Alguns comentários serão também dispensados às notas explicativas e Parecer de Auditoria Independente, como forma de propiciar melhor entendimento das demonstrações contábeis.

Esta parte é de fundamental importância para toda a análise de balanços. Somente pelo entendimento da estrutura contábil das demonstrações é que se pode desenvolver avaliações mais acuradas das empresas. Mais especificamente, todo processo de análise requer conhecimentos sólidos da forma de contabilização e apuração das demonstrações contábeis, sem os quais ficam seriamente limitadas as conclusões extraídas sobre o desempenho da empresa.

Quadro II.1 Principais alterações introduzidas pela nova legislação contábil no Brasil na estrutura das demonstrações financeiras – Lei nº 11.638/2007 e complementos

Nova estrutura do Balanço Patrimonial

- Classificação de Ativo e Passivo em **Circulante** e **Não Circulante**
- Extinção de grupo **Ativo Permanente**
- Extinção de **Receitas e Despesas Não Operacionais**
- Criação do subgrupo **Ativo Intangível** no Ativo Não Circulante
- Criação da conta **Ajustes de Avaliação Patrimonial** no Patrimônio Líquido
- Vedada a prática de **Reavaliação de Ativos** de forma espontânea
- Saldo da conta de **Lucros Acumulados** deve ter destinação definida

LEI ANTERIOR	NOVA LEGISLAÇÃO
ATIVO	PASSIVO + PL
ATIVO CIRCULANTE	ATIVO CIRCULANTE
ATIVO REALIZÁVEL A LONGO PRAZO	**ATIVO NÃO CIRCULANTE** Realizável a Longo Prazo Investimentos Imobilizado **Intangível**
ATIVO PERMANENTE Investimentos Imobilizado Diferido	
PASSIVO CIRCULANTE	PASSIVO CIRCULANTE
PASSIVO EXIGÍVEL A LONGO PRAZO	**PASSIVO NÃO CIRCULANTE** Exigível a Longo Prazo
RESULTADOS DE EXERCÍCIOS FUTUROS	
PATRIMÔNIO LÍQUIDO Capital Social Reservas de Capital Reservas de Reavaliação Reservas de Lucros Lucros ou Prejuízos Acumulados	PATRIMÔNIO LÍQUIDO Capital Social Reservas de Capital **Ajustes Avaliação Patrimonial** Reservas de Lucros Prejuízos Acumulados

Nova composição das Demonstrações Contábeis Obrigatórias

- Excluir a **Demonstração das Origens e Aplicações de Recursos (DOAR)** e incluir, em substituição, a **Demonstração dos Fluxos de Caixa (DFC)**.
- As companhias abertas devem ainda elaborar e publicar a **Demonstração do Valor Adicionado (DVA)**.

No Quadro II.2, é apresentado um comparativo das demonstrações contábeis na legislação anterior e após as mudanças ocorridas. A preocupação principal da nova ordem contábil foi trazer a posição patrimonial da empresa para um valor mais próximo do valor de mercado.

Quadro II.2 Demonstrações Contábeis Básicas

LEI ANTERIOR	NOVA LEGISLAÇÃO
BALANÇO PATRIMONIAL	MANTIDA
DEMONSTRAÇÃO DE RESULTADOS DO EXERCÍCIO	MANTIDA
DEMONSTRAÇÃO DE LUCROS (PREJUÍZOS) ACUMULADOS OU DEMONSTRAÇÃO DAS MUTAÇÕES DO PATRIMÔNIO LÍQUIDO	MANTIDAS
DEMONSTRAÇÃO DE ORIGENS E APLICAÇÕES DE RECURSOS	**DEMONSTRAÇÃO DOS FLUXOS DE CAIXA (DFC)** **DEMONSTRAÇÃO DO VALOR ADICIONADO (DVA) (SOMENTE PARA COMPANHIAS ABERTAS)**

Avaliação de Ativos e Passivos

- **Contas a Receber (Circulante):** valor dos títulos a receber líquido de estimativas de não recebimento (perdas).
- **Aplicações em Instrumentos Financeiros:** pelo valor econômico (valor justo) ou pelo valor do principal atualizado dos juros e outros rendimentos previstos para a operação.
- **Estoques:** custo de compra ou de fabricação; deduzir do valor calculado estimativas de eventuais perdas caso o preço de mercado dos estoques seja inferior.
- **Ativo Imobilizado:** custo de aquisição líquido da depreciação, amortização e exaustão. Ao final de cada exercício social, a empresa deve aplicar o teste de recuperabilidade dos ativos (*impairment*).
- **Participações Relevantes em Coligadas e Controladas:** método de equivalência patrimonial.
- **Ativos Realizáveis e Passivos**: de maneira geral, todos os realizáveis e passivos, notadamente os de longo prazo, devem ser avaliados em valor presente pela taxa de juros de mercado.

4

BALANÇO PATRIMONIAL

Este capítulo tem por objetivo o estudo da estrutura e dos princípios de mensuração dos vários elementos ativos e passivos de um balanço patrimonial. O estudo se desenvolverá com base em balanços apurados segundo a legislação em vigor (Lei nº 11.638/2007 e complementos). Essa nova legislação societária, vigente a partir do exercício de 2008, é aplicada a todas as companhias obrigadas a seguirem a Lei das S.A. (basicamente sociedades anônimas e grandes empresas limitadas).

Diversos dispositivos sobre matéria contábil, previstos na Lei nº 6.404/1976, foram alterados por um novo conjunto de normas e regulamentações legais (Lei nº 11.638/2007, Lei nº 11.941/2009 e Pronunciamentos e Interpretações Técnicas e Orientações).

As companhias devem, ainda, observar as determinações previstas pela Comissão de Valores Mobiliários (CVM) – empresas de grande porte –, as Normas Brasileiras de Contabilidade emitidas pelo Conselho Federal de Contabilidade (CFC), e os vários Pronunciamentos Técnicos elaborados pelo Comitê de Pronunciamentos Contábeis (CPC).

4.1 O BALANÇO E SUA ESTRUTURA

O balanço apresenta a posição patrimonial e financeira de uma empresa em dado momento. A informação que esse demonstrativo fornece é totalmente estática e, muito provavelmente, sua estrutura se apresentará relativamente diferente algum tempo após seu encerramento. No entanto, pelas relevantes informações de tendências que podem ser extraídas de seus diversos grupos de contas, o balanço servirá como elemento de partida indispensável para o conhecimento da situação econômica e financeira de uma empresa.

O balanço compõe-se de três partes essenciais: **ativo**, **passivo** e **patrimônio líquido**. Cada uma dessas partes apresenta suas diversas contas classificadas em "grupos", os quais, por sua vez, são dispostos em ordem decrescente de grau de liquidez para o ativo e em ordem decrescente de exigibilidade para o passivo.

O conceito de balanço origina-se do equilíbrio destas partes, situando-se o passivo e o patrimônio líquido no lado direito, e o ativo no lado esquerdo. A identidade contábil básica é:

ATIVO = PASSIVO + PATRIMÔNIO LÍQUIDO

A estrutura do balanço patrimonial é a seguinte:

$$\text{ATIVO} = \frac{\text{PASSIVO (Capital de terceiros)}}{\text{PATRIMÔNIO LÍQUIDO (Capital próprio)}}$$

No **ativo**, relacionam-se todas as aplicações de recursos efetuadas pela empresa. Esses recursos poderão estar distribuídos em **ativos circulantes**, assim denominados por apresentarem alta rotação como valores em caixa, estoques, valores a receber a curto prazo etc.; e **ativos não circulantes**, que possuem os seguintes grupos de contas: **realizável a longo prazo**, **investimentos**, **imobilizado** e **intangível**.

Somente compõem o ativo de uma entidade os itens que prometem a geração de benefícios econômicos futuros. Por exemplo, bens nos quais não se visualiza nenhum comprador potencial no mercado, e que também não possam representar um benefício para a empresa, não são classificados no Ativo. Nesse conceito, a **essência econômica prevalece sobre a forma jurídica**.

O **passivo** identifica as exigibilidades e obrigações da empresa, cujos valores encontram-se investidos nos ativos. Os recursos dos passivos são classificados como de curto prazo e de longo prazo, sendo definidos, respectivamente, por **passivo circulante** e **passivo não circulante**.

O passivo é composto de todas as obrigações atuais da entidade, geradas por eventos ocorridos no passado, e cuja liquidação futura exigirá um desembolso de caixa da empresa.

O **patrimônio líquido** é representado pela diferença entre o total do ativo e do passivo em determinado momento. Identifica os recursos próprios da empresa, sendo formado pelo capital investido pelos acionistas (ou sócios), mais os lucros gerados nos exercícios e que foram retidos na empresa (lucros não distribuídos). A legislação vigente prevê que o patrimônio líquido é constituído por Capital Social, Reservas de Capital, Ajustes de Avaliação Patrimonial, Reservas de Lucros, Ações em Tesouraria e Prejuízos Acumulados.

A legislação societária em vigor prevê, ainda, que a participação de acionistas minoritários, ou Não Controladores, seja destacada nas demonstrações contábeis consolidadas.

Para efeito de identificação de curto prazo e de longo prazo, a legislação baseia-se no exercício social da empresa. Assim, todos os direitos e obrigações vencíveis no exercício seguinte ao encerramento do balanço serão classificados como curto prazo. Caso contrário, serão considerados como longo prazo. Entretanto, se o ciclo operacional da empresa apresentar duração superior a seu exercício social, a conceituação de curto prazo e de longo prazo obedecerá ao prazo de duração desse ciclo. Deve-se notar que esta última situação não é muito comum, estando restrita a alguns poucos casos como estaleiros, atividades na pecuária, agricultura etc.

Por outro lado, o exercício social de uma empresa é fixado em um ano, sendo a data de seu término determinada pelos estatutos sociais. Duração diversa de um ano pode ocorrer nas situações de constituição da companhia ou alteração dos estatutos com mudança da data de encerramento do exercício social.

A Figura 4.1 ilustra a estrutura básica do balanço de acordo com o previsto na legislação. São apresentados os grupos patrimoniais do ativo e passivo, conforme resumidos anteriormente.

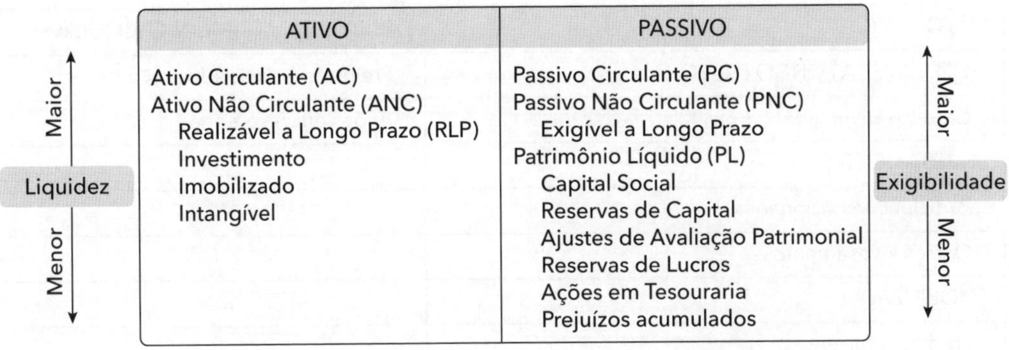
ATIVO
Ativo Circulante (AC)
Ativo Não Circulante (ANC)
Realizável a Longo Prazo (RLP)
Investimento
Imobilizado
Intangível
PASSIVO
Passivo Circulante (PC)
Passivo Não Circulante (PNC)
Exigível a Longo Prazo
Patrimônio Líquido (PL)
Capital Social
Reservas de Capital
Ajustes de Avaliação Patrimonial
Reservas de Lucros
Ações em Tesouraria
Prejuízos acumulados
Maior
Liquidez
Menor
Maior
Exigibilidade
Menor

Figura 4.1 Estrutura básica do balanço patrimonial.

O Quadro 4.1 propõe possível detalhamento de contas de cada grupo patrimonial. A classificação assim como a nomenclatura adotada nesse quadro, não é obrigatória do ponto de vista legal, podendo variar de um balanço para outro. No entanto, a estrutura sugerida procura envolver a maior parte das situações.

Quadro 4.1 Estrutura mais completa do balanço patrimonial

ATIVO	PASSIVO E PATRIMÔNIO LÍQUIDO
ATIVO CIRCULANTE	PASSIVO TOTAL
DISPONÍVEL	PASSIVO CIRCULANTE
Caixa e Bancos	Fornecedores
Títulos de Negociação Imediata	Empréstimos e Financiamentos
APLICAÇÕES FINANCEIRAS (CDB, Letras de Câmbio, Debêntures etc.)	Impostos, Taxas e Contribuições
REALIZÁVEL A CURTO PRAZO	Salários a Pagar
Valores a Receber	Dividendos a Pagar
(–) Provisão para Devedores Duvidosos	Provisões
(–) Títulos Descontados	Outros Passivos de Curto Prazo
Outros Valores a Curto Prazo a Receber	PASSIVO NÃO CIRCULANTE
ESTOQUES	PASSIVO EXIGÍVEL A LONGO PRAZO
Matérias-primas e Embalagens	Empréstimos e Financiamentos
Produtos em Elaboração	Outros Passivos a Longo Prazo
Produtos Acabados/Mercadorias	PATRIMÔNIO LÍQUIDO
Materiais Diversos (Consumo e Almoxarifado)	Capital Social Realizado
DESPESAS ANTECIPADAS	Reservas de Capital
Despesas Apropriáveis a Custo no Exercício Seguinte	Reservas de Lucros
ATIVO NÃO CIRCULANTE	Ajustes de Avaliação Patrimonial

(continua)

(continuação)

ATIVO	PASSIVO E PATRIMÔNIO LÍQUIDO
REALIZÁVEL A LONGO PRAZO	Prejuízos Acumulados
Créditos Diversos	Ações em Tesouraria
INVESTIMENTOS	
Participações Acionárias	
Outros Investimentos	
IMOBILIZADO	
Prédios e Terrenos	
Máquinas e Equipamentos	
Veículos, Mobiliário etc.	
INTANGÍVEL	
Marcas e Patentes	
Fundo de Comércio	

4.1.1 Critérios de avaliação dos ativos e passivos

É importante registrar que as contas patrimoniais dos balanços são avaliadas por diferentes critérios, conforme definidos pela contabilidade e resumidos a seguir (Quadro 4.2). O uso de diferentes técnicas para expressar os valores dos balanços pode prejudicar a interpretação dos indicadores financeiros, principalmente os índices de rentabilidade e retorno.

Os valores dos ativos e passivos revelam a posição do patrimônio líquido naquele instante, no momento de sua apuração, e não consideram a continuidade do negócio. É uma posição estática, um valor de **descontinuidade** da empresa, de liquidação de seus ativos em determinada data.

Pelo critério de avaliação adotado pela contabilidade, o balanço não reflete o futuro (tendência) dos ativos operacionais da empresa: exprime o resultado de um ano (exercício social) e se espera que represente o desempenho da empresa para sempre. O balanço mostra o valor da empresa em descontinuidade, o valor de realização. É importante conhecer o valor da empresa em continuidade, em marcha.

O Quadro 4.2 resume os principais critérios de avaliação adotados pela contabilidade para os balanços das empresas.

Quadro 4.2 Critérios de avaliação de ativos e passivos

Valor justo (Realização)	Preço pelo qual um ativo (ou passivo) é negociado em uma transação livre no mercado, isenta de qualquer tipo de influência. O método é aplicado a todos os instrumentos financeiros, inclusive derivativos classificados em contas de curto e longo prazos, desde que estejam disponíveis para negociações. Eventuais diferenças entre o valor justo apurado e o valor contábil devem ser classificadas a crédito ou a débito da conta do ativo em avaliação.

(continua)

(continuação)

Ajuste a valor presente	Os direitos realizáveis e obrigações de longo prazo (e algumas relevantes de curto prazo), com ou sem correção de juros, devem ser trazidos a valor presente, segundo critérios estabelecidos na legislação societária. O cálculo a valor presente é processado mediante uma taxa de desconto que expressa, da melhor forma possível, o valor do ativo (ou passivo) à vista. O ajuste a valor presente visa, basicamente, excluir todos os acréscimos realizados determinados por expectativas futuras de inflação, como juros, correção e outros.
Impairment test **(teste de recuperabilidade)**	É um processo de comparação do valor contábil de um ativo imobilizado e intangível com seu valor recuperável. O objetivo básico desse teste é não manter registrados nos balanços ativos um valor superior ao seu valor de venda (ou de uso). Caso se conclua que o ativo está contabilizado por um valor superior ao de recuperação futura, deve ser reconhecida a sua desvalorização.
Equivalência patrimonial	Aplicado para avaliar investimentos em sociedades coligadas e controladas. O método atualiza o valor contábil do investimento ao seu equivalente de participação societária no patrimônio líquido da sociedade investida. Em outras palavras, representa uma forma de avaliação do investimento pelo valor do patrimônio líquido da sociedade coligada ou controlada.

4.2 ATIVO

Os **ativos** são recursos da empresa produzidos por eventos passados e mantidos na expectativa de que possam gerar benefícios econômicos no futuro aos investidores. Assim, somente podem ser classificados como **ativos** os direitos que trazem expectativas de produzirem benefícios econômicos no futuro. Não apresentando esse potencial econômico, não podem ser classificados como ativos.

Na estrutura do balanço, o ativo pode ser classificado, como já foi mencionado, em grandes grupos de contas, os quais são apresentados em ordem decrescente de grau de liquidez: Ativo Circulante e Ativo Não Circulante.

Os Ativos Não Circulantes são formados por Realizável a Longo Prazo, Investimentos, Imobilizado e Intangível.

4.2.1 Ativo Circulante

Na nova regulamentação do balanço, ficou estabelecida uma prática, há muito utilizada pelos analistas, de considerar todas as contas de grande rotação (maior liquidez) como Ativo Circulante. Dessa maneira, todas as contas de liquidez imediata, ou que se convertem em dinheiro a curto prazo, serão classificadas nesse grupo. O Ativo Circulante é também conhecido por **capital de giro**.

Para esse efeito, consideram-se **curto prazo** todos os valores cujos vencimentos ocorrerão até o final do exercício seguinte ao encerramento do balanço, ou do ciclo operacional da empresa, no caso de esse ciclo ser superior a um ano (exercício social).

O Ativo Circulante, por sua vez, divide-se nos seguintes subgrupos:

- Disponível.
- Aplicações Financeiras.
- Valores a Receber a Curto Prazo (Realizável a Curto Prazo).
- Estoques.
- Despesas Antecipadas.

4.2.1.1 Disponível

Inclui as contas de maior grau de liquidez do ativo. É constituído pelas disponibilidades imediatas da empresa como dinheiro em caixa, cheques recebidos e ainda não depositados e saldo de depósitos bancários movimentáveis à vista. Valores de caixa em moeda estrangeira devem ser registrados no Disponível, convertidos em reais pela taxa de câmbio de venda vigente na data de apuração do balanço.

Também fazem parte do Disponível os títulos e as aplicações financeiras de liquidez imediata, identificados geralmente por meio de conta destacada.

As aplicações financeiras de curto prazo que apresentam alta liquidez (pronta conversão em caixa) e risco mínimo são classificadas no Disponível como **Equivalentes de Caixa**. Mais diretamente, são enquadradas como Equivalentes de Caixa excessos temporários de caixa aplicados com liquidez imediata com taxa de juros normalmente praticada no mercado. Aplicações especulativas, sujeitas a risco de variação de valor, não são consideradas como equivalentes de caixa.

Assim, o Disponível é formado pelo Caixa (dinheiro disponível e saldo em conta corrente bancária) mais o Equivalente de Caixa.

4.2.1.2 Aplicações Financeiras

Referem-se às aplicações em títulos e aos valores mobiliários resgatáveis a curto prazo. Essas inversões são realizadas normalmente mediante a utilização de excessos temporários de caixa da empresa e são muito importantes, notadamente ao resguardar o poder de compra da moeda em ambientes inflacionários.

As Aplicações Financeiras podem ser efetuadas em títulos públicos, letras de câmbio, certificados de depósitos bancários (CDBs), recibos de depósitos bancários (RDBs), debêntures etc.

Oscilações nas taxas de juros de mercado, por exemplo, podem determinar perdas nas aplicações financeiras realizadas, ou seja, é possível ocorrer que, em determinada data, os títulos tenham valor de mercado (valor de venda) menor que seu custo atualizado. Nessas situações, as perdas apuradas são registradas na conta Ajustes de Avaliação Patrimonial, classificada no grupo do patrimônio líquido.

Eventualmente, ainda, podem ser processadas aplicações em ações, obras de arte, ouro etc. A característica básica para esses valores serem enquadrados como "Aplicações Financeiras" no circulante é seu caráter transitório, ou seja, admite-se manter esses ativos até, no máximo, o final do exercício seguinte ao do encerramento do balanço (conceito de curto prazo).

4.2.1.3 Valores a Receber a Curto Prazo

Aqui se discriminam todos os valores recebíveis a curto prazo de propriedade da empresa, ou seja, parcelas a receber vencíveis no prazo máximo de um ano. Considera-se recebível ou realizável as vendas a prazo (de produtos, mercadorias ou serviços) a clientes e os valores a receber provenientes das demais transações efetuadas pela empresa.

Os diversos valores a receber constantes nesse item são avaliados, desde que relevantes, de acordo com a Lei nº 11.638/2007, pelo seu valor de mercado (ou valor equivalente).

Do montante de valores a receber de clientes poderá ser descontado:

a. O montante dessas duplicatas que foram descontadas (negociadas) em instituições financeiras. Isso aparecerá sob a seguinte forma: (–) **Duplicatas Descontadas.**

- Uma operação de desconto representa antecipação no recebimento do título. A instituição financeira (normalmente banco comercial/múltiplo) paga no ato (à vista) o valor nominal de uma duplicata cujo vencimento ocorrerá em período futuro, sendo que os diversos encargos de responsabilidade da empresa descontada (despesas bancárias, juros, Imposto sobre Operações Financeiras – IOF) são deduzidos à vista (no momento da liberação dos recursos). Quando do vencimento da duplicata, a empresa que efetuou o desconto assume integralmente o compromisso de quitá-la, caso a empresa sacada não resgate o título. Na verdade, uma medida mais conservadora para a análise de balanços seria considerar essas duplicatas descontadas como passivo circulante, pois representam obrigação financeira da empresa, em vez de reduzirem os valores a receber.
- Contabilmente, os encargos financeiros pagos na operação (descontados no ato) são lançados como Despesas Antecipadas – Encargos Financeiros a Apropriar; o valor restante recebido pela empresa passa a ser lançado como Disponível (bancos).

b. Um percentual, representativo de possíveis perdas com o não recebimento de duplicatas, definido como **Provisão para Devedores Duvidosos**. Na verdade, a nomenclatura contábil deveria ser Provisão para Crédito de Liquidação Duvidosa (PCLD), pois as possíveis perdas serão estimadas sobre o crédito constituído da empresa, e não dos devedores.

- A intuição e a experiência comercial são usadas para estimar que certa quantia das vendas a prazo não será saldada por real impossibilidade dos clientes. Essa quantia, que deverá ser fixada pela direção da empresa, aparecerá no "Ativo Realizável" com a denominação **Provisão para Devedores Duvidosos**, subtraindo o valor de "Duplicatas a Receber".
- No passado, um grande número de empresas preferia adotar o limite fiscal para a constituição dessa provisão. Nem sempre o valor fixado pelo Fisco era suficiente para cobrir as perdas na cobrança de valores a receber, podendo essa diferença distorcer os resultados apurados em certo exercício social. Atualmente, o Fisco considera como perda o que efetivamente ocorreu de não recebimento do período.

Dessa maneira, o valor que restar será o total líquido das "Duplicatas a Receber", possuídas pela empresa.

Muitas vezes, valores a receber oriundos de outras transações, que não representam a atividade principal da empresa, são registrados com denominação diversa, como **Outros Créditos**. Se forem recebíveis ao longo do exercício seguinte, são classificados no Ativo Circulante; se após, no Realizável a Longo Prazo (Ativo Não Circulante).

Alguns exemplos de subcontas de **Outros Créditos**: devedores diversos, impostos a recuperar, empréstimos a receber de terceiros, adiantamento a funcionários, dividendos a receber etc.

A **Securitização de Recebíveis** é uma maneira das empresas transferirem a propriedade e o risco de títulos recebíveis para os investidores, pagando por isso uma taxa de juro de desconto. A atratividade dessa operação de financiamento para a empresa é o custo financeiro mais baixo/desconto concedido nos títulos em comparação com a taxa cobrada em operações bancárias.

A empresa, titular dos créditos, transforma seus ativos recebíveis em títulos negociáveis (*securities*), e os negocia com investidores de mercado. Para a formalização da operação, é criada uma instituição intermediadora, Sociedade de Propósito Específico (SPE), que recebe da empresa a posse dos títulos. Posteriormente, a SPE emite títulos representativos desses recebíveis, e os recursos líquidos são repassados à empresa para financiar suas necessidades de caixa ou para projetos de investimento. Os investidores passam a ser os beneficiários dos fluxos financeiros esperados desses recebíveis.

Alguns tipos de ativos que podem ser securitizados: valores a receber de vendas a prazo, créditos de empréstimos e financiamentos (instituições financeiras), contas a receber de forma geral (aluguéis, prestações de serviços etc.), créditos a receber de cartões de crédito, fluxo de recebimentos em moeda estrangeira derivado de vendas internacionais etc.

4.2.1.4 Estoques

Representa o montante apurado nos diversos inventários da empresa. No caso de indústrias, os Estoques são formados por produtos acabados, produtos em processo de fabricação, matérias-primas e materiais indiretos utilizados na fabricação. Nas empresas comerciais, os Estoques são as mercadorias para revenda. Podem existir também estoques **Intangíveis**, como *softwares*, direitos autorais, produtos digitais etc. destinados a venda.

Os Estoques são avaliados pelo seu valor de custo ou pelo realizável líquido, escolhendo-se sempre o de menor valor. **Valor Realizável Líquido** é o valor normal de venda do estoque deduzido dos gastos previstos necessários para realizar a venda. É o valor (montante) líquido que a empresa espera auferir pela operação comercial de venda.

O elemento básico de avaliação dos Estoques é o custo. Quando existir, em Estoques, um mesmo item adquirido (ou produzido) em diferentes momentos, seu valor de apuração na data do balanço poderá, basicamente, ser o "Custo Médio Ponderado", aceito pela legislação e normalmente o critério mais utilizado no Brasil; o "primeiro que entra, primeiro que sai" (PEPS, em inglês, *first in, first out – FIFO*) também permitido, mas pouco utilizado; e o "último que entra, primeiro que sai" (UEPS, em inglês, *last in, first out – LIFO*), cujo uso não é permitido pela legislação brasileira.

4.2.1.5 Despesas Antecipadas

Incluem-se nesse subgrupo todos os recursos aplicados em itens que proporcionarão serviços ou benefícios durante o exercício social seguinte. Em outras palavras, são despesas pagas antecipadamente e ainda não incorridas (consumidas), sendo caracterizadas como despesas do exercício seguinte. Alguns exemplos de despesas antecipadas são: prêmios de seguros (normalmente pagos no ato, e o benefício ocorre em exercícios seguintes), passagens pagas e não utilizadas, pagamentos de assinaturas de jornais e revistas, encargos financeiros (unicamente aqueles provenientes de desconto de duplicatas, conforme comentou-se) etc.

4.2.2 Ativo Não Circulante

Esse grupo inclui itens de baixa liquidez (lenta transformação em dinheiro), e também aqueles que não se destinam à venda, revelando liquidez mínima.

São classificados como Não Circulantes os Ativos Realizáveis a Longo Prazo, Investimentos, Imobilizados e Intangíveis.

4.2.2.1 Ativo Realizável a Longo Prazo

Nesse grupo devem ser relacionados todos os direitos da empresa cujas contas possuem natureza idêntica às do ativo circulante, realizáveis (recebíveis) após o término do exercício seguinte ao encerramento do balanço. Consideram-se direitos realizáveis da empresa, além dos derivados de vendas a prazo (duplicatas a receber), os títulos e valores mobiliários adquiridos e todo e qualquer adiantamento ou empréstimo efetuado pela empresa a suas coligadas ou controladas (mesmo que vencíveis a curto prazo, segundo a legislação em vigor), entre outros créditos.

Ativos Avaliados a Preços de Mercado

De acordo com a nova legislação societária (Lei nº 11.638/2007), as aplicações financeiras, inclusive os derivativos, classificados tanto no curto prazo como no longo prazo, são avaliados pelo seu **valor de mercado** (ou valor equivalente). Os instrumentos financeiros que devem ser expressos a valor de mercado são os oriundos de aplicações destinadas a negociações, e disponíveis para venda.

As aplicações financeiras que se pretende manter até o seu vencimento são avaliadas pelo seu valor provável de realização, quando esse for inferior ao valor original de emissão ou de aquisição atualizado.

Os valores a receber (e também os valores a pagar inscritos no passivo) devem ser avaliados nos balanços descontados a valor presente. Para valores recebíveis a curto prazo, como os encargos financeiros que não costumam ser expressivos, esses ativos são considerados pelo valor a receber. Porém, se os juros forem relevantes, o ajuste a valor presente deve ser efetuado.

Nos valores a longo prazo, é comum realizar-se o cálculo do valor presente desses itens a receber, promovendo uma redução em seu valor pela taxa de desconto aplicada. Essa taxa de juro deve expressar o ativo pelo seu valor à vista, considerando o prazo e as condições de mercado e o risco da operação.

- O artigo 183 da Lei nº 11.638/2007 prevê que os valores de longo prazo devem ser ajustados a valor presente, sendo os de prazo mais curto atualizados sempre que produzirem resultados relevantes.
- **Valor presente** calcula o valor atual de um ativo (ou passivo) considerando o valor do dinheiro no tempo e o risco associado. O valor presente é calculado com base na data da operação, permanecendo inalterado até o seu vencimento.

O ajuste a valor presente tem por objetivo básico destacar os encargos financeiros embutidos nos preços a prazo, permitindo melhor evidenciação da operação e o destaque das parcelas dos valores que não fazem parte efetiva da operação, mas são oriundas de correções do valor do dinheiro no tempo.

4.2.2.2 Investimentos

A principal característica desse subgrupo é que os vários direitos de suas contas não se destinam à manutenção da atividade da empresa ou a negociações. Os incentivos fiscais aplicados, a participação acionária em empresas coligadas ou controladas, terrenos, obras de arte e outros ativos com finalidades especulativas e não destinados aos fins operacionais específicos da empresa são alguns exemplos de contas que compõem esse subgrupo.

Todo investimento que a empresa tenha intenção de vender deve ser classificado no Ativo Circulante ou no Realizável a Longo Prazo como ativos (investimentos) temporários.

> Uma sociedade é classificada como **coligada** quando a investidora possui relevante influência sobre ela, detendo poder de participar e influir sobre as diversas decisões da investida sem necessariamente ter o seu controle de capital. A legislação sugere que a influência é relevante quando a investidora detém, no mínimo, 20% do capital da investida com direito a voto, não exercendo, no entanto, seu controle acionário.

Para avaliação dos investimentos são propostos três métodos: Método de Custo, Método de Valor Justo e Método de Equivalência Patrimonial. Os investimentos de caráter permanente, em empresas coligadas e controladas, adotam o Método de **Equivalência Patrimonial**, sendo os demais aplicados para outros tipos de investimentos.

Resumidamente, no Método de Custo a participação acionária é avaliada pelo preço de custo menos provisão para perdas permanentes. O Método de Equivalência Patrimonial, por outro lado, destaca a participação relativa da investidora no patrimônio líquido da investida, conforme apurado em seu balanço patrimonial. Essa participação ativa da investidora assume variações em conformidade com as flutuações que venham a se verificar no patrimônio líquido da investida nos exercícios sociais.

4.2.2.3 Imobilizado

Esse subgrupo compõe-se de todos os bens permanentes e direitos que se destinam ao funcionamento normal de uma empresa. Tipicamente, esses ativos são de longo prazo e sofrem deterioração física ou tecnológica ao longo do tempo.

Os elementos que integram o imobilizado podem ser classificados em três categorias: tangíveis, intangíveis e em andamento.

O imobilizado tangível representa os investimentos da empresa em bens físicos (corpóreos) que não se destinam à venda, mas sim à manutenção de sua atividade operacional. Dessa maneira, os elementos aqui relacionados são considerados inversões básicas e participarão de vários ciclos produtivos da empresa, configurando caráter permanente. Como exemplos, podem ser citados terrenos, prédios, máquinas, veículos, móveis etc.

Para efeito de avaliação do imobilizado tangível, deve ser subtraído o montante que corresponda à perda de seu valor em função de uso, tempo, desgaste, obsolescência etc. Esse valor é definido como **depreciação**, quando se tratar de prédios e terrenos, máquinas, mobiliários, veículos etc., e **exaustão**, quando se referir à perda de valor dos recursos naturais e florestais em decorrência de sua exploração ou condições contratuais. Essas baixas vão se acumulando periodicamente, de maneira que o valor líquido, em qualquer época do imobilizado tangível, é seu valor de compra ou de incorporação menos a "depreciação acumulada" de períodos anteriores.

A **depreciação** do exercício é lançada como despesa na apuração do resultado, e a **depreciação acumulada** como conta redutora do imobilizado.

Por determinação da nova lei, toda companhia deve avaliar periodicamente o grau de recuperabilidade de seus ativos. Se o valor contábil de um imobilizado for inferior ao seu valor de mercado, e não se evidenciar garantias de recuperabilidade, o bem deverá ter seu valor reduzido. Esse teste de recuperabilidade exigido dos ativos é denominado *impairment*.

As operações de arrendamento mercantil (*leasing* financeiro), segundo a Lei nº 11.638/2007, quando entendido como um financiamento, deve ser contabilizado como um ativo imobilizado, independentemente da natureza (forma jurídica) da operação (arrendamento). O *leasing* operacional, por outro lado, é contabilizado como despesa quando do reconhecimento (ou pagamento) da prestação.

4.2.2.4 Intangível

O **intangível** compõe-se dos bens de propriedade industrial ou comercial legalmente conferidos à empresa, originando-se disso seu valor, e não da propriedade física desses bens. Como exemplos de bens permanentes intangíveis (incorpóreos) podem ser citados direitos autorais, patentes, marcas, fundo de comércio (ou *goodwill*), gastos com desenvolvimento de novos produtos, ágios etc.

Da mesma forma que o tangível, o imobilizado intangível é avalidado em função de seu valor líquido, sendo seus elementos baixados por **amortização.**

O grupo **Intangível** foi uma novidade na estrutura do balanço patrimonial criada pela nova legislação societária. Conforme comentado acima, o ativo intangível é de propriedade da empresa e se prevê que gere benefícios econômicos incrementais futuros em sua exploração. Esses ganhos esperados originam-se, geralmente, de aumento de vendas ou redução de custos. O intangível não possui estrutura física, não sendo explicitamente identificado.

Teste de *impairment*

Impairment (ou deterioração, na tradução literal) significa a redução do valor recuperável de um bem ativo. O objetivo da aplicação desse instrumento é ajustar o valor contábil do ativo ao seu valor econômico.

A perda de valor de um bem ativo pode ser reconhecida pelo seu valor de mercado, pelo valor de ativos comparáveis negociados no mercado, ou por meio do cálculo do valor presente de seus benefícios futuros esperados de caixa.

A Lei nº 11.638/2007 fixou como obrigatória a avaliação de ativos de longo prazo pelo seu valor recuperável para efeitos de apuração das demonstrações contábeis das sociedades anônimas.

A denominada perda de *impairment* ocorre quando o valor contábil do ativo for maior que o seu valor recuperável. O ativo encontra-se depreciado no mercado e a contabilidade deve reconhecer essa perda diretamente em seus resultados do exercício.

O teste de *impairment* é aplicado em imobilizado, realizável a longo prazo e outros bens permanentes. Esses ativos não se destinam à venda, e têm por objetivo a geração de benefícios futuros à empresa.

O conceito básico embutido no *impairment* é que o valor de um ativo deve ser reconhecido pela contabilidade até o limite de seu valor econômico.

4.3 PASSIVO E PATRIMÔNIO LÍQUIDO

Basicamente, o passivo apresenta a seguinte estrutura:

Passivo Exigível	Circulante (Curto Prazo) Não Circulante (Longo Prazo)
Patrimônio Líquido	Capital Social Reservas de Capital Ajuste de Avaliação Patrimonial Reservas de Lucros Prejuízos Acumulados Ações em Tesouraria

4.3.1 Passivo Exigível

Nesse grupo são consideradas todas as contas que denotam dívida ou obrigação de responsabilidade da empresa. As exigibilidades sujeitas a alguma forma de indexação futura devem constar por seu valor atualizado até a data de levantamento do balanço. Identicamente, aquelas captadas em moeda estrangeira (que apresentam cláusula de paridade cambial) serão necessariamente convertidas em unidades monetárias ao câmbio oficial fixado na data do balanço. Pelo critério de regime de competência, ainda, deve-se incluir no passivo os juros das várias exigibilidades, calculados proporcionalmente até a data de apuração do balanço, assim como comissões e outros eventuais encargos financeiros.

Os recursos passivos podem se originar de empréstimos e financiamentos, desconto de duplicatas, repasses de recursos internos como do Banco Nacional de Desenvolvimento Econômico e Social (BNDES), empréstimos captados no exterior e emissão de debêntures.

A principal diferença entre empréstimos e financiamentos é que os empréstimos não exigem a destinação específica dos recursos. Os financiamentos obtidos junto a instituições financeiras, ao contrário, devem apresentar uma destinação aos recursos, como aquisição de máquinas e equipamentos, aquisição de veículos, edificações etc.

Nas operações de desconto (empréstimo) bancário, cujos encargos financeiros são preestabelecidos e descontados antecipadamente (no momento da liberação dos recursos), o registro no passivo exigível é efetuado pelo valor líquido recebido e os encargos financeiros classificados como **Encargos Financeiros a Apropriar**.

Na operação de desconto, a empresa que negocia os títulos é a responsável pelos respectivos pagamentos ao banco que os descontou, caso seu cliente não honre com o compromisso na data de vencimento. O montante das duplicatas descontadas de uma empresa representa a sua dívida naquele momento, sendo classificada no passivo (geralmente de curto prazo – circulante).

Por exemplo, uma operação de desconto de $ 200.000, que tenha gerado uma liberação líquida de $ 170.000, é registrada da seguinte maneira no momento do recebimento pela empresa:

Empréstimo (Desconto) Bancário	$ 200.000
Encargos Financeiros a Apropriar (Despesas Antecipadas)	(30.000)
Passivo (Empréstimo):	$ 170.000

Evidentemente, à medida que o tempo transcorre, os encargos financeiros a apropriar vão sendo transferidos para a demonstração do resultado como despesas financeiras do exercício. Assim, no momento do vencimento da dívida, a conta **Encargos Financeiros a Apropriar** deverá ser nula, restando o passivo (empréstimo) a pagar de $ 200.000.

Na prática, é comum os balanços publicados registrarem o valor líquido dos empréstimos, isto é, já depurados dos encargos financeiros a apropriar.

O passivo exigível é classificado de acordo com a maturidade de suas dívidas e obrigações, em dois subgrupos: **circulante** e **não circulante**.

No **Passivo Circulante**, estão relacionadas todas as obrigações a curto prazo da empresa, isto é, aquelas cujos vencimentos ocorrerão até o final do exercício social seguinte ao do encerramento do balanço, ou do ciclo operacional da empresa, se esse exceder a um ano.

Ciclo operacional equivale ao tempo despendido por uma empresa desde a aquisição de matérias-primas (indústria) ou mercadorias (comércio) até o recebimento da venda.

No passivo circulante são, normalmente, classificadas as obrigações operacionais da empresa (fornecedores, ordenados e salários etc.), as sociais (Instituto Nacional do Seguro Social - INSS, Fundo de Garantia do Tempo de Serviço - FGTS, Programa de Integração Social - PIS etc.), as legais (Imposto de Renda - IR, Imposto sobre Produtos Industrializados - IPI, Imposto sobre Circulação de Mercadorias e Serviços - ICMS etc.), além de outras tais como dividendos a serem pagos aos acionistas, financiamentos e empréstimos de instituições financeiras, valores recebidos por conta de entrega futura de mercadorias (ou prestação de serviços) etc.

Já no **Passivo Não Circulante**, classificam-se todas as obrigações da empresa cujo vencimento ocorrerá após o término do exercício seguinte ao encerramento do balanço, ou que apresentem prazo de liquidação superior ao ciclo operacional da empresa.

Nesse subgrupo, são normalmente incluídos empréstimos e financiamentos de instituições financeiras, debêntures e outros títulos de dívida a pagar, fornecedores de equipamentos de grande porte, provisões para previdência complementar etc.

Quando as obrigações forem tornando-se de curto prazo, ou seja, vencíveis no exercício social seguinte, deverão ser transferidas para o passivo circulante.

Avaliação de passivos

De acordo com a legislação vigente, os passivos são avaliados da seguinte forma:

- **Passivos (obrigações) com encargos financeiros explícitos**: são avaliados pelo valor atualizado até a data do balanço.
- **Passivos (obrigações) em moeda estrangeira**: são convertidos em moeda nacional (R$) pela taxa de câmbio vigente na data do balanço.
- **Passivos (obrigações) com encargos financeiros classificados no passivo circulante**: são apurados pelo seu valor presente. As obrigações de curto prazo são ajustadas sempre que produzirem efeitos relevantes.

4.3.2 Patrimônio Líquido

Representa a identidade contábil medida pela diferença entre o total do ativo e os grupos do passivo exigível e resultados de exercícios futuros. Indica, em outras palavras, o volume dos recursos próprios da empresa, pertencente a seus acionistas ou sócios.

De acordo com a legislação em vigor, o Patrimônio Líquido é constituído pelos seguintes subgrupos: Capital Social, Reservas de Capital, Ajuste de Avaliação Patrimonial, Reservas de Lucros, prejuízos Acumulados e Ações em Tesouraria.

Importante acrescentar que, em razão dos ativos serem avaliados por diferentes critérios (valor justo, valor nominal, equivalência patrimonial, valor presente etc.), o Patrimônio Líquido não pode ser entendido como o valor da empresa. O Patrimônio Líquido seria o valor líquido que sobraria, caso todos os ativos fossem negociados pelos preços registrados na contabilidade e todas as dívidas resgatadas pelo mesmo valor. Aproxima-se, nesse caso, ao valor de liquidação (descontinuidade) da empresa. O valor de uma empresa é determinado pelos retornos futuros esperados, pelos benefícios econômicos previstos de caixa ou pelo valor em continuidade. O balanço contábil não mostra quanto a empresa vale.

4.3.2.1 Capital Social

O **Capital Social** inclui os valores investidos pelos acionistas ou sócios da sociedade (integralização de capital), ou aqueles gerados pela própria empresa (lucros), e que não foram distribuídos, por deliberação de seus proprietários, sob a forma de dividendos, e utilizados para aumento de capital.

O capital deve ser registrado por seu valor efetivamente integralizado, sendo diminuído de toda parcela ainda não realizada. A integralização pelos acionistas pode ser feita em dinheiro ou em bens.

Existem certas sociedades anônimas que apresentam esse subgrupo com a denominação **Capital Social Realizado**. Essa categoria é adotada quando os estatutos sociais da empresa incluem autorização automática para que a administração efetue aumentos no Capital Social até certo limite fixado em montante ou em número de ações. Essa característica atribui maior autonomia e flexibilidade à direção da empresa em suas decisões de captação de recursos próprios, notadamente quando visam financiar períodos de expansão da atividade.

O valor do capital autorizado consta, geralmente, das demonstrações contábeis, sendo encontrado diretamente na conta do capital social ou em notas explicativas.

No caso de uma sociedade anônima, o Capital Social é dividido em ações. Quando as ações forem emitidas com valor nominal, somente esse valor é que compõe o Capital Social, ficando o eventual ágio (diferença entre o que os acionistas pagaram e o valor nominal da ação) registrado em reserva de capital (subgrupo do Patrimônio Líquido).

Por outro lado, a legislação atual prevê a emissão de ações sem valor nominal, sendo que o preço de emissão para aumentos de capital (e para, eventualmente, o ágio) é fixado pela própria sociedade. Assim, por exemplo, uma sociedade pode emitir 300.000 ações sem valor nominal, com preço de emissão fixado em \$ 1,50 por ação, sendo \$ 1,00 destinado ao Capital Social e \$ 0,50 à reserva de capital (ágio).

Provisões e reservas

Provisões são incrementos estimados de exigibilidades que promovem reduções no patrimônio líquido. Os valores de provisões **não** são totalmente certos, representam estimativas a pagar de fatos contábeis já ocorridos. Exemplo: provisão para créditos de liquidação duvidosa, provisão para contingências, provisão para perdas etc.

Reservas são valores pertencentes aos acionistas (sócios) que, apesar de figurarem no patrimônio líquido, não estão ainda formalmente incorporados ao capital social da entidade.

Podem ter como origem recursos aportados por investidores (reserva de capital) ou provenientes de lucros não distribuídos aos acionistas, e classificados em reservas de lucros.

4.3.2.2 Reservas de Capital

As reservas não denotam nenhuma exigibilidade por parte da sociedade e representam, basicamente, os valores aportados pelos proprietários (ágio), por terceiros (doações e subvenções), variações de valor de certos ativos (ajuste patrimonial) e lucros auferidos e não distribuídos (lucros retidos). No patrimônio líquido, as reservas são classificadas por sua procedência.

Um exemplo dessas reservas são os ágios na emissão de capital recebidos pela empresa, ou seja, o valor excedente da venda de ações em relação a seu valor nominal. No caso de ações sem valor nominal, é a quantia que ultrapassar a importância destinada à formação do capital social.

4.3.2.3 Ajustes de Avaliação Patrimonial

A conta de **Ajustes de Avaliação Patrimonial**, criada pela Lei nº 11.638/2007, inclui as diversas contrapartidas de aumentos ou reduções de valor calculados de elementos do ativo e do passivo, determinados em razão da avaliação a preços de mercado. Esses ajustes permanecem no Patrimônio Líquido enquanto não forem considerados no resultado do exercício, de acordo com o regime de competência.

4.3.2.4 Reservas de Lucros

Essas reservas indicam os lucros retidos da empresa com finalidades específicas. O montante das reservas de lucros, com exceção das reservas para contingências e de lucros a realizar, não poderá ser superior ao do capital social. Se isso ocorrer, a assembleia da empresa deverá deliberar a destinação desse excesso, podendo ser aplicado no aumento de capital, na distribuição de dividendos aos acionistas ou na absorção de prejuízos. Entre suas principais contas, destacam-se:

a. **Reserva legal**: tem por finalidade manter a integridade do capital social da empresa. É constituída pela retenção de 5% do lucro líquido da empresa até completar 20% do capital social. A empresa poderá deixar de constituir essa reserva quando o montante da soma da reserva legal e das reservas de capital excederem 30% do capital social.

b. **Reservas estatutárias**: a legislação vigente prevê a possibilidade de que, nos estatutos sociais da empresa, seja autorizada a criação de novas reservas, as quais se denominarão **reservas estatutárias**.

   Essas reservas deverão ter previamente especificada a finalidade de sua criação, os critérios da apropriação dos lucros para sua constituição e o estabelecimento de um limite máximo. Exemplos: reserva para aumento de capital, reserva para garantia de distribuição de dividendos etc.

c. **Reservas para contingências**: a assembleia geral da empresa apresenta, também, poderes para alocar parte do lucro líquido alcançado em determinado período para a constituição das **reservas de contingências**. A finalidade dessa retenção de lucros é compensar, no futuro, uma provável perda ou um prejuízo previsto pela direção da empresa.

   A conta **Provisão para Devedores Duvidosos**, que poderia ser classificada como uma reserva (provisão) de contingência no passivo do balanço é mais bem considerada no ativo, subtraindo os respectivos valores realizáveis da empresa, conforme foi apresentado.

d. **Reservas para planos de investimentos**: a empresa poderá reter parte de seu lucro líquido obtido em determinado exercício, visando assegurar a consecução de seus programas de investimentos. O montante a ser alocado dos resultados deverá ser aprovado pela assembleia de acionistas e irá acumulando-se no patrimônio líquido sob a forma de **reservas para planos de investimentos**. São, muitas vezes, denominadas também **reservas para expansão.**

e. **Reservas de lucros a realizar**: representam lucros ainda não realizados (transformados em dinheiro) no exercício atual e cuja realização também não está prevista para o próximo exercício. A criação dessa reserva, facultativa, segundo a Lei das S.A., tem por finalidade a identificação clara da parcela do lucro contábil financeiramente não realizada, e também o percentual de dividendo obrigatório, calculado sobre o lucro líquido, que não deverá ser distribuído em razão de sua não realização.

4.3.2.5 Prejuízos Acumulados

Lucros Acumulados (subconta credora) são os resultados remanescentes de determinado exercício que se acumulam com os resultados oriundos de outros exercícios sociais, também não apropriados. Em outras palavras, essa conta representa o valor que resta do resultado líquido do exercício após terem sido decididas as diversas destinações para reservas de lucros ou distribuição de dividendos.

Os **Prejuízos Acumulados** (subconta devedora), normalmente englobados com os lucros acumulados, obedecem à mesma conceituação exposta anteriormente, só que serão considerados elementos de retificação do Patrimônio Líquido, reduzindo seu valor.

A nova lei determinou que os balanços não podem mais manter saldo positivo na conta de Lucros Acumulados. Todo resultado do exercício deve, necessariamente, ter destinação; os valores retidos devem ser registrados em reservas próprias. Essa conta somente pode apresentar saldo negativo nos balanços, na forma de Prejuízos Acumulados.

A obrigatoriedade em manter saldo zero na conta de Lucros Acumulados é aplicada somente às companhias abertas.

4.3.2.6 Ações em Tesouraria

O valor dessa conta corresponde ao montante das ações adquiridas da própria empresa e funciona como um elemento dedutível do grupo. Assim, as Ações em Tesouraria, que correspondem às ações da empresa adquiridas pela própria sociedade, deverão ser destacadas no balanço, reduzindo o patrimônio líquido.

Segundo a legislação em vigor, não é permitido às companhias (abertas ou fechadas) adquirir suas próprias ações. Exceções a essa norma ocorrem, basicamente, quando a aquisição tem por finalidade a redução do capital social; o resgate, reembolso ou amortização de ações; a aquisição, para permanência em tesouraria ou cancelamento, desde que até o valor do saldo de lucros ou reservas, exceto a legal, e sem diminuição do capital social; e, ainda, quando do recebimento de ações a título de doação.

Normas Internacionais de Contabilidade

As Normas Internacionais de Contabilidade, conhecidas como as normas International Financial Reporting Standard (IFRS), constituem-se em um conjunto de pronunciamentos envolvendo contabilidade internacional, publicadas pelo International Accounting Standards Board (IASB).

Essas normas foram adotadas pela Europa em 2005 (31 de dezembro de 2005), e têm por objetivo harmonizar os demonstrativos contábeis publicados pelas companhias abertas dos diversos países. O Brasil, junto com outros países, decidiu convergir seus padrões contábeis para essas normas internacionais.

A internacionalização das normas contábeis brasileiras permite uma melhor comparabilidade das demonstrações contábeis de nossas empresas com aquelas elaboradas em outros países que adotem os mesmos procedimentos. A padronização mundial reduz, ainda, as divergências dos usuários da contabilidade com relação ao desempenho das empresas.

Comitê de Pronunciamentos Contábeis

O CFC instituiu, em 2005, o CPC com o objetivo de emitir pronunciamentos contábeis técnicos, de maneira a subsidiar a emissão de normas contábeis brasileiras. Esses pronunciamentos devem considerar o processo de convergência da contabilidade brasileira aos padrões internacionais.

5

DEMONSTRAÇÃO DO RESULTADO DO EXERCÍCIO

A Demonstração de Resultados do Exercício (DRE) visa fornecer, de maneira esquematizada, os resultados (lucro ou prejuízo) auferidos pelas operações da empresa em determinado exercício social, os quais são transferidos para contas do patrimônio líquido. O lucro (ou prejuízo) é resultante de receitas, custos e despesas incorridos pela empresa no período e apropriados segundo o regime de competência, ou seja, independentemente de que esses valores tenham sido pagos ou recebidos.

Este capítulo trata, ainda, da Demonstração de Lucros ou Prejuízos Acumulados (DLPA) e da Demonstração de Mutações do Patrimônio Líquido (DMPL).

Algumas orientações básicas na elaboração da Demonstração de Resultados do Exercício

- A DRE retrata as principais operações realizadas por uma empresa em determinado período (exercício social), destacando as receitas e despesas realizadas e o resultado líquido.
- As receitas e despesas do período são consideradas na DRE de forma independente de sua realização financeira. Assim, as receitas de vendas são registradas quando de suas realizações; a despesa de pessoal é considerada no próprio mês da prestação dos serviços, mesmo que ainda não tenha sido paga; a despesa de Imposto de Renda (IR) é inserida na DRE no exercício a que se refere quando o imposto é declarado.
- Esses aspectos contidos na legislação societária reforçam o conceito de "regime de competência" para apuração do resultado do exercício.
- Na DRE consolidada devem ser, ainda, destacados os resultados líquidos referentes à participação de acionistas (sócios) não controladores (minoritários) e dos controladores.
- Os custos dos produtos vendidos (e também dos serviços prestados) são reconhecidos na DRE em conjunto com as receitas do mesmo período. Assim, os custos e despesas contabilizados correspondem às receitas de vendas apuradas no período.

5.1 ESTRUTURA DA DEMONSTRAÇÃO DO RESULTADO

A atual legislação estabelece sequência de apresentação dos vários elementos da demonstração do resultado para efeitos de publicação. Uma estrutura baseada na legislação vigente e normalmente adotada pelas empresas é apresentada no Quadro 5.1.

5.1.1 Receita bruta e líquida de vendas e/ou serviços

A receita bruta refere-se ao valor nominal total das vendas de bens ou dos serviços prestados pela empresa, no exercício social considerado, antes de qualquer dedução. É importante ratificar-se de que essas receitas são registradas quando da realização da venda, independentemente de quando ocorrer seu vencimento. Os resultados contábeis da empresa são apurados com base no regime de competência, e **não** no de caixa.

Da receita bruta devem ser deduzidos diversos valores que efetivamente não pertencem à empresa, tais como impostos indiretos, como o Imposto sobre Circulação de Mercadorias e Serviços (ICMS) ou o Importo sobre Produtos Industrializados (IPI), descontos e abatimentos, devoluções de mercadorias etc. Com isso, obtém-se a **receita líquida de vendas e serviços**.

Quadro 5.1 Estrutura da demonstração do resultado de acordo com a Lei das S.A.

RECEITA BRUTA DE VENDAS E/OU SERVIÇOS	
(–)	Descontos Concedidos, Devoluções
(–)	Impostos sobre vendas
=	RECEITA LÍQUIDA
(–)	Custo dos Produtos (Mercadorias) Vendidos e/ou Serviços Prestados
=	RESULTADO BRUTO
(–)	**Despesas/Receitas Operacionais**
(–)	Despesas Gerais e Administrativas
(–)	Despesas de Vendas
(+)	Receitas Financeiras
(–)	Despesas Financeiras
(–)	Juros sobre o Capital Próprio
(+)	Outras Receitas Operacionais
(–)	Outras Despesas Operacionais
=	RESULTADO ANTES DO IR/CSLL
(–)	Provisão para IR e Contribuição Social (CS)
=	RESULTADO LÍQUIDO ANTES DE PARTICIPAÇÕES E CONTRIBUIÇÕES
(–)	Participações
(–)	Contribuições
(+)	Reversão dos Juros sobre o Capital Próprio
=	RESULTADO (LUCRO/PREJUÍZO) LÍQUIDO DO EXERCÍCIO
LUCRO POR AÇÃO	

IR – Imposto de Renda; CS – Contribuição Social; CSLL – Contribuição Social sobre o Lucro Líquido.

5.1.2 Deduções, descontos concedidos, devoluções e impostos sobre vendas

Representam os valores nominais provenientes basicamente de:

- descontos concedidos a clientes em razão de defeitos observados no produto vendido. Não são incluídos nesse item os descontos (abatimentos) fornecidos por pagamentos antecipados ou concedidos condicionalmente (para pagamento em determinada data), os quais são considerados Despesas Financeiras;

- devoluções de mercadorias provenientes de cancelamentos de vendas. As devoluções são, geralmente, justificadas por estarem as mercadorias em desacordo com o pedido feito;
- impostos sobre vendas que representam deduções das vendas realizadas. São, como as demais deduções, recursos que transitam temporariamente pelo disponível, mas que efetivamente não pertencem à empresa. Nesse item incluem-se: ICMS, IPI, Imposto sobre Serviços (ISS), Imposto Único sobre Minerais (IUM), Programa de Integração Social (PIS), Contribuição para o Financiamento da Seguridade Social (Cofins) etc.

Os impostos não pertencem à empresa, mas sim ao governo. A empresa atua como uma intermediária: recebe os impostos dos consumidores e os transfere ao governo.

5.1.3 Custo dos produtos (mercadorias) vendidos e dos serviços prestados

Representam todos os custos incorridos pela empresa em seu processo de fabricação, venda ou prestação de serviços. Esse custo assume diferentes denominações de acordo com a natureza da atividade da empresa:

- **Empresas Industriais**: Custo do Produto Vendido (CPV).
- **Empresas Comerciais**: Custo da Mercadoria Vendida (CMV).
- **Empresas Prestadoras de Serviços**: Custo dos Serviços Prestados.

Os custos de produção (ou da mercadoria vendida) são obtidos por baixas nas contas de estoques determinadas por vendas realizadas, e o critério de avaliação adotado (Primeiro que Entra, Primeiro que Sai - PEPS, Último que Entra, Primeiro que Sai - UEPS, preço médio ponderado etc.) produz alterações em seus valores.

O **PEPS** baseia-se no custeamento dos elementos de estoque pelos preços de compra (produção) mais antigos, permanecendo em estoque as últimas unidades que deram entrada, ou seja, aquelas que apresentam os preços mais recentes. A adoção desse critério não é muito comum nas empresas.

O **UEPS**, por outro lado, com utilização prejudicada em face das restrições impostas pela legislação fiscal em vigor, gera efeitos opostos ao PEPS. No UEPS, os custos são transferidos (apropriados) aos produtos elaborados por seus valores (preços) mais recentes, permanecendo os elementos estocados, desde que os estoques finais não sejam consideravelmente reduzidos, avaliados pelos preços de aquisição mais antigos.

No que se refere ao critério do **custo médio ponderado**, amplamente adotado no Brasil, cumpre salientar a existência de dois tipos de custo médio: **fixo** e **móvel**, os quais poderão determinar valores diferenciados aos elementos dos estoques e, consequentemente, do custo de produção e venda das empresas.

O **custo médio ponderado fixo** define o preço da mercadoria (ou produto), visando sua apropriação aos custos, pelos valores médios ponderados de compra verificados ao final de determinado período (que poderá ser ao final do exercício social, ou de outros intervalos de tempo menores, como mês, por exemplo).

Inversamente ao tipo fixo, o **custo médio ponderado móvel** refaz os cálculos dos valores dos elementos de estoque após cada aquisição processada (ou produção), determinando, assim, sempre que os preços de compra variarem, diferentes custos ponderados no período.

O cálculo do custo de produção no Brasil é processado pelo método do **custeio por absorção**, que engloba todos os custos incorridos na atividade produtiva, quer sejam diretos (em relação ao produto), indiretos, variáveis ou fixos.

A determinação do **Custo de Fabricação dos Produtos Vendidos** (**CPV**), adotado nas empresas industriais, é processada de acordo com o seguinte esquema:

Esquema de Cálculo do CPV	
Estoque Inicial de Produtos Acabados	$ XXX
(+) Custo de Produção Total do Período	$ XXX
(–) Estoque Final de Produtos Acabados	$ XXX
CPV	$ XXX

O **custo de produção total do período**, por seu lado, pode ser obtido conforme demonstrado a seguir:

Determinação do Custo de Produção Total do Período	
Existência Inicial de Produtos em Elaboração	$ XXX
(+) Custos Primários (materiais diretos e mão de obra direta) incorridos no período	$ XXX
(+) Custos Indiretos de Fabricação	$ XXX
(-) Existência Final de Produtos em Elaboração	$ XXX
Custo da Produção Total do Período	$ XXX

Os custos indiretos de fabricação representam todos os gastos efetuados na produção, mas que não são diretamente vinculados com o produto. Alguns exemplos de custos indiretos são aluguéis, depreciações, consumo de eletricidade e água, salários de supervisores de fábrica, combustíveis e lubrificantes etc.

O CMV, adotado para as empresas comerciais, é obtido da seguinte forma:

Custo da Mercadoria Vendida	
Estoque de Mercadorias Existente no Início do Período	$ XXX
(+) Compras de Mercadorias Efetuadas no Período	$ XXX
(-) Estoque de Mercadorias Existente no Final do Período	$ XXX
CMV	$ XXX

A legislação fiscal brasileira estabelece que os custos dos produtos acabados e em processo (em fabricação) podem ser apurados de duas maneiras:

1. pelo custo apurado pela própria empresa. Nesse caso, deverá a empresa manter sistema de contabilidade de custos perfeitamente integrado e coordenado com sua contabilidade geral;
2. por custos arbitrados de maneira geral pelo fisco. Essa situação aplica-se em empresas que não tenham contabilidade de custos integrada e coordenada com a contabilidade geral.

O **lucro bruto** é apurado pela diferença entre as Receitas Líquidas de Venda e o Custo dos Produtos/Mercadorias Vendidos. No caso de uma empresa prestadora de serviços, o lucro bruto é a diferença entre a Receita Líquida de Vendas e o Custo dos Serviços Prestados.

O montante apurado do lucro bruto destina-se a cobrir as Despesas Operacionais, Despesas Financeiras, Despesas de Impostos (IR), e remunerar os proprietários da empresa por meio da geração de lucro líquido.

5.1.4 Despesas de Vendas e Administrativas

Além dos custos dos produtos que se verificam na atividade fabril, as empresas incorrem, também, em determinadas despesas oriundas da promoção, distribuição e venda de seus produtos ou mercadorias, e da gestão (administração) de seus negócios. Essas despesas, definidas genuinamente como operacionais, são classificadas, basicamente, em **Despesas de Vendas** e **Despesas Administrativas.**

As **Despesas Operacionais** incluem todos os gastos realizados no exercício para a venda de produtos e/ou serviços, e a administração da empresa. Essas despesas estão associadas à manutenção da atividade operacional da empresa.

As **Despesas Operacionais** podem ser segregadas, resumidamente, em:

- Despesas de Vendas.
- Despesas Gerais e Administrativas.
- Despesas Financeiras Líquidas das Receitas Financeiras.
- Outras Receitas e Despesas Operacionais.

Importante destacar que as despesas operacionais, de acordo com a legislação brasileira, representam todas as despesas incorridas para a comercialização e distribuição dos produtos, administração da empresa e, de forma bastante discutível para a análise financeira, incorporam, também, as despesas com juros líquidas (despesas financeiras - receitas financeiras).

Dentro do âmbito da legislação societária vigente, as Despesas Financeiras são consideradas equivocadamente como operacionais. Na verdade, esses valores não provêm de decisões ativas (operacionais), mas do exigível (passivo) da empresa, prejudicando, por conseguinte, o genuíno conceito de lucro operacional.

Nas **Despesas de Vendas** constam, entre outras, as comissões sobre vendas, fretes, despesas com salários dos vendedores e do pessoal administrativo (interno) envolvido com as vendas, encargos sociais, promoção e publicidade, provisão para devedores duvidosos (crédito de liquidação duvidosa) etc. As **Despesas Administrativas**, por outro lado, incluem salários do pessoal da administração, encargos sociais, honorários da diretoria, despesas legais e judiciais, material de escritório etc.

5.1.5 Despesas Financeiras Líquidas

A atual Lei das S.A. considera as Despesas Financeiras e também as receitas financeiras como itens operacionais, apresentando-as geralmente por seu valor líquido, ou seja, do montante das despesas financeiras incorridas pela empresa no período são deduzidas as receitas financeiras auferidas. Evidentemente, se as receitas excederem as despesas, têm-se receitas financeiras líquidas.

> As **Despesas Financeiras** identificam as remunerações ao capital de terceiros (passivos onerosos: empréstimos e financiamentos). Elas são os rendimentos apurados pela empresa em suas operações de ativo (aplicações no mercado financeiro).
>
> A DRE é apurada, muitas vezes, considerando as **Despesas Financeiras Líquidas**, obtidas pela diferença entre as Despesas Financeiras e as Receitas Financeiras. Para os objetivos da análise econômico-financeira, conforme é desenvolvida neste livro, é importante separar esses dois elementos.
>
> - as Despesas Financeiras provêm de decisões de passivos, e não devem ser consideradas como de natureza operacional;
> - as receitas financeiras originam-se do ativo da empresa e, em sentido amplo, são admitidas como operacionais.

Comentou-se essa interpretação equivocada de nossa legislação, pois as Despesas Financeiras não são originadas, normalmente, da atividade principal (operacional) da empresa, e sim de decisões de passivos. A legislação atual, na verdade, não explicita claramente esse resultado como operacional. O entendimento de operacional provém de interpretação equivocada da legislação contábil antiga. Por enquanto, mantém-se o conceito antigo do que é operacional. Os capítulos posteriores tratarão mais rigorosamente do assunto, demonstrando o cálculo do genuíno lucro operacional.

> - **Exemplos de Despesas Financeiras**: juros de empréstimos e financiamentos, variações monetárias (correção monetária e variação cambial), encargos de mora, descontos concedidos, despesas bancárias etc.
> - **Exemplos de Receitas Financeiras**: juros de aplicações financeiras, descontos obtidos em pagamentos antecipados de fornecedores, juros de mora por atraso do consumidor no pagamento etc.

5.1.6 Outras Receitas/Despesas Operacionais

Compõem-se de itens que não se enquadram como Despesas de Vendas, Administrativas e Financeiras. No sentido restrito, podem ainda não ser identificadas como operacionais. Nesse grupo estão incluídos, entre outros, dividendos recebidos de investimentos societários, variações nos investimentos avaliados pelo método de equivalência patrimonial, receitas de vendas de sucatas etc.

5.1.7 Provisão para Imposto de Renda e Lucro Líquido

O IR apurado no exercício é deduzido do lucro auferido no mesmo exercício e lançado como exigível (circulante) no balanço.

O cálculo do IR a pagar não equivale ao resultado apurado pela contabilidade; é processado com base no lucro tributável denominado **Lucro Real**. O regime de tributação do lucro real é igual ao lucro contábil antes do IR, conforme aparece na demonstração do resultado, acrescido de determinados ajustes, conforme previstos pela legislação do IR.

O **Lucro Líquido** é o valor final que resta, colocado à disposição dos proprietários (sócios ou acionistas) da empresa. Pode ser entendido como a remuneração oferecida no exercício do capital próprio investido na empresa.

O Lucro Líquido final é calculado deduzindo-se do Lucro Líquido após o IR, as diversas participações e contribuições previstas no estatuto da companhia.

Exemplos de Participações e Contribuições: participações no lucro de credores por debêntures (títulos de longo prazo emitidos pelas companhias abertas para levantar empréstimos no mercado), de empregados e administradores, contribuições para Fundos de Previdência de Empregados etc.

Uma parcela do Lucro Líquido Final é retida (reinvestida) na empresa, e a outra parte é distribuída aos acionistas (dividendos). A distribuição do Lucro Líquido é demonstrada na DLPA, conforme apresentado mais adiante.

Imposto de Renda Diferido

No cálculo do IR a ser pago no exercício, deve ser considerado também o imposto incidente sobre variações temporárias (inclusões ou exclusões), cuja tributação é diferida para exercícios posteriores.

Assim, a parcela do IR Diferido é medida pela diferença entre a parcela do lucro apurado de acordo com os procedimentos da legislação fiscal e o regime contábil de competência. Sempre que o lucro pelo regime de competência for menor que o apurado pelas normas fiscais, há a apuração de IR Diferido. A tributação fiscal ocorre essencialmente sobre o lucro com realização de caixa e o lucro contábil é apurado pelo regime de competência.

5.1.8 Lucro por Ação

A legislação societária determina também a identificação do montante do lucro (ou prejuízo) líquido do exercício por ação do capital social. Esse indicador é conhecido por Lucro por Ação (LPA), sendo registrado, normalmente, logo após o resultado líquido do exercício na DRE.

O LPA é apurado, basicamente, pela relação entre o lucro (prejuízo) líquido do exercício e o número de ações emitidas pela empresa, ou seja:

$$LPA = \frac{\text{Lucro Líquido do Exercício}}{\text{Número de Ações}}$$

Por exemplo, admitindo-se que uma empresa tenha auferido um lucro líquido de \$ 50.000.000 em determinado exercício social e possua 125.000.000 de ações em circulação, seu LPA, ou seja, o lucro que corresponde a cada ação emitida, é de \$ 0,40.

$$LPA = \frac{\$\ 50.000.000}{125.000.000 \text{ ações}} = \$\ 0{,}40/\text{ação}$$

O LPA é um indicador útil para a análise, notadamente para a avaliação por parte dos investidores dos resultados gerados pela empresa em relação às ações possuídas. Mede o ganho potencial (e **não** o efetivo, entendido como financeiramente realizado) de cada ação, dado que o lucro do exercício não é, normalmente, todo distribuído.

Alguns cuidados especiais no cálculo do LPA devem ser tomados, principalmente em empresas com diferentes critérios de cálculo dos direitos e vantagens de seus acionistas. O item a seguir descreve as principais características dos dividendos no Brasil.

5.2 DIVIDENDOS NO BRASIL

A legislação atual prevê dois segmentos para os dividendos: **dividendo mínimo obrigatório** e **dividendo preferencial**.

O **dividendo mínimo obrigatório** é um direito de todos os acionistas, basicamente os ordinários, devendo ser distribuído em cada exercício. O dividendo pode ser apurado e pago como parcela dos lucros da empresa (lucro líquido, reservas de lucros, lucros/prejuízos acumulados), conforme estabelecido em seus estatutos sociais. O valor do dividendo pode ser estabelecido como porcentagem do lucro líquido do exercício, do capital social, ou em função de quaisquer outros critérios desde que sejam regulados com precisão e minúcia e não sujeitem os acionistas minoritários ao arbítrio dos órgãos de administração ou da maioria.

O valor de dividendos a ser distribuído é de competência dos estatutos da companhia. Não há percentual fixado legalmente e as companhias brasileiras têm liberdade em prever, em seus estatutos, o percentual do lucro que deve ser pago aos acionistas. Quando o estatuto for omisso com relação ao montante a ser distribuído (não especificando essa proporção), determina a legislação que o dividendo deverá ser de 50% do lucro líquido do exercício ajustado de acordo com o previsto na legislação.

Por outro lado, se o estatuto for omisso e a assembleia geral de acionistas decidir alterá-lo fixando um valor, o dividendo obrigatório não poderá ser inferior a 25% do lucro líquido ajustado do exercício.

Nas companhias fechadas, a assembleia geral pode, desde que não haja oposição de qualquer acionista presente, deliberar pela distribuição de um dividendo inferior ao obrigatório, ou simplesmente não distribuir nenhum dividendo.

Nas companhias abertas e fechadas, ainda, o dividendo deixa de ser obrigatório caso os órgãos de administração declarem à assembleia geral ordinária ser ele incompatível com a situação financeira da companhia. Nesse caso, em que há dividendo obrigatório a distribuir, mas incapacidade financeira para pagá-lo, a companhia deverá constituir reserva especial de lucros no valor da parcela do lucro retido. Caso esse dividendo apropriado não seja absorvido por prejuízos em exercícios sociais subsequentes, deverá ser pago assim que a situação da empresa permitir.

Por outro lado, os estatutos da empresa podem prever direitos de recebimento de **dividendos fixos ou mínimos** aos **acionistas preferenciais**, inclusive os atrasados, se cumulativos.

O **dividendo preferencial fixo**, pouco utilizado no Brasil, normalmente é um valor expresso em unidades monetárias por ação, que não dispensa ao acionista o direito de participar dos lucros remanescentes da empresa. A ação preferencial com dividendo **mínimo** participa dos lucros distribuídos em igualdade de condições com as ordinárias, depois de que, a essas, esteja assegurado dividendo igual ao mínimo. Em função de seu desempenho, a empresa pode alterar o valor desse dividendo mínimo, e sua base de cálculo pode ser um percentual sobre o capital social preferencial, um volume de unidades monetárias por ação etc.

As ações preferenciais podem ser emitidas também com direito a dividendos **cumulativos** e **não cumulativos**; se em determinado exercício social a empresa não apresentar lucro, o portador de ações preferenciais cumulativas receberá seu dividendo no exercício social subsequente em que a situação da empresa permitir. O acionista preferencial não cumulativo somente recebe seu dividendo no exercício social em que se verificar o lucro. Pela legislação, se o estatuto da sociedade for omisso, o dividendo preferencial é considerado não cumulativo.

Todas as condições dos dividendos descritas (mínimo obrigatório, preferencial, fixo ou mínimo, cumulativo ou não cumulativo etc.) são estabelecidas pelo estatuto social da companhia, atendendo à legislação vigente. Os estatutos também devem prever o valor dos dividendos e o critério de cálculo, distribuição de dividendos em períodos menores ao exercício social etc.

5.2.1 Exemplo ilustrativo

Para ilustrar o cálculo dos dividendos e do LPA no Brasil, suponha os seguintes valores fornecidos por uma empresa ao final de um exercício social:

Lucro Líquido do Exercício	$ 1.200.000
Capital Ordinário (250.000 ações)	$ 2.500.000
Capital Preferencial (150.000 ações)	$ 1.500.000

Sabe-se que os estatutos da sociedade têm fixado os seguintes dividendos:

- Dividendo Mínimo Obrigatório (para todos os acionistas): 30% sobre o lucro líquido do exercício.
- Dividendo Preferencial (mínimo): 10% sobre o capital preferencial.

Diante dessas informações, podem ser calculados:

- **Dividendo Mínimo Obrigatório**: 30% × $ 1.200.000 = $ 360.000.

Esse valor é distribuído aos acionistas em conformidade com a participação no capital social, da forma apresentada a seguir:

Capital	Montante	Proporção	Dividendo Obrigatório
Ordinário	$ 2.500.000	62,5%	62,5% × $ 360.000 = $ 225.000
Preferencial	$ 1.500.000	37,5%	37,5% × $ 360.000 = $ 135.000
Total	$ 4.000.000	100%	$ 360.000
			($ 0,90/ação)

- **Dividendo Preferencial**: 10% × $ 1.500.000 = $ 150.000 ($ 1/ação). Como o estatuto social determina que o dividendo obrigatório é para todos os acionistas, o montante de $ 360.000 é distribuído em $ 225.000 para os ordinários e $ 135.000 para os preferenciais. Observa-se, no exemplo, que o acionista preferencial tem, na verdade, dois dividendos: aquele oriundo de sua preferência ($ 150.000) e o mínimo obrigatório ($ 135.000);

de acordo com a legislação, prevalece, para o acionista preferencial, sempre o maior valor; nesse exemplo, esse dividendo será de $ 150.000, e não de $ 135.000. Ao contrário, se o dividendo preferencial tivesse atingido um valor inferior a $ 135.000 (menor que: $ 135.000 / 150.000 ações = $ 0,90 por ação), esse pagamento deveria ser igual ao da ação ordinária.

Dessa maneira, têm-se os seguintes dividendos efetivamente distribuídos:

Capital Ordinário:	$ 225.000 ×	$\frac{\$ 225.000}{250.000 \text{ ações}}$	= $ 0,90/ação
Capital Preferencial:	$ 150.000 ×	$\frac{\$ 150.000}{150.000 \text{ ações}}$	= $ 1/ação
Total:	**$ 375.000**		

- **Cálculo do LPA**: pela legislação vigente, o lucro não distribuído (lucro retido), que seja incorporado às reservas para futuro aumento de capital, será rateado igualmente aos acionistas ordinários e preferenciais quando de sua capitalização. No exemplo em consideração, o lucro retido do exercício atinge:

Lucro Líquido do Exercício	$ 1.200.000
(–) Dividendo Mínimo Obrigatório (acionista ordinário)	(225.000)
(–) Dividendo Preferencial	(150.000)
(=) Lucro retido	$ 825.000

Nesse caso, o LPA é obtido da forma seguinte:

Ordinário:	$\frac{\$ 225.000 + (50\% \times \$ 825.000)}{250.000 \text{ ações}}$	= **$ 2,55/ação**
Preferencial:	$\frac{\$ 150.000 + (50\% \times \$ 825.000)}{150.000 \text{ ações}}$	= **$ 3,75/ação**

Muitas vezes, o LPA é publicado por seu valor médio, ou seja:

$$\text{LPA (médio)} = \frac{\$ 1.200.000}{400.000 \text{ ações}} = \mathbf{\$ 3/ação}$$

5.2.2 Juros Sobre o Capital Próprio

Os Juros Sobre o Capital Próprio (JSCP) são uma forma de remuneração do capital investido na empresa pelos seus proprietários (acionistas ou sócios), criada em apoio ao programa de desindexação da economia brasileira. Para a empresa, essa sistemática de remuneração reduz a sua carga tributária em razão dos valores pagos ou creditados serem dedutíveis para cálculo do IR e Contribuição Social (CS).

O parâmetro de cálculo desta remuneração é a **Taxa de Juros de Longo Prazo (TLP)**, conforme divulgada pelo Banco Central. A dedutibilidade fiscal do JSCP é permitida até o limite da aplicação da TLP sobre o Patrimônio Líquido da empresa. Esse valor limite deve, ainda, se restringir ao maior valor entre:

a. 50% do lucro líquido apurado no exercício, e antes da provisão para IR e CS; ou

b. 50% do saldo dos Lucros Acumulados e Reservas de Lucros formados em períodos anteriores.

Exemplo de Cálculo dos JSCP:

	Caso 1	Caso 2
Resultado do Exercício antes do IR e da CS	$ 80.000	$ 80.000
Patrimônio Líquido (PL)	$ 700.000	$ 500.000
Lucros Acumulados e Reservas	$ 350.000	$ 110.000
TLP	10%	10%
Limite dos JSCP: 10% × PL	$ 70.000	$ 50.000
50% × Resultado do Exercício	$ 40.000	$ 40.000
50% × Lucros Acumulados + Reservas	$ 175.000	$ 55.000

As companhias abertas que classificarem os JSCP como despesas financeiras devem, por deliberação da Comissão de Valores Mobiliários (CVM), reverter o seu valor antes da apuração do lucro líquido do exercício. Essa decisão permite melhor comparabilidade das demonstrações contábeis das empresas, já que o pagamento dos JSCP não é obrigatório.

Os JSCP sofrem tributação do Imposto de Renda Retido na Fonte (IRRF), na alíquota atual de 15%.

5.3 DEMONSTRAÇÃO DE LUCROS OU PREJUÍZOS ACUMULADOS

A DLPA promove a integração entre o Balanço Patrimonial e a DRE. Seu objetivo básico é o de demonstrar a destinação do lucro líquido do exercício: parcela distribuída aos acionistas e aquela retida pela empresa para reinvestimento.

A DRE apura o lucro líquido do exercício e a DLPA destaca como foi decidida a sua destinação. A parcela retida (não distribuída) é mantida como origem de recursos no balanço da empresa, compondo seu patrimônio líquido.

Pela atual Lei das S.A., a conta **Lucros Acumulados** não pode apresentar saldo positivo ao final do exercício social. Os resultados apurados no exercício que não foram pagos aos acionistas – permaneceram retidos na empresa para reinvestimentos em seus ativos – devem, obrigatoriamente, ser destinados a reservas próprias.

Pela legislação, ainda, a DLPA deve conter, basicamente:

- saldo de início do período e eventuais ajustes de exercícios anteriores;
- reversões de reservas e o lucro líquido do exercício;
- dividendos a distribuir, parcela de lucros incorporada ao capital social e transferências para reservas.

A estrutura básica dessa demonstração contábil pode apresentar-se segundo a forma ilustrada no Quadro 5.2.

Quadro 5.2 Estrutura da DLPA

SALDO INICIAL
(+/–) Ajustes de Exercícios Anteriores
(–) Parcela de Lucros Incorporada ao Capital Social
(+) Reversões de Reservas
(+/–) Resultado Líquido do Exercício
(–) PROPOSTA DE DESTINAÇÃO DO LUCRO
Transferências para Reservas
Dividendos a Distribuir
Juros Sobre o Capital Próprio
(=) SALDO FINAL

- **Ajustes de Exercícios Anteriores** referem-se às mutações havidas em decorrência de alteração do critério contábil adotado pela empresa, ou a erros e omissões cometidos em exercícios anteriores, os quais alterarão a estrutura final do patrimônio líquido.

  A Lei das S.A. estabelece:

  > Como ajustes de exercícios anteriores serão considerados apenas os decorrentes de efeitos da mudança de critério contábil, ou da retificação de erro imputável a determinado exercício anterior, e que não possam ser atribuídos a fatos subsequentes.

- **Reversões de Reservas**: as parcelas do lucro líquido de exercícios anteriores que foram destinadas à contribuição de reservas serão reconvertidas, no todo ou em parte, no momento em que não existir mais razão para sua manutenção.

  Deve-se destacar que, para efeitos de elaboração dessa demonstração, não devem ser especificadas as reversões de provisões (reversão do saldo de provisão para crédito de liquidação duvidosa ou qualquer outra forma de provisão), as quais são mais bem consideradas quando do cálculo dos resultados do exercício.

  Basicamente, as reversões se processam sobre as reservas de lucros, existindo, é claro, algumas exceções.

- **Resultado Líquido do Exercício** representa o lucro ou prejuízo exatamente como apurado na **DRE**, e transferido (após as deduções das várias participações nos lucros de debenturistas, empregados etc.) diretamente para a **DLPA**.

- **Parcela de Lucros Incorporada ao Capital Social** identifica a parcela de lucros da sociedade que foi canalizada para aumento do capital social.
- **Transferências para Reservas**: as demonstrações contábeis publicadas devem revelar as diversas propostas de destinação do lucro líquido apurado no exercício. A "Transferência para Reservas" refere-se às apropriações do lucro líquido para a formação das reservas patrimoniais, como Reserva Legal, Reservas Estatutárias etc.

  A proposta da destinação do lucro é feita pela administração da empresa e apresentada à assembleia geral; tem como objetivo a constituição de reservas de lucros e a distribuição de dividendos. É importante notar que, na proposta de distribuição de dividendos, a sociedade deve indicar o dividendo por ação do capital social a ser distribuído aos acionistas.
- **Juros Sobre o Capital Próprio**: a proposta de destinação do lucro deve incluir, também, toda decisão de distribuir JSCP aos acionistas. Conforme comentado na Seção 5.2.2, essa remuneração ao capital próprio é facultativa, e quando paga ou creditada é considerada como dedutível no cálculo da base do imposto sobre a renda.

  A CVM determinou que os JSCP sejam considerados diretamente na conta de "Lucros Acumulados", não transitando pelo Resultado do Exercício. As empresas que, eventualmente, contabilizam os JSCP como despesas financeiras, indicando sua dedutibilidade fiscal, devem reverter o seu valor ao final da DRE.
- **Dividendos Extraordinários**: os dividendos extraordinários se referem às distribuições de lucros realizados pela sociedade adicionalmente ao valor previsto em seus estatutos sociais para pagamento de dividendo mínimo obrigatório e dividendo preferencial. Na prática, muitas vezes esses dividendos extraordinários são denominados "bonificações em dinheiro".

5.4 DEMONSTRAÇÃO DAS MUTAÇÕES DO PATRIMÔNIO LÍQUIDO

A **Demonstração das Mutações do Patrimônio Líquido** (DMPL) é um demonstrativo contábil mais abrangente que a DLPA, integrando, de forma obrigatória, o conjunto de demonstrações contábeis apuradas pelas companhias. A DMPL abrange todas as contas do patrimônio líquido, identificando os fluxos ocorridos entre uma conta e outra e as variações (acréscimos e diminuições) verificadas no exercício.

A DMPL complementa as informações fornecidas pelas outras demonstrações, como Balanço Patrimonial e DRE. Revela, de forma mais elucidativa, a formação e as movimentações das reservas e dos lucros, a apuração dos dividendos do exercício, as variações patrimoniais incorridas nas empresas investidas, entre outras informações e dados relevantes.

Para a elaboração dessa demonstração são obtidas, das fichas de razão, as movimentações contábeis que exerceram influências (aumentando ou diminuindo) sobre os saldos das contas do patrimônio líquido. As variações no patrimônio líquido podem dar-se de diferentes maneiras.

Movimentações que elevam o Patrimônio Líquido:

- lucro líquido do exercício;
- aumento de capital por subscrição e integralização de novas ações;
- ágio cobrado na subscrição de ações e prêmios para debêntures etc.

Movimentações que diminuem o Patrimônio Líquido:

- prejuízo líquido do exercício;
- aquisição de ações da própria sociedade (ações em tesouraria);
- pagamentos de dividendos, JSCP etc.

Movimentações que não afetam o Patrimônio Líquido:

- aumento de capital por incorporação de reservas;
- apropriações do lucro líquido da conta de lucros ou prejuízos acumulados para outras reservas;
- compensações de prejuízos por meio de reservas etc.

O Quadro 5.3 apresenta uma possível estrutura dessa demonstração. Observe que as várias movimentações contábeis são colocadas de forma a promover identificação com as diversas contas do patrimônio líquido. Com isso, são revelados os fluxos que exercem influências sobre os valores de cada conta do patrimônio líquido e o saldo final do exercício. Observe, também, que a penúltima coluna, **Lucros Acumulados**, representa exatamente a demonstração dos lucros ou prejuízos acumulados, conforme descrito no item anterior.

Quadro 5.3 Demonstração das mutações do patrimônio líquido

Movimentações	Capital Social	Reservas de Capital	RESERVAS DE LUCROS					LUCROS OU PREJUÍZOS ACUMULADOS
			Reserva Legal	Reservas Estatutárias	Reservas para Contingências	Reservas para Expansão	Reservas de Lucros a Realizar	Outras
Saldo do Início do Exercício								
Ajustes de Exercícios Anteriores								
Dividendos Extraordinários								
Aumento de Capital por Incorporação de Reservas								
Aumento de Capital por Subscrição e Integralização de Novas Ações								
Reversões de Reservas								

(continua)

(continuação)

Movimentações	Capital Social	Reservas de Capital	RESERVAS DE LUCROS			LUCROS OU PREJUÍZOS ACUMULADOS		
			Reserva Legal	Reservas Estatutárias	Reservas para Contingências	Reservas para Expansão	Reservas de Lucros a Realizar	Outras
Lucro/Prejuízo Líquido do Exercício								
Proposta de Destinação do Lucro								
Transferência para Reservas								
Dividendos Propostos								
Saldo ao Final do Exercício								

6

DEMONSTRAÇÃO DE ORIGENS E APLICAÇÕES DE RECURSOS

A **Demonstração de Origens e Aplicações de Recursos (DOAR)** tem por objetivo identificar os fluxos de recursos dentro da empresa, seja da forma como foram gerados (financiamentos), ou como foram aplicados (investimentos), durante o exercício social. Ela fornece uma compreensão mais ampla e dinâmica para os analistas das várias operações realizadas pela empresa no período que influem sobre sua folga financeira de curto prazo.

As **origens** de recursos são provenientes de operações realizadas pela própria empresa, e aquelas levantadas junto a investidores (credores e acionistas). As **aplicações** de recursos são subdivididas em dividendos, aplicações em ativos de longo prazo e ativos permanentes, investimentos em liquidez (capital circulante líquido) e amortização de dívidas de longo prazo.

A **Demonstração dos Fluxos de Caixa (DFC)** deve ser publicada por todas as sociedades obrigadas a publicar suas demonstrações financeiras. O objetivo essencial da DFC é disponibilizar informações relevantes sobre os fluxos financeiros (em dinheiro) de pagamentos e recebimentos realizados por uma empresa no exercício social. Revela ao analista a capacidade da empresa em gerar caixa e como atender suas obrigações de pagamentos.

A DOAR deixou de ser obrigatória pela atual Lei nº 11.638/2007, sendo substituída pela DFC. Pelo alto volume e qualidade das informações que produz, é recomendável que as companhias continuem publicando a DOAR ao final de cada exercício social.

A **Demonstração do Valor Adicionado (DVA)** tem por objetivo destacar a riqueza gerada pela companhia no exercício, e como ela é distribuída entre os diversos agentes: acionistas, credores, empregados e governo. A DVA deve ser publicada por todas as companhias abertas. A riqueza gerada pelas empresas é, muitas vezes, entendida como uma boa aproximação do Produto Interno Bruto (PIB) do país.

6.1 DEMONSTRAÇÃO DE ORIGENS E APLICAÇÕES DE RECURSOS

A DOAR é, de modo simples, a comparação de dois balanços consecutivos, os quais identificam as variações ocorridas na estrutura financeira da empresa durante o período considerado, permitindo melhores critérios para a análise financeira. O demonstrativo, num sentido mais amplo, permite a identificação clara dos fluxos financeiros que aumentaram ou reduziram o capital circulante líquido, indicando suas origens (origens dos recursos que elevaram o capital circulante líquido) e aplicações (aplicações dos recursos que diminuíram o capital circulante líquido).

Basicamente, o aumento de uma conta do ativo ou a diminuição de uma conta do passivo identificam um emprego ou uso de dinheiro, isto é, uma **aplicação**. De outra maneira, a diminuição de uma conta do ativo ou o aumento de uma conta do passivo pressupõem uma fonte ou liberação de recursos, ou seja, uma origem.

É necessário acrescentar, ainda, que o conceito de **recursos** dessa demonstração está dimensionado no capital circulante líquido (ou capital de giro líquido), que é obtido pela diferença entre o ativo circulante e o passivo circulante. Assim, pela demonstração de origens e aplicações de recursos, pode-se identificar, mais claramente, de onde se originaram os recursos que elevaram o capital circulante líquido (financiamentos) e onde foram aplicados os recursos provenientes (que diminuíram) do capital circulante líquido (investimentos). Com isso, conclui-se também que o conceito de recursos embutido nessa demonstração não envolve unicamente dinheiro; incorpora, de forma mais abrangente, valores a pagar, valores a receber, estoques, fornecedores, exigibilidades, despesas pagas antecipadamente etc.

Uma composição da demonstração de origens e aplicações de recursos, geralmente adotada pelas empresas, é apresentada no Quadro 6.1.

Quadro 6.1 Estrutura sugerida da DOAR

1. ORIGENS
Lucro/Prejuízo Líquido do Exercício
Receitas/Despesas que não afetam o capital circulante líquido
Aumento do capital social por integralização
Contribuição para Reservas de Capital
Aumento no Passivo Exigível a Longo Prazo (Não Circulante)
Redução no Ativo Realizável a Longo Prazo (Não Circulante)
Alienação de Ativo Permanente (Não Circulante)
TOTAL DAS ORIGENS
2. APLICAÇÕES
Dividendos Propostos
Aquisição de Ativo Imobilizado (Não Circulante)
Aumento de Ativo Realizável a Longo Prazo (Não Circulante)
Redução no Passivo Exigível a Longo Prazo (Não Circulante)
TOTAL DAS APLICAÇÕES
3. AUMENTO OU REDUÇÃO DO CAPITAL CIRCULANTE LÍQUIDO
Total das Origens – Total das Aplicações

(continua)

(continuação)

4. VARIAÇÃO DO CAPITAL CIRCULANTE LÍQUIDO - CCL		
Ativo Circulante (saldo no início do exercício) (-) Passivo Circulante (saldo no início do exercício)	Ativo Circulante (saldo no fim do exercício) (-) Passivo Circulante (saldo no fim do exercício)	Variação no Ativo Circulante (-) Variação no Passivo Circulante
(=) Capital Circulante Líquido (saldo no início do exercício)	(=) Capital Circulante Líquido (saldo no fim do exercício)	(=) Variação no Capital Circulante Líquido

Em um aspecto geral, as origens e aplicações de recursos podem ser identificadas de acordo com o esquema apresentado no Quadro 6.2.

Quadro 6.2 Mutações das Contas de Ativo e das Contas de Passivo

Contas do Ativo		Contas do Passivo	
AUMENTO	**DIMINUIÇÃO**	**AUMENTO**	**DIMINUIÇÃO**
APLICAÇÃO	ORIGEM	ORIGEM	APLICAÇÃO

A DOAR deve indicar as modificações na posição financeira da empresa, discriminando:

- as **origens** dos recursos, identificadas principalmente por:
  - lucro do exercício, acrescido de depreciação, amortização ou exaustão e outras receitas e despesas que não afetam o capital circulante líquido da empresa;
  - aumento do capital social por meio de subscrição e integralização de novas ações, e contribuições para reservas de capital;
  - recursos de terceiros, originados do aumento do passivo exigível a longo prazo, da redução do ativo realizável a longo prazo, da alienação de investimentos e de ativos imobilizados.
- as **aplicações** de recursos, agrupadas principalmente em:
  - dividendos distribuídos;
  - aquisições de ativos imobilizados;
  - aumento de realizável a longo prazo e de investimentos (não circulantes);
  - redução do passivo exigível a longo prazo.

O **excesso** ou **insuficiência** das origens de recursos em relação às aplicações, representa aumento ou redução do capital circulante líquido.

O aumento ou redução do capital circulante líquido indica a variação (positiva ou negativa) verificada no capital circulante líquido da empresa. Considerando que a DOAR trata somente das origens e aplicações de recursos que ocorrem fora do âmbito do circulante, pode-se concluir o apresentado no Quadro 6.3.

Quadro 6.3 A DOAR e o capital circulante líquido

Quando	Ocorre
Total das Origens > Total das Aplicações	Aumento do Capital Circulante Líquido
Total das Origens < Total das Aplicações	Redução do Capital Circulante Líquido

A grande utilidade do uso da DOAR é a avaliação da liquidez (folga financeira) a curto prazo da empresa, ou seja, a diferença entre o ativo circulante e o passivo circulante (capital circulante líquido). A DOAR permite uma identificação mais nítida das causas que determinaram as mutações na posição financeira a curto prazo, fornecendo uma visão mais ampla da estrutura de equilíbrio financeiro da empresa.

6.2 DEMONSTRAÇÃO DOS FLUXOS DE CAIXA

A DFC é obrigatória para todas as companhias abertas, em substituição à DOAR, de acordo com a Lei nº 11.638, promulgada em 2007.

A DFC permite que se analise, principalmente, a capacidade financeira da empresa em honrar seus compromissos perante terceiros (empréstimos e financiamentos) e acionistas (dividendos), a geração de resultados de caixa futuros e das operações atuais, e a posição de liquidez e solvência financeira. O demonstrativo oferece, ainda, ao analista, importantes informações sobre os fluxos de pagamentos e recebimentos ocorridos no período, e as influências dessas operações sobre o caixa da empresa.

De acordo com a legislação atual, a DFC deve evidenciar, no mínimo, três fluxos financeiros:

1. das operações;
2. dos investimentos; e
3. dos financiamentos.

Fluxos Financeiros das Operações descrevem basicamente as transações registradas na Demonstração de Resultados do Exercício (DRE).

- **Entradas de Caixa**: recebimentos de vendas realizadas à vista e de títulos representativos de vendas a prazo; recebimentos de receitas financeiras provenientes de aplicações no mercado financeiro; dividendos de participações acionárias em outras empresas; outros recebimentos como indenizações de seguros, sentenças judiciais favoráveis etc.
- **Saídas de Caixa**: pagamentos a fornecedores por compras à vista e de títulos representativos de compras a prazo; pagamentos de impostos, contribuições e taxas, pagamentos de encargos financeiros de empréstimos e financiamentos etc.

Fluxos Financeiros de Investimentos são, geralmente, determinados por variações nos ativos não circulantes (ativos de longo prazo) e destinados à atividade operacional de produção e venda da empresa.

- **Entradas de Caixa**: recebimentos pela venda de títulos de aplicação de longo prazo (investimentos) e participações acionárias, de imobilizados etc.
- **Saídas de Caixa**: aquisições de títulos de longo prazo para investimentos; desembolsos para participação acionária em outras companhias; compras à vista de bens imobilizados etc.

Fluxos Financeiros dos Financiamentos referem-se, basicamente, às operações com credores e investidores.

- **Entradas de Caixa**: captações no mercado mediante emissão de títulos de dívida; integralização de ações emitidas etc.
- **Saídas de Caixa**: pagamentos de dividendos e JSCP aos acionistas; amortizações de empréstimos e financiamentos (pagamento de principal) etc.

A legislação permite que a DFC seja elaborada tanto pelo **Método Direto** como pelo **Método Indireto**. As companhias brasileiras são incentivadas a adotarem o Método Indireto, que parte do lucro líquido do exercício para se conciliar com o caixa gerado pelas operações. O Método Direto destaca as movimentações financeiras explicitando as entradas e saídas de recursos de cada componente da atividade operacional, como recebimento de vendas, pagamentos de juros e impostos etc.

Uma estrutura sugerida da DFC, apurada pelo Método Indireto, é apresentada no Quadro 6.4.[1]

Quadro 6.4 Demonstração dos Fluxos de Caixa – Método Indireto

FLUXOS OPERACIONAIS	R$
Resultado Líquido	X
(+) Depreciação	X
Aumento/Redução de Duplicatas a Receber	X
Aumento em Duplicatas Descontadas	X
Aumento em Provisão para Crédito de Liquidação Duvidosa	X
Aumento/Redução em Estoques	X
Aumento/Redução em Fornecedores	X
Redução de Salários a Pagar	X
Outros	X
Caixa Líquido das Atividades	**XX**
FLUXOS DE INVESTIMENTOS	
Pagamento na Compra de Imobilizado	X
Recebimento pela Venda de Imobilizado	X
Outros	X
Caixa Líquido de Investimentos	**XX**
FLUXOS DE FINANCIAMENTO	
Integralização de Aumento de Capital	X
Amortização de Empréstimos e Financiamentos	X
Recebimento/Pagamento de Dividendos	X
Novas Captações de Empréstimos e Financiamentos	X
Outros	X
Caixa Líquido de Financiamentos	**XX**
AUMENTO/REDUÇÃO DE CAIXA	**XX**
SALDO INICIAL DE CAIXA	**XX**
SALDO FINAL DE CAIXA	**XX**

1 GELBCKE, E. R. *et al. Manual de Contabilidade Societária*. São Paulo: Atlas, 2018. cap. 36.

6.3 DEMONSTRAÇÃO DO VALOR ADICIONADO

A estrutura da contabilidade baseia-se num critério simples e objetivo, ou seja, origens e aplicações de recursos. As origens de aplicações de uma entidade, quer por recursos próprios (capital) quer por recursos de terceiros (passivo) estão aplicadas nessa entidade sob a forma de ativos.

O sistema contábil é um conjunto de informações de uma entidade demonstrando, em determinado período, a sua evolução patrimonial, objetivando bem informar aos seus usuários de acordo com seus interesses.

As informações contábeis, no mínimo, devem ser corretas, oportunas, suficientes e inteligíveis. Entretanto, de maneira prática, percebem-se dificuldades em traduzir números de demonstrações em realidade empresarial para uma sociedade.

A contabilidade é vista como um canal de informação ao público em geral sobre posições financeiras e econômicas de qualquer tipo de entidade. Um dos grandes desafios da contabilidade é bem informar ao usuário as relações das empresas com essa sociedade. Surge então a figura do **Balanço Social**.

O Balanço Social é um instrumento que a contabilidade coloca à disposição da sociedade para demonstrar suas relações com a empresa (entidade). De maneira geral, ele descreve de forma ampla a realidade econômica e social de uma entidade, sendo essa passível de avaliação.

Embora algumas empresas tenham adotado a prática de elaboração e publicação do Balanço Social, esse demonstrativo não é exigido legalmente. Sua apresentação é totalmente voluntária. No âmbito empresarial, é visto como uma peça fundamental de marketing e estratégia de negócios.

Para a elaboração do Balanço Social de uma entidade, é necessário uma complexidade de informações. Uma das peças fundamentais componentes do Balanço Social é a **DVA**, que a nova lei tornou a publicação obrigatória para as companhias abertas.

6.3.1 Conceito e estrutura da Demonstração do Valor Adicionado

A DVA é um componente do Balanço Social da entidade. De maneira geral, ela é a demonstração do quanto a empresa agregou de valor no período relacionado e informado. Por Valor Agregado (Adicionado) entende-se a diferença entre as Receitas de Vendas, inclusive os impostos incidentes sobre as vendas, e o valor dos insumos adquiridos de terceiros (matérias primas, materiais indiretos, mercadorias, serviços de terceiros, energia etc.)

Essa demonstração destaca, também, como o valor adicionado foi distribuído aos vários agentes que contribuíram para a formação desse valor, como acionistas (dividendos), empregados (salários), governo (impostos e contribuições), credores (juros) etc.

Várias são as demonstrações contábeis elaboradas pelas empresas: (i) Balanço Patrimonial (BP); (ii) Demonstração do Resultado do Exercício (DRE); (iii) Demonstração de Lucros ou Prejuízos Acumulados (DLPA); (iv) Demonstração das Mutações do Patrimônio Líquido (DMPL); e (v) Demonstração dos Fluxos de Caixa (DFC). Ainda compondo esse rol de demonstrações, há as notas explicativas. Porém, nenhuma dessas demonstrações citadas reúne informações sobre valor agregado.

A DVA surgiu para suprir essa lacuna no que tange às informações divulgadas pelo conjunto de demonstrações já existentes. A DRE é a demonstração que mais se aproxima da

DVA, e na prática é a base para a sua elaboração. Porém, a diferenciação básica entre DRE e DVA é que a primeira tem o poder de explicação no resultado do período, em que as informações são voltadas basicamente para os sócios e acionistas. A segunda, DVA, completa essas informações de forma positiva, ou seja, está dirigida para a geração da riqueza e sua respectiva distribuição pelos fatores de produção (capital e trabalho) e ao governo.

A DVA é a demonstração da receita deduzida dos custos dos recursos adquiridos de terceiros. Representa o quanto a entidade contribuiu para a formação do PIB do país. Como citado, a base é a DRE, portanto, na sua elaboração são utilizados os dados fornecidos pela contabilidade.

De maneira geral, a DVA demonstra ao usuário o quanto cada empresa criou de riqueza e como distribuiu aos agentes econômicos que ajudaram a criar essa riqueza. O objeto maior da DVA é demonstrar o quanto a empresa gerou de riqueza (recursos) e como ela distribuiu esses recursos aos agentes que contribuíram para tal formação.

Um benefício notório dessa demonstração é que pode ser utilizada como forma de avaliação de desempenho e de acompanhamento de agregação do valor para a sociedade, ou seja, o quanto a empresa agregou de valor efetivamente para a sociedade no exercício.

Outro proveito da DVA está baseado no fato de ser um excelente instrumento macroeconômico, servindo para mensurar a riqueza gerada pelas atividades das empresas. Nesse sentido, o aspecto multidisciplinar entre contabilidade e economia é totalmente completado, surgindo, assim, possibilidade de avanços em pesquisas conjuntas envolvendo as duas áreas de conhecimento.

A DVA é uma demonstração obrigatória para companhias abertas no Brasil (não é obrigatória pelas normas internacionais de contabilidade) de acordo com a Lei nº 11.638/2007.

O Quadro 6.5 demonstra a forma de apresentação da DVA.

Quadro 6.5 Modelo da DVA

ITEM	CONTAS	VALORES MONETÁRIOS $
1	**RECEITAS** **Vendas de mercadorias, produtos e serviços**	
2	**(-) Insumos Adquiridos de Terceiros** Materiais consumidos Outros custos de produtos Energia Serviços de terceiros Outros	
3	**= VALOR ADICIONADO BRUTO (1 - 2)**	
4	**Retenções** Depreciações Amortizações Exaustões	
5	**VALOR ADICIONADO LÍQUIDO PRODUZIDO PELA ENTIDADE (3 - 4)**	

(continua)

(continuação)

ITEM	CONTAS	VALORES MONETÁRIOS $
6	**VALOR ADICIONADO RECEBIDO EM TRANSFERÊNCIA** Resultado da equivalência patrimonial Receitas financeiras	
7	**VALOR ADICIONADO TOTAL A DISTRIBUIR (5 - 6)**	
8	**DISTRIBUIÇÃO DO VALOR ADICIONADO** Pessoal e encargos Impostos, taxas e contribuições Juros e aluguéis Juros sobre capital próprio e dividendos Juros retidos e prejuízos do exercício	

Fonte: Baseado no Ofício Circular CVM nº 01/2000.

Explicando a demonstração apresentada no Quadro 6.5, observa-se que o item 3, Valor Adicionado Bruto, resulta da geração total de riqueza menos os recursos utilizados pelos fornecedores desses recursos diretos.

O item 5 demonstra o valor adicionado líquido. Após o reconhecimento da parte fornecedora de insumos, apuram-se valores retidos pela empresa resultante da perda de capacidade de geração de benefício futuro, ou seja, amortizações gerais dos ativos permanentes envolvidos na atividade da empresa.

Em seguida, serão reconhecidos os ganhos ou as perdas pela equivalência patrimonial, resultando dos investimentos societários em outras empresas e também as receitas financeiras, apurando, assim, o valor adicionado total a ser distribuído.

Desse modo, os valores constantes do item 7, ou seja, o Valor Adicionado Total a Distribuir, será compulsoriamente idêntico ao total do item 8, Distribuição do Valor Adicionado.

6.4 NOTAS EXPLICATIVAS

As **Notas Explicativas** são, normalmente, apresentadas ao final das demonstrações financeiras publicadas, sendo obrigatórias para as companhias abertas. Representam uma complementação das demonstrações contábeis, passando a fazer parte efetiva do conjunto de publicações previstas na lei das sociedades por ações.

Por determinação legal, as Notas Explicativas devem conter, entre outras indicações:

a. todas as informações adicionais não destacadas nas demonstrações contábeis publicadas e entendidas como importantes para uma melhor avaliação dos resultados;

b. os principais critérios de avaliação dos elementos patrimoniais, especialmente estoques, carteiras de recebíveis e aplicações financeiras, cálculos de depreciação, amortização e exaustão, constituição de provisões para riscos etc.;

c. os investimentos em outras sociedades, quando relevantes;

d. os ônus reais constituídos sobre elementos do ativo, as garantias prestadas a terceiros e outras responsabilidades eventuais e contingentes;

e. as taxas de juros, datas de vencimentos e as garantias oferecidas nas obrigações de longo prazo;

f. o número, espécies e as classes das ações que compõem o capital social da empresa;

g. as opções de compra de ações outorgadas e efetuadas no exercício;

h. os ajustes de exercícios anteriores;

i. os eventos subsequentes à data de encerramento do exercício que tenham, ou possam vir a ter, efeito relevante sobre a situação financeira e os resultados futuros da companhia.

6.5 PARECER DOS AUDITORES INDEPENDENTES

Acompanhando as demonstrações contábeis legais, a publicação do parecer dos auditores independentes é obrigatória para diversas empresas, tais como companhias abertas, seguradoras, instituições financeiras da esfera de controle do Banco Central etc. O parecer, basicamente, relata as demonstrações contábeis que foram auditadas e a adequada interpretação dos princípios contábeis em vigor, dando, assim, maior representatividade ao conteúdo das informações contábeis publicadas.

Parte III INSTRUMENTAL INTERMEDIÁRIO DE ANÁLISE

Esta parte dedica-se ao desenvolvimento de critérios, metodologias e técnicas financeiras essenciais ao processo de análise de balanços.

O Capítulo 7 dedica-se ao estudo de duas técnicas básicas da avaliação empresarial: **análise horizontal** e **análise vertical**. Além dos aspectos metodológicos e de identificação de algumas situações especiais, também são propostos critérios para aplicação desses instrumentos financeiros de análise em demonstrativos contábeis formalmente apurados no Brasil.

O Capítulo 8 trata do estudo da **alavancagem operacional**, **financeira** e **conjugada**. Esses conhecimentos são indispensáveis para uma avaliação mais completa do desempenho das empresas e de seu risco.

O Capítulo 9 aborda o **ativo não circulante**, em seus aspectos conceitual e contábil, e o **passivo permanente**, focando na estrutura de capital e endividamento da empresa. São desenvolvidos, entre outros temas, um estudo mais detalhado da depreciação (amortização e exaustão); das fontes permanentes de financiamento (longo prazo); e da estrutura das taxas de juros e de seu comportamento no Brasil.

O Capítulo 10 desenvolve o estudo do **ativo circulante**, abordando os vários conceitos de capital de giro e de capital de giro líquido, e a integração entre os fluxos contábeis de resultados, de capital de giro líquido e de caixa.

O Capítulo 11 desenvolve os vários índices de **avaliação da liquidez** da empresa, introduzindo, também, o estudo do ciclo operacional e suas medidas de análise e da estrutura de equilíbrio financeiro.

7

ANÁLISE HORIZONTAL E VERTICAL

As duas principais características de análise de uma empresa são a comparação dos valores obtidos em determinado período com aqueles levantados em períodos anteriores e o relacionamento desses valores com outros afins. Dessa maneira, pode-se afirmar que o critério básico que norteia a análise de balanços é a **comparação**.

O montante de uma conta ou de um grupo patrimonial, quando tratado isoladamente, não retrata adequadamente a importância do valor apresentado e muito menos seu comportamento ao longo do tempo. Por exemplo, o total dos custos de produção, por si só, representa pouco para o analista, mas, se comparado com o montante das vendas ou com o valor desses mesmos custos levantados em outros exercícios sociais, refletirá com maior clareza sua posição. Assim, a comparação dos valores entre si e com outros de diferentes períodos oferecerá um aspecto mais dinâmico e elucidativo à posição estática das demonstrações contábeis. Esse processo de comparação, indispensável ao conhecimento da situação de uma empresa, é representado pela **análise horizontal** e pela **análise vertical**.

Esses métodos de análise são os objetos de estudo deste capítulo. Dentro desse objetivo, ainda, destaques são dados não somente às metodologias de cálculo das análises horizontal e vertical, mas também aos critérios de interpretação de seus resultados e ao desenvolvimento dos ajustes necessários.

A **análise horizontal (AH)** relaciona cada item de um demonstrativo financeiro com o mesmo item apurado em exercício passado (período-base), revelando a evolução de seus valores. A AH permite avaliar o desempenho **passado** da empresa e também traçar uma **tendência** futura.

A AH pode ser calculada em valores **nominais**, os quais incorporam a inflação do período, ou em valores **reais**, trabalhando com valores de mesmo poder de compra. Para excluir a inflação da análise, todos os valores são corrigidos para uma mesma data, usando um índice de atualização monetária, como o Índice Nacional de Preços ao Consumidor Amplo (IPCA) – medida de inflação da economia brasileira.

Já a **análise vertical (AV)** destaca a participação de cada conta em relação a um total comparável do demonstrativo financeiro. Por exemplo, a base 100% é o total do ativo; no demonstrativo de resultados, costuma-se usar a receita líquida de vendas como base da AV.

A AV permite que se identifiquem, em cada exercício, contas que fogem do padrão da empresa, como a participação de dívidas no financiamento dos ativos, proporção de ativos investida em capital de giro (ativo circulante), e assim por diante.

7.1 ANÁLISE HORIZONTAL

A AH é a comparação feita entre os valores de uma mesma conta ou grupo de contas, em diferentes exercícios sociais. É, basicamente, um processo de análise temporal, desenvolvido por meio de **números-índices**, sendo seus cálculos processados de acordo com a seguinte expressão:

$$\text{Número-índice} = \frac{V_d}{V_b} \times 100$$

Pela identidade, revela-se que o número-índice é a relação existente entre o valor de uma conta contábil (ou grupo de contas) em determinada data (**V_d**) e seu valor obtido na data-base (**V_b**). Em outras palavras, **V_d** representa um valor monetário identificado no exercício que se pretende comparar por meio de um índice, e **V_b** exprime esse mesmo valor apurado no exercício em que se efetua a comparação.

Por exemplo, admita que as vendas e os lucros de uma empresa, relativos ao período de X5-X8, sejam os seguintes:

($ mil)

Anos	X5	X6	X7	X8
Vendas	104.899	100.434	103.044	113.925
Lucro Líquido	31.777	23.896	49.150	53.658

Tomando como **base o ano de X5**, os números-índices das vendas e dos lucros em X5, X6, X7 e X8 são calculados da seguinte forma:

X6/X5

Vendas: $\frac{\$\ 100.434}{\$\ 104.899} \times 100 = 95{,}7$ $\quad \Delta = -$ **4,3%**

Lucro Líquido: $\frac{\$\ 23.896}{\$\ 31.777} \times 100 = 75{,}2$ $\quad \Delta = -$ **24,8%**

X7/X5

Vendas: $\frac{\$\ 103.044}{\$\ 104.899} \times 100 = 98{,}2$ $\quad \Delta = -$ **1,8%**

Lucro Líquido: $\frac{\$\ 49.150}{\$\ 31.777} \times 100 = 154{,}7$ $\quad \Delta = +$ **54,7%**

X8/X5

Vendas: $\frac{\$\ 113.925}{\$\ 104.899} \times 100 = 108{,}6$ $\quad \Delta = +$ **8,6%**

Lucro Líquido: $\frac{\$\ 53.658}{\$\ 31.777} \times 100 = 168{,}9$ $\quad \Delta = +$ **68,9%**

O Quadro 7.1 resume a AH por meio de números-índices dos valores das vendas e do lucro líquido tendo como base de comparação o ano X5.

Quadro 7.1 Números-índices (base: X5)

Anos	X5 - BASE	AH	X6	AH	X7	AH	X8	AH
Vendas	**$ 104.899**	100,0	$ 100.434	95,7	$ 103.044	98,2	$ 113.925	108,6
Lucro Líquido	**$ 31.777**	100,0	$ 23.896	75,2	$ 49.150	154,7	$ 53.658	168,0

Pelo Quadro 7.1, observa-se que as vendas de X6 diminuíram em 4,3% (100,0 – 95,7) em relação aos valores apurados em X5. Em X7, apesar de terem crescido em relação ao exercício imediatamente anterior, as vendas também regrediram em relação ao ano-base de X5. A redução das vendas de X7 foi de 1,8% em relação a X5. No exercício de X8, entretanto, observou-se um crescimento de 8,6% nas vendas, ou seja, estão 1,086 vez maiores que as obtidas em X5.

Conclusões análogas podem ser obtidas, também, da evolução do lucro líquido no período, o qual mostrou decréscimo de 24,8% em X6, e crescimento de 54,7% em X7 e de 68,9%, em X8, tudo em relação ao ano-base de X5.

Outra maneira de ilustrar a AH é tomar como período-base sempre o **exercício imediatamente anterior** ao que está em estudo. Esse critério torna a análise mais dinâmica, permitindo constatar a evolução em períodos menores de tempo. Os resultados desse critério utilizando os dados de vendas e lucro líquido ilustrados anteriormente são apresentados no Quadro 7.2.

Quadro 7.2 Números-índices (base: exercício anterior)

Anos	X5	X6	X7	X8
Vendas	–	95,7	102,6	110,6
Lucro Líquido	–	75,2	205,7	109,2

Observa-se, no Quadro 7.2, que no exercício de X7 o lucro líquido apresentou desempenho significativamente superior ao das vendas. No exercício de X8, a diferença de crescimento dessas duas medidas financeiras foi bastante reduzida, crescendo as vendas em 10,6% e o lucro em 9,2% em relação a X7.

A AH, baseada unicamente no exercício de X5, não refletiu de forma mais destacada a evolução apresentada pelas vendas e pelo lucro líquido, dando uma visão menos analítica.

Assim, com base no exercício imediatamente anterior, o lucro apresenta crescimento de 105,7% em X7, registrando, as vendas, aumento de apenas 2,6%. Tomando comparativamente como base o ano de X5, conforme apresentado no Quadro 7.1, conclui-se, diferentemente, por decréscimo das vendas de 1,8% e menor evolução do lucro de 54,7%.

No exercício seguinte (X8), apesar do crescimento das vendas ter sido mais elevado que o registrado em X7 (10,6% em X8, em comparação aos 2,6% em X7), o lucro líquido obteve comportamento mais modesto, evoluindo em 9,2%.

Os resultados registrados em X7 denotam positivamente uma evolução menos que proporcional dos custos e despesas em relação às vendas realizadas. Em outras palavras, as despesas cresceram menos que o faturamento da empresa, promovendo maior economia e, consequentemente, lucros proporcionalmente mais representativos. O inverso da situação descrita foi verificado, entretanto, nos exercícios de X6 e X8. Em X6, o lucro líquido teve decréscimo percentual (–24,8%) superior ao das vendas (–4,3%). No ano de X8, o lucro subiu 9,2%, enquanto as vendas registraram evolução de 10,6%.

7.1.1 Análise horizontal com base negativa

No processo de AH desenvolvido por meio de números-índices, é importante tomar certas precauções nas situações em que a base de comparação incluir um valor negativo. Nesses casos, a magnitude do resultado calculado não reflete corretamente a evolução dos valores considerados, podendo levar, quando se fixa o estudo somente nas informações dos números-índices, a conclusões opostas ao que ocorreu efetivamente.

Para ilustrar esses casos especiais, admita-se que uma empresa tenha apresentado os resultados do Quadro 7.3, referentes a seus cinco últimos exercícios sociais.

Quadro 7.3 Resultados anuais

Anos	X3 ($ mil)	X4 ($ mil)	X5 ($ mil)	X6 ($ mil)	X7 ($ mil)
Lucro/Prejuízo	+ 2.600	– 1.300	– 2.080	– 500	+ 3.380
Número-índice (Base: exercício anterior)		$\frac{-1.300}{+2.600} \times 100 =$	$\frac{-2.080}{-1.300} \times 100 =$	$\frac{-500}{-2.080} \times 100 =$	$\frac{+3.380}{\text{v } 500} \times 100 =$
		– 50,0	+ 160,0	+ 24,0	– 676,0

Os resultados revelam que, em X4, a empresa passou de um lucro de $ 2.600 mil para um prejuízo de $ 1.300 mil. Esse desempenho negativo é refletido adequadamente no número-índice calculado, que demonstra queda de 150% (– 50 – 100) no valor do resultado. No ano de X5, verifica-se que o prejuízo foi bem superior ao levantado em X4. Não obstante, dado que os dois valores relacionados são negativos, o número-índice torna-se aritmeticamente positivo, indicando, por si só, uma irreal evolução positiva do lucro da empresa. No exercício de X6, o valor do número-índice reduz-se de +160,0 para +24,0, em razão do menor prejuízo líquido apurado pela empresa, mantendo-se, ainda, ilusoriamente positivo.

Por outro lado, apesar de haver auferido lucro líquido de $ 3.380 mil em X7, o número-índice torna-se negativo em razão de o valor do ano-base se apresentar negativo (prejuízo de $ 500 mil no ano de X6). Mais uma vez, percebe-se que a AH se torna ilusória nessas situações que envolvem bases negativas, revelando evolução positiva na ocorrência de lucro, e negativa quando ocorrer prejuízo.

Essas inversões nos sinais dos números-índices, que refletem um comportamento contrário ao que efetivamente se verificou, podem ser solucionadas alterando o sinal do valor-base e, consequentemente, de todos os números calculados. Adotando a sugestão formulada[1] para

---

1 Situações similares também são descritas em: LEITE, H. P. *Introdução à Administração Financeira*. 2. ed. São Paulo: Atlas, 1994. cap. 2.

tornar mais fácil interpretar a evolução apresentada, os números-índices passariam para - 160,0 em X5, - 24,0 em X6 e + 676,0 em X7. Com isso, conclui-se por uma diminuição de 260% (- 160,0 - 100,0), de 24% (- 24,0 - 100,0) e um aumento de 576% (676,0 - 100,0), respectivamente, em cada um dos exercícios considerados.

Importante

Por definição, o número-índice é uma técnica de redução de valores expressos em diferentes medidas em valores homogêneos, no sentido de permitir sua comparação no tempo.

É um valor relativo, um número adimensional, que varia no tempo na mesma proporção das grandezas originais.

A base pode ser alterada da maneira que se desejar, positiva ou negativa, mas o número-índice não se altera. É apenas uma questão de interpretação (leitura) dos valores.

7.1.2 Interpretações básicas da análise horizontal

Conforme ficou demonstrado, a AH é um processo de estudo que permite avaliar a evolução verificada nos diversos elementos das demonstrações contábeis ao longo de determinado intervalo de tempo. A grande importância dessa técnica é bem clara: permite a análise da tendência passada e futura de cada valor contábil. Muitas vezes, o momento de uma empresa está afetado por causas originadas em períodos anteriores, as quais poderão, ainda, refletir-se em períodos futuros.

Uma metodologia básica para o estudo comparativo da **evolução horizontal dos balanços** pode ser resumida em três grandes segmentos de estudo:

1. **Evolução dos ativos (investimentos) e passivos (financiamentos) de curto prazo.** Como resultado dessa comparação, pode-se avaliar a existência de certa **folga financeira** (liquidez de curto prazo), na eventualidade de que os ativos circulantes tenham crescido mais rapidamente que os passivos circulantes, ou de um **aperto na liquidez** de curto prazo, refletido no caso inverso, em que os ativos circulantes tenham apresentado uma evolução horizontal proporcionalmente menor que a dos passivos circulantes.
2. **Evolução do ativo não circulante produtivo.** Conceitualmente, esse grupo patrimonial reflete a capacidade instalada de produção/vendas de uma empresa. Um nível maior de investimentos em bens fixos produtivos deve ser correspondido pelo adequado crescimento do volume de atividade (produção e vendas).
3. **Evolução da estrutura de capital.** Mais especificamente, procura-se nesse segmento da AH o conhecimento de como a empresa está financiando seus investimentos em ativos, isto é, se houve maior ou menor preferência por empréstimos/financiamentos em relação ao uso de capital próprio, se é visível algum desequilíbrio na estrutura de capital, notadamente pela presença de um volume mais relevante de dívidas de curto prazo em relação a capitais de longo prazo etc.

Nas **demonstrações de resultados**, a AH procura identificar, prioritariamente, a evolução dos custos e despesas em relação ao volume de vendas e seus reflexos sobre os resultados do exercício. Por exemplo, para uma situação de crescimento proporcionalmente menor do custo dos produtos vendidos em relação às receitas operacionais geradas, podem ser extraídas, entre outras, as seguintes interpretações:

- houve redução no custo unitário de venda causada por maior nível de produção e vendas (ganhos de escala). Nesses casos, a empresa soube melhorar sua estrutura de custos fixos (aqueles que não sofrem variações em seus valores por aumento ou diminuição no volume de atividade), reduzindo o custo por unidade de seus produtos;
- houve aumento dos preços de vendas em percentuais proporcionalmente superiores ao aumento verificado nos custos.

Uma evolução mais significativa das receitas de vendas em relação aos custos e despesas operacionais totais denota, basicamente, melhor desempenho na administração dos ativos da empresa.

Em certos momentos, ainda, dependendo do interesse por certas contas de resultados, poderá ser efetuada uma avaliação do crescimento de determinado item dos custos e despesas incorridos. Ilustrativamente, podem ser citadas as despesas financeiras (juros) determinadas por empréstimos e financiamentos contraídos pela empresa em determinado exercício. Em épocas de altas taxas de juros, o comportamento dessa despesa assume importância maior, refletindo os resultados do nível de capitalização da empresa, ou seja, de sua política adotada em financiar seus ativos (estrutura de capital). De forma idêntica, ainda, é comum verificar, em empresas sob regime de controle de preços, crescimentos relativos maiores no volume de vendas em relação ao lucro bruto, o que é explicado pela impossibilidade de repassar aos preços os incrementos de seus custos.

Evidentemente, outros importantes pontos de estudo podem ser incluídos, derivados basicamente dos objetivos da análise. Os segmentos referenciados acima promovem uma visão geral de como conduzir todo o processo, permitindo que o analista desenvolva sua avaliação das demonstrações contábeis de forma mais organizada.

Visando uma aplicação prática da AH, considere as demonstrações contábeis (balanços e resultados), assim como os respectivos números-índices, referentes aos três últimos exercícios sociais da Cia. Fracasso (Quadros 7.4 e 7.5).

Quadro 7.4 AH dos balanços da Cia. Fracasso (base: exercício anterior)

Ativo/Passivo	31-12-X1 ($)	AH	31-12-X2 ($)	AH	31-12-X3 ($)	AH
Ativo Circulante	100.000	-	110.000	110,0	95.000	86,4
Não Circulante						
Realizável a Longo Prazo	160.000	-	184.000	115,0	192.000	104,3
Imobilizado e Investimentos	300.000	-	390.000	130,0	445.000	114,1
TOTAL	560.000	-	684.000	122,1	732.000	107,0
Passivo Circulante	70.000	-	90.300	129,0	106.400	117,8
Exigível a Longo Prazo	150.000	-	200.000	133,3	235.000	117,5
Patrimônio Líquido	340.000	-	393.700	115,8	390.600	99,2

Quadro 7.5 AH das demonstrações de resultados da Cia. Fracasso (base: exercício anterior)

	31-12-X1 ($)	AH	31-12-X2 ($)	AH	31-12-X3 ($)	AH
Receitas de Vendas	830.000	-	1.260.000	151,8	2.050.000	162,7
CMV	(524.167)	-	(840.500)	160,3	(1.594.600)	189,7
Lucro Bruto	305.833	-	419.500	137,2	455.400	108,6
Despesas Operacionais	(139.500)	-	(190.000)	136,2	(277.500)	146,1
Despesas Financeiras	(88.000)	-	(140.000)	159,1	(186.000)	132,9
Resultado "Operacional"	78.333	-	89.500	114,3	(8.100)	(9,0)
Provisão para IR	(31.333)	-	(35.800)	114,3	-	-
Resultado Líquido	47.000	-	53.700	114,3	(8.100)	(15,1)

IR - Imposto de Renda.

A AH das demonstrações contábeis da Cia. Fracasso revela uma sensível queda em sua liquidez e lucratividade. As principais conclusões que podem ser extraídas da análise efetuada são formuladas a seguir.

a. Nos balanços (Quadro 7.4), é possível observar uma deterioração na capacidade de pagamento a curto prazo da empresa como consequência da evolução mais que proporcional de suas obrigações (passivo circulante) em relação às suas disponibilidades e valores realizáveis (ativo circulante). Note que, de ano para ano, está decaindo a diferença entre o ativo e o passivo circulante[2] tanto em valores relativos como em valores absolutos, proporcionando uma redução na liquidez. Em X3, essa diferença assume valores negativos, indicando que a empresa mantém mais dívidas circulantes (curto prazo) que ativos de mesma maturidade.

b. A participação dos recursos próprios (patrimônio líquido) na estrutura de financiamento da empresa vem proporcionalmente decaindo ao longo dos exercícios, notando-se um crescimento mais que proporcional das dívidas. No exercício de X3, enquanto as exigibilidades aumentaram em mais de 17%, o capital próprio decresceu em 0,8%, demonstrando maior dependência da empresa aos credores e, consequentemente, maior risco financeiro.

c. Nos dois últimos exercícios considerados, os custos de venda da companhia apresentaram crescimento maior que suas receitas, proporcionando a redução na evolução do lucro bruto (Quadro 7.5). Em outras palavras, em X2, para auferir crescimento de 37,2% no lucro bruto, a empresa elevou suas vendas em 51,8%. No entanto, em X3, para a elevação de apenas 8,6% no lucro bruto, as receitas precisaram crescer 62,7%. As despesas operacionais e financeiras mantiveram, no triênio, uma evolução próxima à das receitas, não chegando a onerar o lucro com a mesma intensidade dos custos. Como consequência, o resultado líquido da empresa apresentou crescimento moderado em X2, chegando a prejuízo no exercício seguinte.

2 Essa diferença, denominada capital circulante (ou de giro) líquido, será mais profundamente estudada no Capítulo 10.

Em resumo, pode-se concluir que os investimentos da empresa foram prioritariamente dirigidos para ativos de longo prazo, notadamente o ativo não circulante (imobilizado e investimentos), em detrimento dos itens circulantes. Sua estrutura de financiamento, além de atribuir maior preferência por fontes de terceiros deu, ainda, grande destaque a dívidas de curto prazo.

A participação do capital próprio (patrimônio líquido) com moderado crescimento em X2, apresentou redução de 0,8% em X3. Esses aspectos que envolvem as decisões de investimento e financiamento da Cia. Fracasso, corroídos adicionalmente pelo fraco desempenho dos lucros, deslocaram a empresa para uma área de pouca liquidez e lucratividade negativa. São necessárias investigações mais profundas para melhor identificação das causas dos problemas discutidos, as quais poderão ser desenvolvidas utilizando-se as técnicas de análise a serem apresentadas em capítulos posteriores.

7.2 ANÁLISE VERTICAL

A AV é também um processo comparativo, expresso em porcentagem, que se aplica ao se relacionar uma conta ou grupo de contas com um valor afim ou relacionável, identificado no mesmo demonstrativo.

Dessa forma, dispondo dos valores absolutos em forma vertical, pode-se apurar facilmente a participação relativa de cada item contábil no ativo, no passivo ou na demonstração de resultados, e sua evolução no tempo.

Visando ilustrar melhor as aplicações dessa técnica, considere os Quadros 7.6 e 7.7, que apresentam a AV das demonstrações contábeis da Cia. Fracasso, conforme apresentadas anteriormente.

Quadro 7.6 AV dos balanços da Cia. Fracasso

Ativo/Passivo	31-12-X1 ($)	AV%	31-12-X2 ($)	AV%	31-12-X3 ($)	AV%
Ativo Circulante	100.000	17,8	110.000	16,1	95.000	13,0
Não Circulante						
Realizável a Longo Prazo	160.000	28,6	184.000	26,9	192.000	26,2
Imobilizado e Investimentos	300.000	53,6	390.000	57,0	445.000	60,8
TOTAL	560.000	100,0	684.000	100,0	732.000	100,0
Passivo Circulante	70.000	12,5	90.300	13,2	106.400	14,5
Exigível a Longo Prazo	150.000	26,8	200.000	29,2	235.000	32,1
Patrimônio Líquido	340.000	60,7	393.700	57,6	390.600	53,4

Quadro 7.7 AV das demonstrações de resultados da Cia. Fracasso

	31-12-X1 ($)	AV%	31-12-X2 ($)	AV%	31-12-X3 ($)	AV%
Receitas de Vendas	830.000	100,0	1.260.000	100,0	2.050.000	100,0
CMV	(524.167)	63,2	(840.500)	66,7	(1.594.600)	77,8
Lucro Bruto	305.833	36,8	419.500	33,3	455.400	22,2
Despesas Operacionais	(139.500)	16,8	(190.000)	15,1	(277.500)	13,5
Despesas Financeiras	(88.000)	10,6	(140.000)	11,1	(186.000)	9,1
Resultado Operacional	78.333	9,4	89.500	7,1	(8.100)	(0,4)
Provisão para IR	(31.333)	3,8	(35.800)	2,8	-	-
Resultado Líquido	47.000	5,6	53.700	4,3	(8.100)	(0,4)

IR - Imposto de Renda.

Pela participação relativa dos diversos grupos ativos e passivos nos balanços, pode-se, pela AV efetuada, corroborar as conclusões extraídas da AH, ou seja:

- Os investimentos de curto prazo sofreram pequenas reduções no período, passando de 17,8% do total do ativo em X1, para 13,0% em X3. Em contrapartida, as dívidas de curto prazo (representadas pelo passivo circulante) apresentaram participação maior ao longo dos períodos. Em X1, 12,5% do total do financiamento da empresa era representado por passivo circulante, subindo para 14,5% em X3.
- Essa situação, conforme comentado, produziu uma redução na liquidez da companhia, devendo administrar um volume maior de dívidas vencíveis a curto prazo sem apresentar incremento correspondente em seus ativos circulantes.
- O único grupo patrimonial que proporcionalmente cresceu ao longo dos anos foi o não circulante (imobilizado e investimentos), que representava 53,6% dos investimentos (Ativo Total) em X1, crescendo para 60,8% em X3. Os demais grupos de contas do ativo sofreram decréscimos relativos nos exercícios. A maior preocupação por investimentos produtivos (permanentes) pode ser derivada do crescimento dos níveis de vendas da empresa, tendo atingido 51,8% em X2 em relação a X1, e 62,7% em X3 em relação a X2, conforme demonstradas no Quadro 7.5.
- Da mesma forma, observa-se que em X1 60,7% dos ativos da empresa eram financiados por capital próprio. Em X3, esse percentual caiu para 53,4%, significando que a empresa deve a terceiros 46,6% (100% – 53,4%) de seus ativos. Em verdade, conforme comentado, a Cia. não produziu melhores níveis de capitalização no período (maior participação de capital próprio), diminuindo, inclusive, a participação do patrimônio líquido.
- Pelas demonstrações de resultados, confirma-se a necessidade de um volume maior de receitas de vendas para cobrir os custos. Em X1, 63,2% das vendas eram destinados a repor os custos incorridos, elevando-se para 66,7% em X2 e 77,8% em X3. Como consequência, reduz-se a parte das vendas que representa lucro bruto. Observa-se que a relação lucro bruto/receitas de vendas atingia 36,8% em X1, decaindo para 33,3% em X2 e 22,2% em X3.
- É de se notar que, apesar de haver ocorrido uma redução proporcional das despesas operacionais e financeiras na estrutura de resultados, a Cia. teve de assumir um prejuízo de

$ 8.100 em X3 equivalente a 0,4% de suas vendas. Nos exercícios de X1 e X2, apesar de ter apresentado um lucro líquido crescente em valores absolutos, houve uma redução proporcional às vendas. Assim, em X1, 5,6% das vendas eram transformados em lucro líquido, despendendo-se 94,4% das receitas para cobertura dos custos e despesas. No exercício seguinte, no entanto, a companhia teve de usar um percentual maior das receitas de vendas para os custos e despesas, restando somente 4,3% como lucro líquido.

Apesar de se ter chegado a conclusões semelhantes com os resultados da AH e da AV, é importante acrescentar que uma não deve necessariamente excluir a outra. Ou seja, ao ser processado um estudo comparativo das demonstrações contábeis de uma empresa, é importante que sejam utilizadas tanto a AH como a AV, a fim de melhor identificar as várias mutações sofridas por seus elementos contábeis.

7.3 ANÁLISES HORIZONTAL E VERTICAL EM INFLAÇÃO

Quando se analisam demonstrações contábeis de uma empresa, principalmente quando se relacionam dois ou mais exercícios, um problema surge naturalmente à vista do analista: os diferentes níveis de poder aquisitivo da moeda.

A comparação de valores em épocas distintas não oferece base confiável para a verificação do desempenho real ocorrido, dado que a instabilidade monetária depreciou o poder de compra da moeda ocasionando, consequentemente, um incremento artificial (aparente) desses valores.

Dessa maneira, torna-se incompatível para o analista trabalhar exclusivamente com os resultados nominais das empresas, conforme normalmente publicados por suas demonstrações contábeis legais. É indispensável a determinação desses valores sob uma unidade monetária constante, ou seja, é fundamental que as demonstrações contábeis apresentem uma uniformidade em seus valores, mantendo-os constantes em termos de capacidade de compra.

Ilustrativamente, é comum se observarem aumentos no montante de vendas das empresas de um período para outro. No entanto, esse acréscimo não reflete necessariamente uma elevação do volume físico de vendas, podendo ser consequência também do aumento dos preços de venda dos produtos determinado pela inflação verificada no período.

Dessa maneira, se em determinado exercício uma empresa vende 1.000 unidades ao preço unitário de $ 10,00, e no período seguinte colocar 1.040 unidades de seus produtos a $ 12,50/unidade, o total das receitas operacionais de vendas atinge as cifras de $ 10.000,00 e $ 13.000,00, respectivamente. Esse desempenho não significa que a empresa promoveu um incremento de 30% em seu volume de vendas. Em verdade, as receitas de vendas apresentam-se **nominalmente** 1,3 vez maior, mas em termos de unidades vendidas (crescimento físico real), a elevação foi de apenas 4%.

Da mesma forma, se o ativo imobilizado em determinado exercício atinge $ 100.000,00 e no período seguinte alcança $ 125.000,00, verificando, ainda, inflação de 9% no período, o crescimento calculado é visto como aparente (taxa nominal). A evolução ocorrida foi, em grande parte, promovida pela variação verificada nos índices de preços, considerando-se como aumento **real** somente a parcela que exceder ao valor inicial corrigido.

Em valores absolutos, o aumento real verificado foi de $ 16.000,00, isto é:

Ativo Imobilizado Final	$ 125.000,00
Ativo Imobilizado Inicial em Moeda Final	
$ 100.000,00 × 1,09	(109.000,00)
Crescimento Real	**$ 16.000,00**

Observe que, para o cálculo da evolução real, os valores a serem comparados devem estar expressos em moeda de mesma data, isto é, de mesmo poder de compra.

Diante do exposto, torna-se clara a necessidade de dispensar um tratamento mais adequado aos valores contábeis com o objetivo de torná-los mais depurados das variações de preços verificadas no período. O critério a ser utilizado deve basear-se, evidentemente, nas características de formação dos diversos valores registrados nos demonstrativos financeiros. Em muitos momentos, por desconhecer essas informações básicas pelas demonstrações formalmente publicadas, o analista terá de adotar critérios mais subjetivos, procurando, empiricamente, taxas médias de correção.

8

ALAVANCAGEM OPERACIONAL FINANCEIRA

Um dos aspectos mais importantes do processo de avaliação de uma empresa é o estudo da **alavancagem financeira e operacional**. Uma expectativa presente em toda decisão financeira é que ela contribua para elevar o resultado operacional e líquido da empresa. Esse desempenho é potencialmente demonstrado pelo respectivo grau de alavancagem.

A aplicação da **alavancagem operacional** e financeira na avaliação de uma empresa permite que se conheça sua viabilidade econômica, identificando claramente as causas que determinaram eventuais variações nos resultados. É possível, ainda, pelo estudo, principalmente da alavancagem operacional, analisar a natureza cíclica de um negócio e a variabilidade de seus resultados operacionais.

A **alavancagem financeira**, por outro lado, permite que se avalie, entre outras informações relevantes, como o endividamento da empresa está influindo sobre a rentabilidade de seus proprietários. Por meio de seu estudo, é possível segregar o resultado operacional da empresa, ou seja, o resultado gerado por seus ativos e determinado exclusivamente pelas decisões de investimento, do resultado líquido influenciado também pelas decisões de financiamento.

O impacto total da estrutura de custos de uma empresa sobre suas decisões operacionais e financeiras é avaliado por meio da **alavancagem total**, que incorpora, de forma combinada, as informações das alavancagens operacional e financeira.

8.1 ALAVANCAGEM OPERACIONAL

A **alavancagem operacional** é possível pela presença de custos e despesas **fixos** na estrutura de resultados de uma empresa. Esses custos (despesas) não sofrem, por definição, nenhuma variação diante de mudanças no volume de atividade (produção e vendas), mantendo-se constantes no tempo. Por exemplo, a depreciação de uma máquina ocorre independentemente do volume de atividade, em certo período, ter assumido acréscimos ou reduções. Da mesma forma, aluguel, salários e honorários de administração, despesas de juros de empréstimos e financiamentos etc. são exemplos de custos (despesas) fixos, já que esses valores independem do volume de produção ou de vendas ocorrido em determinado período.

É importante ressaltar que os custos e despesas fixos não significam valores constantes (fixos). Sua relação não está vinculada com o volume de atividade (vendas e produção), mas sim com o **tempo**. Mantendo-se inalterados diante de variações nas vendas ou da produção, os gastos são considerados fixos, mesmo que seus valores sofram modificações periódicas.

Os encargos de uma dívida em dólar, por exemplo, têm seus valores alterados todo mês pela variação cambial, e não de forma proporcional e direta ao volume de atividade. Logo, são classificados como fixos.

A ideia de custo e despesa **variável**, por seu lado, está vinculada diretamente ao volume de atividade. Por exemplo, comissão de vendedores, matéria-prima e embalagens, mercadorias, impostos incidentes sobre o valor das vendas (Programa de Integração Social – PIS, Contribuição para o Financiamento da Seguridade Social – Cofins, Imposto sobre Circulação de Mercadorias e Serviços – ICMS etc.), são considerados variáveis, pois seus valores oscilam de maneira direta e proporcional ao volume de produção e vendas.

Com base em uma estrutura de custos (despesas), a **alavancagem operacional** revela como uma alteração no volume de atividade influi sobre o Lucro Operacional (LOP) da empresa. Em outras palavras, se as vendas sofrerem uma variação, por exemplo, de 10% em certo período, qual o impacto desse comportamento sobre o lucro operacional?

A expressão do Grau de Alavancagem Operacional (GAO) pode ser obtida da seguinte forma:

$$\text{Grau de Alavancagem Operacional} = \frac{\text{Variação no lucro operacional}}{\text{Variação no volume de atividade}} = \frac{\Delta \text{ LOP}}{\Delta \text{ VA}_t} \quad (8.1)$$

Por exemplo, se o aumento de 10% nas vendas de uma empresa determinar um acréscimo de 35% nos lucros, tem-se um GAO de 3,5, que representa a elevação de 3,5% nos resultados operacionais para cada 1% de elevação das vendas.

O GAO é determinado pela estrutura de custos (despesas) da empresa, apresentando maior capacidade de alavancar os lucros aquela que apresentar maiores custos (despesas) fixos em relação aos custos (despesas) totais. Identicamente, empresas com estrutura mais elevada de custos (despesas) fixos assumem também maiores **riscos** em razão da maior variabilidade de seus resultados operacionais.

Admita, ilustrativamente, as empresas **A** e **B**, iguais em todos os aspectos exceto em sua estrutura de custos (despesas). A empresa **A**, por ser mais automatizada, tem uma relação custo e despesa fixo/custo e despesa total mais alta que **B**. Seus resultados são apresentados no Quadro 8.1.

Quadro 8.1 Estrutura de custos das empresas A e B

	Empresa A		Empresa B	
Receitas de Vendas	$ 100	100%	$ 100	100%
Custos e Despesas Variáveis	($ 30)	(30%)	($ 70)	(70%)
MARGEM DE CONTRIBUIÇÃO	$ 70	70%	$ 30	30%
Custos e Despesas Fixos	($ 60)		($ 20)	
RESULTADO OPERACIONAL	$ 10		$ 10	

Apesar de as duas empresas apresentarem o mesmo LOP e volume de vendas, a capacidade da empresa **A** em alavancar seus resultados operacionais é superior à demonstrada por **B**. O risco operacional de **A**, diante da variabilidade de seus lucros, também é maior que o de **B**.

Tudo isso pode ser explicado pela maior participação dos **custos e despesas fixos** na estrutura da empresa **A** do que em **B**. Se ocorrer um aumento de 20% no volume de vendas, por exemplo, o LOP de **A** se incrementa percentualmente 7 vezes mais, e o de **B** somente 3 vezes, ou seja:

	Δ VOLUME DE ATIVIDADE = 20%			
	Empresa A		Empresa B	
Receitas de Vendas	$ 120	100%	$ 120	100%
Custos e Despesas Variáveis	($ 36)	(30%)	($ 84)	(70%)
MARGEM DE CONTRIBUIÇÃO	$ 84	70%	$ 36	30%
Custos e Despesas Fixos	($ 60)		($ 20)	
RESULTADO OPERACIONAL	$ 24		$ 16	
Δ Lucro Operacional	+ 140%		+ 60%	
Δ Volume de Atividade	+ 20%		+ 20%	
GAO	$\frac{140\%}{20\%} = 7$		$\frac{60\%}{20\%} = 3$	

Para cada 1% de aumento nas vendas, a empresa **A** oferece uma elevação de 7% em seus resultados operacionais, e a empresa **B** somente 3%. Por não sofrerem variações em seus valores, os custos e despesas fixos são diluídos pela elevação do volume de atividade, alavancando maiores variações nos lucros operacionais.

Por apresentar maior participação de custos e despesas fixos, a empresa **A**, além de ter maior potencial em promover resultados, assume também risco operacional mais elevado. Por exemplo, ao se admitir uma redução de 20% no volume de vendas, a empresa **A** revela-se incapaz de cobrir seus custos (despesas) fixos mais elevados, apurando um prejuízo operacional. A empresa **B**, com uma participação bem mais reduzida de custos e despesas fixos, ainda consegue manter-se em situação de lucro, conforme é demonstrado a seguir.

Observe que o GAO não é o mesmo (GAO = 7 para a empresa **A** e GAO = 3 para a empresa **B**), indicando uma redução, em valores percentuais, 7 vezes maior no resultado operacional da empresa **A** para cada unidade de variação em seu volume de vendas, e de somente 3 vezes para o caso da empresa **B**. Como as vendas diminuíram, a empresa com maior GAO obteve o pior desempenho.

	Δ VOLUME DE ATIVIDADE = – 20%			
	Empresa A		Empresa B	
Receitas de Vendas	$ 80	100%	$ 80	100%
Custos e Despesas Variáveis	($ 24)	(30%)	($ 56)	(70%)
MARGEM DE CONTRIBUIÇÃO	$ 56	70%	$ 24	30%
Custos e Despesas Fixos (CDF)	($ 60)		($ 20)	
RESULTADO OPERACIONAL	($ 4)		$ 4	
Δ Lucro Operacional	– 140%		– 60%	
Δ Variação no Volume de Atividade (ΔVA_t)	– 20%		– 20%	
GAO	$\frac{-140\%}{-20\%} = 7$		$\frac{-60\%}{-20\%} = 3$	

Importante

O GAO funciona nos dois sentidos, demonstrando maior alavancagem dos lucros e, também, dos prejuízos. Quanto maior o GAO, maior a participação dos custos e despesas fixos na estrutura de resultados e, também, maior o risco operacional da empresa.

8.1.1 Variações nos custos e despesas operacionais

Mantendo-se todos os valores anteriores das empresas **A** e **B** constantes, será avaliado o que ocorre se houver um acréscimo de 20% nos Custos e Despesas Fixos (CDF). Os novos resultados passam a ser os seguintes:

	Δ CDF = 20%	
	Empresa A	**Empresa B**
MARGEM DE CONTRIBUIÇÃO	$ 70	$ 30
CDF	($ 72) : $ 60 + 20%	($ 24) : $ 20 + 20%
RESULTADO OPERACIONAL	($ 2)	$ 6

Se o aumento dos custos e despesas fixos for relativamente o mesmo para as duas empresas, **A** corre o risco de sofrer prejuízo mais rapidamente que **B**, em razão de maior nível de CDF.

O contrário ocorre quando os CDF diminuem. Se esses custos recuarem em 20%, por exemplo, os resultados das duas empresas são:

	Δ CDF = – 20%	
	Empresa A	**Empresa B**
MARGEM DE CONTRIBUIÇÃO	$ 70	$ 30
CDF	($ 48) : $ 60 – 20%	($ 16) : $ 20 – 20%
RESULTADO OPERACIONAL	$ 22	$ 14

Em conclusão, quanto maiores os CDFs, maiores são as chances de grandes lucros e maiores os riscos de grandes prejuízos.

Por outro lado, ocorrendo variações nos Custos e Despesas Variáveis (CDV), mantidos os demais valores constantes, as empresas com menor margem de contribuição unitária serão afetadas mais fortemente do que aquelas com maior margem (ou menores CDV).

Por exemplo, ao admitir uma elevação dos CDV de 20% para as empresas **A** e **B**, temos os seguintes resultados:

	Δ CDV = 20%	
	Empresa A	**Empresa B**
Receitas de Vendas	$ 100	$ 100
CDV	($ 36) : $ 30 + 20%	($ 84) : $ 70 + 20%
MARGEM DE CONTRIBUIÇÃO	$ 64	$ 16
CDF	($ 60)	($ 20)
RESULTADO OPERACIONAL	$ 4	($ 4)

Logo, quanto maiores os CDV, maiores os riscos em caso de elevação dos custos. A empresa **B** terá de arcar com prejuízo, apresentando maior dificuldade em retomar os lucros.

8.1.2 Formulações do grau de alavancagem operacional

Muitas vezes é utilizada uma fórmula mais analítica, que permite apurar o GAO diretamente em qualquer nível de atividade, sem necessidade do conhecimento das variações no volume de atividade e nos resultados.

Com base na formulação enunciada do grau de alavancagem operacional, (equação 8.2) tem-se:

$$GAO = \frac{\Delta\, LOP}{\Delta\, VA_t} \qquad (8.2)$$

Sendo: Δ **LOP** = variação no lucro operacional;

Δ $\mathbf{VA_t}$ = variação no volume de atividade.

Como os CDF não se alteram, por definição, diante de variações no volume de atividade, a variação do resultado operacional pode ser obtida pela margem de contribuição, ou seja:

$$\Delta\, LOP = \frac{\Delta\, QTD\,(RV_u - CDV_u)}{QTD\,(RV_u - CDV_u) - CDF} \qquad (8.3)$$

Na expressão, Δ **QTD** indica a variação física (quantidade) no nível de vendas ou produção; $\mathbf{RV_u}$ são as receitas de venda por unidade; $\mathbf{CDV_u}$ os custos e despesas variáveis por unidade; e **CDF** os custos e despesas fixos totais (operacionais).

A variação no volume de atividade é determinada por:

$$\Delta\, VA_t = \frac{\Delta\, QTD}{QTD} \qquad (8.4)$$

Substituindo (8.3) e (8.4) em (8.2), tem-se:

$$GAO = \frac{\dfrac{\Delta QTD\,(RV_u - CDV_u)}{QTD\,(RV_u - CDV_u) - CDF}}{\dfrac{\Delta QTD}{QTD}}$$

$$GAO = \frac{\Delta QTD\,(RV_u - CDV_u)}{QTD\,(RV_u - CDV_u) - CDF} \times \frac{QTD}{\Delta QTD}$$

$$GAO = \frac{QTD\,(RV_u - CDV_u)}{QTD\,(RV_u - CDV_u) - CDF} \qquad (8.5)$$

Essa expressão apura o grau de alavancagem operacional – GAO com base em **unidades** de volume de atividade. Para um volume expresso em **valores monetários** totais, tem-se:

$$GAO = \frac{(RV_t - CDV_t)}{(RV_t - CDV_t) - CDF} \qquad (8.6)$$

sendo: RV_t e CDV_t, respectivamente, receitas de vendas e custos e despesas variáveis totais, expressos em unidades monetárias.

No exemplo ilustrativo anterior, o GAO das empresas **A** e **B**, para um volume de vendas de \$ 100, atinge, conforme calculado:

- Empresa **A** → $GAO = \dfrac{\$\,100 - \$\,30}{(\$\,100 - \$\,30) - \$\,60} = 7$
- Empresa **B** → $GAO = \dfrac{\$\,100 - \$\,70}{(\$\,100 - \$\,70) - \$\,20} = 3$

8.1.3 Custo Marginal e Ganhos de Escala

O Custo Marginal representa a variação do custo total diante de uma variação unitária (aumento ou redução) no volume de atividade. Uma elevação na quantidade de produção provoca maior diluição dos custos e despesas nos vários produtos fabricados, determinando custos unitários menores. Ao contrário, menor volume de atividade gera a alocação dos custos totais para menor quantidade de produtos, elevando seus custos unitários.

O comportamento esperado é que os custos marginais decresçam, até certo ponto, quando mais unidades são produzidas. Para produzir mais unidades além desse ponto, é previsto que os custos totais se incrementem pela incorporação de novos gastos operacionais, gerando um crescimento nos custos totais e, consequentemente, nos custos marginais. Prevalece nessa fase o preconizado pela Lei dos Rendimentos Decrescentes.

A Lei dos Rendimentos Decrescentes, conforme proposta originalmente pelo economista Anne Robert Jacques Turgot, no século XVIII, demonstra que, quando houver aumento da quantidade de uma variável (quantidade de produção), mantendo-se constantes as demais variáveis (custos fixos), o custo total unitário decrescerá, de início, elevando, em consequência, a lucratividade do negócio. Após atingir um ponto de produção de menor custo por unidade, esses custos voltam a subir a taxas decrescentes.

Para ilustrar esse comportamento dos custos marginais, considere a estrutura resumida dos custos totais de uma empresa, apresentada na Tabela 8.1.

Tabela 8.1 Comportamento dos custos para unidade

Quantidade	CDF Total ($)	CDV TOT ($)	CDT ($)	CDT p/ Unid. ($)
0	20.000,0	-	20.000,0	-
20.000	20.000,0	16.625,0	36.625,0	1,83
40.000	20.000,0	22.750,0	42.750,0	1,07
60.000	20.000,0	25.200,0	45.200,0	0,75
80.000	20.000,0	46.500,0	66.500,0	0,83
100.000	20.000,0	70.100,0	90.100,0	0,90

CDF: Custo e Despesa Fixo; CDV: Custo e Despesa Variável; CDT: Custo e Despesa Total.

Observe, na estrutura apresentada na Tabela 8.1, que os custos totais unitários são decrescentes até um determinado volume de atividade (em torno de 60.000 unidades), aumentando a partir desse ponto. Esse é um comportamento provável da curva de custos. É previsto que, a partir de determinada quantidade, são necessários mais dispêndios na produção (custos adicionais) como maiores estoques, novas máquinas e equipamentos, edificações, gastos adicionais em distribuição etc.

A redução dos custos totais é justificada, basicamente, pela diluição dos custos fixos em uma quantidade maior de unidades produzidas e vendidas. Atingindo esse ponto mínimo ocorre um esperado aumento dos custos.

Esse comportamento decrescente dos custos é o que se denomina **Ganho (ou Economia) de Escala**. Em determinada faixa de produção e vendas, elevações que ocorram no volume de atividade proporcionam diminuições dos custos por unidade, produzindo produtos mais baratos com a consequente elevação da lucratividade.

Ganho de Escala é uma vantagem competitiva operacional, formada por um aumento no volume de atividade maior que o crescimento dos custos fixos. Nesse comportamento, os custos fixos por unidade são decrescentes, elevando a lucratividade da empresa. Os custos fixos, por serem distribuídos para uma quantidade maior de produtos fabricados, geram valores unitários decrescentes, ocorrendo o denominado ganho de escala.

O custo variável também se reduz diante de um maior volume de atividade, explicado por uma maior eficiência operacional. Esse comportamento dos custos variáveis reforçará os ganhos oferecidos pelos custos fixos.

A tendência atual é de que as empresas ganhem mercado e gerem maiores resultados pelo aumento de escala, quando o aumento da quantidade produzida supera a elevação dos custos. A lucratividade no ambiente competitivo de mercado deve ser construída, também, pelo maior volume de atividade (ganhos de escala), e não unicamente por elevação nos preços. Os ganhos de escala podem ocorrer por barateamento do custo das matérias-primas, fretes, volumes mais altos de compra, maior eficiência por volumes mais altos de produção etc.

Em muitos negócios de alta escala, nos quais o montante dos custos fixos é bastante superior ao dos custos variáveis, o **custo marginal** de produzir e vender uma unidade adicional de um produto é muito baixo, admitindo-se uma **tendência a zero**. Esse comportamento é verificado, principalmente, nos segmentos de tecnologia e inovações, como Uber, Netflix, Airbnb etc.

8.2 ALAVANCAGEM FINANCEIRA

A **alavancagem financeira** resulta da participação de recursos de terceiros na estrutura de capital da empresa. Em princípio, pode-se admitir que interessa o endividamento sempre que seu custo for menor que o retorno produzido pela aplicação desses recursos. Nessa situação, em que o retorno do investimento do capital emprestado excede a seu custo de captação, a diferença positiva encontrada promove uma elevação mais que proporcional nos resultados líquidos dos proprietários, alavancando a rentabilidade.

Em situação inversa, quando a empresa toma emprestado a um custo superior a taxa de retorno que pode aplicar esses recursos, o proprietário cobre esse resultado desfavorável mediante seus resultados líquidos, onerando sua taxa de retorno.

Em outras palavras, pode-se definir a alavancagem financeira como a capacidade que os recursos de terceiros apresentam de elevar os resultados líquidos dos proprietários. Uma expressão de cálculo do Grau de Alavancagem Financeira (GAF) é apresentada:

$$GAF = \frac{LOP}{LOP - \text{Despesas Financeiras}} = \frac{LOP}{LOP - DF} \tag{8.7}$$

A expressão revela a alteração percentual no lucro líquido (disponível aos acionistas) determinada por uma variação no lucro operacional. Por exemplo, se o GAF for igual a 1,5, indica que cada 1% de aumento no resultado operacional resulta num acréscimo de 1,5% no lucro líquido.

Conforme comentou-se, essa capacidade de elevar o retorno operacional se dá pela presença de passivos mais baratos em relação ao retorno que produzem nos ativos, promovendo um incremento nos resultados dos proprietários.

O GAF pode, também, ser obtido por:

$$GAF = \frac{\text{Variação Percentual no Lucro Líquido}}{\text{Variação Percentual no Lucro Operacional}} = \frac{\Delta\, LL}{\Delta\, LOP} \tag{8.8}$$

Admita, ilustrativamente, uma empresa com ativo total de $ 300, o qual proporciona um LOP de $ 45, o que equivale a uma rentabilidade de 15% sobre o investimento total (ativo).

A empresa está financiada por capital próprio (patrimônio líquido) de $ 200 e em empréstimo bancário de $ 100, cujo custo é de 12%, ou seja, despesas financeiras de $ 12 (12% × $ 100).

Graficamente, tem-se a situação descrita:

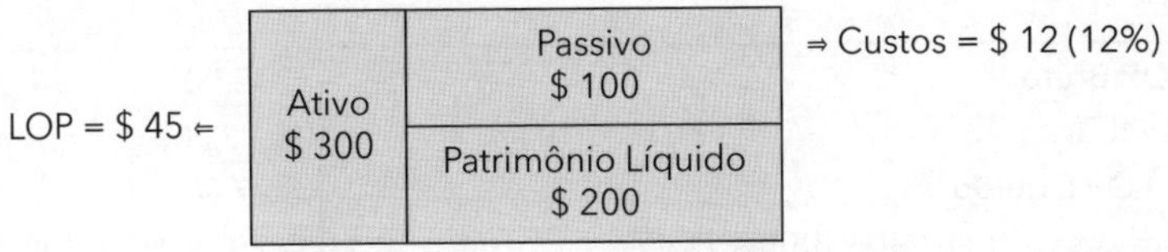

LOP = $ 45 ⇐
Ativo
$ 300
Passivo
$ 100
⇒ Custos = $ 12 (12%)
Patrimônio Líquido
$ 200

LOP	$ 45
DF	(12)
Lucro Líquido	**$ 33**

$$GAF = \frac{LOP}{\mathbf{LOP - DF}} = \frac{\$\,45}{\$\,45 - \$\,12} = 1{,}36$$

A relação é maior que 1,00, indicando a existência de alavancagem financeira favorável. O retorno do investimento (15%) supera o custo da dívida (12%), produzindo resultados positivos aos acionistas. Qualquer variação no LOP indica variação 1,36 maior no resultado líquido dos proprietários. Evidentemente, quanto maior for o GAF, mais elevada se apresenta a capacidade da empresa em elevar o retorno de seus proprietários mediante acréscimos no lucro operacional.

Por exemplo, ao se supor um aumento de 20% no lucro operacional, é de se esperar um incremento de 27,2% no lucro líquido, ou seja:

$$\Delta \text{ Lucro Líquido} = \Delta \text{ LOP} \times \text{GAF}$$

Δ Lucro Líquido = 20% × 1,36 = 27,2%

Com isso, o novo resultado líquido deve passar de $ 33 para $ 42, indicando uma evolução de 27,2%, ou seja:

Lucro Operacional: $ 45 × 1,20	$ 54
Despesas Financeiras: 12% × $ 100	(12)
Lucro Líquido:	$ 42
Variação no Lucro Líquido: ($ 42/$ 33) – 1 = 27,2%	

Ao utilizar a expressão (8.8) chega-se, evidentemente, ao mesmo quociente:

$$GAF = \frac{\Delta\, LL}{\Delta\, LOP} = \frac{27{,}2\%}{20{,}0\%} = 1{,}36$$

8.2.1 Alavancagem financeira e Imposto de Renda

Ao desejar determinar o GAF após os efeitos do Imposto de Renda (IR), é necessário apurar o LOP e o lucro líquido também após o imposto. Utilizando o exemplo ilustrativo em consideração, têm-se os seguintes ajustes no demonstrativo de resultados, admitindo, ilustrativamente, uma alíquota de IR de 40%.

LOP Bruto	$ 45,00
IR: 40% × $ 45	($ 18,00)
LOP Líquido:	$ 27,00
Despesas Financeiras Brutas: ($ 12)	
Economia IR: 40% × $ 12 : $ 4,80	($ 7,20)
Lucro Líquido (após IR)	$ 19,80
GAF = $\frac{\$ 27,00}{\$ 19,80} = 1,36$	

Por serem despesas dedutíveis para efeitos fiscais, os juros promovem uma economia de IR equivalente à alíquota praticada pela empresa. Sobre o lucro operacional, é aplicada diretamente a alíquota de IR. Com isso, o GAF não se altera, mantendo o quociente de 1,36.

8.2.2 Grau de alavancagem operacional para diferentes estruturas de capital

Para uma avaliação da alavancagem financeira em diferentes estruturas de capital, assim como do risco financeiro associado ao endividamento da empresa, considere o Quadro 8.2, em que são apurados os resultados da Cia. Palanca para diferentes situações.

Quadro 8.2 Resultados da Cia. Palanca para diferentes estruturas de capital ($)

Estruturas de capital	A	B	C	D	E	F
Ativo Total	100.000	100.000	100.000	100.000	100.000	100.000
Passivo Exigível	0	20.000	40.000	60.000	80.000	90.000
Patrimônio Líquido	100.000	80.000	60.000	40.000	20.000	10.000
Receitas de Vendas	110.000	110.000	110.000	110.000	110.000	110.000
Custo de Mercadoria Vendida (CMV)	(50.000)	(50.000)	(50.000)	(50.000)	(50.000)	(50.000)
Lucro Bruto	60.000	60.000	60.000	60.000	60.000	60.000
Despesas de Vendas e Adm.	(15.000)	(15.000)	(15.000)	(15.000)	(15.000)	(15.000)
LOP (antes IR)	45.000	45.000	45.000	45.000	45.000	45.000
IR (40%)	(18.000)	(18.000)	(18.000)	(18.000)	(18.000)	(18.000)
LOP (após IR)	27.000	27.000	27.000	27.000	27.000	27.000
Despesas Financeiras (25%)	-	(5.000)	(10.000)	(15.000)	(20.000)	(22.500)
Redução de IR	-	2.000	4.000	6.000	8.000	9.000
Lucro Líquido	27.000	24.000	21.000	18.000	15.000	13.500
GAF	**1,00**	**1,13**	**1,29**	**1,50**	**1,80**	**2,00**

Observe nas diferentes estruturas de capital do Quadro 8.2 que, quanto mais a Cia. Palanca se endivida, mais rentável ela se apresenta, do ponto de vista dos resultados dos proprietários. A redução do lucro líquido em estruturas mais endividadas é proporcionalmente menor que a redução na participação do patrimônio líquido no financiamento da empresa.

Isso ocorre em razão de o custo do capital de terceiros (passivo exigível) ser inferior ao retorno produzido por esses recursos quando aplicados nos ativos. O retorno produzido pelos ativos é de 27% (LOP = $ 27.000/ativo total = $ 100.000), sendo que o capital de terceiros aplicado apresenta um custo de 25% em todas as estruturas consideradas.

A estrutura **A**, por admitir participação exclusiva do patrimônio líquido em sua estrutura de capital, apresenta valores iguais de LOP e lucro líquido. Conforme é incrementada a participação de dívidas, mais barata tornam-se na estrutura de capital da Cia. Palanca, e ocorre um efeito "alavanca" nos resultados de seus proprietários, determinando incrementos na participação do lucro líquido em relação ao capital próprio investido (patrimônio líquido).

O poder da alavancagem financeira também se eleva, conforme é demonstrado no cálculo do GAF no Quadro 8.1. Quanto maior o endividamento, maior é o potencial de geração de lucro aos proprietários a partir de variações nos resultados operacionais. **Por exemplo**, na estrutura **B**, cada 10% de elevação no LOP promove um incremento de 11,3% no retorno dos acionistas. Na estrutura **F**, a mais endividada, essa relação é igual a 2,00, isto é, cada 10% de variação no resultado operacional determina mudanças de 20% no lucro líquido.

Por outro lado, a crescente participação de recursos de terceiros na estrutura de capital faz com que a empresa assuma maiores riscos financeiros (endividamento). Assim, uma eventual redução em sua atividade operacional pode levar a alavancagem financeira a atuar de maneira desfavorável, consumindo os resultados dos proprietários.

Para melhor ilustrar, suponha que a Cia. Palanca tenha sofrido redução em seu volume de vendas determinada por uma crise conjuntural não prevista. Em consequência, seus lucros operacionais líquidos também diminuíram em 62,96%, passando de $ 27.000 para $ 10.000.

O Quadro 8.3 ilustra como se comportariam os resultados da empresa segundo as várias composições de financiamento. Repare que quanto maior for o endividamento, menor se apresenta o lucro líquido, chegando, inclusive, a alcançar valores negativos nas estruturas **E** e **F**.

Quadro 8.3 Resultados da Cia. Palanca, supondo-se reduções nas vendas ($)

Estruturas de capital	A	B	C	D	E	F
Ativo Total	100.000	100.000	100.000	100.000	100.000	100.000
Passivo Exigível	0	20.000	40.000	60.000	80.000	90.000
Patrimônio Líquido	100.000	80.000	60.000	40.000	20.000	10.000
LOP (após IR)	10.000	10.000	10.000	10.000	10.000	10.000
Despesas Financeiras (25%)	-	(5.000)	(10.000)	(15.000)	(20.000)	(22.500)
Redução de IR	-	2.000	4.000	6.000	8.000	9.000
Lucro (prej.) Líquido	10.000	7.000	4.000	1.000	(2.000)	(3.500)
Δ LOP	- 62,96%	- 62,96%	- 62,96%	- 62,96%	- 62,96%	- 62,96%
Δ LL	- 62,96%	- 70,83%	- 80,95%	- 94,44%	- 113,33%	- 125,93%
GAF	1,00	1,13	1,29	1,50	1,80	2,00

Nessa situação de redução do volume de atividade, quanto maior o endividamento, menor se apresenta a remuneração dos proprietários, chegando a prejuízo em estruturas menos capitalizadas. A melhor estrutura para a Cia. Palanca nessa situação de recessão é a **A**, que sugere uma participação total de recursos próprios. O endividamento atua desfavoravelmente, onerando os resultados líquidos dos proprietários à medida que se for incrementando.

Uma avaliação mais aprofundada do grau de alavancagem financeira é desenvolvida na Parte IV, ao tratar da rentabilidade dos investimentos. Nessa parte, o GAF é tratado de forma mais analítica, apurado a partir de formulações do retorno produzido pelo patrimônio líquido.

8.3 ALAVANCAGEM TOTAL – EFEITO COMBINADO DO GRAU DE ALAVANCAGEM OPERACIONAL E DO GRAU DE ALAVANCAGEM FINANCEIRA

O efeito combinado da alavancagem operacional com a alavancagem financeira permite que se avalie, ao mesmo tempo, a repercussão que uma alteração no volume de vendas promove sobre o resultado operacional e líquido. Se uma empresa trabalha com um nível de alavancagem operacional e financeira altos, pequenas alterações no volume de atividade provocam grandes mudanças nos resultados líquidos dos proprietários. Combinando-se as duas alavancagens, é possível quantificar essas repercussões.

Sendo o LOP expresso por:

$$LOP = QTD\,(RV_u - CDV_u) - CDF$$

em que:

QTD: quantidade física de vendas ou produção;

Rv_u: receitas de vendas por unidade;

CDV_u: custos e despesas variáveis por unidade;

CDF: custos e despesas fixos totais (operacionais);

tem-se a fórmula do GAF:

$$GAF = \frac{LOP}{LOP - DF}$$

$$GAF = \frac{QTD\,(RV_u - CDV_u) - CDF}{QTD\,(RV_u - CDV_u) - CDF - DF}$$

O efeito combinado das duas alavancagens, definidos por grau de alavancagem total (GAT), é obtido pelo produto de suas expressões de cálculo, ou seja:

Grau de alavancagem total	=	**Grau de alavancagem operacional**	×	**Grau de alavancagem financeira**
GAT	=	GAO	×	GAF

$$GAF = \frac{QTD\,(RV_u - CDV_u)}{QTD\,(RV_u - CDV_u) - CDF} \times \frac{QTD\,(RV_u - CDV_u) - CDF}{QTD\,(RV_u - CDV_u) - CDF - DF}$$

Simplificando as expressões:

$$GAT = \frac{QTD\,(RV_u - CDV_u)}{QTD\,(RV_u - CDV_u) - CDF - DF}$$

O GAT pode, também, ser apurado pela relação entre a variação do resultado líquido e a variação do volume de atividade, isto é:

$$GAT = \frac{\Delta\,LL}{\Delta\,VA_t}$$

sendo:

Δ LL = variação no lucro líquido;

$\Delta\ VA_t$ = variação no volume de atividade.

Por exemplo, se o resultado combinado das duas alavancagens for de 2,7, interpreta-se que para cada 1% de aumento no volume de venda há uma elevação de 2,7 no lucro líquido.

Sempre que o GAT for superior a 1,0, há indicação de que a empresa tem capacidade de alavancagem total. Ou seja, qualquer variação no volume de atividade provoca uma mudança mais que proporcional nos resultados líquidos dos proprietários.

Considere o exemplo ilustrativo desenvolvido no Quadro 8.4. Na ilustração, foram calculados os resultados da empresa admitindo variações de + 20% e – 20% no volume de atividade.

Quadro 8.4 Exemplo ilustrativo de cálculo do Grau de Alavancagem Total

	($)		
	$\Delta\ VA_t$ = 20%	**Resultados**	**$\Delta\ VA_t$ = – 20%**
Receitas de Vendas	1.440,00	1.200,00	960,00
Custos e Despesas Variáveis (38%)	(547,20)	(456,00)	(364,80)
MARGEM DE CONTRIBUIÇÃO	892,80	744,00	595,20
CDF	(384,00)	(384,00)	(384,00)
LOP ANTES DO IR	508,80	360,00	211,20
IR s/ LOP (40%)	(203,50)	(144,00)	(84,50)
LOP APÓS IR	305,30	216,00	126,70
Despesas Financeiras	(50,00)	(50,00)	(50,00)
ECONOMIA DE IR	20,00	20,00	20,00
LUCRO LÍQUIDO	275,30	186,00	96,70
Δ Lucro Líquido	48,0%	100,0%	– 48,0%
Δ LOP	41,3%	100,0%	– 41,3%
Δ Variação no Volume de Atividade ($\Delta\ VA_t$)	20,0%	100,0%	– 20,0%

(continua)

(continuação)

	($)		
	Δ VAt = 20%	**Resultados**	**Δ VAt = – 20%**
GAO (grau de alavancagem operacional)		2,07	
GAF (grau de alavancagem financeira)		1,16	
GAT (grau de alavancagem total)		2,40	

O GAO calculado é de 2,07 e o GAF de 1,16. Essa combinação das alavancagens determina um GAT de 2,4. Isso indica que, para cada 1% de aumento no volume de atividade, ocorre uma elevação de 2,4% no lucro líquido dos proprietários.

Evidentemente, outras combinações de alavancagem poderiam ser executadas pela empresa, de maneira a propiciar um potencial de incremento maior aos resultados líquidos. O GAT permite, de maneira combinada, analisar os reflexos das decisões financeiras (investimento e financiamento) tomadas pela empresa sobre o retorno do capital próprio.[1]

1 Para um estudo mais detalhado da estrutura dos custos e alavancagem recomenda-se: MARTINS, E. *Contabilidade de Custos*. 11 ed. São Paulo: Atlas, 2018.

9

ESTUDO DOS ATIVOS E PASSIVOS NÃO CIRCULANTES

Por exercer grande influência sobre a estrutura financeira e econômica de uma empresa, o estudo dos ativos e passivos não circulantes passam a merecer atenção especial. Em verdade, uma empresa pode perder seu poder de competitividade no mercado se não alocar adequadamente bens imobilizados para sua atividade; por outro lado, pode decretar, também, sua própria insolvência se não viabilizar recursos permanentes (longo prazo) para financiar seu volume de negócios.

É nessa linha de importância do ativo e do passivo permanentes que se desenvolve este capítulo. Em seu conteúdo, são discutidos, além de seus aspectos conceituais mais relevantes, os vários indicadores de avaliação das imobilizações e estrutura de capital processadas por uma empresa. Destaques também são atribuídos às despesas originadas dos investimentos em ativos permanentes e classificadas, normalmente, como não desembolsáveis (depreciação, amortização e exaustão).

9.1 ATIVO NÃO CIRCULANTE

O Ativo Não Circulante[1] é constituído pelo realizável a longo prazo e por todos os elementos de natureza fixa que não se enquadram no ativo circulante e no realizável a longo prazo. É o grupo de menor liquidez e encontra-se subdividido, de acordo com a estrutura contábil demonstrada no Capítulo 4, em **Investimentos, Imobilizado** e **Intangível**.

A estrutura legal dos ativos de natureza permanente, definida pela legislação em vigor, é apresentada no Quadro 9.1.

Como se observa, do grupo permanente fazem parte não somente os bens destinados à produção ou manutenção da atividade da empresa (**imobilizado**), mas também outros que, por ter a empresa empregado determinado volume de capital em sua realização e, por princípio, não possam ser classificados nos outros grupos do ativo, são considerados elementos permanentes da empresa.

O **Ativo Imobilizado** exprime a aplicação de capital da empresa em itens necessários à manutenção de sua atividade operacional (móveis, instalações etc.) e naqueles destinados mais especificamente à produção (prédios, máquinas, terrenos etc.).

---

1 Conforme comentado no Capítulo 4, o ativo permanente foi extinto, passando o ativo a ser dividido em Ativo Circulante e Ativo Não Circulante.

Quadro 9.1 Estrutura legal do Ativo Não Circulante

Ativo Não Circulante	Realizável a longo prazo	Direitos a receber com vencimentos previstos depois do final do período subsequente ao exercício social do balanço. Prazo de vencimento superior a um ano.
	Investimentos	Participações permanentes em outras sociedades e os direitos de qualquer natureza, não classificáveis no ativo circulante, e que não se destinem à manutenção da atividade da companhia ou da empresa.
	Imobilizado	Direitos que tenham por objeto bens corpóreos destinados à manutenção das atividades da companhia ou da empresa, ou exercidos com essa finalidade, inclusive os decorrentes de operações que transfiram à companhia os benefícios, riscos e controle desses bens.
	Intangível	Direitos que tenham por objeto bens incorpóreos destinados à manutenção da companhia ou exercidos com essa finalidade, inclusive o fundo de comércio adquirido.

Ao contrário do Ativo Circulante, o imobilizado caracteriza-se por uma longa duração, sendo os bens de natureza corpórea substituídos, basicamente, quando evidenciam um processo de desgaste, de desatualização, ou por inviabilidade econômica. O imobilizado distingue-se, também, do realizável a longo prazo por se tratar de investimento efetuado em bens a serem utilizados de forma duradoura pela empresa em suas atividades operacionais. Sobre o assunto Iudícibus[2] define que as

> [...] duas condições são necessárias para caracterizar um imobilizado tangível (corpóreo): possibilidade de ser utilizado nas operações normais da empresa (tem "utilidade" para a entidade) e possuir um ciclo de capacidade normalmente superior a um ciclo operacional ou, mais aprioristicamente, de longa duração.

As duas principais características do imobilizado são: o **risco**, dado seu caráter de utilização "permanente" no processo operacional, e o alto **custo**, que penaliza prioritariamente os resultados da empresa em qualquer decisão equivocada de aquisição. A principal contribuição do investimento em imobilizado e, consequentemente, a melhor medida de seu valor econômico, é sua capacidade de gerar lucros para a empresa.

Em períodos de maior incremento da demanda, as empresas apresentam tendência de elevar mais rapidamente seus investimentos em Ativo Imobilizado (produtivo), de forma a poder satisfazer suas metas de participação de mercado e rentabilidade. O perigo que se verifica nessa postura é o superdimensionamento do imobilizado, cujas consequências, negativas para a posição financeira da empresa serão mais visíveis em períodos posteriores de estabilização ou, principalmente, de retração do consumo. Em verdade, além do aspecto financeiro de liquidez, que normalmente se verifica, ocorre ainda a penalização dos resultados explicada pela elevação dos custos desses investimentos excessivos.

2 IUDÍCIBUS, S. *Teoria da Contabilidade*. 3. ed. São Paulo: Atlas, 1996. p. 166.

O investimento em Ativo Imobilizado, dessa forma, merece ser cuidadosamente avaliado, notadamente com relação ao volume de atividade (negócios) da empresa. Nesse particular, Myer[3] conclui que

> [...] uma empresa pode tornar-se ineficiente se não providenciar equipamento moderno, mas, por outro lado, pode tornar-se insolvente se uma expansão não for justificada pelo aumento posterior do volume de negócios.

O Ativo Imobilizado, dessa forma, exerce grande influência sobre a atividade da empresa, notadamente sobre seus rendimentos e liquidez esperados. Por se constituir, ainda, no grupo geralmente mais representativo da estrutura patrimonial de uma empresa, os investimentos em imobilizado requerem, por parte do analista, avaliação mais acurada.

9.1.1 Critérios de avaliação do Ativo Não Circulante

Conforme abordado no Capítulo 4, os critérios de avaliação dos elementos do Ativo Não Circulante são resumidos a seguir:

- **Realizável a longo prazo**: a contabilidade prevê que os valores realizáveis e também os exigíveis a longo prazo devem ser ajustados a valor presente seguindo procedimentos técnicos adotados pela legislação (Pronunciamento Técnico do Comitê de Pronunciamentos Contábeis - CPC 12). A atualização desses itens vencíveis a longo prazo deve ser efetuada por uma taxa de juros de mercado que melhor expresse o valor do dinheiro no tempo e os riscos.
- **Imobilizado**: avaliado pelo valor de aquisição líquido da depreciação acumulada. Periodicamente, o imobilizado é submetido a teste de recuperabilidade do valor contabilizado. Ativos biológicos são registrados nas demonstrações financeiras pelo seu valor justo.
- **Investimentos em coligadas e controladas**: é adotado o método de equivalência patrimonial. A equivalência envolve o cálculo do patrimônio líquido da coligada ou controlada na proporção da participação no capital acionário.
- **Investimentos financeiros**: avaliados por seu valor justo. Em alguns casos, pelo valor original acrescido de todos os rendimentos financeiros previstos. Nesse caso, o investimento financeiro deve ser ajustado ao valor de mercado, caso ocorra uma desvalorização do ativo (valor de mercado menor).
- **Intangíveis**: são avaliados por seu valor de custo. Se o valor de mercado (valor recuperável) for inferior ao custo líquido do investimento (valor de aquisição menos amortização acumulada), o valor do intangível deve ser ajustado ao menor valor.

9.2 INDICADORES DE DESEMPENHO DO IMOBILIZADO

São apresentados, a seguir, os principais indicadores utilizados para a análise e o controle do ativo imobilizado.

---

3 MYER, J. N. *Análise das Demonstrações Financeiras*. São Paulo: Atlas, 1976. p. 218.

9.2.1 Nível de automatização

Mede o grau de utilização da mão de obra e dos elementos tangíveis da empresa. São formuladas duas expressões de cálculo, dada a dificuldade geralmente encontrada de se identificar o número de operários de uma empresa nas demonstrações contábeis publicadas, ou seja:

$$\frac{\text{Ativo Imobilizado Líquido}}{\text{Custo da Mão de obra}} \qquad \frac{\text{Ativo Imobilizado Líquido}}{\text{Número de Operários}}$$

Na determinação do nível de automatização, o ativo imobilizado é considerado por seu valor líquido, ou seja, deduzido da respectiva depreciação acumulada.

Um coeficiente igual a 2,3, obtido na formulação que adota o custo da mão de obra, por exemplo, indica que para cada $ 1 pago à mão de obra fabril, a empresa investe $ 2,30 em imobilizado. De forma idêntica, um coeficiente de $ 17.000 obtido na outra formulação revela o valor médio, por operário contratado, do investimento efetuado pela empresa em ativo imobilizado ($ 17.000).

9.2.2 Produção por imobilizado

É obtido pela relação existente entre o montante despendido na produção de determinada quantidade de produtos no período e o total dos investimentos processados em bens imobilizados líquidos da depreciação acumulada, ou seja:

$$\text{Produção por Imobilizado} = \frac{\text{Custo de Produção}}{\text{Ativo Imobilizado Líquido}}$$

O indicador denota o rendimento produzido pelas imobilizações. Assim, se o índice calculado for de 0,55, por exemplo, isso indica que os custos de produção incorridos correspondem a 55% dos investimentos realizados em ativo imobilizado corpóreo.

Esse indicador pode, também, ser utilizado no estudo da conveniência do incremento ou modernização da capacidade produtiva de uma empresa, ou seja, se os investimentos adicionais apresentarão uma contrapartida na produção. Para tanto, compara-se o coeficiente atual com o calculado, considerando as variações previstas.

9.2.3 Grau de comercialização da produção

Identifica o nível de vendas da empresa em relação a sua capacidade de produzir. É apurado pela seguinte equação:

$$\text{Grau de Comercialização da Produção} = \frac{\text{Unidades Vendidas}}{\text{Capacidade de Produção (unidades)}}$$

Por exemplo, se o índice calculado atingir 0,50, significa que a empresa necessita somente da metade de sua capacidade de produção para satisfazer a demanda existente por seus produtos. A outra metade denota capacidade ociosa.

Quanto mais próximo de 1,00 se apresentar o quociente, mais próxima de seu limite produtivo estará atuando a empresa, denotando maiores ganhos de escala.

9.2.4 Giro do imobilizado

Demonstra a relação existente entre o valor das vendas e o montante investido no ativo imobilizado, ou seja, a efetiva utilização da capacidade produtiva disponível da empresa.

É calculado conforme a seguinte expressão:

$$\text{Giro Imobilizado} = \frac{\text{Receitas de Vendas}}{\text{Ativo Imobilizado Líquido}}$$

A equação calcula o número de vezes que o imobilizado da empresa transformou-se em dinheiro (girou) por meio das vendas. Por exemplo, se o resultado desse índice for de 3,0, conclui-se que 200% do capital imobilizado foi representado por vendas no período, o que equivale a um giro de 3 vezes.

Para a formação do retorno sobre o investimento, é importante que a empresa adote medidas que promovam maior giro do imobilizado.

9.2.5 Vida útil esperada

Revela o tempo teórico de vida útil que resta, em média, ao ativo imobilizado da empresa calculado a partir dos valores registrados no exercício. Por vida útil entende-se o número de anos que a empresa ainda espera gerar resultados operacionais de seus ativos.

Assim, se o índice alcançar 4,0, por exemplo, diz-se que restam 4 anos de vida útil aos bens fixos da empresa. O indicador permite que se mensure o nível de antiguidade do ativo imobilizado, dando indicativos de sua atualização tecnológica. O tempo médio de vida útil é obtido pela relação entre o investimento fixo líquido da depreciação acumulada e a despesa anual de depreciação, ou seja:

$$\text{Vida Útil Esperada} = \frac{\text{Ativo Imobilizado Líquido}}{\text{Depreciação Anual}}$$

9.2.6 Vida útil média

Revela o tempo médio útil dos ativos mantidos pela empresa no período. Por exemplo, se a vida útil calculada for igual a 7,0, indica que os ativos da empresa apresentam uma duração (vida) útil média de 7 anos.

Fórmula de cálculo:

$$\text{Vida Útil Média} = \frac{\text{Ativo Imobilizado + Depreciação Acumulada*}}{\text{Depreciação Anual}}$$

*Amortização e exaustão

A vida útil calculada refere-se ao balanço do exercício, alterando-se em cada exercício à medida que novas aquisições e alienações de ativos ocorram.

9.3 EXEMPLO ILUSTRATIVO DE ANÁLISE DO IMOBILIZADO

Visando a uma aplicação prática dos índices de análise do ativo imobilizado, admita que uma empresa tenha apresentado, conforme demonstra o Quadro 9.2, os seguintes dados referentes a seus dois últimos exercícios sociais:

Quadro 9.2 Dados referentes aos dois últimos exercícios para análise do imobilizado

Itens	X0	X1
Ativo imobilizado (valor líquido)	$ 100.000	$ 194.000
Depreciação do exercício	$ 10.000	$ 14.000
Depreciação acumulada	$ 25.000	$ 58.000
Capacidade de produção	1.100 unid.	2.600 unid.
Unidades produzidas	900 unid.	2.100 unid.
Receitas de vendas	$ 85.000	$ 195.000
Unidades vendidas	700 unid.	1.500 unid.
Custo de mão de obra	$ 50.000	$ 60.000
Número de operários	20	30
Custo total de produção	$ 85.000	$ 110.000

A seguir, são apurados os índices do imobilizado e desenvolvidos alguns comentários sobre seu desempenho.

1. NÍVEL DE AUTOMATIZAÇÃO

	X0	X1
Por custo de mão de obra	$\frac{\$\ 100.000}{\$\ 50.000} = 2{,}0$	$\frac{\$\ 194.000}{\$\ 60.000} = 3{,}2$
Por número de operários	$\frac{\$\ 100.000}{20} = \$\ 5.000$	$\frac{\$\ 194.000}{30} = \$\ 6.467$

Pelos resultados ilustrados acima, pode-se observar que o imobilizado apresentou crescimento maior em relação à variação positiva da mão de obra. No primeiro período (X0), o valor dos bens fixos por operário atingia $ 5.000, passando no exercício de X1 para $ 6.467, indicando uma elevação de 29,3% no investimento fixo por operário.

Ao considerar o custo da mão de obra, os resultados também se apresentam crescentes, determinados pelo aumento mais que proporcional do ativo imobilizado. Nesse indicador, para cada $ 1,00 pago pela empresa à sua mão de obra fabril, foi processado um investimento em imobilizado de $ 2,00 em X0, e de $ 3,20 em X1.

Dessa maneira, evidencia-se, com base nos dois resultados obtidos, um incremento na relação imobilizado/mão de obra, isto é, no nível de automatização da empresa. Essa situação pode denotar que a empresa, no processo de expansão de sua capacidade de produção, decidiu por uma utilização mais significativa do fator capital em relação ao fator mão de obra.

Diante das práticas administrativas atuais, o comportamento positivo dos índices de automatização pode também ser explicado por uma maior terceirização das atividades produtivas da empresa.

A terceirização é uma prática comercial na qual uma empresa contrata, de outros fabricantes e prestadores de serviços, certos serviços e produtos demandados pelo seu processo produtivo. Essa atividade tem por objetivo maior agilidade e redução dos custos de produção, principalmente mediante o barateamento da mão de obra fabril.

O grau de mecanização de uma empresa deve, ainda, ser analisado em função de vários pontos, entre os quais se destacam: (a) volume de produção e vendas; (b) custos de produção; (c) estudos comparativos com outras empresas concorrentes e mesma região etc.

2. PRODUÇÃO POR IMOBILIZADO

X0	X1
$\frac{\$\ 85.000}{\$\ 100.000} = 0{,}85$	$\frac{\$\ 110.000}{\$\ 194.000} = 0{,}57$

Conforme revelam os cálculos acima, o rendimento das imobilizações da empresa apresentou-se bastante satisfatório. Os custos de produção, que em X0 representavam 85% dos investimentos em ativo imobilizado, passaram a assumir, em X1, uma participação de 57%. No período, ainda, o volume de unidades produzidas cresceu 133,3% (passou de 900, em X0, para 2.100 unidades em X1) e o imobilizado, 94%. O custo total de produção, por seu lado, apresentou uma elevação de apenas 29,4% (de $ 85.000 para $ 110.000), ocasionando, em consequência, redução no custo unitário médio das unidades produzidas, as quais passaram de $ 94,44 ($ 85.000/900 unidades) em X0, para $ 52,40 ($ 110.000/2.100 unidades) em X1. Essas informações explicam a melhoria do rendimento das imobilizações, conforme revela a redução do valor do índice produção/imobilizado.

3. GRAU DE COMERCIALIZAÇÃO DA PRODUÇÃO

X0	X1
$\frac{700}{1.100} = 63{,}6\%$	$\frac{1.500}{2.600} = 57{,}7\%$

Conforme comentado na Seção 9.2.3, esse índice denota como a empresa está utilizando sua capacidade de produção. Em X0, observa-se que o volume de vendas absorvia 63,6% do potencial produtivo da empresa, caindo para 57,7% em X1. Evidentemente, quanto menor se apresentar esse indicador, maior se revela a capacidade ociosa. No exemplo ilustrativo, conclui-se que a evolução verificada nas vendas (em unidades) não acompanhou o incremento verificado na capacidade física de produção ocasionando, dessa forma, tendência decrescente no grau de comercialização.

Ilustrativamente, apresenta-se a seguir a evolução de cada elemento que interfere no resultado desse índice, justificando, assim, a causa de sua redução.

	X0	X1	Evolução absoluta	Evolução relativa
Unidades vendidas	700 un.	1.500 un.	800 un.	114,3%
Unidades produzidas	900 un.	2.100 un.	1.200 un.	133,3%
Capacidade de produção	1.100 un.	2.600 un.	1.500 un.	136,4%

Apesar de as diferenças não se revelarem excessivas, seria interessante acompanhar mais proximamente o desempenho operacional da empresa nos períodos seguintes, procurando evitar um possível volume inadequado de estoques ou uma capacidade de produção ociosa.

4. GIRO (ROTAÇÃO) DO IMOBILIZADO

X0	X1
$\frac{\$\ 85.000}{\$\ 100.000} = 0,85$	$\frac{\$\ 195.000}{\$\ 194.000} = 1,01$

Esse indicador é de grande importância para o estudo da rentabilidade do ativo. Pode, ainda, ser calculado sobre o ativo total ou considerando cada um de seus vários grupos de contas. Nesses casos, por meio da verificação do comportamento dos itens mais representativos do ativo, o uso desse índice facilita sobremaneira a identificação das causas de possíveis variações na rotação do ativo, e seus reflexos sobre o retorno do investimento.

Interessa, sempre, que a empresa proporcione a maior rotação possível a seu ativo, pois isso estimulará suas possibilidades de lucro. No caso do exemplo, observa-se ligeiro aumento da rotação do imobilizado, causado por uma variação ascendente mais que proporcional das vendas (em $) em relação ao montante do imobilizado.

Em verdade, a capacidade ociosa da empresa cresceu (conforme foi demonstrado pela redução do índice de grau de comercialização do produto), prejudicando o giro do imobilizado.

A Parte IV deste livro, ao estudar a avaliação do retorno do investimento, dará grande importância a esse indicador, principalmente na formação do retorno sobre o investimento.

5. VIDA ÚTIL ESPERADA

X0	X1
$\frac{\$ 100.000}{\$ 10.000} = 10{,}0$ anos	$\frac{\$ 194.000}{\$ 14.000} = 13{,}8$ anos

A empresa aumentou o tempo médio de vida útil esperada de seus bens fixos determinado, principalmente, pelo crescimento elevado de sua capacidade produtiva, conforme ficou demonstrado nos indicadores acima. Em X0, a vida média esperada dos bens permanentes da empresa atingia 10,0 anos, subindo para 13,8 anos em X1.

6. VIDA ÚTIL MÉDIA

X0	X1
$\frac{\$ 100.000 + \$ 25.000}{\$ 10.000} = 12{,}5$ anos	$\frac{\$ 194.000 + 58.000}{\$ 14.000} = 18{,}0$ anos

A empresa elevou sua vida útil média em razão dos elevados investimentos realizados no ano X1.

9.4 DEPRECIAÇÃO

Na consecução de suas atividades, a empresa assume inúmeros compromissos. Assim, na realização de seu processo de compra e venda, a empresa incorre em determinados custos e despesas que exigem o respectivo pagamento financeiro. Por exemplo, mão de obra, matéria-prima, materiais diversos, impostos, seguros etc. são custos incorridos pela empresa em seu ciclo operacional, os quais demandam, necessariamente, desembolsos de caixa.

Entretanto, existem determinados custos que não requerem uma contrapartida monetária imediata. É o caso específico da **depreciação**.

A depreciação pode ser definida como a perda de valor experimentada pelos bens fixos tangíveis da empresa, em consequência de um serviço proporcionado. Esse processo de desvalorização do imobilizado é recuperado por meio da venda dos produtos finais. A depreciação é uma despesa e, como tal, é repassada no preço de venda do produto.

Quando o serviço prestado provém de determinados elementos intangíveis como minas, florestas, jazidas etc., o fenômeno define-se por **exaustão**. E, se o desgaste ocorrer em outros bens intangíveis, como fundo de comércio, patentes, marcas etc., a recuperação periódica do investimento será conhecida como **amortização**. Deve-se observar, também, que a identificação desses custos, que objetivam preservar a substância patrimonial da empresa, deve ocorrer em bens permanentes adquiridos ou criados pela empresa, que não se destinam à venda ou transformação e cuja duração seja, no mínimo, maior que um exercício social.

O imobilizado tangível apresenta determinado valor, o qual é definido e absorvido integralmente pela empresa no momento de sua aquisição. Esse montante despendido representa um investimento e sua recuperação se processará de maneira gradual, incorporando-se, sob a forma de depreciação, aos custos dos produtos, por meio de lançamentos periódicos à contabilidade. Em outras palavras, o desembolso monetário ocorre em uma só época e a recuperação desse dispêndio se processa em vários períodos subsequentes.

Considera-se lógico esse processo gradual e periódico de depreciação, pois o bem fixo contribuirá para o processo produtivo da empresa durante um longo período de tempo, e a recuperação do capital investido, ao se efetuar de maneira integral logo no primeiro ano de aquisição do imobilizado, superestimará os custos e subestimará os lucros no período, ocorrendo o inverso nos seguintes. Portanto, define-se como **regra de depreciação** a sua distribuição, sob a forma de custo, nos períodos durante os quais o bem fixo adquirido será utilizado no processo produtivo da empresa.

O processo periódico de depreciação deverá ocorrer até o momento em que o bem fixo, dadas uma ou mais das razões apresentadas a seguir, deva ser substituído por outro. Quando isso ocorrer, a empresa deverá ter recuperado todo seu capital investido em ativos fixos. Deixa-se claro nessa colocação que a depreciação contábil não visa necessariamente à reposição física do bem gasto. Seu objetivo básico, para a contabilidade, é a recuperação efetiva dos recursos financeiros aplicados em itens permanentes. Como consequência, a empresa, ao deixar de efetuar a depreciação periodicamente ou, ao fazê-la, estimar seus valores abaixo do real (insuficiente para repor o poder de compra dos fundos investidos), sofrerá naturalmente um processo de deterioração de seu capital. Observará seus bens fixos perderem sua capacidade de utilização e não terá, ainda, obtido recuperação adequada dos recursos monetários neles aplicados.

9.4.1 Razões para a depreciação

Conforme foi considerado, o processo de depreciação somente se verificará quando o período de utilização do bem fixo se apresentar maior que o exercício social da empresa.

Conclui-se, ainda, que a depreciação não visa ao incremento de lucros. Tem por finalidade, fundamentalmente, arrecadar certa quantidade de dinheiro, por meio dos preços de venda dos produtos, visando manter a integridade monetária dos recursos investidos e, se possível, repor o imobilizado gasto.

Ao se considerarem as variações de preços de mercado e, principalmente, as evoluções tecnológicas dos bens permanentes, tão aceleradas e frequentes na época atual, o processo de depreciação, sozinho, não costuma satisfazer plenamente as necessidades de recursos destinados à reposição dos bens fixos.

Basicamente, a depreciação pode ocorrer por:

a. **Uso**, que dá origem à **depreciação funcional**.
b. **Desatualização**, que dá origem à **depreciação física** ("envelhecimento"). O próprio passar do tempo faz com que os equipamentos se tornem desatualizados.
c. **Obsolescência**, que dá origem à **depreciação econômica**. A obsolescência não significa envelhecimento do bem fixo, e sim caducidade para sua utilização, dado que ele se encontra totalmente ultrapassado tecnologicamente; ou seja, o ativo tangível pode apresentar-se fisicamente em condições de uso sem, contudo, apresentar viabilidade econômica.

Podem ser enumerados dois tipos de depreciação econômica:

1. **Técnica**: manifesta-se, mais precisamente, pelo desenvolvimento tecnológico dos elementos imobilizados, ou por alterações no processo de produção.
2. **Comercial**: em que se destacam, por exemplo, a **moda** (mudança de gostos) e **sucedâneos** (surgimento de produtos substitutivos).

9.4.2 Depreciação e fluxo de caixa

Considerando que a depreciação é um custo que não exige, entretanto, pagamento (desembolso) imediato, assumindo normalmente prazos longos, seu valor, juntamente com o lucro líquido apurado pela empresa, forma um fluxo contínuo de recursos denominado fluxo de caixa decorrente das operações. A identidade básica do fluxo de caixa apresenta-se da forma seguinte:

Fluxo de Caixa = Lucro Líquido + Depreciação das Operações

O valor da depreciação é adicionado para o cálculo do fluxo de caixa desde que a empresa apresente condições para gerar esses recursos.

A Figura 9.1 apresenta um esquema de dispêndios que se verificam no processo de produção e venda, identificando os valores finais que permanecem em poder da empresa.

Todos os valores das vendas da empresa foram ou estão empenhados para a amortização de custos e despesas contraídas no decorrer do ciclo operacional. Exceção se faz a dois itens: **depreciação**, que não obriga em pagamento, e **lucro líquido**, que se constitui, quando não distribuído sob a forma de dividendos aos acionistas, em reinvestimento na própria empresa.

Assim, excetuando-se uma possível venda dos elementos imobilizados, a depreciação é o único caminho dentro da empresa para o retorno ao disponível dos numerários aplicados em bens fixos, e o fluxo de caixa é uma fonte de financiamento da empresa, ou seja, o incremento líquido de caixa e, consequentemente, do circulante devido à atividade do exercício.

9.4.3 Coeficientes de depreciação

Depreciação, conforme apresentado, é um processo gradual de recuperação do investimento assumido pela empresa. Sua taxa periódica considerada pela contabilidade, ou seja, as parcelas periódicas sucessivas que serão agregadas aos custos e despesas, são calculadas por um dos métodos existentes, os quais serão observados mais adiante, em função de sua **vida útil** e de seu **valor residual**.

A **vida útil** de um bem é o período de tempo durante o qual se espera utilizá-lo economicamente no processo de produção, estando condicionada a vários fatores, tais como uso, qualidade, condições de trabalho etc. Por outro lado, entende-se por **valor residual** o valor de venda do bem imobilizado que a empresa espera realizar quando do fim de sua vida útil. Dessa forma, a taxa de depreciação será calculada sobre o investimento líquido (custo de aquisição – valor residual), e em função do tempo previsto de duração (vida útil).

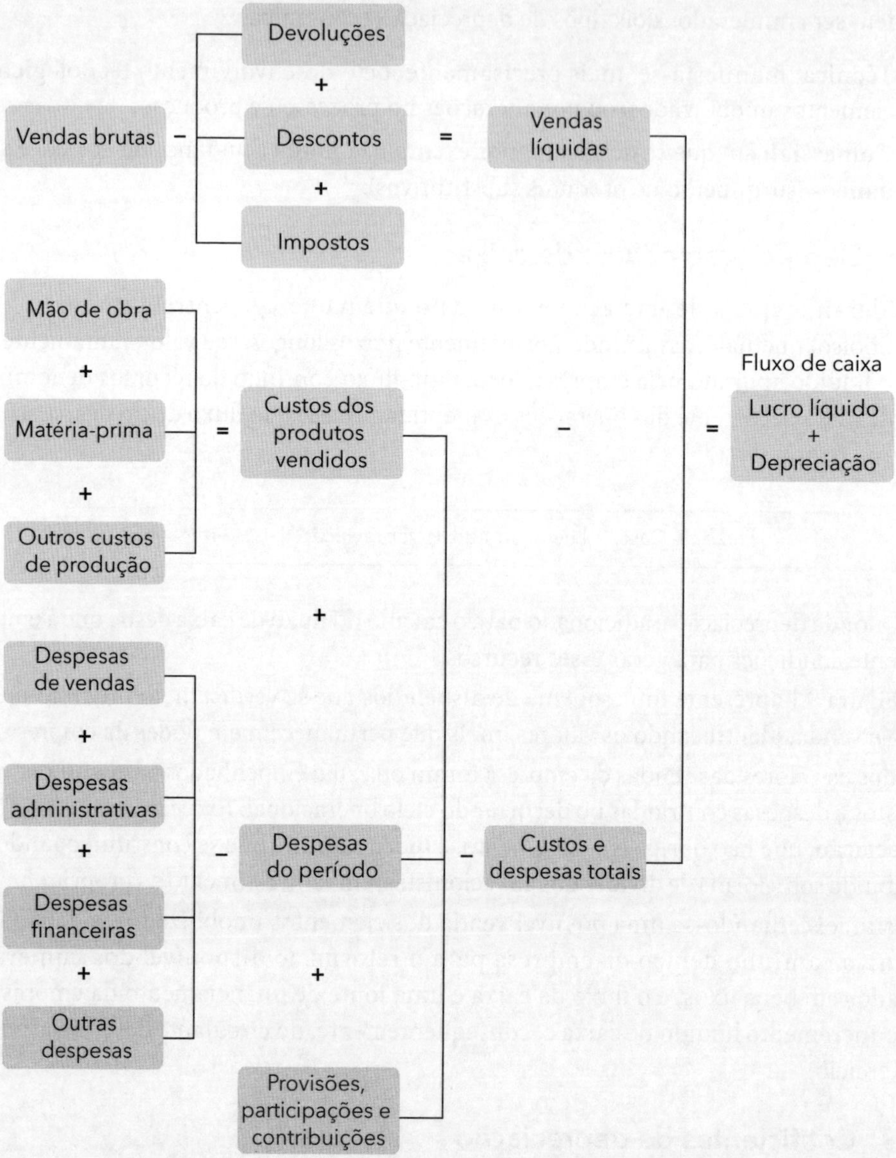

Figura 9.1 Esquema dos dispêndios verificados no processo de produção e venda, com a identificação dos valores finais que permanecem em poder da empresa.

Por outro lado, objetivando uma regulamentação para o cálculo da taxa anual de depreciação, as autoridades monetárias, por meio da Secretaria da Receita Federal, publicarão, periodicamente, o prazo de vida útil para os diversos bens fixos, em condições normais de uso.

Entretanto, a empresa poderá optar por um prazo menor de vida de seus bens, aplicando, dessa maneira, uma taxa maior que a regulamentada. Nesse caso, deverá pagar Imposto de Renda (IR) sobre a parcela adicional da despesa de depreciação calculada.

Existem inúmeros métodos quantitativos utilizáveis para o cálculo da quota anual de depreciação. Entre outros, podem ser citados: linear, soma de dígitos, exponencial, unidades produzidas, horas trabalhadas etc.

A atual legislação brasileira, entretanto, define praticamente uma obrigatoriedade com relação à adoção do método da **linha reta** ou **linear**, melhor definido por Método das Quotas Constantes. Caso a empresa julgue gerencialmente conveniente alterar esse critério de cálculo, deverá ajustar o valor adicional da despesa na apuração do lucro real (base de cálculo do IR), pois o montante a ser lançado como depreciação em cada período não deverá exceder ao valor auferido se adotado o método linear.

A principal característica do Método de Quotas Constantes é sua grande simplicidade de utilização. Considera o processo de depreciação de um bem imobilizado como constante no tempo, ou seja, as quotas periódicas de depreciação assumem valores idênticos e contínuos durante toda a vida útil prevista. Esse método é utilizado pela ampla maioria das empresas brasileiras em razão, principalmente, de sua aceitação fiscal.

Assim, a quota anual linear de um bem depreciável é calculada pela fórmula:

$$q = \frac{I - R}{t}$$

sendo:

q = quota anual de depreciação

I = valor do imobilizado a ser depreciado

R = valor residual

t = vida útil

Para ilustrar o cálculo da depreciação, admita as seguintes informações de uma empresa:

Custo do bem fixo: $ 200.000

Vida útil estimada: 5 anos

$$\text{Depreciação do Período} = \frac{\$\ 200.000}{5 \text{ anos}} = \$\ 40.000/\text{anos}$$

Demonstrando os resultados para cada ano, temos:

Ano	Depreciação anual	Depreciação acumulada	Valor contábil líquido do bem
1	$ 40.000	$ 40.000	$ 160.000
2	$ 40.000	$ 80.000	$ 120.000
3	$ 40.000	$ 120.000	$ 80.000
4	$ 40.000	$ 160.000	$ 40.000
5	$ 40.000	$ 200.000	-
Total	$ 200.000	-	-

O exemplo ilustrativo admitiu um valor residual nulo, ou seja, o bem será totalmente depreciado durante sua vida útil estimada. No entanto, ao prever, ainda, a possibilidade de vender o bem ao final desse período, apura-se um valor residual que deve ser deduzido do ativo a ser depreciado. Admitindo um valor residual de \$ 30.000, equivalente a 15% do valor do investimento fixo, chega-se aos seguintes resultados de depreciação:

$$\text{Depreciação do Período} = \frac{\$\ 200.000 - \$\ 30.000}{5\ \text{anos}} = \$\ 34.000/\text{ano}$$

Ao considerar o valor residual no cálculo há, como consequência, a redução da despesa de depreciação e o aumento do lucro de cada período. Apesar de permitida pela legislação fiscal brasileira, essa prática é questionada pelos princípios da contabilidade. O ativo é valorizado pela depreciação menor (o que eleva o seu valor), contrariando a prudência contábil de considerar o ativo pelo seu menor valor.

Considerando, por outro lado, que o valor residual é de difícil estimação prática, as empresas costumam depreciar integralmente o bem imobilizado. O valor residual, se houver, é apurado ao final da vida útil do bem, ficando sujeito à tributação.

9.5 PASSIVO EXIGÍVEL

As empresas, muitas vezes, não apresentam condições financeiras próprias suficientes para atender ao volume de recursos demandados por sua atividade atual ou prevista, utilizando-se, nesses casos, de capitais de terceiros. Entretanto, mesmo que se verificasse autossuficiência de capital próprio, ainda assim não seria sempre interessante sua alocação total, dado que seu custo se apresenta, normalmente, superior ao custo dos recursos de terceiros. Basicamente, o risco e a presença do IR, de acordo com o que ficou detalhado na Parte I (Capítulo 2), tornam o capital próprio mais oneroso que o de terceiros.

Por outro lado, em condições normais, o custo dos recursos de terceiros demandados a curto prazo apresenta-se mais baixo que o custo desses mesmos recursos captados a longo prazo. A Figura 9.2 interpreta graficamente o conceito da evolução dos custos dos recursos de terceiros em função do prazo de pagamento.

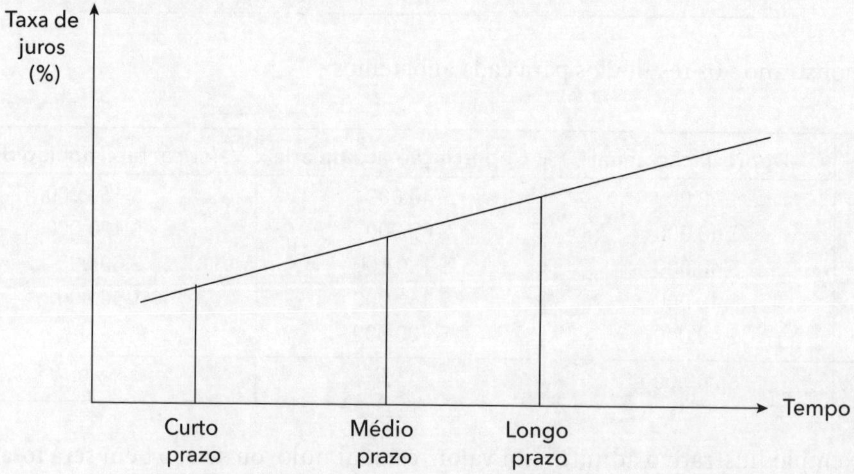

Figura 9.2 Custo e maturidade dos recursos de terceiros.

Sabe-se que a alocação preferencial por dívidas a curto prazo, buscando unicamente o barateamento dos custos das exigibilidades e, em consequência, a maximização do retorno dos investimentos, incorpora o risco do desequilíbrio financeiro à empresa. O Passivo Circulante, crescendo desproporcionalmente mais rápido que o exigível a longo prazo, poderá conduzir a empresa a uma situação de instabilidade financeira, apresentando-se incapaz de saldar corretamente seus compromissos.

Assim, a estrutura do exigível deverá fornecer condições à empresa de, pelo menor custo possível e considerando a necessária sincronização entre pagamentos e recebimentos, financiar as aplicações de ativo não satisfeitas pelos recursos próprios.

Muitas vezes, é defendida a ideia de que interessa à empresa endividar-se sempre que a rentabilidade de suas aplicações se apresentar mais elevada que o custo do capital emprestado. Quanto maior for essa diferença, mais elevado se apresentará, evidentemente, o retorno dos proprietários. A avaliação dessa proposta foi desenvolvida quando do estudo da alavancagem financeira.

Contudo, esse processo de endividamento é limitado em função do crescente risco que a empresa vai, naturalmente, assumindo e das perspectivas conjunturais e de mercado. Maior risco, mais alto o retorno exigido pelos investidores.

Além da maturidade ilustrada na Figura 9.2, a estrutura da taxa de juros pode ser decretada em função do processo de oferta e procura de dinheiro, ou seja, em função do capital disponível no mercado (poupança) e da demanda desses recursos. É claro que, à medida que se verifica uma procura adicional por empréstimo no mercado financeiro, o nível das taxas de juros tende a crescer, esperando-se que ocorra o inverso quando essa demanda se retrair para níveis inferiores. A Figura 9.3 representa graficamente esse valor teórico da taxa de juros formado pelas leis de mercado.

Entretanto, na prática, esse ponto de convergência dificilmente seria encontrado, pois não há homogeneidade de critérios. As taxas de juros são diferentes para os vários créditos, variam em função de certas condições do empréstimo e, principalmente, aumentam ou diminuem de acordo com o risco que a operação assume.

Em suma, o acréscimo de exigibilidades gera, normalmente, taxas adicionais de juros e o processo de endividamento chega a um nível em que o custo do dinheiro emprestado se apresentará mais elevado que a rentabilidade a ser obtida da aplicação desse dinheiro, sendo, por conseguinte, desinteressante economicamente para a empresa contrair mais dívidas.

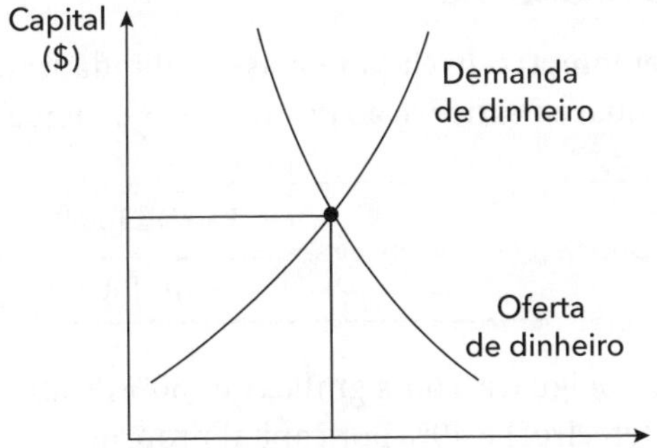

Figura 9.3 Comportamento teórico dos juros em função da oferta e demanda de dinheiro.

É de se ressaltar, uma vez mais, que no Brasil o comportamento das taxas de juros depende também da natureza da fonte de financiamento. São encontrados, no mercado financeiro nacional, recursos permanentes (longo prazo) negociados a taxas livremente pactuadas pelos agentes, em que a fixação de seu percentual obedece em grande parte aos princípios enunciados, e aqueles provenientes de fundos oficiais de crédito. Esse último tipo de captação é feito normalmente a taxas subsidiadas (inferiores às praticadas pelo mercado) barateando, em consequência, as exigibilidades de longo prazo da empresa. O volume de crédito oficial no Brasil, oferecido a um custo mais baixo, tem assumido proporções relevantes, chegando em diversos momentos a suplantar a oferta de crédito de longo prazo pelas instituições financeiras privadas.

9.6 INDICADORES DE AVALIAÇÃO DO PASSIVO PERMANENTE

Diversos indicadores podem ser utilizados para a análise das fontes permanentes de capital de uma empresa. A seguir, são relacionados os principais índices adotados para a análise e controle da estrutura de capital.

9.6.1 Endividamento

É obtido pela relação entre o capital de terceiros (curto e longo prazos) e o capital próprio, isto é:

$$\text{Endividamento} = \frac{\text{Passivo Total}}{\text{Patrimônio Líquido}}$$

O esquema anterior mostra quanto a empresa tomou de empréstimo para cada $ 1 de capital próprio aplicado. Por exemplo, se o quociente for igual a 0,90, significa que, para cada $ 1.000 dos acionistas, a empresa assumiu $ 900 de dívidas. Ou, em outras palavras, as dívidas representam 90% do capital próprio da empresa.

O índice pode, também, ser definido pela relação somente das dívidas de curto prazo ou de longo prazo com o patrimônio líquido, revelando o endividamento em função da maturidade do passivo.

9.6.2 Dependência financeira

Revela a **dependência** da empresa com relação a suas exigibilidades totais, isto é, do montante investido em seus ativos, qual a participação dos recursos de terceiros.

$$\text{Dependência Financeira} = \frac{\text{Passivo Total}}{\text{Ativo Total}}$$

Por exemplo, se o índice for igual a 0,60, significa que 60% do ativo encontra-se financiado por dívidas (recursos de terceiros) e 40% por capital próprio. Quanto maior se apresentar esse índice, mais elevada se apresenta a dependência financeira da empresa pela utilização de capitais de terceiros.

Um complemento desse indicador é a independência financeira (patrimônio líquido/ativo total). Indica o nível de **independência** da empresa com relação aos capitais de terceiros. Quanto maior o quociente de independência, maior a garantia oferecida pela empresa a seus credores pelo maior uso de recursos próprios.

9.6.3 Imobilização dos capitais permanentes

É apurado pela relação entre o Ativo Não Circulante e o Passivo Permanente (Exigível a Longo Prazo e Patrimônio Líquido), ou seja:

$$\text{Grau de Imobilização dos Capitais Permanentes} = \frac{\text{Ativo Não Circulante}}{\text{Patrimônio Líquido + Exigível a Longo Prazo}}$$

O índice identifica o nível de imobilização dos recursos permanentes (longo prazo) da empresa, isto é, o percentual desses recursos que está financiando os ativos permanentes (não circulantes).

Por exemplo, se o resultado desse índice for de 0,65, significa que 65% do capital de longo prazo estão alocados ao Ativo Não Circulante e a parcela restante está financiando o capital de giro (Ativo Circulante). Se o índice apresentar um resultado superior a 1,0 (100%), indica que o Patrimônio Líquido e o Exigível a Longo Prazo não são suficientes para cobrir os investimentos em ativos permanentes. Nessa situação, conclui-se que o Passivo Circulante (dívidas de curto prazo) está financiando uma parte dos investimentos permanentes, o que revela um sinal de desequilíbrio financeiro.

9.6.4 Passivos onerosos e passivos de funcionamento

Uma análise interessante do passivo permanente é desenvolvida a partir da classificação das obrigações da empresa em **passivos de funcionamento** e **passivos onerosos.**

Passivos de funcionamento são todas as obrigações da empresa que **não** revelam, pelo menos de forma explícita, quaisquer encargos financeiros. Em outras palavras, passivos de funcionamento não produzem despesas financeiras de forma mais destacada. Eventuais encargos por pagamentos a prazo são, geralmente, embutidos nos preços dos produtos, mercadorias ou serviços adquiridos a prazo. Exemplos: salários a pagar, contribuições, taxas e impostos a recolher, fornecedores a pagar, dividendos a pagar etc.

Passivos onerosos são todas as obrigações que produzem ônus financeiro à empresa pelo uso de recursos de terceiros (juros, por exemplo). São representados basicamente por empréstimos e financiamentos contratados pela empresa.

Muitas vezes, uma empresa pode apresentar em seus balanços patrimoniais uma posição de alto endividamento. No entanto, para uma conclusão mais correta da posição de endividamento da empresa, é importante que se identifique os passivos de natureza onerosa e os de funcionamento. Uma participação mais acentuada de passivos de funcionamento diminui a preocupação do analista com relação aos custos financeiros da empresa.

Para ilustrar a análise de endividamento segmentada em passivos onerosos e de funcionamento, considere uma empresa com a seguinte estrutura de capital:

	$ Milhões	**Participação**
Passivo Total	**$ 59,6**	**59,6%**
Passivo de funcionamento	$ 28,7	28,7%
Passivo oneroso	$ 30,9	30,9%
Patrimônio Líquido	**$ 40,4**	**40,4%**
PL + Passivo	**$ 100,0**	**100,0%**

Uma análise do endividamento da empresa por meio dos indicadores financeiros tradicionais permite as seguintes conclusões:

$$\text{Endividamento} = \frac{\text{Passivo Total: \$ 59,6}}{\text{Patrimônio Líquido: \$ 40,4}} = 1{,}48$$

O índice de **endividamento** indica que, para cada $ 1,00 de capital próprio investido, a empresa captou $ 1,48 junto a terceiros. O índice é superior a 1,00, indicando uma alta participação de dívidas na estrutura de capital.

$$\text{Dependência Financeira} = \frac{\text{Passivo: \$ 59,6}}{\text{Passivo + Patrimônio Líquido: \$ 100,0}} = 59{,}6\%$$

A dependência financeira indica que o capital de terceiros financia 59,6% do total dos investimentos (ativos) mantidos pela empresa, participando os recursos próprios com uma parcela menor, igual a 40,4%.

Os dois indicadores financeiros revelam uma forte alavancagem da empresa (alta participação de dívidas). No entanto, ao se identificar o passivo total da empresa como oneroso e de funcionamento, verifica-se que somente 30,9% do total dos ativos são financiados por dívidas com ônus. Em outras palavras, dos 59,6% de participação de dívidas, 28,7% são de funcionamento (não têm custo financeiro) e 30,9% incorporam encargos financeiros.

EXEMPLO DE ANÁLISE DE ENDIVIDAMENTO - DÍVIDAS ONEROSAS X DÍVIDAS DE FUNCIONAMENTO

Admita uma empresa que apresenta, ao final dos três últimos exercícios sociais, os seguintes indicadores de endividamento:

	20X7	20X8	20X9
PATRIMÔNIO LÍQUIDO/ATIVO TOTAL	40%	42%	44%
PASSIVO TOTAL/ATIVO TOTAL	60%	58%	56%
PASSIVO ONEROSO/ATIVO TOTAL	32%	30%	28%

Participação das dívidas com ônus (empréstimos e financiamentos, basicamente) que financiam o ativo total da empresa em cada exercício.

	20X7	20X8	20X9
ATIVO TOTAL	100%	100%	100%
PASSIVO FUNCIONAMENTO	28%	28%	28%
PASSIVO ONEROSO	32%	30%	28%

Apesar da alta taxa de dependência financeira, a participação de dívidas geradoras de encargos financeiros no financiamento dos ativos da empresa não acompanha essa avaliação. A relação PASSIVO ONEROSO/ATIVO TOTAL atingiu um máximo de 32% em 20X7, reduzindo para 28% em 20X9.

Quanto a empresa capta de empréstimos e financiamentos (dívidas com ônus financeiros) para cada $ 1,00 de capital próprio aportado pelos acionistas.

	20X7	20X8	20X9
PASSIVO ONEROSO/ATIVO TOTAL	32%	30%	28%
PATRIMÔNIO LÍQUIDO/ATIVO TOTAL	40%	42%	44%
PASSIVO ONEROSO/PATRIMÔNIO LÍQUIDO	$ 0,80	$ 0,71	$ 0,64

A participação das dívidas com encargos financeiros vem se reduzindo ao longo dos anos. Em 20X7, para cada $ 1,00 de capital próprio, a empresa trouxe $ 0,80 de dívidas onerosas; em 20X9 essa relação diminui para $ 0,64.

Conclusões

Apesar de um alto endividamento total da empresa, medido pela relação PASSIVO TOTAL/ATIVO TOTAL, a participação de obrigações geradoras de encargos financeiros é baixa e decrescente. Dessa forma, é possível concluir que a análise do risco do endividamento ganha maior importância na perspectiva financeira, ou seja, na capacidade de caixa da empresa em honrar com seus compromissos perante os credores.

10

ESTUDO DO ATIVO CIRCULANTE E DOS FLUXOS DE FUNDOS

Este capítulo objetiva estudar o ativo circulante e os fluxos financeiros de uma empresa como requisito indispensável para a avaliação de sua posição financeira.

Nesse aspecto, é importante para o analista a compreensão mais ampla do conceito de capital circulante (de giro) líquido, partindo não da simples diferença aritmética entre ativo e passivo circulantes, mas do nível de recursos permanentes aplicados a curto prazo. Esse conhecimento é aplicado não só para uma avaliação melhor da liquidez da empresa, mas também para uma visualização mais adequada de sua posição de equilíbrio financeiro.

De forma idêntica, o capítulo aborda o relacionamento entre os diversos fluxos de fundos da empresa, e a integração que se verifica entre eles. Esse estudo permite que o analista identifique mais claramente as razões que justificam as alterações no capital circulante líquido e no caixa da empresa, diante de determinado nível de resultados apurados.

10.1 CARACTERÍSTICAS BÁSICAS DO ATIVO CIRCULANTE

O **Ativo Circulante (AC)**, também denominado **Capital de Giro (CG)** ou **Capital Circulante (CC)**, constitui-se no grupo de maior liquidez que se apresenta no ativo da empresa, afetando e sendo afetado, significativamente, por suas atividades operacionais.

Seus componentes básicos são todas as **disponibilidades** imediatas da empresa (caixa, bancos, títulos de negociação imediata etc.); **valores a receber** a curto prazo (duplicatas, contas, aplicações de curto prazo etc.); **estoques** (em que se incluem materiais em geral, embalagens, mercadorias, produtos em fabricação e produtos acabados); e **despesas diferidas**, que são representadas pelas despesas já pagas, mas pelas quais a empresa ainda não recebeu os respectivos produtos ou serviços.

O AC apresenta, fundamentalmente, duas importantes características: a **curta duração** e a **rápida conversão** de seus elementos.

De acordo com o que determina a legislação, a duração dos elementos do circulante não deve superar o período de um ano ou, no máximo, o prazo de duração do ciclo operacional da empresa, se esse se apresentar mais longo que o exercício social.

Por outro lado, o que caracteriza, também, esse grupo é o rápido processo de transformação de seus elementos em outros do mesmo grupo, e a consequente reconversão. Ou seja, existe uma evidente inter-relação nesse grupo do ativo que se identifica por um fluxo permanente e contínuo de recursos entre seus elementos.

Um esquema sucinto do comportamento do AC é apresentado na Figura 10.1.

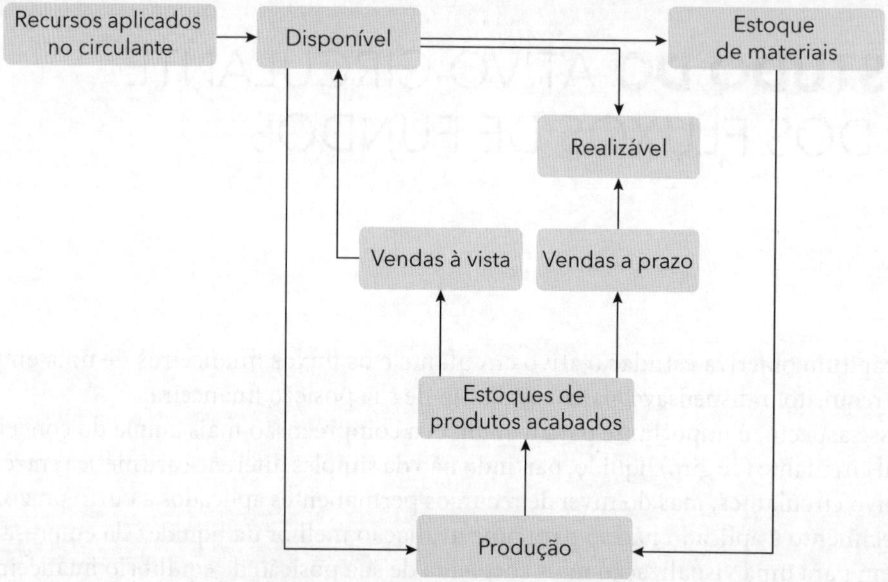

Figura 10.1 Fluxo do ativo circulante.

Conforme se observa, o circulante apresenta-se em constante mutação, por meio de um contínuo escoamento de recursos entre seus elementos. Interessa à empresa, evidentemente, imprimir a máxima rotação (giro) ao grupo, acelerando cada vez mais seu fluxo de operações. Essa atitude mais dinâmica (maior rotação) do AC identifica um incremento da atividade da empresa, ocasionando, em contrapartida, menor necessidade de investimento no CG e um consequente aumento da rentabilidade.

O **disponível** é basicamente o ponto de partida de todo o fluxo do AC. Para ele se dirigem os recursos alocados pela empresa (próprios ou de terceiros) e dali sairão como alimentadores de sua atividade operacional. Desse ponto, os recursos se canalizam sob várias formas para a produção, gerando as vendas da empresa. Esses resultados operacionais orientam-se, alguns imediatamente (se as vendas forem à vista), outros a curto prazo (vendas a prazo), novamente para o disponível, o qual, por sua vez, repõe os fatores consumidos e dá início a outro fluxo. Tal processo é mantido ininterruptamente pela atividade da empresa e, cada vez que se inicia um novo fluxo, os recursos que chegam ao disponível são engrossados pelos **lucros** e **depreciações**, **amortizações** e **exaustões** auferidas nas vendas.[1]

10.2 CAPITAL DE GIRO (CIRCULANTE) LÍQUIDO

No que se refere aos recursos alocados (captados) pela empresa, e identificados no passivo, observou-se que apresentam duas origens: próprias (patrimônio líquido) e não próprias (exigibilidades perante terceiros). Isso é, a empresa pode financiar as necessidades de circulante

1 Mais bem definido como **fluxo de caixa** proveniente **das operações**, conforme tratado no Capítulo 9 (Seção 9.4.2).

com recursos próprios, originados dos proprietários, e também com fundos levantados a curto ou a longo prazo junto a outras origens, não próprias.

Visando manter um equilíbrio financeiro, a demanda de recursos de terceiros a curto prazo deve destinar-se, exclusivamente, a aplicações em ativos circulantes tipicamente de curta duração, os quais se caracterizam por apresentar um contínuo processo de transformação. Os referidos recursos de terceiros a curto prazo estão registrados no PC por meio de duplicatas a pagar, empréstimos bancários e outras exigibilidades circulantes. Em suma, são necessidades a curto prazo financiadas com recursos de terceiros também a curto prazo.

No entanto, dadas as próprias características dos itens circulantes e a falta de sincronização entre seus elementos (as entradas de recursos não ocorrem exatamente nos momentos em que devem ser processados os pagamentos, por exemplo), observa-se que, normalmente, os recursos de terceiros alocados a curto prazo não são adequadamente suficientes para financiar todas as necessidades do AC. Nessa situação, torna-se indispensável a busca de fontes permanentes de recursos (a longo prazo) para serem aplicadas em ativos de curta duração.

Assim, o conceito de **Capital Circulante Líquido (CCL)**[2] apresenta-se mais claramente identificado como o "excedente das aplicações a curto prazo (em AC) em relação às captações de recursos processadas também a curto prazo (PC)".

De acordo com essa conceituação, o CCL pode ser calculado por meio da seguinte identidade:

$$CCL = AC - PC$$

O CCL é conceitualmente mais bem definido como **o excedente dos recursos permanentes (recursos de longo prazo), próprios ou de terceiros, alocados pela empresa, em relação ao montante também aplicado a longo prazo**.

O cálculo, nesse caso, é obtido pela seguinte expressão:

$$CCL = \text{(Patrimônio Líquido + Exigível a Longo Prazo)} - \text{(Ativo Não Circulante)}$$

Em suma, o **CCL** é o volume de recursos de longo prazo (permanentes) da empresa que se encontra aplicado no AC devendo, por conseguinte, gerar condições de sustentação e crescimento em suas atividades.

A Figura 10.2 apresenta um balanço composto em massas patrimoniais. Observe que o montante extraído do AC e identificado como CCL é o mesmo, considerando qualquer uma das identidades de cálculo enunciadas.

Convém assinalar, ainda, que o nível de CCL considerado na Figura 10.2 é **positivo**, ou seja, as exigibilidades de curto prazo estão financiando apenas parte do AC. De outra maneira, o volume de recursos de longo prazo (não circulantes) apurado no passivo permanente da empresa apresenta-se mais elevado que o montante aplicado no mesmo prazo. Isso denota,

---

2 Também definido por: **Capital de Giro Líquido** (CGL) ou **Ativo Circulante Líquido** (ACL).

conforme foi colocado, a existência de recursos permanentes de financiamento aplicado no AC, promovendo a folga financeira da empresa.

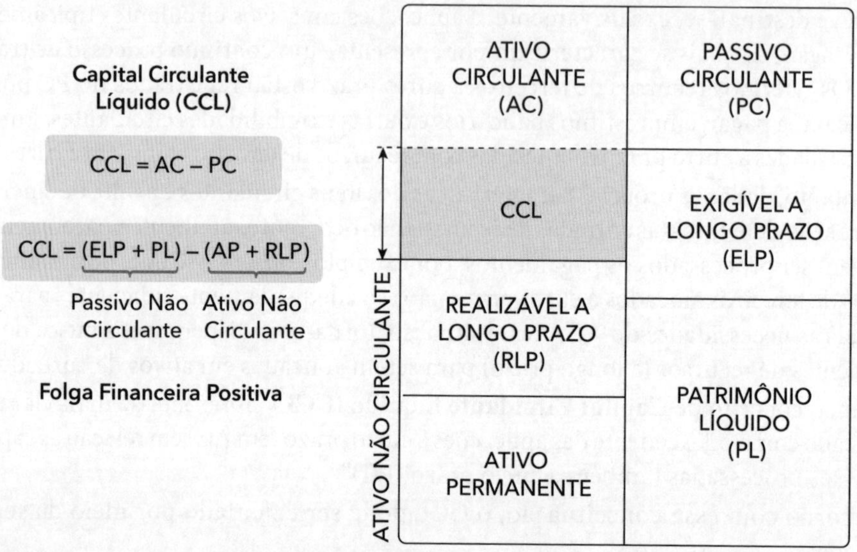

Figura 10.2 Balanços em massas patrimoniais (capital circulante líquido positivo).

Evidentemente, outras estruturas financeiras podem ocorrer na prática. A Figura 10.3 ilustra, respectivamente em (a) e (b), a existência de CCL **nulo** e **negativo**.

a. CCL Nulo

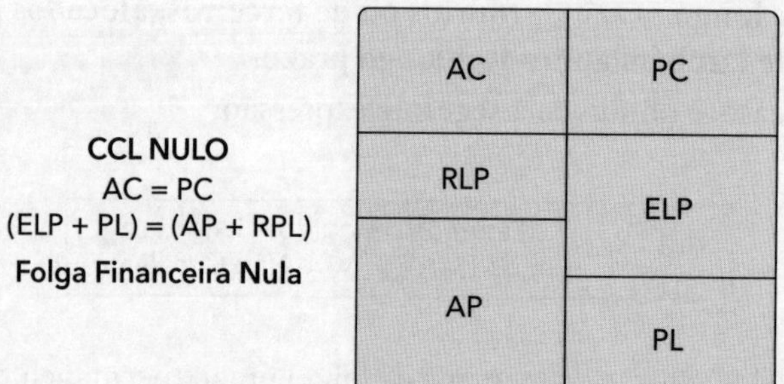

b. CCL Negativo

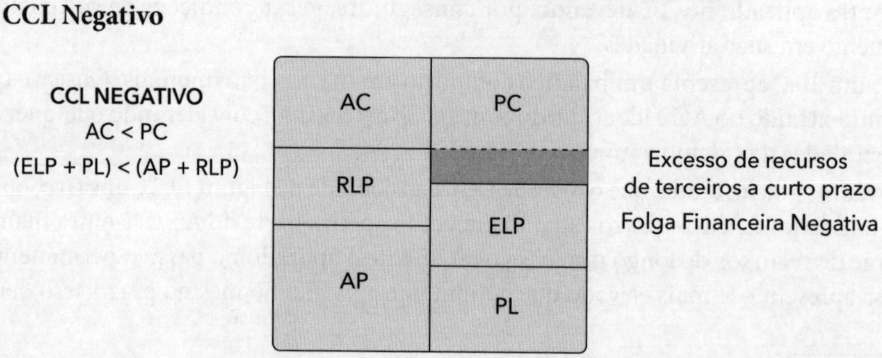

Figura 10.3 Balanços em massas patrimoniais (capital circulante líquido nulo e negativo).

Na situação de CCL = 0 não existe folga financeira, estando as necessidades de investimentos circulantes financiadas por fontes de recursos da mesma maturidade. Apesar dessa aparente compensação, empresas com CCL nulo convivem, geralmente, com desequilíbrios financeiros determinados pela necessidade de manterem um investimento mínimo em giro. Parte desse CG mínimo, de natureza permanente, pode estar sendo financiado por dívidas de curto prazo sujeitas a renovações periódicas. A dependência pela manutenção desses passivos lastreando o giro mínimo eleva o risco de descontinuidade da empresa.

A consequência de um CCL negativo, conforme ilustrado na Figura 10.3(b), é consequência de um desequilíbrio financeiro da empresa, em que parte de suas aplicações de longo prazo (ou permanentes) são financiadas por dívidas vencíveis a curto prazo. Esse descasamento de prazos traz certas dificuldades financeiras à empresa, prejudicando suas operações normais.

Os Capítulos 11 e 12, mais adiante, tratam com mais detalhes das contas cíclicas do circulante e do cálculo da efetiva necessidade de investimento em giro.

10.3 CONCEITO DE LUCROS E FUNDOS

Os lucros, conforme tratados pela contabilidade tradicional, refletem eventos ocorridos no passado, sendo de natureza fortemente constatativa. Não determinam, necessariamente, uma total geração de disponibilidades para que a empresa possa saldar, por exemplo, seus compromissos passivos assumidos, ou aplicar no incremento de itens ativos.

Uma das principais características do lucro, conforme regem os princípios contábeis, é sua mensuração pelo regime de competência. Poderá uma empresa, diante desse aspecto, obter elevados resultados (lucros) líquidos sem apresentar, obrigatoriamente, um correspondente nível de liquidez de caixa. O valor do lucro poderá não ter sido realizado, por exemplo, se as vendas estiverem, quando da apuração contábil do resultado, no todo ou em parte, registradas em itens realizáveis ativos (valores a receber de vendas a prazo).

Para ilustrar essa situação, admita que uma empresa comercial tenha adquirido, em determinado momento, mercadorias pelo valor total de $ 30.000, sendo esse seu único custo. Essas mercadorias foram vendidas em momento posterior por $ 44.000. Portanto, o lucro contábil apurado na operação atinge $ 14.000.

Não obstante, esses valores de compra e venda foram contabilizados e os resultados apurados sem que, necessariamente, tenha a empresa realizado (recebido) integralmente suas vendas ou pago as mercadorias negociadas aos fornecedores.

Assim, em termos estritamente de caixa, o montante a ser acrescido somente será o próprio lucro de $ 14.000 se todos os pagamentos e recebimentos foram realizados até o momento de sua apuração. Se a empresa, ao encerrar o exercício, tivesse em contas a receber $ 27.000, referentes às vendas efetuadas no exercício, e $ 15.000 em valores a pagar a fornecedores, determinadas pela compra a prazo das mercadorias vendidas, seu saldo de caixa se apresentaria da forma seguinte:

Vendas realizadas em termos de caixa	
$ 44.000 – $ 27.000	$ 17.000
(–) Custos realizados em termos de caixa	
$ 30.000 – $ 15.000	$ 15.000
Incremento de Caixa	$ 2.000

Portanto, os recursos efetivamente disponíveis para a empresa atingem $ 2.000, cujo montante é bastante inferior aos $ 14.000 apurados como lucro pelo regime contábil de competência.

Note, uma vez mais, que as vendas são contabilizadas quando da remessa física dos produtos, e seus custos (na ilustração, unicamente o custo de aquisição das mercadorias) são considerados quando do consumo (venda) dos produtos, e não quando se processa seu respectivo pagamento.

A questão fundamental está na impossibilidade, geralmente verificada, de a empresa saldar seus diversos compromissos com lucros. Além do aspecto do regime de competência, os lucros não representam fundos efetivamente, em razão de não inserirem em seu cômputo outras entradas e saídas de recursos, como pagamento de dividendos, captação e amortização de empréstimos, vendas de ações etc. Da mesma forma, o valor do lucro é considerado após a dedução de certos dispêndios ocorridos, mas que não requerem uma saída de caixa, como é o caso da depreciação.

Os **fundos**, mais especificamente, podem referir-se ao caixa ou ao capital circulante. Um volume mínimo de caixa e de CG, conforme abordado anteriormente, é imprescindível para que a empresa possa fazer frente a possíveis sazonalidades em seus negócios e, também, em razão da ausência de uma perfeita sincronização entre seus fluxos de recebimentos e pagamentos.

Ilustrativamente, a Figura 10.4 apresenta, de forma mais geral, o fluxo total de fundos identificados em uma empresa.

Esse fluxo de fundos incorpora o relacionamento de todos os **fluxos operacionais** (compra e venda de ativos, depreciação, recebimentos de valores, despesas operacionais, custos de produção etc.), **financeiros e legais** (pagamentos de empréstimos e financiamentos, distribuição de dividendos, integralização de capital, recolhimento de impostos etc.) que se verificarem. Seu conhecimento é básico para a determinação e análise das mutações processadas no CCL e no caixa da empresa em determinado período de tempo.

Observe na Figura 10.4, ainda, que ao final do ciclo operacional, ou seja, após o ciclo completo de compra-produção-venda-recebimento, o valor resultante em caixa é constituído pelo resultado líquido apurado mais todos os dispêndios não desembolsados (depreciação, amortização e exaustão). Nessa situação, todo o volume de vendas é recebido e os credores integralmente pagos. No entanto, em qualquer outro momento, o caixa da empresa pode conter valores ainda não pagos a fornecedores, ou ser diminuído das receitas de vendas eventualmente não recebidas. Por outro lado, além desses elementos, outras transações podem afetar o nível de fundos de caixa de uma empresa, como compras e vendas de ativos fixos, vendas e reaquisições de ações, empréstimos etc.

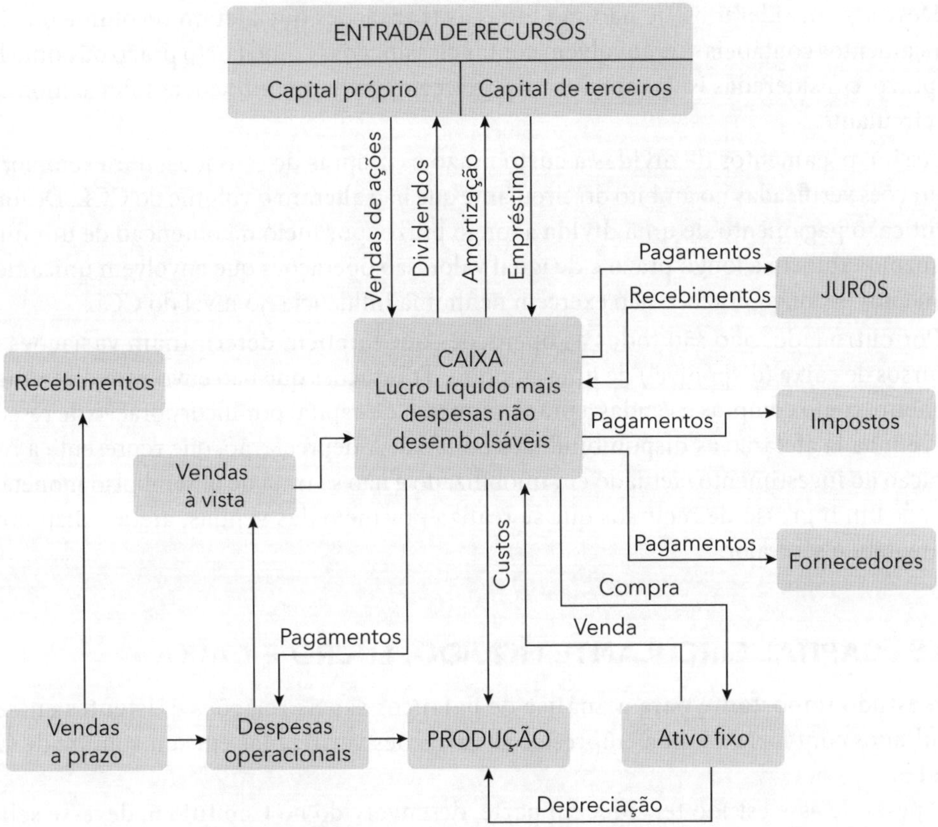

Figura 10.4 Fluxo de fundos de uma empresa.

10.4 TRANSAÇÕES QUE AFETAM O CAPITAL CIRCULANTE LÍQUIDO E O CAIXA

O volume do **CCL** é afetado, de maneira positiva ou negativa, por inúmeras transações efetuadas pela empresa. Entre as operações que exercem influências em seu nível, destacam-se:

a. transações que elevam o CCL:
- ocorrência de um fluxo de caixa proveniente das operações positivo (lucro líquido e despesas não desembolsáveis);
- vendas de elementos do Ativo Não Circulante;
- empréstimos e financiamentos contraídos a longo prazo;
- integralização de capital;
- recebimento de realizável a longo prazo etc.;

b. transações que diminuem o CCL:
- ocorrência de prejuízo líquido;
- aquisição de elementos permanentes;
- amortização de exigibilidades a longo prazo etc.

Deve ser considerado que não são todas as transações que afetam o volume do CCL. Lançamentos contábeis que envolvem contas classificadas como curto prazo ou como longo prazo, consideradas isoladamente, não exercem nenhuma influência sobre o montante do circulante.

Assim, pagamentos de dívidas a curto prazo e compras de estoques, por exemplo, são operações verificadas no âmbito do circulante que não alteram o volume do CCL. De forma idêntica, o pagamento de uma dívida a longo prazo, por meio da obtenção de um financiamento também a longo prazo e de igual valor, são operações que envolvem unicamente elementos de longo prazo, e não exercem nenhuma influência no nível do CCL.

Por outro lado, não são todas as operações que também determinam variações nos recursos de **caixa** (disponível) de uma empresa. Transações que não envolvem diretamente dinheiro, como compras e vendas a prazo, aumento de capital por incorporação de reservas etc., em nada afetarão as disponibilidades de caixa. A depreciação, que representa a recuperação do investimento efetuado em imobilizado e não se trata de desembolso monetário, mas de um ingresso de recursos que se realiza por meio das vendas, afeta o disponível, aumentando seu valor.

10.5 CAPITAL CIRCULANTE LÍQUIDO, LUCRO E CAIXA

Um estudo importante para a análise de balanços são as relações existentes entre os resultados contábeis de uma empresa e as variações verificadas em seu volume de CCL e caixa.

Apesar de esse estudo ter sido, em parte, desenvolvido no Capítulo 6, deve-se salientar que ele foi apresentado de forma mais vinculada a seus aspectos legais de apuração das demonstrações contábeis. Nesta seção, será dada ênfase a uma metodologia mais dinâmica, visando ilustrar, para as finalidades do processo de avaliação empresarial, o comportamento desses elementos e a maneira como poderá ser apresentada uma compatibilização entre eles.

Muitas das indagações do analista poderão ser explicadas por essa conciliação entre o CCL, o lucro e o caixa.[3] Por exemplo, o caixa da empresa diminuiu apesar de ter apurado um lucro líquido no exercício; ocorreu um aumento do CCL no exercício em que a empresa apurou um prejuízo líquido etc.

10.5.1 Informações contábeis básicas

Ilustrativamente, admita-se que uma empresa tenha publicado as seguintes demonstrações contábeis referentes aos exercícios sociais findos em 31-12-X6 e 31-12-X7, conforme constam dos Quadros 10.1 e 10.2.

---

3 Um interessante processo de integração entre os vários fluxos contábeis pode ser visto em: MARTINS, E. Integração entre os fluxos contábeis de resultado, de capital de giro líquido e de caixa. *Boletim IOB*, Temática Contábil e Balanços, São Paulo, n. 30, 1984. Algumas partes desta seção foram inspiradas nesse trabalho.

Quadro 10.1 Balanços patrimoniais

($ 000)

ATIVO	31-12-X6 ($)	31-12-X7 ($)	PASSIVO	31-12-X6 ($)	31-12-X7 ($)
Disponível	750	900	Fornecedores	1.300	4.100
Valores Receber Clientes	3.200	4.600	Empréstimos Bancários	1.000	1.600
Estoques	2.200	3.300	Provisão de IR	1.600	2.500
Ativo Circulante	6.150	8.800	**Passivo Circulante**	3.900	8.200
Imobilizado	3.000	8.000	**Exigível a Longo Prazo**	1.450	1.900
Depreciação Acumulada	(300)	(900)	**Patrimônio Líquido**	3.500	5.800
Ativo Não Circulante	2.700	7.100			
Ativo Total	**8.850**	**15.900**	**Passivo Total**	**8.850**	**15.900**

Quadro 10.2 Demonstração de resultados em 31-12-X7

($ 000)

	31-12-X7 ($)
Receitas de Vendas (Líquida)	26.500
Custo dos Produtos Vendidos	(9.000)
Lucro Bruto	17.500
Despesas de Vendas e Administrativas	(10.000)
Despesas com Depreciação	(600)
Lucro Operacional	6.900
Despesas Financeiras	(900)
Resultado Antes do Imposto de Renda	6.000
Provisão para imposto de renda	(2.500)
Lucro Líquido	3.500

No Quadro 10.3, são apresentadas informações adicionais sobre a formação de algumas contas contábeis no exercício de 20X7.

Quadro 10.3 Formação de contas contábeis no exercício de 20X7

Imobilizado		Depreciação Acumulada	
Saldo Inicial (31-12-X6)	$ 3.000	Saldo Inicial (31-12-X6)	$ 300
Venda de Bens	(500)	Depreciação do Exercício	600
Novas Aquisições	5.500		
Saldo Final (31-12-X7)	**$ 8.000**	**Saldo Final (31-12-X7)**	**$ 900**
Exigível a Longo Prazo		**Patrimônio Líquido**	
Saldo Inicial (31-12-X6)	$ 1.450	Saldo Inicial (31-12-X6)	$ 3.500
Novas Captações	450	Lucro Líquido	3.500
		Dividendos	(1.200)
Saldo Final (31-12-X7)	**$ 1.900**	**Saldo Final (31-12-X7)**	**$ 5.800**

10.5.2 Fluxo do capital circulante líquido

A partir das informações contábeis fornecidas, é elaborada no Quadro 10.4 a Demonstração de Origens e Aplicações de Recursos (DOAR). É de se notar que, por meio da DOAR, são reveladas todas as transações que afetaram o CCL, podendo-se concluir pelas causas que determinaram variações em seu volume. Essa demonstração constitui-se, mais rigorosamente, no fluxo do CCL de uma empresa, conforme demonstrado no referido Capítulo 6.

Quadro 10.4 Fluxo do CCL

ORIGENS DO CCL (Transações que elevam o CCL)	
Lucro Líquido do Exercício	$ 3.500
Depreciação	600
Resultado Proveniente das Operações:	$ 4.100
Venda de ativo imobilizado	500
Novas captações a longo prazo	450
Total das Origens	**$ 5.050**
APLICAÇÕES DE CCL (Transações que diminuem o CCL)	
Aquisição de ativo imobilizado	$ 5.500
Dividendos	1.200
Total das Aplicações	**$ 6.700**
REDUÇÃO DO CCL	
$ 5.050 – $ 6.700 = ($ 1.650)	

VARIAÇÃO NO CCL

	31-12-X6	31-21-X7	Variação
AC	6.150	8.800	2.650
PC	(3.900)	(8.200)	**(4.300)**
CCL	**$ 2.250**	**$ 600**	**$ (1.650)**

Pela DOAR, é possível entender os motivos da diminuição do CCL em $ 1.650, no exercício em que a empresa apurou um lucro líquido de $ 3.500, equivalente a 100% de seu patrimônio líquido inicial. Os demonstrativos contábeis revelam uma sensível redução na folga financeira da empresa, apesar de os resultados (operacional e líquido) alcançados terem sido positivos e elevados, em razão de uma forte saída de recursos do CCL. Esses recursos originados do giro da empresa foram aplicados em novas aquisições de ativo imobilizado e para pagamento de dividendos.

Observe, na DOAR, que a empresa gerou $ 5.050 de recursos para seu capital circulante, porém utilizou $ 6.700 de recursos do giro para outras aplicações, promovendo uma redução de $ 1.650 em seu CCL e, consequentemente, em sua folga financeira.

Uma avaliação mais detalhada desses fluxos financeiros pode, também, ser desenvolvida por meio da determinação das mutações internas do CCL, ocorridas no período. Esse demonstrativo trata de um conjunto de informações mais dinâmicas e específicas aos elementos internos do CCL. O Quadro 10.5 ilustra essa demonstração complementar à DOAR.

Quadro 10.5 Variações ocorridas internamente ao CCL

ORIGENS DE RECURSOS	
Aumento no PC	$ 2.800
■ Fornecedores	$ 600
■ Empréstimos bancários	$ 900
■ Provisão para Imposto de Renda	**$ 4.300**
APLICAÇÕES DE RECURSOS	$ 1.650
Redução do CCL	
Aumento no AC	$ 150
■ Disponível	$ 1.400
■ Valores a receber de clientes	$ 1.100
■ Estoques	**$ 4.300**

Na demonstração dos fluxos financeiros internos do CCL, é possível melhor identificar os movimentos de recursos ocorridos a curto prazo, informações essas não disponíveis na DOAR. Observe que o PC gerou $ 4.300 de recursos, sendo distribuídos $ 2.650 para aumentos do AC (disponível, valores a receber e estoques), e o restante ($ 1.650) destinado a cobrir o excesso de saída de recursos do giro para itens de longo prazo, conforme apurado na DOAR.

10.5.3 Fluxo de caixa

O analista pode defrontar-se, ainda, com situações aparentemente conflitantes, como verificar uma redução do caixa (liquidez imediata) num período em que a empresa obteve excelentes lucros. Para o esclarecimento dessas situações, é importante que se identifiquem, também, as origens e aplicações dos valores de caixa, de forma que seja possível justificar seu saldo final.

A partir dos balanços publicados, e conhecendo as transações que afetam o caixa de uma empresa, pode-se elaborar a demonstração das origens e aplicações de caixa (fluxo de caixa), conforme está apresentada no Quadro 10.6.

Quadro 10.6 Fluxo de caixa

ORIGENS DO CAIXA (Transações que elevam o caixa)	
Lucro líquido do exercício	$ 3.500
(+) Despesas que não significam saída de recursos	
Depreciação	600
Fluxo de Caixa Decorrente das Operações	$ 4.100
Venda de ativo imobilizado	500
Novas captações a longo prazo	450
Aumento de fornecedores	2.800
Aumento de empréstimos a curto prazo	600
Aumento de provisão para Imposto de Renda	900
Total das Origens	**$ 9.350**
APLICAÇÕES DO CAIXA (Transações que diminuem o caixa)	
Aquisições de ativo imobilizado	$ 5.500
Dividendos	1.200
Aumento em estoques	1.100
Aumento em valores a receber (clientes)	1.400
Total das Aplicações	**$ 9.200**
Aumento no Disponível	**$ 150**

Uma crítica que se pode fazer ao cálculo do fluxo de caixa, conforme desenvolvido no Quadro 10.6, é o pressuposto de realização financeira (em termos de caixa) plena de todos os seus valores. Ao somar o lucro líquido com as despesas que não refletem saídas de caixa (por exemplo, depreciação) assume-se, implicitamente, que as receitas foram integralmente recebidas no período e os custos e despesas incorridos também foram totalmente pagos.

Na prática, essa hipótese dificilmente ocorre. A empresa, geralmente, negocia prazos de compra, venda e cobrança, mantendo uma dessincronização natural entre entradas e saídas de caixa. O resultado de caixa de $ 4.100 foi apurado pelo regime de competência, e não pelo critério estritamente de caixa.

Uma estrutura alternativa de formação do fluxo de caixa decorrente das operações, que leva em consideração a realização efetiva dos valores em termos de caixa, é desenvolvida no Quadro 10.7.

Quadro 10.7 Fluxo de caixa mais analítico

ORIGENS	
Recebimento efetivo de vendas	$ 25.100
Pagamentos realizados a fornecedores	($ 7.300)
Pagamentos de despesas com vendas e administrativas	($ 10.000)
Pagamentos de despesas financeiras	($ 900)
Pagamentos de Imposto de Renda	($ 1.600)
Fluxo de Caixa Decorrente das Operações	$ 5.300
Venda de ativo imobilizado	$ 500
Novas captações de passivo a longo prazo	$ 450
Aumento de empréstimos a curto prazo	$ 600
TOTAL DAS ORIGENS	**$ 6.850**
APLICAÇÕES	
Aquisição de imobilizado	**$ 5.500**
Dividendos pagos	$ 1.200
TOTAL DAS APLICAÇÕES	**$ 6.700**
AUMENTO DO DISPONÍVEL	
$ 6.850 – $ 6.700	**$ 150**

Recebimento Efetivo de Vendas

Representa o volume de vendas que a empresa efetivamente recebeu. No exercício, as receitas líquidas de vendas atingiram $ 26.500, tendo os valores a receber de clientes crescido em $ 1.400. Com base nessas informações, calcula-se que o montante das vendas que se realizou em termos de caixa no exercício foi de $ 25.100 ($ 26.500 – $ 1.400).

Pagamentos Realizados a Fornecedores

Representa o valor das compras efetivamente pago no exercício, podendo ser obtido da forma seguinte:

Pagamentos a Fornecedores	=	Custo dos Produtos Vendidos + Aumento de Estoques – Aumento em Fornecedores

Pagamentos a Fornecedores = $ 9.000 + $ 1.100 – $ 2.800 = $ 7.300

A empresa efetuou o pagamento do custo dos produtos vendidos mais o aumento verificado nos estoques, e ficou devendo aos fornecedores, relativamente às operações do exercício, a variação verificada nessa conta.

Pagamentos de Despesas com Vendas e Administrativas

Como não consta do PC nenhum valor a pagar referente a essas despesas, foi admitido que a saída de caixa para essa finalidade foi o total de $ 10.000, conforme registrado no demonstrativo de resultados. O mesmo tratamento pode ser estendido, também, às despesas financeiras apropriadas no exercício, as quais admite-se terem sido integralmente liquidadas no período.

Pagamento de Imposto de Renda

A provisão do Imposto de Renda constituída no exercício de 20X7 foi de $ 2.500, a qual será paga somente a partir do exercício seguinte. O pagamento desse tributo, que afetou o caixa da empresa em 20X7, refere-se ao valor da provisão constituída em exercício anterior, a qual atingiu, segundo revela o balanço de 20X6, $ 1.600.

Venda de Ativo Imobilizado

Em razão de não haver nenhum registro contábil em ativos realizáveis, considerou-se que a venda foi integralmente recebida no exercício.

Novas Captações Financeiras a Curto e Longo Prazo

As dívidas de longo prazo que ingressaram no caixa da empresa no exercício de 20X7 foram de $ 450, apresentadas no início, sobre a formação das contas contábeis dos balanços.

Por outro lado, o valor líquido de entradas de caixa proveniente de empréstimos de curto prazo atingiu, por comparação entre os balanços de 20X7 e 20X6, $ 600.

Aquisição de Imobilizado

No período foram adquiridos $ 5.500 de ativo imobilizado, conforme constam das informações contábeis adicionais. Como não há registro nos balanços de dívidas referentes a essa imobilização, conclui-se que ela foi totalmente paga no exercício.

Dividendos pagos

Ocorreu no período saída de caixa (aplicação) para pagamento de dividendos aos proprietários. Essa informação está registrada nos dados referentes à formação do patrimônio líquido.

Diante do fluxo de caixa desenvolvido mais analiticamente no Quadro 10.7, observa-se que o recurso gerado na operação foi positivo, elevando o caixa da empresa em $ 5.300. Ou seja, verificou-se em 20X7 um fluxo de caixa positivo, decorrente das operações, igual a $5.300.

Essas entradas de caixa ($ 5.300), acrescidas de recursos provenientes de alienação de ativos ($ 500) e de novas captações de passivos de longo e curto prazos ($ 450 e $ 600, respectivamente), foram destinadas para imobilizações ($ 5.500) e pagamento de dividendos ($ 1.200), tendo a diferença de $ 150 acrescido o caixa ao final do exercício.

10.5.4 Integração das demonstrações

O Quadro 10.8 reproduz comparativamente os fluxos contábeis obtidos das três demonstrações consideradas. Diante dessas informações torna-se mais simples para o analista conhecer as razões das variações verificadas no capital circulante e no caixa da empresa.

Da mesma forma, ainda, podem ser encontradas explicações para o fato de a empresa ter apresentado uma redução de $ 1.650 em seu CCL e, ao mesmo tempo, um aumento de $ 150 no saldo de seu disponível, no exercício em que apurou um lucro líquido de $ 3.500.

Quadro 10.8 Integração das demonstrações

	Demonstração de Resultados Quadro 10.2 ($)	**DOAR (CCL) Quadro 10.3 ($)**	**Fluxo de Caixa Quadro 10.7 ($)**
ORIGENS			
Receitas de Vendas	26.500	26.500	25.100
Custo dos Produtos Vendidos	(9.000)	(9.000)	(7.300)
Lucro Bruto	17.500	17.500	17.800
Despesas com Vendas e Administrativas	(10.000)	(10.000)	(10.000)
Despesas Financeiras	(900)	(900)	(900)
Despesas com Depreciação	(600)	-	-
	6.000	6.600	6.900
Imposto de Renda	(2.500)	(2.500)	(1.600)
Lucro/Recursos das Operações	3.500	4.100	5.300
Venda de Ativo Imobilizado	-	500	500
Novas Captações de Passivo a Longo Prazo	-	450	450
Aumento de Empréstimos – Curto Prazo	-		600
TOTAL DAS ORIGENS	-	**5.050**	**6.850**
APLICAÇÕES			
Aquisição de Ativo Imobilizado	-	5.500	5.500
Dividendos Pagos	-	1.200	1.200
TOTAL DAS APLICAÇÕES		**6.700**	6.700
VARIAÇÕES OCORRIDAS	**3.500**	**(1.650)**	**150**

11

INDICADORES DE LIQUIDEZ E CICLO OPERACIONAL

Após ser estudada toda a estrutura de curto prazo (circulante), este capítulo dedica-se à mensuração e interpretação, por meio de índices, do comportamento do circulante da empresa.

Há inúmeros índices que podem ser utilizados para aferir o desempenho do Ativo Circulante (AC) do capital de giro líquido e para medir a liquidez da empresa. Devem ser manejados para que se extraiam as melhores conclusões, de maneira **comparativa**, seja relacionando-os com os apurados em períodos passados (evolução temporal) ou com os valores apresentados por outras empresas do mesmo setor de atividade (comparação interempresarial).

Além desses aspectos, o capítulo dedica-se, também, ao estudo do ciclo operacional de uma empresa, apresentando os conceitos principais e a metodologia de quantificação de seus mais importantes indicadores de atividade. O ciclo operacional será amplamente utilizado mais adiante, na determinação das necessidades de investimento em giro.

Atenção, ainda, é dispensada ao conceito de equilíbrio financeiro de uma empresa. São discutidas diferentes estruturas financeiras e avaliadas, para cada uma, as condições de risco e rentabilidade.

11.1 EQUILÍBRIO FINANCEIRO E VOLUME DE CAPITAL CIRCULANTE LÍQUIDO

Todas as inversões que a empresa realiza convertem-se, a curto ou a longo prazo, novamente em dinheiro. O disponível vê-se alimentado a curto prazo pelo AC, por meio da redução dos estoques, de recebimentos de realizáveis etc.; a longo prazo, pelo ativo imobilizado, conforme a depreciação de seus diversos bens. Com o dinheiro assim levantado, a empresa vai saldando as diversas obrigações assumidas em seu passivo. Entretanto, para que tudo isso se processe normalmente, é necessário que o **prazo de retorno** dos financiamentos efetuados seja maior ou, pelo menos, igual ao **prazo de liquidez** de seus correspondentes ativos.

Dessa forma, o conceito básico de equilíbrio financeiro fica evidenciado quando se demonstra que toda a aplicação de recursos no ativo deve ser financiada com fundos levantados a um prazo de recuperação proporcional à aplicação efetuada. Por exemplo, os elementos permanentes, ao serem financiados com créditos a curto prazo, trarão um desequilíbrio à empresa, dada a evidente falta de sincronização entre o momento da reposição dos fundos levantados e o prazo de recuperação dessas aplicações, caracteristicamente a longo prazo.

Assim sendo, ao se apresentar esse desequilíbrio, diz-se que a empresa está assumindo um maior **risco financeiro**, ou seja, elevou-se a probabilidade, pelo menos teórica, de a empresa não saldar seus compromissos nas condições contratadas.

Um aprofundamento maior no conceito de equilíbrio financeiro de uma empresa revela que as aplicações a curto prazo não devem representar todo o AC. Em verdade, uma parcela considerável do AC é mais bem localizada, para efeitos principalmente de análise, no grupo do permanente (não circulante), indicando um potencial de realização a longo prazo. É um valor cíclico (repetitivo), tornando-se, por conseguinte, de natureza permanente.

É necessário, dessa maneira, segmentar o AC em duas partes: (1) aquela efetivamente de curto prazo e caracteristicamente sazonal (variável); e (2) a parcela definida como mínima pela empresa para manutenção de sua atividade básica e admitida como permanente. A Figura 11.1 ilustra o comportamento desses ativos circulantes.

Pela Figura 11.1, denota-se que, ao longo do tempo, há um crescimento natural do ativo não circulante em razão do volume de atividade da empresa.

Por outro lado, existem certos elementos circulantes que apresentam características bem próximas dos itens permanentes. Esses elementos são classificados como **AC permanente** e, apesar de estarem contabilmente registrados em contas de curto prazo, são mais bem considerados como aplicações fixas. O saldo mínimo de caixa que a empresa precisa manter para a consecução de sua atividade normal, a parcela típica de vendas a prazo e o volume mínimo de estoques indispensável para a manutenção das operações da empresa são exemplos característicos de AC permanente. A empresa não poderá, sob pena de sacrificar sua atividade normal, reduzir esses valores, sendo por isso definidos como de natureza permanente (fixos).

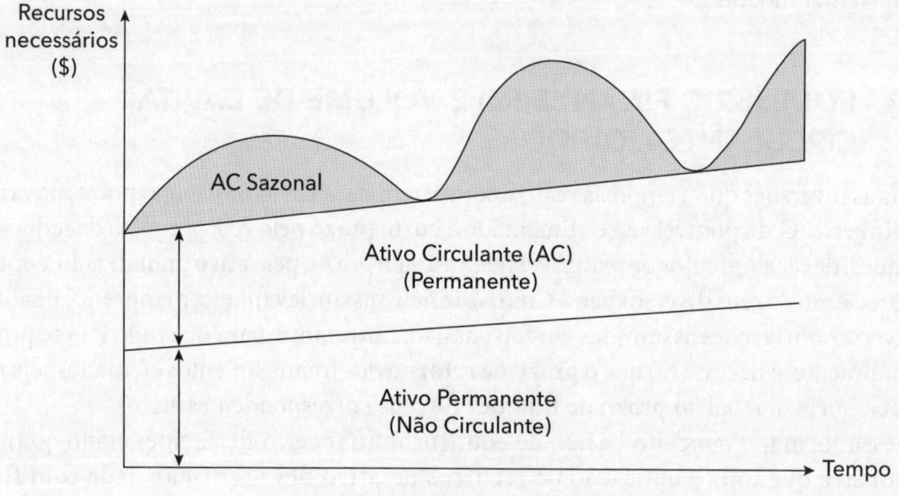

Figura 11.1 Segmentação do AC.

Pode ocorrer, não obstante, que os valores desses elementos fixos do circulante cresçam em determinados períodos. Por exemplo, eventuais atrasos no recebimento de vendas a prazo, antecipação de compras de estoques etc. elevam temporariamente os investimentos permanentes do circulante, sendo esse acréscimo eventual definido como **AC sazonal (variável)**.

Em suma, o total do AC sofre variações ao longo do tempo, não devendo registrar-se, no entanto, um volume aplicado no grupo inferior ao valor mínimo definido para sustentar a atividade normal da empresa. Esse montante é definido como **AC permanente**. Comumente, esse piso mínimo do circulante sofre variações temporárias, isto é, dada a dinâmica natural da atividade de uma empresa, são demandados investimentos adicionais por certo período de tempo. Esse excesso temporário de aplicações é denominado **AC sazonal** ou **AC variável**.

Identificados os componentes sazonais (variável) e permanentes (fixo) do AC, é possível, agora, demonstrar como a empresa deve estar financiada para manter seu equilíbrio financeiro. A Figura 11.2 ilustra a composição ideal do financiamento em função da maturidade dos ativos.

Em condições de equilíbrio, somente as necessidades tipicamente de curto prazo, e definidas como AC sazonal, devem estar financiadas com passivos circulantes de mesmas características. A parte fixa do circulante e todo o ativo não circulante devem ser financiados por recursos também de longo prazo. Essa conciliação entre prazo de resgate e de retorno dos recursos passivos e ativos de uma empresa visa, evidentemente, oferecer maior nível de sincronização no fluxo de entradas e saídas de recursos.

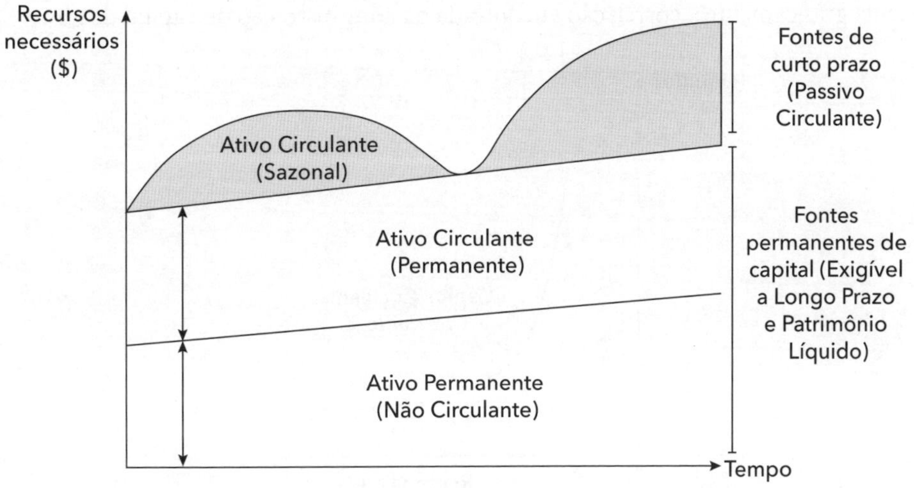

Figura 11.2 Estrutura de financiamento de equilíbrio.

11.1.1 Rentabilidade e segurança

Foi amplamente discutido, na Parte I deste livro, que o custo dos créditos a curto prazo deve apresentar-se mais baixo que os de longo prazo em função do menor tempo previsto de retorno dos fundos e da própria taxa de risco do emprestador. Por outro lado, considerando que as aplicações no ativo devem gerar o maior retorno possível, o ativo permanente assume uma posição prioritária nas decisões que envolvem aplicações de capital. Esse comportamento economicamente preferencial por investimentos permanentes decorre de sua melhor contribuição dos lucros da empresa, podendo originar-se de um aumento da capacidade física de venda ou de uma redução de custos.

Assim, no que se refere às aplicações a curto prazo, verifica-se que a empresa, ao pleitear maior segurança ou menor risco financeiro em suas operações, se preocupará em manter seu Capital Circulante Líquido (CCL) em níveis mais elevados. Entretanto, ao atribuir maior prioridade ao incremento de sua rentabilidade, procurará reduzir o volume de seu capital de giro por meio de uma utilização maior de capitais de terceiros resgatáveis a curto prazo. É isso que constitui o dilema da administração do capital de giro: **segurança (liquidez)** × **rentabilidade**. Os dois conceitos variam de maneira inversa, ou seja, um aumento da liquidez (ou redução do risco) acarreta um decréscimo da rentabilidade, e vice-versa.

Dessa forma, a empresa deve decidir o volume de seu CCL com base em seus padrões estabelecidos de risco-retorno. Maiores participações de fontes de recursos de curto prazo promovem, ao mesmo tempo, uma redução da liquidez (maior nível de risco financeiro) e elevação do retorno do investimento (em razão do custo mais barato do crédito de curto prazo). Para uma situação de financiamento inversa, verifica-se uma elevação da liquidez da empresa acompanhada de uma redução em sua rentabilidade.

Portanto, uma empresa não poderá usufruir, ao mesmo tempo, de liquidez e rentabilidade máximas, devendo optar por um volume de CCL que satisfaça suas expectativas de risco-retorno, ou seja, que imprima um nível de segurança e rentabilidade adequadas.

Para melhor ilustrar o comportamento das variáveis liquidez e rentabilidade, a Figura 11.3 apresenta graficamente a correlação encontrada na administração do capital de giro.

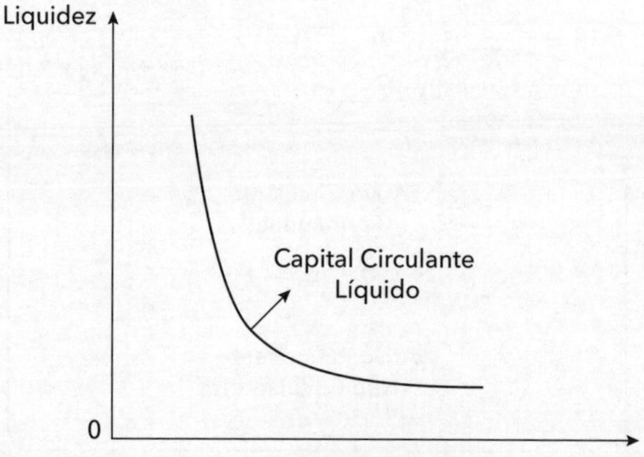

Figura 11.3 Capital circulante líquido: correlação entre liquidez e/ou rentabilidade.

É preciso acrescentar, ainda, baseado na discussão apresentada no Capítulo 2, que essa estrutura equilibrada de taxas de juros não vem, normalmente, se verificando no mercado financeiro brasileiro. Ou seja, em média, o custo do dinheiro a curto prazo tem, muitas vezes, ultrapassado o de longo prazo, anulando o comportamento risco-retorno conforme descrito. Assim, as conclusões enunciadas anteriormente invertem-se para aquelas empresas cuja participação de recursos oficiais de longo prazo e, portanto, subsidiados, seja relevante em relação ao volume captado de acordo com as taxas livremente praticadas no mercado.

11.1.2 Custo do investimento em capital de giro

O estudo do capital de giro envolve, essencialmente, as atividades de natureza operacional da empresa, identificadas nas fases de compra, pagamento, fabricação, venda e cobrança.

Em cada fase, a empresa deve tomar diversas decisões com relação aos investimentos operacionais necessários, como:

- **compras**: quanto e quando comprar;
- **fabricação**: capacidade de produção, tecnologia empregada;
- **venda**: condições de venda (à vista, a prazo);
- **cobrança**: política de cobrança, inadimplência;
- **pagamentos**: recursos disponíveis ou novas captações.

Mediante essas decisões operacionais, são identificados os custos do investimento em capital de giro:

a. **Custo de oportunidade**, definido pelos ganhos decorrentes da melhor alternativa não aproveitada. Quanto maior o investimento em capital de giro, mais alto se apresenta o seu custo de oportunidade (custo de carregamento).
b. **Custo de manutenção** de ativos circulantes, identificado, por exemplo, nos gastos em manter estoques de matérias-primas e produtos para vendas, carteiras de valores a receber de vendas a prazo, e assim por diante.
c. **Custo de falta**, determinado pelo investimento insuficiente em capital de giro. Por exemplo, uma empresa pode perder vendas pela falta de estoques ou de capital para conceder crédito ao comprador.

EXEMPLO ILUSTRATIVO - Estrutura de Investimento em Giro

Uma empresa está avaliando a estrutura de investimentos em capital de giro para o próximo exercício, de acordo com a relação risco e retorno. São previstas as seguintes necessidades máximas e mínimas de recursos de AC, de acordo com previsões de seu nível de atividade (produção e vendas):

	Valores a Receber	**Estoques**
Investimento Mínimo	$ 3.500.000	$ 6.900.000
Investimento Máximo	$ 5.600.000	$ 9.500.000

Os recursos de passivo circulante (PC) são também avaliados em valores mínimo e máximo, conforme sugeridos a seguir.

	Fornecedores	**Empréstimos Bancários**
Valor Mínimo	$ 2.500.000	$ 2.800.000
Valor Máximo	$ 3.800.000	$ 5.400.000

Sabe-se que o custo de uma dívida de longo prazo, por conter maior incerteza de pagamento, é superior ao de uma dívida corrente (curto prazo). O volume de CCL deve ser definido pela empresa de forma a atender às seguintes posições de rentabilidade e risco:

- Maior Rentabilidade e Risco.
- Menor Rentabilidade e Risco.

(continua)

(continuação)

Solução

A. Alta Rentabilidade e Risco

Nessa estrutura de CCL, a empresa deve minimizar o capital investido em giro proporcionando maior retorno do investimento, e maximizar fontes de financiamento de curto prazo por apresentar menor custo de captação em relação às de longo prazo. Assim:

ATIVO CIRCULANTE		
Valores a Receber		
Estoques	$ 3.500.000	
	$ 6.900.000	$ 10.400.000
PASSIVO CIRCULANTE		
Fornecedores	$ 3.800.000	
Empréstimos Bancários	$ 5.400.000	$ 9.200.000
	CCL	**$ 1.200.000**

B. Baixa Rentabilidade e Risco

Na estrutura de menor risco e mais baixa rentabilidade também, a empresa deve priorizar maior nível de liquidez (maior CCL) maximizando suas aplicações em ativos circulantes, e utilizar o mínimo possível de recursos de curto prazo (menos onerosos). Com essa composição de ativos e passivos circulantes, apura-se maior folga financeira e também custos de financiamento mais elevados. Assim:

ATIVO CIRCULANTE		
Valores a Receber	$ 5.600.000	
Estoques	$ 9.500.000	$ 15.100.000
PASSIVO CIRCULANTE		
Fornecedores	$ 2.500.000	
Empréstimos Bancários	$ 2.800.000	$ 5.300.000
	CCL	**$ 9.800.000**

Importante: Conforme discutido no Capítulo 2 (Seção 2.2.1), em condições normais de mercado, os juros correntes, por apresentarem menores riscos, são mais baratos que os de longo prazo. Muitas vezes, esse equilíbrio não se verifica na economia brasileira, convivendo as empresas, em diversos momentos, com taxas de curto prazo bastante elevadas, superando as de maior maturidade. Para a análise da estrutura de equilíbrio dos investimentos circulantes, é importante que se considerem também a natureza das fontes de financiamento e os juros de mercado.

11.2 INDICADORES TRADICIONAIS DE LIQUIDEZ

Os indicadores de liquidez evidenciam a situação financeira de uma empresa frente a seus diversos compromissos financeiros. Além do CCL estudado no capítulo anterior, o estudo tradicional da liquidez inclui outros indicadores financeiros, conforme apresentados a seguir.

11.2.1 Liquidez imediata

Revela a porcentagem das dívidas a curto prazo (circulante) em condições de serem liquidadas imediatamente. Esse quociente é normalmente baixo pelo pouco interesse das empresas em manter recursos monetários em caixa, ativo operacionalmente de reduzida rentabilidade.

$$\text{Liquidez Imediata} = \frac{\text{Disponível}}{\text{PC}}$$

11.2.2 Liquidez seca

O quociente demonstra a porcentagem das dívidas a curto prazo em condições de serem saldadas mediante a utilização de itens monetários de maior liquidez do AC. Essencialmente, a liquidez seca (LS) determina a capacidade de curto prazo de pagamento da empresa mediante a utilização das contas do **disponível** e **valores a receber.**

$$\text{LS} = \frac{\text{AC} - \text{Estoques} - \text{Despesas Antecipadas}}{\text{PC}}$$

11.2.3 Liquidez corrente

A liquidez corrente (LC) indica o quanto existe de AC para cada $ 1 de dívida a curto prazo.

$$\text{LC} = \frac{\text{AC}}{\text{PC}}$$

Se:	**Denota:**
LC > 1,0	CCL positivo
LC = 1,0	CCL nulo
LC < 1,0	CCL negativo

Quanto maior a LC, mais alta se apresenta a capacidade da empresa em financiar suas necessidades de capital de giro.

11.2.4 Liquidez geral

Esse indicador revela a liquidez, tanto a curto como a longo prazo. De cada $ 1 que a empresa mantém de dívida, o quanto existe de direitos e haveres no AC e no realizável a longo prazo.

$$LG = \frac{\text{AC + Realizável a Longo Prazo}}{\text{PC + Exigível a Longo Prazo}}$$

A liquidez geral (LG) é utilizada, também, como uma medida de segurança financeira da empresa a longo prazo, revelando sua capacidade de saldar todos seus compromissos.

É interessante ressaltar, ainda, a existência de um índice de liquidez, muitas vezes adotado pelo mercado, denominado capital de giro próprio. É, normalmente, obtido pela diferença entre o Patrimônio Líquido e o total do Ativo Não Circulante, e interpretado como o volume de capital próprio da empresa que está financiando suas atividades circulantes.

Na verdade, não haveria restrição ao uso desse indicador na hipótese de poder identificar, exatamente, qual a fonte do capital permanente, se própria ou de terceiros, aplicado no ativo. Ou seja, cada ativo deveria ser identificado com sua fonte de financiamento. Como é bastante difícil, na prática, identificar-se diretamente os vários recursos dos ativos com suas respectivas origens, prefere-se trabalhar com o conceito de CCL, conforme estudado no Capítulo 10 (Seção 10.2).

11.2.5 Exemplo ilustrativo

Visando melhor ilustrar as aplicações dos indicadores de liquidez, considere os balanços patrimoniais publicados pela Cia. LIQ, referentes a seus dois últimos exercícios sociais.

Quadro 11.1 Balanços patrimoniais publicados pela Cia. LIQ referentes a seus dois últimos exercícios sociais

Ativo	X0 ($)	X1 ($)	Passivo	X0 ($)	X1 ($)
CIRCULANTE	7.910	8.640	CIRCULANTE	3.700	5.900
Disponível	250	340	Contas a Pagar	2.500	2.800
Valores a Receber	3.060	2.900	Empréstimos	1.200	3.100
Estoques	4.600	5.400	EXIGÍVEL A LONGO PRAZO	5.100	10.000
REALIZÁVEL A LONGO PRAZO	2.100	3.900	PATRIMÔNIO LÍQUIDO	7.960	12.071
IMOBILIZADO E INVESTIMENTOS	6.750	15.431			
TOTAL	**16.760**	**27.971**	**TOTAL**	**16.760**	**27.971**

Com base nessas informações contábeis publicadas pela Cia. LIQ, são apurados, a seguir, os indicadores de liquidez. Os balanços são elaborados em moeda de poder de compra de final dos respectivos exercícios sociais. A inflação de X1 atingiu 12%.

CCL
Ano **X0** → CCL: $ 7.910 - $ 3.700 = $ 4.210
Ano **X1** → CCL: $ 8.640 - $ 5.900 = $ 2.740

A empresa promoveu, no exercício de X1, uma elevada imobilização de capital em ativos fixos, sacrificando sua folga financeira. O CCL da Cia. LIQ reduziu bastante, tanto em valores nominais como em reais, ou seja:

	X0	X1	Variação
CCL Nominal	$ 4.210	$ 2.740	–34,9%
CCL em Moeda de Final de X1	$ 4.210 × 1,12 = $ 4.715	$ 2.740	–41,9%

Esse comportamento do CCL é motivado, conforme comentou-se anteriormente, pela alta imobilização de recursos permanentes. Apesar do crescimento verificado nos capitais permanentes (exigível a longo prazo e patrimônio líquido), os investimentos em ativo permanente (imobilizado e investimentos) superaram a disponibilidade de recursos de longo prazo, sendo canalizados recursos do giro para seu financiamento. O comportamento do ativo permanente e capital permanente é determinado a seguir.

	X0	X1	Variação
Ativo Não Circulante (Imobilizado + Investimentos) Real	$ 6.750 × 1,12 = $ 7.560	$ 15.431	+104,1%
Capital Permanente Real (exigível a longo prazo + Patrimônio Líquido)	$ 13.060 × 1,12 = $ 14.627	$ 22.071	+50,9%
Grau de Imobilização dos Capitais Permanentes (Ativo Não Circulante/ Capital Permanente)	51,7%	69,9%	-

LC

$$\text{Ano } \mathbf{X0} \rightarrow \text{LC} = \frac{\$\ 7.910}{\$\ 3.700} = 2{,}14$$

$$\text{Ano } \mathbf{X1} \rightarrow \text{LC} = \frac{\$\ 8.640}{\$\ 5.900} = 1{,}46$$

Em X0, a Cia. LIQ possuía, para cada $ 1,00 de dívida a curto prazo, $ 2,14 em seu AC, ou seja, seus direitos e haveres a curto prazo representavam 2,14 vezes seu PC. No último exercício verifica-se um decréscimo nesse quociente, passando a LC para 1,46.

Normalmente, esse índice deve ser superior a 1,00, o que denota uma capacidade da empresa em saldar seus compromissos de curto prazo. A LC é uma das medidas mais utilizadas na análise financeira e, da mesma forma que os demais índices, apresenta pouca representatividade se considerada isoladamente.

Para um juízo mais conclusivo sobre a posição de liquidez, além de uma comparação com os resultados de outras empresas do setor de atividade, é necessária uma análise mais detalhada, principalmente ao se observar o notável aumento do ativo não circulante (imobilizado e investimentos).

LS

$$\text{Ano } \mathbf{X0} \rightarrow LS = \frac{\$\ 7.910 - \$\ 4.600}{\$\ 3.700} = 0{,}89$$

$$\text{Ano } \mathbf{X1} \rightarrow LS = \frac{\$\ 8.640 - \$\ 5.400}{\$\ 5.900} = 0{,}55$$

Nos dois exercícios, o disponível e os direitos realizáveis a curto prazo da Cia. LIQ são insuficientes para cobrir suas dívidas de curto prazo. Em X0, a LS indicava a cobertura de 89% do PC. No exercício seguinte, essa posição reduziu-se, passando a satisfazer somente 55% das dívidas de curto prazo.

A redução do realizável a curto prazo e o grande incremento do PC podem ser apontados como a causa da deterioração desse índice. A posição atual é insatisfatória (menos de 100%) e supõe ter sido comprometida pelo acréscimo de inversões em outros elementos do ativo, principalmente no ativo não circulante.

Estabelece-se a grande importância do índice de LS ao não ser considerado o montante dos estoques em seu cálculo. Dado que podem existir, por exemplo, vários elementos obsoletos ou de baixíssima rotação, a LS define a capacidade de pagamento a curto prazo da empresa, sem considerar as existências de materiais e de produtos, preocupando-se mais com os circulantes de maior rotação.

Para o cálculo desse índice, é comum deduzir também as despesas antecipadas, do total do AC.

LA

$$\text{Ano } \mathbf{X0} \rightarrow LA = \frac{\$\ 250}{\$\ 3.700} = 0{,}068$$

$$\text{Ano } \mathbf{X1} \rightarrow LA = \frac{\$\ 340}{\$\ 5.900} = 0{,}058$$

Pelos percentuais calculados, observa-se também uma redução nos quocientes. No último exercício (X1), o disponível da empresa cobria 5,8% de suas dívidas de curto prazo, enquanto no exercício de X0 os valores de caixa podiam saldar 6,8% das mesmas exigibilidades.

Dada a vulnerabilidade do dinheiro e a maneira estática como é calculado, o índice de LA não apresenta uma importância considerável para a análise. É pouco utilizado e aborda uma posição extrema da empresa. O credor, normalmente, atribui maior interesse à LA da empresa do que o acionista.

LG

$$\text{Ano } \mathbf{X0} \rightarrow LG = \frac{\$\ 7.910 + \$\ 2.100}{\$\ 3.700 + 5.100} = 1{,}14$$

$$\text{Ano } \mathbf{X1} \rightarrow LG = \frac{\$\ 8.640 + \$\ 3.900}{\$\ 5.900 + \$\ 10.000} = 0{,}79$$

A LG identifica a capacidade de pagamento da empresa tanto a curto como a longo prazo. Dessa maneira, a Cia. LIQ possuía, em X0, para cada $ 1,00 de débito total, $ 1,14 em seu circulante e realizável a longo prazo (não circulante).

Em X1, essa posição financeira deteriorou-se, e a empresa passou a contar somente com uma capacidade geral de pagamento de suas exigibilidades de 79%.

Normalmente, esse índice é também superior à unidade, e as razões das variações que ele possa apresentar em diferentes períodos devem ser analisadas em cada um dos elementos que o compõem. No exemplo em questão, o comportamento declinante do quociente deve-se à própria redução da liquidez (folga financeira) da Cia. LIQ e ao significativo aumento do endividamento, principalmente a longo prazo.

O índice de endividamento, medido pela relação entre o total das dívidas (curto e longo prazos) e o Patrimônio Líquido, cresceu bastante no período, indicando maior participação de capital de terceiros, ou seja:

Endividamento

$$\text{Ano } \mathbf{X0}: \frac{\$\ 3.700 + 5.100}{\$\ 7.960} = 1{,}11$$

$$\text{Ano } \mathbf{X1}: \frac{\$\ 5.900 + \$\ 10.000}{\$\ 12.071} = 1{,}32$$

11.3 CICLO OPERACIONAL

Na consecução de suas atividades operacionais, a empresa persegue, sistematicamente, a produção de bens ou serviços e, consequentemente, vendas e recebimentos. Procura, com isso, a obtenção de determinado volume de lucros que possam satisfazer às expectativas de retorno de suas fontes de financiamento.

É no desenvolver de todo esse processo que se identifica de maneira normal e repetitiva o **ciclo operacional** da empresa, o qual pode ser definido como as fases operacionais existentes no interior da empresa, que vão desde a aquisição de materiais para a produção até o recebimento das vendas efetuadas, conforme se pode depreender da Figura 11.4.

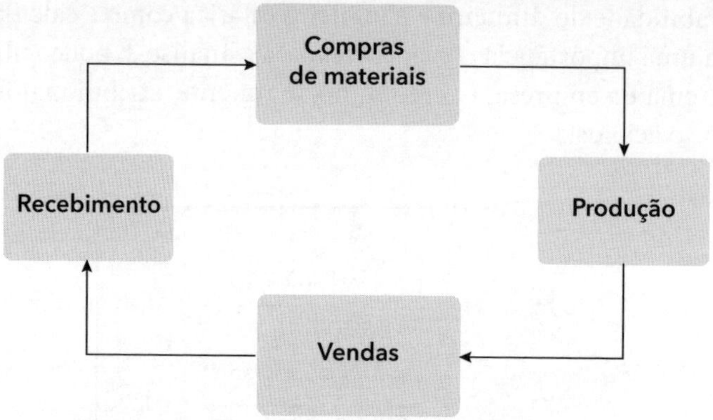

Figura 11.4 Ciclo operacional: compras e vendas.

Observa-se, na Figura 11.4, uma sequência natural das fases operacionais da empresa, definida por ciclo operacional, iniciando-se na compra de materiais que serão direta ou indiretamente utilizados na produção e desembocando na cobrança das vendas efetuadas.

Por outro lado, cada uma das fases apresentadas possui determinada duração. Assim, para uma empresa industrial, a **compra** de matérias-primas evidencia também o prazo de armazenagem; a **produção,** o tempo de transformação desses materiais em produtos terminados; a **venda,** o prazo de estocagem dos produtos elaborados; e o **recebimento,** o prazo de cobrança de duplicatas a receber que caracterizam as vendas a prazo.

É claro que, se todas as vendas são efetuadas à vista, o prazo de cobrança é nulo. Da mesma forma, se a empresa trabalha com produção sob encomenda (e não para estoque), inexiste prazo de estocagem de produtos acabados.

Período de maturação é a soma dos prazos de cada uma das fases operacionais. Em outras palavras, período de maturação é o tempo médio decorrido desde a compra da matéria-prima até que seja transformada em um produto final e vendida, se receber seu importe de venda. Quanto mais longo se apresentar o período de maturação, maior será o volume de recursos a ser destinado pela empresa para financiar sua atividade.

Parte dessas fases operacionais podem ser financiadas mediante compras a prazo e prazos para pagamentos de despesas operacionais como salários, encargos sociais, impostos sobre vendas etc. São os denominados **passivos de funcionamento**, inerentes à atividade da empresa. Para a parte não financiada por esses passivos, a empresa deve alocar outros tipos de fundos como recursos próprios, empréstimos e financiamentos, descontos de duplicatas etc. São passivos que a empresa, deliberadamente, levantou no mercado visando financiar suas atividades operacionais.

É importante avaliar que a necessidade de financiamento do ciclo operacional é crescente, pois em cada fase vão-se absorvendo os custos e despesas operacionais correspondentes. A Figura 11.5 apresenta o período de maturação em função do tempo e do volume de recursos necessários.

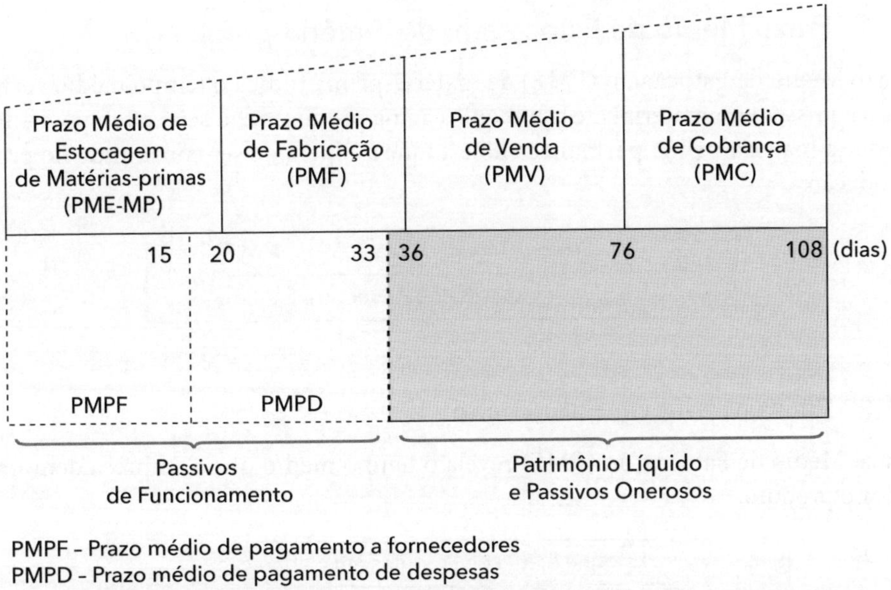

Figura 11.5 Representação dos investimentos e financiamentos do ciclo operacional - empresa industrial.

Na Figura 11.5, os investimentos operacionais em grupo atingem um período de 108 dias, ou seja:

Ciclo operacional = PME + PMF + PMV + PMC

Ciclo operacional = 20 + 16 + 40 + 32 = 108 dias

Esse é o período de maturação da empresa, que vai desde a aquisição das matérias-primas até o recebimento da venda do produto final. Quanto mais longo se apresentar o ciclo operacional, mais elevadas serão as necessidades de investimento em giro.

A empresa pode financiar parte de seu ciclo operacional mediante créditos de fornecedores e prazos diversos para liquidação de seus custos e despesas incorridos em suas atividades operacionais. Na Figura 11.5, observa-se que os fornecedores concedem um prazo de pagamento de 15 dias, e a empresa tem ainda um intervalo médio de 18 dias para liquidar suas várias despesas operacionais. A necessidade de capital de giro de uma empresa pode ser determinada pela diferença entre os investimentos demandados pelo ciclo operacional e o montante de seus passivos de funcionamento.

11.4 INDICADORES DO CICLO OPERACIONAL

Os indicadores da atividade operacional são mais dinâmicos e permitem que seja analisado o desempenho operacional da empresa e suas necessidades de investimento em giro. A seguir são desenvolvidos os cálculos e interpretações dos principais índices do ciclo operacional.

11.4.1 Prazo Médio de Estocagem de matéria-prima

O Prazo Médio de Estocagem (PME) de matéria-prima indica o tempo médio verificado desde a aquisição do material até sua requisição na produção, ou seja, o tempo médio (em dias) que a matéria-prima permanece no estoque à espera de ser consumida no processo de produção.

$$PME = \frac{\text{Estoque Médio de Matéria-Prima}}{\text{Consumo Anual}} \times 360$$

11.4.2 Prazo Médio de Fabricação

O Prazo Médio de Fabricação (PMF) revela o tempo médio que a empresa demora para fabricar o produto.

$$PMF = \frac{\text{Estoque Médio de Produtos em Elaboração}}{\text{Custo de Produção}} \times 360$$

11.4.3 Prazo Médio de Venda

Prazo Médio de Venda (PMV), também definido por prazo médio de estocagem dos produtos acabados, é o quociente que revela o tempo médio gasto desde a elaboração do produto até a venda, ou seja, o prazo que o produto acabado permanece em estoque à espera de ser vendido.

$$PMV = \frac{\text{Estoque Médio de Produtos Acabados}}{\text{Custo dos Produtos Vendidos}} \times 360$$

11.4.4 Prazo Médio de Cobrança e Prazo Médio de Desconto

O Prazo Médio de Cobrança (PMC) calcula o tempo médio em receber o produto vendido, ou seja, quanto tempo a empresa espera para receber as vendas realizadas. Parte desse prazo pode ser reduzida mediante operações de desconto de duplicatas, denominado Prazo Médio de Desconto (PMDD).

$$PMC = \frac{\text{Duplicatas a Receber (Média)}}{\text{Vendas a Prazo}} \times 360$$

$$PMDD = \frac{\text{Duplicatas Descontadas (Média)}}{\text{Vendas a Prazo}} \times 360$$

11.4.5 Prazo Médio de Pagamento a Fornecedores

O Prazo Médio de Pagamento a Fornecedores (PMPF) determina o tempo médio que a empresa demora para pagar suas compras.

$$\text{PMPF} = \frac{\text{Fornecedores a Pagar (Média)}}{\text{Compras a Prazo}} \times 360$$

11.4.6 Outros prazos de estocagem

Muitas vezes, na prática, não é possível identificar separadamente os vários componentes do estoque: materiais, produtos em elaboração e produtos acabados, sendo seus valores totalizados nos balanços. O cálculo do prazo de estocagem total (PME total) para uma empresa industrial, nessa situação, é assim expresso:

$$\text{PME TOTAL (indústria)} = \frac{\text{Estoques Totais (Média)}}{\text{Custo de Produção Anual}} \times 360$$

Revela o tempo médio que os estoques totais de uma empresa industrial permanecem armazenados à espera de serem consumidos, produzidos e vendidos.

Para o caso de uma empresa comercial, o quociente é calculado pela seguinte expressão, indicando o tempo médio que a mercadoria permanece em estoque à espera de ser vendida. Para o comércio, o índice pode ser interpretado, também, como o prazo médio de venda da empresa.

$$\text{PME TOTAL (comércio)} = \frac{\text{Estoques de Mercadorias (Média)}}{\text{Custo da Mercadoria Vendida}} \times 360$$

11.4.7 Algumas observações com relação aos índices operacionais

O cálculo dos valores médios das fórmulas do ciclo operacional requer a utilização de diversos valores de modo a reduzir a dispersão. Por exemplo, para um período de 1 ano, o ideal é a apuração do valor médio dos estoques pela média dos 13 últimos valores apurados mensalmente, ou seja:

$$\text{Estoque Médio} = \frac{E_i + E_1 + E_2 + E_3 + \ldots + E_{12}}{13}$$

Em que:

E_i = estoque inicial do exercício que se está analisando. É o estoque final do exercício passado;

$E_1, E_2, E_3, \ldots, E_{12}$ = estoques apurados ao final de cada um dos meses do exercício social objeto da análise.

Muitas vezes, considerando a impossibilidade de o analista obter esses valores em bases mensais a partir dos demonstrativos financeiros publicados, é comum trabalhar com a média aritmética dos estoques iniciais e finais, ou seja:

$$\text{Estoque Médio} = \frac{E_i + E_2}{2}$$

Nesse caso, ao trabalhar com poucas informações para um período longo, o grau de dispersão dos valores em relação à média pode ser alto, prejudicando a qualidade do quociente e, consequentemente, da análise.

Os prazos operacionais definidos nas fórmulas do ciclo operacional estão expressos em dias. Caso se queira apurar esses prazos em número de meses, basta substituir 360 (dias do ano) por 12 (meses) nas expressões de cálculos apresentadas.

Com relação à conta de **duplicatas a receber,** utilizada no prazo médio de cobrança, é levado, geralmente, em consideração seu valor bruto, não sendo incluída a provisão para devedores duvidosos e as duplicatas descontadas em seu cômputo.

O inverso de cada prazo operacional é definido por **giro**, e indica o número de vezes que ocorreu determinada fase operacional. Por exemplo, se o prazo de estocagem de mercadorias calculado for de 40 dias, significa que seu giro é de 9 vezes (360/40 = 9), ou seja, os produtos se renovaram 9 vezes no ano.

O investimento em capital de giro e o seu financiamento podem ser calculados com base nos prazos operacionais. Por exemplo, se uma indústria tem por meta trabalhar com prazo de estocagem de matérias-primas de 20 dias e projeta um consumo anual de $ 3,42 milhões, deve manter um investimento médio nesses itens de $ 190.000, ou seja:

$$20 = \frac{\text{Estoque Médio}}{\$\ 3.420.000} \times 360$$

$$\text{Estoque Médio} = \$\ 190.000$$

O Capítulo 12, ao tratar da análise dinâmica do capital de giro, abordará esse tema com maior profundidade.

11.4.8 Exemplo ilustrativo

Por meio das informações contábeis fornecidas por uma empresa e constantes do Quadro 11.2, são desenvolvidos os cálculos de apuração dos diversos índices do ciclo operacional e seus respectivos giros.

Quadro 11.2 Informações para o cálculo dos índices operacionais

	31-12-X2 ($)	31-12-X3 ($)
Duplicatas a Receber	50.000	60.000
Duplicatas Descontadas	30.000	40.000

(continua)

(continuação)

	31-12-X2 ($)	31-12-X3 ($)
Estoque de Matérias-primas	35.000	56.000
Estoque de Produtos em Elaboração	17.000	21.000
Estoques de Produtos Terminados	37.300	52.500
Venda Anual (80% a prazo)	-	240.000
Consumo Anual de Matérias-primas	-	102.000
Custo dos Produtos Vendidos	-	168.000
Compras Anuais a Prazo	-	152.000
Custo Total de Produção do Período	-	223.000
Duplicatas (Fornecedores) a Pagar	47.000	55.400

Cálculo dos índices operacionais

- **Prazo Médio de Estocagem (Matéria-Prima)**

$$PME = \frac{(56.000 + 35.000) / 2}{102.000} \times 360 = 160,6 \text{ dias}$$

$$GIRO = 360 / 160,6 = 2,2\times$$

O PME revela que os materiais diretos permaneceram, em média, 160,6 dias nos estoques antes de serem transformados no processo produtivo. Isso indica, também, que o giro desses estoques é de 2,2 vezes, ou seja, os estoques de matérias-primas foram renovados 2,2 vezes no período.

Técnicas modernas de gestão de estoques têm reduzido o nível de seus investimentos, elevando o giro das empresas e, consequentemente, a rentabilidade do capital investido.

- **Prazo Médio de Fabricação**

$$PMF = \frac{(21.000 + 17.000) / 2}{223.000} \times 360 = 30,7 \text{ dias}$$

$$GIRO = 360 / 30,7 = 11,7\times$$

Os produtos demoraram, em média, 30,7 dias para serem elaborados, girando os estoques de produtos em transformação 11,7 vezes no período. A automatização e o emprego de moderna tecnologia produtiva vêm determinando uma redução no prazo de fabricação das empresas, elevando sua produtividade e a competitividade de seus produtos.

- **Prazo Médio de Venda**

$$PMV = \frac{(52.500 + 37.300) / 2}{168.000} \times 360 = 96,2 \text{ dias}$$

$$GIRO = 360 / 96,2 = 3,7\times$$

Pelos valores calculados, conclui-se que a empresa demora, em média, 96,2 dias para vender seus produtos. Em outras palavras, os produtos terminados permanecem estocados (à espera de serem vendidos) aproximadamente 96,2 dias, o que proporciona um giro anual desses estoques de 3,7 vezes.

Esse prazo de venda determina um investimento médio de $ 44.900 em estoques de produtos acabados. Se a empresa conseguisse encurtar esse prazo para 60 dias, por exemplo, poderia também reduzir seus investimentos para $ 28.000, incrementando bastante seu giro.

Demonstrando o cálculo:
60 = (INV / 168.000) × 360
INV (Estoques) = $28.000

- **Prazo Médio de Cobrança**

$$PMC = \frac{(50.000 + 60.000) / 2}{240.000 \times 80\%} \times 360 = 103{,}1 \text{ dias}$$

$$GIRO = 360 / 103{,}1 = 3{,}5\times$$

Observa-se, pelos resultados apurados, que as vendas a prazo da empresa, que correspondem a 80% de suas vendas totais, são liquidadas, em média, em 103,1 dias, renovando-se a existência de duplicatas a receber 3,5 vezes por ano.

Esse indicador, quando estudado comparativamente, fornece elementos para a avaliação da política de vendas a prazo adotada pela empresa, por meio da segurança e liquidez de suas duplicatas a receber.

- **Prazo Médio de Pagamento a Fornecedores**

$$PMPF = \frac{(47.000 + 55.400) / 2}{152.000} \times 360 = 121{,}3 \text{ dias}$$

$$GIRO = 360 / 121{,}3 = 2{,}97\times$$

Os resultados obtidos indicam que a empresa paga seus fornecedores com um prazo médio de 121,3 dias, o qual se apresenta superior ao prazo médio de cobrança calculado. Há uma defasagem de aproximadamente 18 dias, o que é positivo para o equilíbrio financeiro da empresa.

Um prazo médio de pagamento a fornecedores elevado necessariamente não indica sempre uma boa política. Por um lado, pode ocorrer um estímulo do incremento dos custos, em razão dos juros cobrados nos preços a prazo e, por outro lado, denotar um aperto de liquidez da empresa.

- **Prazo Médio de Estocagem Total**

$$PME\ TOTAL = \frac{(89.300 + 129.500) / 2}{223.000} \times 360 = 176{,}6 \text{ dias}$$

$$GIRO = 360 / 176{,}6 = 2{,}04\times$$

Os estoques totais (matérias-primas, produtos em transformação e produtos acabados) permanecem, em média, 176,6 dias armazenados, determinando uma rotação anual de 2,04 vezes. Esse prazo de estocagem total determina um investimento médio em estoques de $ 109.400. Para reduzir essa imobilização de capital em giro e, consequentemente, o custo de oportunidade do capital, a empresa deve tomar decisões no sentido de dinamizar o giro de seus estoques. Essas medidas envolvem políticas de compras, fabricação, vendas e recebimento.

- **Prazo Médio de Desconto de Duplicatas**

$$PMDD = \frac{(30.000 + 40.000)/2}{240.000 \times 80\%} \times 360 = 65,6 \text{ dias}$$

$$GIRO = 360 / 65,6 = 5,5\times$$

O desconto de duplicatas efetua-se em um prazo médio de 65,6 dias, reduzindo, por conseguinte o prazo médio de cobrança.

11.5 CICLO OPERACIONAL E CICLO DE CAIXA

Enquanto o ciclo operacional se inicia no momento da aquisição dos materiais, o ciclo de caixa (ou ciclo financeiro) compreende o período de tempo entre o momento do **desembolso inicial** de caixa para pagamento dos materiais e a data do recebimento da venda do produto acabado.

O ciclo de caixa é determinado, basicamente, pela diferença entre o número de dias do ciclo operacional e o prazo médio de pagamento a fornecedores dos insumos. Para o ciclo operacional representado anteriormente na Figura 11.5, o ciclo financeiro totaliza 93 dias, ou seja:

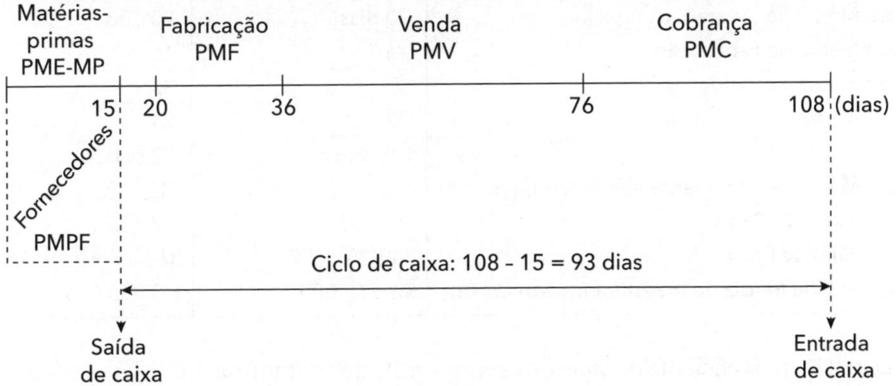

Figura 11.6 Representação do ciclo de caixa.

Pela Figura 11.6, são transcorridos 93 dias entre o início das saídas de caixa (PMPF = 15 dias) e as entradas provenientes de cobranças de vendas a prazo.

Nesse intervalo de 93 dias, a empresa deve financiar seu ciclo de caixa mediante outras formas de captação negociadas no mercado. Idealmente, toda empresa desejaria apurar um ciclo financeiro negativo, que refletiria sua capacidade de produzir, vender e receber antes dos pagamentos respectivos. Na prática, essa situação é bastante difícil de ocorrer, devendo a empresa selecionar outras formas de financiamento para lastrear suas necessidades do ciclo financeiro (recursos próprios, descontos de duplicatas etc.).

Diante da realidade de ciclos financeiros positivos, a empresa deve, ainda, desenvolver estratégias de maneira a minimizar sua dependência por outras fontes de recursos, tais como: maior giro dos estoques, redução da inadimplência, negociação, prazos de pagamento mais detalhados com os fornecedores, e assim por diante.

Essas estratégias operacionais não devem, entretanto, sacrificar o volume de atividade da empresa; por exemplo, um maior giro nos estoques não deve pressupor falta de produtos para venda, ou elevar desproporcionalmente seus custos financeiros determinados por um prazo maior de pagamento.

Para o ciclo de caixa calculado em 93 dias, no exemplo anterior, se a empresa estimar em \$ 37,8 milhões seus desembolsos anuais de caixa, apura-se uma necessidade média de investimento em caixa de \$ 9,765 milhões, ou seja:

$$\text{Saldo Médio de Caixa} = \frac{37.800.000}{360} \times 93 = \$\ 9.765.000$$

Por outro lado, se a empresa, a partir de uma eficiência maior em suas estratégias operacionais, conseguisse reduzir seu prazo médio de cobrança para 24 dias, e o tempo médio de venda de seus produtos para 32 dias, diminuiria o intervalo de seu ciclo operacional para 77 dias, reduzindo, em consequência, suas necessidades de financiamento de caixa, ou seja:

	CICLO DE CAIXA	
	Anterior	**Novo**
Prazo Médio de Estocagem Total	20 dias	20 dias
Prazo Médio de Fabricação	16	16
Prazo Médio de Venda	40	32
Prazo Médio de Cobrança	32	24
	108 dias	92 dias
Prazo Médio de Pagamento a Fornecedores	(15)	(15)
Ciclo de Caixa	93 dias	77 dias
Giro de Caixa	360/93 = 3,9	360/77 = 4,7
Necessidade Média de Investimento em Caixa	\$ 9.765.000	\$ 8.085.000

Uma gestão mais eficiente do ciclo de caixa permite que a empresa diminua sua dependência por empréstimos, reduzindo suas necessidades de recursos em \$ 1.680.000 (\$ 9.765.000 – \$ 8.085.000). Para uma taxa de juros de 14% ao ano, por exemplo, esse novo ciclo de caixa, menos dependente de capitais externos, promove uma economia de:

$$14\% \times \$\ 1.680.000 = \$\ 235.200$$

11.6 ANÁLISE CRÍTICA DOS INDICADORES DE LIQUIDEZ

Apesar de sua exclusão ser recomendada pela contabilidade, alguns balanços ainda mantêm a conta "Duplicatas Descontadas" no grupo do AC, elevando seu total e também a liquidez teórica da empresa. A conta de "Duplicatas Descontadas" é melhor classificada como uma dívida bancária no PC.

No desconto de duplicatas junto a um banco, a empresa costuma assumir o risco de inadimplência; a instituição financeira, mediante um desconto de títulos, somente antecipa os recursos recebíveis no futuro, permanecendo todo o risco de liquidez desses créditos para a empresa. A operação de desconto assemelha-se a um empréstimo, tendo sido entregues as duplicatas como garantia do crédito concedido. Não se constitui em uma venda definitiva de títulos, e a classificação das duplicatas descontadas como uma dívida circulante expressa melhor a posição de liquidez da empresa.

Por outro lado, apesar de altos índices de liquidez poderem revelar, a princípio, uma sólida situação financeira corrente da empresa, essa posição de maior folga pode estar sacrificando a taxa de retorno da empresa. Excessos de caixa, por exemplo, podem indicar recursos ociosos associados, principalmente, à falta de oportunidades de investimentos. Em contrapartida, podem ainda ser recursos mantidos em caixa visando futuras oportunidades de **investimentos**, ou **precaução** diante de sinais de maior volatilidade da economia. Assim, sempre que um índice de liquidez exceder o padrão da empresa, deve ser pesquisado para descobrir as causas possíveis desse comportamento.

Índices de liquidez baixos, por outro lado, são sempre motivo de preocupação, colocando em risco a continuidade da empresa.

11.6.1 Securitização de recebíveis

A **securitização de recebíveis** é uma forma de venda definitiva dos valores a receber (créditos) de uma empresa, assumindo a compradora, também, o risco da carteira. As entidades adquirentes dos créditos são conhecidas por **Sociedades de Propósitos Especiais** (**SPE**). O ganho da operação para as securitizadoras está na taxa de juros cobrada na compra dos créditos. Ocorrendo, por exemplo, a falência da empresa vendedora dos direitos creditórios, os valores não costumam voltar para a massa falida, permanecendo como propriedade dos investidores da SPE.

Algumas vezes ocorrem operações de securitização na qual é prevista a manutenção de parte (ou total) do risco de liquidez dos créditos vendidos. Nesse caso, a empresa que vendeu os valores recebíveis se responsabiliza por parte (ou pelo total) dos créditos inadimplentes, assumindo, com isso, a responsabilidade pelo recebimento da carteira da sociedade adquirente (SPE). Não ocorrendo o pagamento, a empresa geradora da carteira de valores a receber assume a responsabilidade financeira dos créditos não recebidos (inadimplentes).

Esse tipo de operação, no qual a empresa conserva os riscos de liquidez da operação, identifica-se com o desconto de duplicatas, sendo os créditos considerados somente como uma garantia do empréstimo concedido. Nesse caso, a operação deve ser classificada como um empréstimo no PC, alterando a liquidez da empresa.

É sempre recomendado ao analista examinar com mais detalhes as contas circulantes do balanço para verificar se existem ou não operações de securitização, nas quais é mantida a responsabilidade sobre a liquidez dos ativos.

No caso de manter o risco de liquidez, a empresa não pode baixar os créditos; trata-se, na verdade, de um financiamento, em que os ativos recebíveis são dados como garantia dos recursos liberados, e deve ser registrado como PC. Com isso, apuram-se indicadores de liquidez mais corretos e reveladores da efetiva situação da empresa.

A empresa não pode, dessa forma, vender ativos recebíveis, mantendo responsabilidade sobre o risco de liquidez da carteira, e os considerar como negociados de forma definitiva. A operação identifica-se como um empréstimo, sendo os ativos entregues como garantia.

Parte IV ANÁLISE ECONÔMICO-FINANCEIRA AVANÇADA

Esta parte destina-se ao estudo da análise avançada de balanços, refletindo a viabilidade econômico-financeira da empresa. Para tanto, são considerados novos conceitos e metodologias de avaliação e desenvolvidas técnicas financeiras mais analíticas.

Esquematicamente, os capítulos dedicam-se a avaliações das necessidades e projeção de investimentos em capital de giro, medidas de equilíbrio financeiro, avaliação do desempenho econômico, formulações analíticas da alavancagem financeira e mensuração do valor econômico agregado.

Dessa maneira, o Capítulo 12 desenvolve o estudo mais dinâmico do capital de giro, enfocando, principalmente, as necessidades operacionais de investimento e o *overtrading*. É proposta, para esses objetivos, a utilização de um modelo financeiro mais dinâmico e revelador, o qual proporciona uma avaliação mais completa da posição de equilíbrio e viabilidade financeira da empresa.

O Capítulo 13 dedica-se ao estudo do desempenho econômico da empresa, estudando, de forma analítica, os indicadores de retorno do investimento. O capítulo trata, ainda, de indicadores de cobertura de juros e análise de ações.

O Capítulo 14, em sequência, desenvolve um estudo mais avançado da análise do desempenho econômico da empresa, incorporando algumas medidas modernas de indicação da viabilidade da empresa, como o **Valor Econômico Agregado** (VEA) e o **Valor Econômico Futuro** (VEF).

O Capítulo 15 foca seu conteúdo nos indicadores de análise de ações, na geração de valor de mercado e na distribuição de dividendos.

12 ANÁLISE DINÂMICA DO CAPITAL DE GIRO

O capital de giro (CG) constitui-se no fundamento básico da avaliação do equilíbrio financeiro de uma empresa. Pela análise de seus elementos patrimoniais são identificados os prazos operacionais, o volume de recursos permanentes (longo prazo) que se encontra financiando o giro, e as necessidades de investimento operacional.

O comportamento do CG é extremamente dinâmico, exigindo modelos eficientes e rápidos de avaliação da situação financeira da empresa. Uma necessidade de investimento em giro mal dimensionada é, certamente, uma fonte de comprometimento da solvência da empresa, com reflexos sobre sua posição econômica de rentabilidade.

Este capítulo dedica-se ao estudo dinâmico da situação de equilíbrio financeiro da empresa por meio de indicadores extraídos essencialmente de seu ciclo operacional. É dado destaque a um modelo financeiro consagrado em outros ambientes econômicos,[1] o qual avalia a dinâmica operacional da empresa de forma integrada com os indicadores tradicionais de giro, conforme discutidos nos Capítulos 10 e 11.

12.1 CONTAS CÍCLICAS DO GIRO

Considere ilustrativamente a Cia. CG representada no Quadro 12.1.

Quadro 12.1 Estrutura patrimonial da empresa CG

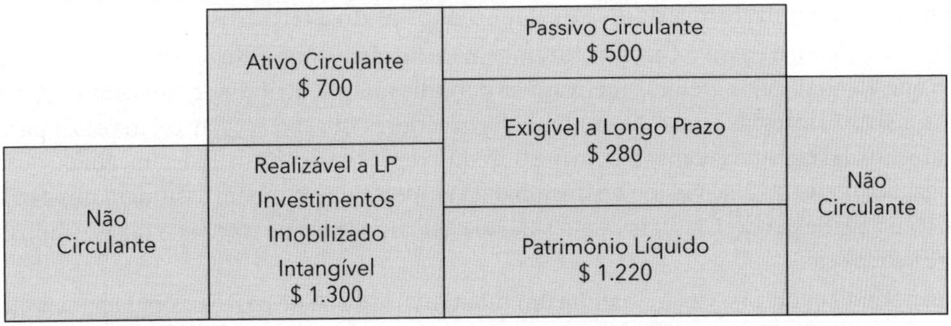

Ativo Circulante
$ 700
Realizável a LP
Investimentos
Imobilizado
Intangível
$ 1.300
Não
Circulante
Passivo Circulante
$ 500
Exigível a Longo Prazo
$ 280
Patrimônio Líquido
$ 1.220
Não
Circulante

1 FLEURIET, M. *A dinâmica financeira das empresas brasileiras*. 2. ed. Belo Horizonte: Fundação Dom Cabral, Consultoria Editorial, 1980. Costuma-se mencionar esse trabalho como o que introduziu formalmente a análise dinâmica do CG no Brasil. Partes deste capítulo foram desenvolvidas a partir do modelo proposto por Fleuriet.

A empresa, de acordo com o que foi estudado em capítulos anteriores, apresenta um Capital Circulante Líquido (CCL) positivo de $ 200. Ou seja, dos $ 1.500 de recursos permanentes ($ 1.220 + $ 280), a empresa imobilizou $ 1.300 em ativos permanentes (Não Circulante), canalizando um investimento de $ 200 para seu giro.

Pelos indicadores tradicionais, conclui-se que a companhia apresenta uma folga financeira de $ 200, valor equivalente a seu capital circulante líquido. São recursos de longo prazo (Exigível), ou de prazo indeterminado (Patrimônio Líquido), financiando contas circulantes caracteristicamente de curto prazo.

Não obstante, essa situação aparentemente equilibrada pela visão tradicional do CCL, não há nenhuma garantia de que essa folga financeira efetivamente ocorra e que seja suficiente para financiar as necessidades de giro da empresa. É necessário reconhecer que parte relevante do Ativo Circulante possui natureza de longo prazo (permanente). Seus valores renovam-se continuamente, denotando um comportamento cíclico (repetitivo) do investimento.

Por exemplo, se a empresa mantiver um volume de venda a prazo de $ 200/mês e estabelecer um prazo médio de cobrança de 45 dias, apura-se que ela terá um investimento fixo de $ 300 em valores a receber ($ 200 × 1,5 mês). Da mesma forma, ela pode necessitar manter um estoque mínimo de $ 170 para fazer frente à demanda esperada de seus produtos. Um montante inferior de estoques determina riscos elevados de interrupção da produção e falta de produtos para venda, assumindo esse estoque mínimo características de ativo permanente (longo prazo).

O **caixa** é outro elemento do circulante que costuma manter um saldo positivo mínimo, de maneira a viabilizar os desembolsos que devem ocorrer previamente à entrada de recursos. Ilustrativamente, ainda, admita que a Cia. CG necessite manter um caixa mínimo de $ 30 para lastrear seus compromissos financeiros, que não ocorrem de maneira perfeitamente sincronizada com os recebimentos (entradas de caixa).

Logo, dos $ 700 investidos no ativo circulante da Cia. CG, $ 500 ($ 300 + $ 170 + $ 30) são de natureza cíclica (permanente). Esses valores alteram-se unicamente consoante modificações no volume de atividade e nos prazos operacionais e não podem, de acordo com o conceito de equilíbrio financeiro, ser financiados por passivos de curto prazo (não cíclicos). Se isso ocorrer, a empresa passará a depender, para a manutenção de sua saúde financeira, da renovação periódica desses créditos junto a terceiros.

Por outro lado, o Passivo Circulante também inclui elementos cíclicos, determinados pelo ciclo operacional, cujos créditos renovam-se periodicamente, atribuindo um caráter permanente a seus valores. É o caso da conta de fornecedores que, ao revelar certo prazo para o pagamento das compras realizadas, torna o crédito repetitivo (cíclico). Existem, ainda, outras obrigações inerentes à atividade operacional da empresa que também assumem um caráter cíclico na avaliação do CG, tais como salários, encargos sociais, tarifas e taxas, impostos sobre vendas etc.

Admitindo que a Cia. CG mantenha um montante de $ 230 de passivos operacionais cíclicos em sua estrutura financeira de giro, conclui-se que o capital circulante líquido calculado em $ 200, apesar de positivo e revelar tradicionalmente uma folga financeira, é insuficiente para cobrir as necessidades de investimentos em giro da empresa. A Cia. CG necessita, efetivamente, de um financiamento de longo prazo de $ 270 para seu giro, e apresenta um CCL de somente $ 200, ou seja:

Investimento Cíclico em Capital de Giro (Ativo Cíclico)	$ 500
(–) Financiamento Cíclico do Capital de Giro (Passivo Cíclico)	$ 230
Necessidade de Investimento Cíclico (Permanente) em Capital de Giro	**$ 270**
(–) Recursos de Longo Prazo Aplicados no Capital de Giro (CCL)	$ 200
Parcela da Necessidade Permanente de Capital de Giro Financiada por Recursos de Curto Prazo	**$ 70**

Com isso, a empresa pode financiar estoque mínimo, por exemplo, com empréstimos bancários de curto prazo; ou sua política de vendas a prazo com operações de desconto de duplicatas. Essas alternativas de financiamento do CG são de curto prazo, sujeitas a propostas periódicas de renovação, e estão lastreando de forma desequilibrada as necessidades operacionais cíclicas (contínuas) de CG. A manutenção da atividade operacional mínima da empresa passa a depender, também, da renovação desses créditos bancários, elevando seu risco de insolvência.

Pelo exposto, pode-se definir como **cíclicos** todos os elementos patrimoniais diretamente vinculados ao ciclo operacional da empresa. Qualquer alteração que venha a ocorrer em seu volume de atividade (produção e vendas), ou em seus prazos operacionais, afeta diretamente o montante dos ativos e passivos cíclicos.

Todos os valores circulantes, porém, não caracterizados como cíclicos, são definidos como **financeiros**. Por exemplo, aplicações no mercado financeiro, depósitos judiciais, valores a receber de origem não operacional, entre outros, são exemplos de **ativos financeiros**. Igualmente, empréstimos e financiamentos de curto prazo, duplicatas descontadas, Imposto de Renda (IR) a pagar, dividendos, entre outras exigibilidades circulantes, são exemplos de passivos financeiros, pois não se vinculam diretamente com a atividade operacional da empresa.

Graficamente, pode-se ilustrar essa estrutura conforme apresentado no Quadro 12.2.

Quadro 12.2 Ativos e passivos financeiros e cíclicos

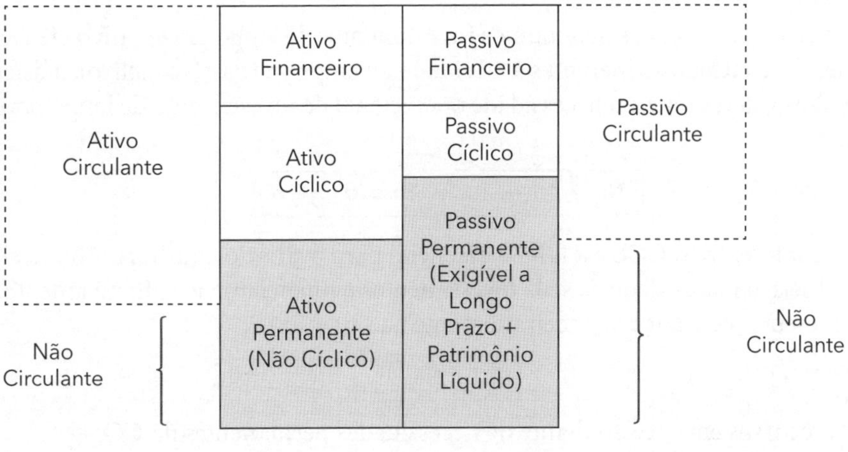

Para uma empresa do segmento de atividade não financeiro, as principais contas dos grupos cíclicos e financeiros são as seguintes:

- **Ativo Financeiro (Circulante)**: disponibilidades, fundo fixo de caixa, aplicações financeiras, depósitos judiciais, restituição de IR, créditos de empresas coligadas/controladas etc.
- **Ativo Cíclico (Circulante)**: duplicatas a receber, provisão para devedores duvidosos, adiantamento a fornecedores, estoques, adiantamento a empregados, impostos indiretos a compensar (Importo sobre Produtos Industrializados – IPI, Imposto sobre Circulação de Mercadorias e Serviços – ICMS), despesas operacionais antecipadas etc.
- **Ativo Permanente (Não Circulante)**: valores dos grupos imobilizado, investimentos, intangível e realizável a longo prazo.
- **Passivo Financeiro (Circulante)**: empréstimos e financiamentos bancários de curto prazo, duplicatas descontadas, IR e contribuição social, dividendos, dívidas com coligadas e controladas etc.
- **Passivo Cíclico (Circulante)**: fornecedores, impostos indiretos (Programa de Integração Social/Contribuição para o Financiamento da Seguridade Social – PIS/Cofins, ICMS, IPI), adiantamentos de clientes, provisões trabalhistas, salários e encargos sociais, participações de empregados, despesas operacionais etc.
- **Passivo Permanente (Não Circulante)**: contas do exigível a longo prazo e patrimônio líquido.

12.2 INDICADORES DE AVALIAÇÃO DA ESTRUTURA FINANCEIRA

A análise da estrutura financeira de uma empresa envolve o estudo de um conjunto de indicadores operacionais que refletem todas as decisões tomadas com relação ao CG e seu equilíbrio financeiro.

O conceito de **CCL**, amplamente estudado nos Capítulos 10 e 11, indica o volume de recursos de longo prazo alocados para financiar o giro. A **Necessidade de Investimento em Giro (NIG)**, por outro lado, revela o montante de capital permanente que uma empresa necessita para financiar seu CG. Esse volume é determinado, conforme demonstrado na Seção 12.1, pelo nível de atividade da empresa (produção e vendas) e prazos operacionais (fabricação, venda, cobrança e pagamentos).

Como os elementos cíclicos denotam os investimentos de longo prazo (ativo cíclico) e os financiamentos contínuos e inerentes à atividade da empresa (passivo cíclico), a diferença entre esses dois valores reflete a necessidade operacional de investimento de longo prazo em giro. Logo:

$$\text{NIG} = \text{Ativo Cíclico} - \text{Passivo Cíclico}$$

Um confronto entre o CCL e a NIG é essencial para avaliar o equilíbrio financeiro da empresa, ou seja, a maturidade de seus investimentos e financiamentos. Efetivamente, uma empresa apresenta segurança financeira somente na situação:

$$\text{CCL} > \text{NIG}$$

que denota recursos em excesso diante de necessidades permanentes do CG.

Em caso contrário, ou seja, quando a NIG superar o CCL, a empresa dá sinais de conviver com dificuldades financeiras, ao financiar ativos cíclicos, caracteristicamente de longo prazo, com recursos de curto prazo (não cíclicos).

Quando o capital circulante líquido superar a necessidade de investimento em giro, esse excesso é definido por **Saldo de Disponível (SD)**. O SD pode, também, ser determinado por:

SD = Ativo Financeiro – Passivo Financeiro

O SD é uma medida de margem de segurança financeira de uma empresa, que indica sua capacidade interna de financiar o crescimento da atividade operacional. Um SD negativo demonstra a existência de recursos não cíclicos financiando ativos de natureza cíclica. Ou seja, o estoque mínimo necessário ao funcionamento normal da empresa, por exemplo, pode estar sendo financiado por créditos bancários renováveis a curto prazo.

Identificada a necessidade de investimento em giro, pode ser apurada a **Necessidade Total de Financiamento Permanente (NTFP)** de uma empresa, ou seja, o montante de recursos de longo prazo necessários para financiar sua atividade. A NTFP pode ser obtida pela seguinte expressão:

NTFP = NIG + Ativo Não Circulante

A NTFP é o montante mínimo de passivo permanente que a empresa deve manter visando lastrear seus investimentos em giro e fixo, e estabelecer seu equilíbrio financeiro. Quando o passivo permanente superar a NTFP, a diferença encontra-se identificada nos ativos financeiros, incrementando o SD, ou seja:

SD = Passivo Permanente – NTFP

Em caso contrário, há indicativos de dificuldades financeiras, motivadas pelo desajuste entre os prazos maiores dos investimentos (ativos) em relação à maturidade dos passivos.

12.2.1 Ilustração de uma avaliação financeira

A avaliação da posição financeira de uma empresa é desenvolvida, de maneira mais dinâmica, por meio de balanços estruturados em seus grupos financeiro, cíclico e permanente. Os Quadros 12.3 e 12.4 ilustram, respectivamente, uma empresa em equilíbrio financeiro e outra em situação de desequilíbrio.

Uma empresa equilibrada apresenta, caracteristicamente, um capital circulante líquido superior a suas necessidades permanentes de giro, promovendo maior segurança financeira, identificada na presença de um saldo de disponível positivo.

Pela estrutura financeira retratada no Quadro 12.3, a empresa tem $ 3.600 investidos em giro provenientes de fontes de recursos de longo prazo [Capital circulante líquido = ($ 3.500 + $ 7.600) – ($ 2.200 + $ 5.300)]. Sua necessidade de NIG é inferior (NIG = $ 7.600 – $ 5.300 = $ 2.300), determinando uma sobra financeira (saldo de disponível) de $ 1.300. A empresa demonstra um potencial de autossuficiência financeira para cobrir necessidades adicionais de giro até o montante de $ 1.300.

A empresa demanda recursos de longo prazo para financiar suas necessidades de CG ($ 2.300) e seu ativo não circulante ($ 6.400), o que totaliza $ 8.700. Essa NTFP é inferior a seus recursos de longo prazo (Passivo Permanente = $ 10.000) no valor exatamente igual ao saldo de disponível ($ 1.300). É uma posição de **equilíbrio financeiro**, que permite um crescimento sustentado da atividade da empresa.

O mesmo, no entanto, não ocorre com a estrutura ilustrada no Quadro 12.4. Nessa situação, a empresa enfrenta dificuldades financeiras motivadas pelo desequilíbrio entre suas decisões de investimento e financiamento.

O capital circulante líquido é negativo (– $ 1.200), indicando a existência de recursos de curto prazo financiando ativos de prazos mais longos. Como agravante, há ainda uma NIG positiva (NIG = $ 6.000 – $ 5.200 = $ 800), a qual encontra-se financiada por recursos não cíclicos (passivo financeiro).

Da mesma forma, a necessidade total de financiamento permanente ($ 10.800) supera os passivos permanentes ($ 8.800), reforçando a avaliação do desequilíbrio de prazos entre ativos e passivos.

A situação ilustrada no Quadro 12.4 deve preocupar o analista em relação, principalmente, à sobrevivência financeira da empresa. A dependência pela renovação dos passivos financeiros é acentuada, exprimindo maior risco e dúvidas com relação à continuidade dos negócios.

Quadro 12.3 Empresa em equilíbrio financeiro

Ativo Financeiro $ 3.500	Passivo Financeiro $ 2.200
Ativo Cíclico $ 7.600	Passivo Cíclico $ 5.300
Ativo Permanente (Não Cíclico) $ 6.400	Passivo Permanente $ 10.000

Capital Circulante Líquido (CCL)	$ 3.600
Necessidade de Investimento em Giro (NIG)	$ 2.300
Saldo de Disponível (SD)	$ 1.300
Necessidade Total de Financiamento Permanente (NTFP)	$ 8.700
Passivo Permanente (PP)	$ 10.000

Quadro 12.4 Empresa em desequilíbrio financeiro

Ativo Financeiro $ 1.500	Passivo Financeiro $ 3.500
Ativo Cíclico $ 6.000	Passivo Cíclico $ 5.200
Ativo Permanente (Não Cíclico) $ 10.000	Passivo Permanente (Não Cíclico) $ 8.800

Capital Circulante Líquido (CCL)	($ 1.200)
Necessidade de Investimento em Giro (NIG)	$ 800
Saldo de Disponível (SD)	($ 2.000)
Necessidade Total de Financiamento Permanente (NTFP)	$ 10.800
Passivo Permanente (PP)	$ 8.800

12.2.2 Diferentes estruturas financeiras e riscos

Para melhor compreensão da situação financeira da empresa com base no modelo de avaliação considerado, são apresentadas, a seguir, três grandes classificações na estrutura patrimonial dos balanços, conforme descritas também por Braga.[2]

O Quadro 12.5 ilustra duas estruturas patrimoniais em equilíbrio financeiro, classificadas como de baixo risco. As empresas apresentam folga financeira que permite financiar incrementos nas necessidades de CG até o limite do saldo de disponível. O crescimento da NIG não deve superar o SD mantido pela empresa, evitando a desestabilização de sua estrutura financeira.

Quadro 12.5 Estruturas de baixo risco

Ativo Financeiro $ 30	Passivo Financeiro $ 10	Ativo Financeiro $ 30	Passivo Financeiro $ 20
Ativo Cíclico $ 40	Passivo Cíclico $ 50	Ativo Cíclico $ 60	Passivo Cíclico $ 40
Ativo Não Circulante $ 70	Passivo Permanente $ 80	Ativo Não Circulante $ 50	Passivo Permanente $ 80

■ CCL > 0	■ CCL > 0
■ NIG < 0	■ NIG > 0
■ CCL > NIG	■ CCL > NIG
■ SD > 0	■ SD > 0

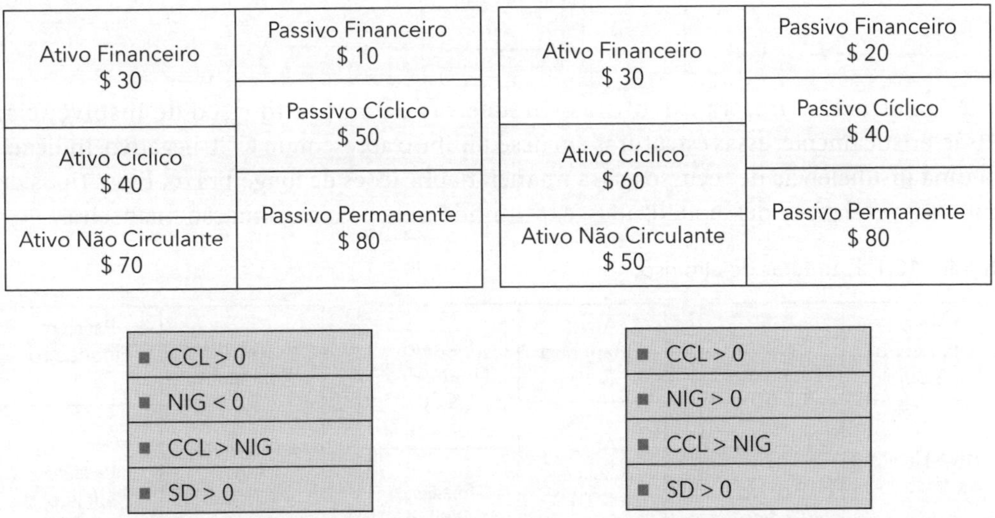

Alguns segmentos empresariais conseguem manter um NIG negativo, como certos tipos de comércio varejista. Nessa situação, as empresas compram a prazo, giram rapidamente seus estoques e recebem suas vendas antes do pagamento ao fornecedor, determinando um passivo cíclico maior que o ativo cíclico.

O Quadro 12.6 ilustra uma estrutura em que o CCL é insuficiente para financiar toda sua necessidade de investimento em giro. A empresa, nessa condição, recorre, mais habitualmente, ao mercado financeiro para tomada de recursos necessários a seu giro, revelando maior dependência dos empréstimos de curto prazo.

É uma situação financeira insatisfatória, que tende a se agravar à medida que a necessidade de investimento em giro continuar crescendo mais que proporcionalmente ao capital circulante líquido. O risco também é considerável, exigindo maior atenção ao comportamento futuro da empresa.

---

2 BRAGA, R. Análise avançada do capital de giro. *Caderno de Estudos Contábeis*, São Paulo: FEAUSP, FIPECAFI, IPECAFI, n. 3, set. 1991.

Quadro 12.6 Estrutura de risco médio

Ativo Financeiro $ 10	Passivo Financeiro $ 20
Ativo Cíclico $ 60	Passivo Cíclico $ 40
Ativo Não Circulante $ 70	Passivo Permanente $ 80

- CCL > 0
- NIG > 0
- CCL < NIG
- SD < 0

O Quadro 12.7 ilustra estruturas financeiras de mais alto risco de insolvência. Caracteristicamente, essas estruturas em desequilíbrio apresentam CCL negativo, indicando uma insuficiência de recursos para financiar aplicações de longo prazo. Esses tipos de empresas revelam-se descapitalizadas, exprimindo uma péssima situação financeira.

Quadro 12.7 Estruturas de alto risco

Ativo Financeiro $ 30	Passivo Financeiro $ 50
Ativo Cíclico $ 35	Passivo Cíclico $ 30
Ativo Permanente $ 75	Passivo Permanente $ 60

- CCL < 0
- NIG > 0
- CCL < NIG
- SD < 0

Ativo Financeiro $ 10	Passivo Financeiro $ 20
Ativo Cíclico $ 20	Passivo Cíclico $ 30
Ativo Permanente $ 110	Passivo Permanente $ 90

- CCL < 0
- NIG < 0
- CCL < NIG
- SD < 0

Ativo Financeiro $ 20	Passivo Financeiro $ 10
Ativo Cíclico $ 30	Passivo Cíclico $ 50
Ativo Permanente $ 90	Passivo Permanente $ 80

- CCL < 0
- NIG < 0
- CCL > NIG
- SD > 0

As estruturas financeiras de menor risco recomendam que as necessidades permanentes de investimento em giro devem ser financiadas, para a preservação da solvência da empresa, por recursos de longo prazo. As empresas devem buscar uma elevação de seu CCL toda vez que a NIG se expandir.

Os recursos para financiar a necessidade de investimento em giro são geralmente identificados de fontes de terceiros (empréstimos e financiamentos a longo prazo), de saldos financeiros de disponível, ou de recursos próprios, por meio de aumentos de capital ou de um processo de autofinanciamento. O autofinanciamento da empresa processa-se por meio dos fluxos de caixa gerados pelas operações, conforme descritos no Capítulo 10, ou seja:

Lucro Líquido
(–) Dividendos
(+) Despesas Não Desembolsáveis (depreciação)
(=) Fluxo de Caixa Decorrente das Operações

EXEMPLO ILUSTRATIVO – Análise Dinâmica × Análise Tradicional do Capital de Giro

Admita que um analista esteja avaliando a posição de giro de uma empresa referente aos quatro últimos exercícios, cujos valores são apresentados a seguir ($ mi):

	20X0	20X1	20X2	20X3
ATIVO CIRCULANTE (AC)	$ 420,0	$ 557,0	$ 722,0	$ 855,0
Financeiro	$ 18,0	$ 30,0	$ 27,0	$ 37,5
Cíclico	$ 402,0	$ 527,0	$ 695,0	$ 817,5
ATIVO NÃO CIRCULANTE	$ 657,0	$ 742,5	$ 869,0	$ 856,5
TOTAL	$ 1.077,0	$ 1.299,5	$ 1.591,0	$ 1.711,5
PASSIVO CIRCULANTE (PC)	$ 249,0	$ 303,0	$ 334,5	$ 325,5
Financeiro	$ 70,5	$ 93,0	$ 97,5	$ 108,0
Cíclico	$ 178,5	$ 210,0	$ 237,0	$ 217,5
PASSIVO NÃO CIRCULANTE	$ 258,0	$ 305,0	$ 369,5	$ 397,5
PATRIMÔNIO LÍQUIDO	$ 570,0	$ 691,5	$ 887,0	$ 988,5
Indicadores Tradicionais de Liquidez e Giro				
LIQUIDEZ CORRENTE (LC)	1,69	1,84	2,2	2,6
CCL	$ 171,0	$ 254,0	$ 387,5	$ 529,5
Análise Dinâmica do Giro				
NIG	$ 223,5	$ 317,0	$ 458,0	$ 600,0
SD	($ 52,5)	($ 63,0)	($ 70,5)	($ 70,5)
NTFP	$ 880,5	$ 1.059,5	$ 1.327,0	$ 1.456,5
PP	$ 828,0	$ 996,5	$ 1.256,5	$ 1.386,0

(continua)

(continuação)

EXEMPLO ILUSTRATIVO - Análise Dinâmica × Análise Tradicional do Capital de Giro
Admita que um analista esteja avaliando a posição de giro de uma empresa referente aos quatro últimos exercícios, cujos valores são apresentados a seguir ($ mi):
A análise pelos **indicadores tradicionais** mostra uma posição financeira bastante confortável. O capital circulante líquido é positivo e crescente, indicando maior folga financeira para a empresa. Os índices de liquidez corrente são, em consequência, bastante expressivos, e revelam uma elevada situação de folga financeira nos períodos analisados. Por outro lado, ao se analisar a posição financeira da empresa pelos indicadores da **análise dinâmica** as conclusões não são as mesmas. Apesar de apresentar um CG líquido favorável, o investimento em giro não é suficiente para financiar adequadamente as necessidades mínimas operacionais circulantes da empresa. O NIG é maior que o CCL nos quatro anos analisados, indicando uma posição de desequilíbrio financeiro. Os resultados indicam que a empresa financia necessidades circulantes de caráter "permanente" (estoque mínimo, carteira de valores a receber de vendas a prazo etc.) com recursos de curto prazo sujeitos a renegociações periódicas (empréstimos bancários de curto prazo, por exemplo). Essa estrutura de financiamento revela forte dependência pela renovação dos passivos, colocando em risco o equilíbrio financeiro da empresa. A **análise dinâmica** completa a análise do CG, ressaltando certos aspectos importantes da posição financeira e não revelados pelos indicadores tradicionais.

12.3 EFEITO TESOURA

O acompanhamento da evolução da NIG e do CCL é fundamental para uma avaliação melhor da saúde financeira da empresa. Muitas vezes, esse desempenho pode ocorrer de maneira desequilibrada, permitindo um crescimento da atividade empresarial acima de sua capacidade de financiamento. Ou seja, a expansão dos negócios passa a exigir uma elevada aplicação de recursos no CG, ultrapassando o nível do CCL.

Quando uma empresa apresenta, por vários exercícios seguidos, um crescimento do NIG superior ao do CCL, diz-se que ela convive com o denominado **efeito tesoura**,[3] identificado por um crescente saldo de disponível negativo. À medida que as necessidades cíclicas de giro são financiadas por dívidas de curto prazo, há um aumento na diferença entre o NIG e o CCL, agravando o efeito tesoura. É importante ressaltar, uma vez mais, que um saldo de disponível negativo, característica do efeito tesoura, revela que a empresa é incapaz de financiar adequadamente seus investimentos operacionais em giro, operando com recursos de maturidade incompatível com suas efetivas necessidades financeiras.

O efeito tesoura pode ocorrer por várias razões, ou seja:

- crescimento elevado do nível de atividade empresarial (*overtrade*);
- desvio de recursos do giro para imobilizações;
- inflação etc.

3 Modelo Fleuriet, conforme citado anteriormente.

Ilustrativamente, considere os resultados de uma empresa apurados nos 5 últimos exercícios, conforme descritos no Quadro 12.8. No exercício de 20X2, a saúde financeira da empresa não foi afetada pelo aumento de 20% das vendas. A empresa financiou-se equilibradamente, mantendo a proporcionalidade de sua estrutura financeira. O aumento da necessidade de giro foi lastreado mediante recursos de longo prazo, mantendo constante o nível do capital circulante líquido. A empresa, ainda, mantém uma reserva financeira (saldo de disponível) visando compensar necessidades crescentes de investimento de giro. A saúde financeira da empresa implica a manutenção de um CCL superior à NIG, de forma a preservar um saldo de disponível positivo.

No exercício de 20X3, o incremento da atividade absorveu integralmente o saldo disponível da empresa, determinando a necessidade de novas captações para repor a reserva financeira da empresa. Isso ocorreu pelo crescimento mais que proporcional do NIG (75,0%) em relação ao CCL (40,0%).

Nos dois últimos exercícios, a situação financeira deteriora-se, revelando as características básicas do **efeito tesoura**. O NIG situa-se acima do CCL, produzindo um SD negativo. Nesses anos, a empresa financia suas necessidades de investimento em giro mediante recursos financeiros de curto prazo, assumindo maior risco à medida que a continuidade de seus negócios se vê dependente da manutenção dessas dívidas.

Quadro 12.8 Estrutura financeira e efeito tesoura

	20X1	20X2	20X3	20X4	20X5
Vendas	$ 7.000	$ 8.400	$ 11.760	$ 20.580	$ 41.160
Evolução	-	20%	40%	75%	100%
NIG	$ 2.800	$ 3.360	$ 5.880	$ 11.760	$ 25.872
Evolução	-	20%	75%	100%	120%
CCL	$ 3.500	$ 4.200	$ 5.880	$ 10.584	$ 20.533
Evolução	-	20%	40%	80%	94%
SD	$ 700	$ 840	-	($ 1.176)	($ 5.339)

A análise da liquidez por meio da classificação de seus elementos em cíclicos e financeiros é bem mais dinâmica, permitindo um melhor entendimento da solvência e liquidez de uma empresa. Esse modelo supera a análise tradicional, revelando evidências do comportamento futuro do equilíbrio financeiro. Os resultados permitem, ainda, uma avaliação do investimento em giro mantido pela empresa em relação a suas necessidades determinadas pelo volume de atividade (produção e vendas).

Graficamente, esse comportamento de crescimento mais que proporcional da necessidade de investimento em giro em relação ao capital circulante líquido encontra-se representado na Figura 12.1. A partir de 20X3 o CCL apresenta-se insuficiente para financiar as necessidades de giro da empresa, descrevendo a abertura da tesoura.

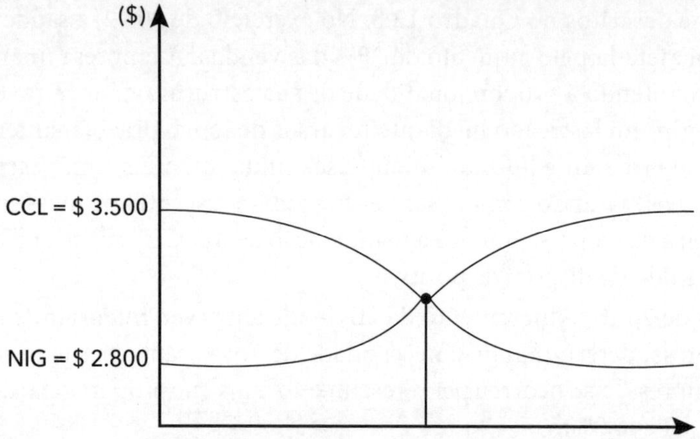

Figura 12.1 Efeito tesoura.

12.4 PROJEÇÃO DA NECESSIDADE DE INVESTIMENTO EM GIRO[4]

O estudo prático do cálculo da NIG é desenvolvido com base nos resultados trimestrais projetados para uma empresa comercial. São utilizadas algumas simplificações operacionais com o objetivo de destacar os procedimentos metodológicos de apuração e avaliação da necessidade de CG de uma empresa, voltada a seu equilíbrio financeiro.

Os resultados projetados para o 1º trimestre de 20X8 são apresentados no Quadro 12.9.

Quadro 12.9 Resultados projetados – 1º trimestre 20X8

Receitas de Venda	$ 1.800,00
CMV	1.060,00
Lucro Bruto	$ 740,00
Despesas Operacionais	260,00
Depreciação	29,00
Lucro Operacional	$ 451,00
Despesas Financeiras	25,00
Lucro Antes do IR	$ 426,00
Provisão de IR	170,00
Lucro Líquido	$ 256,00

A empresa trabalha com os seguintes prazos operacionais para o período de planejamento:

- Prazo Médio de Estocagem (PME): 50 dias
- Prazo Médio de Cobrança (PMC): 30 dias
- Prazo Médio de Pagamento a Fornecedores (PMPF): 30 dias
- Prazo Médio de Pagamento de Despesas Operacionais (PMPD): 20 dias

4 Ver Nota 1 deste capítulo.

As compras de mercadorias previstas para o trimestre atingem $ 1.380,00.

A partir dessas informações básicas, são desenvolvidos, a seguir, os cálculos para a projeção do investimento necessário em CG para o 1º trimestre de 20X8.

12.4.1 Prazos do ciclo operacional: investimentos e financiamentos cíclicos

- PME

$$PME = \frac{Estoques}{CMV} \times 90$$

$$50 = \frac{Estoques}{1.060,00} \times 90$$

Investimento Médio em Estoques = $ 588,90

- PMC

$$PMC = \frac{Valor\ a\ Receber}{Vendas} \times 90$$

$$30 = \frac{Valores\ a\ Receber}{1.800,00} \times 90$$

Investimento Médio Valores a Receber = $ 600,00

- PMPF

$$PMPF = \frac{Fornecedores}{Compras} \times 90$$

$$30 = \frac{Fornecedores}{1.380,00} \times 90$$

Financiamento Médio por Fornecedores = $ 460,00

- PMPD

$$PMPD = \frac{Despesas\ a\ Pagar}{Despesas\ Incorridas} \times 90$$

$$20 = \frac{Despesas\ a\ Pagar}{260,00} \times 90$$

Financiamento Médio por Despesas Operacionais = $ 57,80

Os valores apurados indicam os investimentos demandados pelos ativos operacionais cíclicos e os financiamentos, também de natureza cíclica, inerentes à atividade da empresa. A necessidade de CG é determinada pela parte do investimento operacional cíclico não coberta pelos passivos cíclicos, ou seja:

NIG = Ativo Cíclico – Passivo Cíclico
NIG = ($ 588,90 + $ 600,00) – ($ 460,00 + $ 57,80)
NIG = $ 671,10

Para a preservação do equilíbrio financeiro, essa necessidade de capital deve ser financiada por recursos permanentes.

12.4.2 Necessidade de Investimento em Giro em dias de venda

Conforme comentado anteriormente, o volume do CG sofre influências diretas motivadas por alterações nos:

a. prazos operacionais (cobrança, venda, pagamentos);

b. níveis de produção e vendas.

Ao ocorrerem modificações nesses itens, o investimento necessário em CG também se altera, exigindo novas decisões para a manutenção do equilíbrio financeiro da empresa.

A preocupação maior dessas variações fixa-se no volume de atividade, o qual costuma apresentar mutações contínuas, limitando extremamente a validade temporal da NIG calculada. Os prazos operacionais, por outro lado, não variam com a mesma frequência, apresentando um comportamento mais estável ao longo do tempo.

Nessas condições, a necessidade de investimento em giro pode ser calculada em valores equivalentes a dias de vendas, em vez de unidades monetárias, conforme é desenvolvido no Quadro 12.10.

Quadro 12.10 Necessidade de capital de giro em $ e dias de vendas

	$	Dias de vendas
Investimentos Cíclicos		
Valores a Receber	600,00	600,00/20,00* : 30,0
Estoques	588,90	588,90/20,00 : 29,4
	1.188,90	59,4
Financiamentos Cíclicos		
Fornecedores	460,00	460,00/20 : 23,0
Despesas Operacionais	57,80	57,80/20 : 2,9
	517,80	25,9
NIG	**671,10**	**33,5**

* Venda Média/dia: $ 1.800,00/90 dias = $ 20,00/dia.

A necessidade de investimento em giro de $ 671,10 projetada para o trimestre equivale, em dias de vendas, a 33,5 dias. Qualquer variação que venha a ocorrer na atividade da empresa não altera a representatividade do cálculo da NIG, expressa em dias de vendas. Os cálculos devem ser refeitos quando os prazos operacionais de venda, recebimento e pagamentos se alterarem ao longo do tempo.

Assim, para uma venda projetada de $ 1.800,00 no próximo trimestre, o investimento necessário em CG atinge $ 671,10, isto é:

$$\text{NIG (Vendas = \$ 1.800,00)} = \frac{\$\ 1.800,00}{90} \times 33,5 = \$\ 671,10$$

Ao se esperar uma elevação das vendas para $ 2.030,00 no período seguinte, por exemplo, e mantidos os prazos operacionais inalterados, a NIG eleva-se para:

$$\text{NIG (Vendas = \$ 2.030,00)} = \frac{\$\ 2.030,00}{90} \times 33,5 = \$\ 755,60$$

Esse comportamento esperado revela uma necessidade adicional de investimento em giro de $ 84,50 ($ 755,60 – $ 671,10), devendo ser financiada com recursos de longo prazo.

12.4.3 Fluxo de caixa decorrente das operações

Uma das fontes de financiamento das variações do CG são os resultados de caixa provenientes das operações, ou seja, a geração interna de caixa da empresa, conforme elaborado a seguir:

Lucro Líquido	$ 256,00
(+) Depreciação	29,00
Fluxo de Caixa Decorrente das Operações	**$ 285,00**

Esses recursos, se investidos no CG, constituem uma alternativa equilibrada de financiamento da atividade da empresa. O Capítulo 10 desenvolve todos os procedimentos de apuração dos fluxos de caixa, destacando aqueles decorrentes das próprias operações e efetivamente disponíveis para reinvestimento em giro.

12.5 *EARNING BEFORE INTEREST, TAXES, DEPRECIATION AND AMORTIZATION*: INDICADOR FINANCEIRO GLOBALIZADO

Com a globalização da economia, as empresas percebem que sua continuidade está vinculada a atender, da forma mais eficiente possível, aos desejos estabelecidos pelo mercado. A atual abertura de mercado, ao mesmo tempo em que promove os consumidores ao papel de poder patronal, coloca a competitividade como o principal desafio contemporâneo a ser vencido pelas empresas na busca de sua viabilização.

Nesse contexto, surge a necessidade de medidas gerenciais que ressaltem melhor as estratégias financeiras e vantagens competitivas empreendidas. As empresas vêm redescobrindo indicadores tradicionais do campo de finanças, porém formulados de maneira bastante moderna e sofisticada, e disseminando seu uso de forma globalizada.

Esse é o caso da consagrada medida financeira conhecida no mercado por *EBITDA*. Essa sigla vem do termo em inglês *Earning Before Interest, Taxes, Depreciation and Amortization*, ficando, em nosso idioma, conhecida por LAJIDA: Lucro Antes dos Juros, Impostos (sobre lucros), Depreciações/Exaustões e Amortizações.

Ao refletir com mais calma sobre esse conceito, depara-se com um indicador de desempenho bastante conhecido e tratado desde longa data pelos analistas de balanços.

Lucro antes dos juros, conforme tratado no Capítulo 2, significa o genuíno lucro operacional, ou seja, o resultado gerado pelo negócio, independente da forma como ele é financiado. De outra maneira, o lucro operacional é corretamente formado pelas decisões de ativos, sem qualquer comprometimento com o capital de terceiros tomado emprestado. Ao desconsiderar as despesas de depreciações desse resultado (e outras de mesma natureza, que não exigem desembolsos), tem-se o conhecido conceito operacional de **fluxo de caixa**, isto é, o lucro operacional mais as depreciações.

O *EBITDA* equivale ao conceito de **fluxo de caixa operacional** da empresa, apurado antes do cálculo do IR. Parte das receitas consideradas no *EBITDA* pode não ter sido recebida, assim como parte das despesas incorridas pode ainda estar pendente de pagamento. Logo, essa medida financeira não representa o volume monetário efetivo de caixa, sendo interpretada de forma melhor como um indicador do potencial de geração de caixa proveniente de ativos operacionais.

Por se tratar de uma medida essencialmente operacional, na apuração do *EBITDA* não costumam ser incluídas certas despesas que não se vinculam diretamente à atividade (ativo) da empresa. Assim, além das despesas financeiras, são desconsiderados também os juros sobre o capital próprio, que não se originam de decisões de ativos, mas da forma como a empresa encontra-se financiada, e eventualmente as receitas financeiras obtidas por aplicações de excessos de disponibilidades no mercado financeiro, entre outras.

O *EBITDA* revela, em essência, a capacidade operacional de geração de caixa de uma empresa, ou seja, sua eficiência financeira determinada pelas estratégias operacionais adotadas. Quanto maior o índice, mais eficiente se apresenta a formação de caixa proveniente das operações (ativos) e, melhor ainda, a capacidade de pagamento aos proprietários de capital e investimentos demonstrada pela empresa. A relação entre o *EBITDA* e as despesas financeiras de competência de determinado período é consagrada pelos analistas financeiros como o índice de cobertura de juros, denotando o potencial operacional de caixa da empresa em remunerar seus credores.

A grande novidade do *EBITDA*, na análise do desempenho global de uma empresa por meio do fluxo de caixa, independente dos reconhecidos méritos associados ao índice, talvez esteja em sua proposta de se tornar uma medida financeira globalizada. Efetivamente, ao se confrontar o *EBITDA* de empresas de diferentes economias, a comparabilidade dos resultados é prejudicada principalmente pelas variações da legislação tributária e políticas de depreciação adotadas. Ao se compararem os resultados operacionais de caixa líquidos dessas despesas, como propõe o índice, os valores passam a refletir o potencial de caixa das entidades sem a interferência de práticas e normas legais adotadas de maneira peculiar pelos diversos países.

Como ilustração, considere o demonstrativo de resultados no Quadro 12.11, publicado por uma empresa ao final de determinado exercício social.

Quadro 12.11 Demonstrativo de resultados publicado por uma empresa

RECEITAS DE VENDAS	**$ 17.000**
Custo dos produtos vendidos	(9.000)
LUCRO BRUTO	**$ 8.000**
Despesas com vendas	(800)
Despesas gerais e administrativas	(1.200)
EBITDA	**$ 6.000**
Depreciação	(1.000)
LUCRO OPERACIONAL ANTES DO IR	**$ 5.000**
Despesas financeiras	(900)
LUCRO ANTES DO IR	**$ 4.100**
Provisão para IR	(1.400)
LUCRO LÍQUIDO	**$ 2.700**

O *EBITDA* calculado no período é de $ 6.000, indicando o resultado operacional de caixa antes do IR e CSLL, das despesas financeiras (juros de dívidas) e das despesas que não representam movimentações efetivas de caixa (depreciação). São propostas duas metodologias de cálculo do *EBITDA*: pelos **resultados operacionais** ou pelo **resultado líquido**.

***EBITDA* PELOS RESULTADOS OPERACIONAIS**		***EBITDA* PELO RESULTADO LÍQUIDO**	
RECEITAS OPERACIONAIS	$ 17.000	RESULTADO LÍQUIDO	$ 2.700
Custo dos Produtos Vendidos	($ 9.000)	Provisão para IR	$ 1.400
Despesas Operacionais Desembolsáveis	($ 2.000)	Despesas Financeiras	$ 900
		Depreciação	$ 1.000
EBITDA	**$ 6.000**	***EBITDA***	**$ 6.000**

- *EBITDA* pelo Resultado Líquido

***EBITDA* = Resultado Líquido + Despesas Financeiras + Impostos s/ Lucro + Depreciação**

***EBITDA* = $ 2.700 + $ 900 + $ 1.400 + $ 1.000 = $ 6.000**

Importante: observe, ainda, que o *EBITDA* é capaz de cobrir 6,67 vezes as despesas de juros de competência do exercício (*EBITDA* = $ 6.000/Despesas Financeiras = $ 900), permitindo uma avaliação da capacidade da empresa em remunerar, em termos de caixa, seus credores com os recursos gerados pelas aplicações em seus ativos operacionais. A relação ***EBITDA*/Despesas Financeiras** é conhecida por "Índice de Cobertura de Juros", medida muito usada na análise financeira de concessão de créditos (ver Seção 12.5.1).

Muitas vezes é interpretado que, quanto maior for o *EBITDA*, mais elevada se apresenta a capacidade de geração de liquidez da empresa motivada por atividades de natureza estritamente operacional.

Uma medida financeira utilizada para avaliar a eficiência operacional de caixa da empresa é a **Margem *EBITDA***, calculada pela relação entre o *EBITDA* e as Receitas Operacionais Líquidas de Vendas apuradas no período, ou seja: ***EBITDA*/Receitas Operacionais**.

A Margem *EBITDA* revela quanto a empresa é capaz de gerar de caixa operacional, desconsiderando todas as receitas de natureza não operacional (receitas financeiras, por exemplo). Equivale a Margem de Lucro da empresa calculada antes das Despesas Financeiras, Depreciação e Impostos sobre Lucros. No exemplo ilustrativo a **Margem *EBITDA*** é igual a: *EBITDA*: $ 6.000/Receitas Operacionais: $ 17.000 = 35,3%.

Quanto maior a Margem *EBITDA*, melhor a capacidade de caixa da empresa em remunerar (pagar) os custos financeiros de suas dívidas onerosas (empréstimos e financiamentos).

EXEMPLO ILUSTRATIVO – Cálculo do *EBITDA* pelo Lucro Líquido

Uma empresa apura, ao final dos dois últimos trimestres, os seguintes valores extraídos de sua demonstração de resultados. Abaixo de cada período é calculado o *EBITDA*.

	1º Trim.	**2º Trim.**
Lucro/Prejuízo Líquido	($ 25,0)	$ 18,5
Despesas Financeiras Líquidas	$ 21,7	($ 4,8)
IR/CSLL	$ 2,7	$ 1,9
Depreciação	$ 29,3	$ 16,6
EBITDA	$ 28,7	$ 32,2

A relação entre o valor de mercado da empresa e o *EBITDA* de empresas similares é muito utilizada como medida de **Múltiplo de Valor** de uma empresa. Ou seja:

$$\text{Múltiplo } EBITDA = \frac{\text{Valor de Mercado da Empresa}}{EBITDA}$$

A medida de múltiplo de valor pelo *EBITDA* exige que as empresas selecionadas sejam semelhantes, idealmente do mesmo setor de atividade e com características operacionais bastante próximas.

O valor da empresa pode, assim, ser estimado pelo produto do Múltiplo e *EBITDA*, isto é:

VALOR DA EMPRESA = Múltiplo *EBITDA* × *EBITDA*

Assim, se o múltiplo *EBITDA* calculado for igual a 7,4 vezes, indica que o valor estimado da empresa é igual a 7,4 vezes o *EBITDA*.

A medida do Múltiplo considera, geralmente, os resultados passados (históricos), não levando em consideração o desempenho futuro esperado, como crescimento dos lucros, rentabilidade, endividamento, evolução do mercado etc. para apurar o valor da empresa.

12.5.1 *Earning Before Interest, Taxes, Depreciation and Amortization* e a necessidade de reinvestimento

Uma empresa pode apresentar alta formação de caixa, medida pelo *EBITDA*, porém enfrentar dificuldades em pagar juros aos seus credores. As disponibilidades de caixa poderiam ser totalmente absorvidas pelas necessidades de reinvestimentos.

A formação do *EBITDA* inclui uma parcela de depreciação que costuma ser relevante em muitos setores. A maioria das empresas tem, no atual ambiente competitivo de mercado, necessidades de reinvestimento periódico alto, muitas vezes superior à própria depreciação e geração interna de caixa. Empresas com elevadas demandas de capital para investimento limitam o poder informativo de seu indicador de coberturas de juros (*EBITDA*/Despesas Financeiras).

Uma sugestão para tornar o *EBITDA* um indicador mais revelador da capacidade de pagamento dos juros é deduzir desse fluxo financeiro todas as necessidades de investimentos previstas para o período. Assim, a formulação do indicador de cobertura assume a seguinte forma:

$$\text{Cobertura de Juros – Pelo } EBITDA = \frac{EBITDA - \text{Necessidades de Reinvestimentos}}{\text{Despesas Financeiras}}$$

As necessidades de reinvestimento, também denominadas *CAPEX* (*Capital Expenditures*), referem-se a todos os gastos de capital da empresa, principalmente em máquinas, equipamentos, edificações, desenvolvimento de produtos etc. Incluem, também, necessidades adicionais de investimento em CG.

Essa formulação mais rigorosa ganha destaque pela constatação atual de que os investimentos, na maioria das empresas, vêm alcançando níveis superiores ao da depreciação. Com isso, a capacidade de pagamento de juros fica comprometida no limite das necessidades de reinvestimentos das empresas.

12.5.2 Fluxo de Caixa Operacional Livre

A medida do **Fluxo de Caixa Livre**[5] expressa de forma mais rigorosa o caixa efetivamente disponível, o valor que restou após serem deduzidos das receitas operacionais de vendas todos os custos e despesas operacionais incorridos, inclusive os recursos destinados para investimentos em ativos imobilizados e CG. O Fluxo de Caixa Operacional Livre (FCOL) expressa o resultado líquido de caixa exclusivamente das operações da empresa, do qual se excluem as despesas financeiras (juros de dívidas) por se tratarem de valores não operacionais (oriundos de passivos).

O termo **operacional** expressa todos os resultados (receitas, custos e despesas) gerados pelos ativos da empresa, por suas operações. Os resultados que não se originam dos ativos, como despesas financeiras (juros) de dívidas, não são considerados operacionais, são resultados provenientes de passivos.

Por considerar os impostos, e principalmente os recursos necessários para investimentos, em seu cálculo, essa medida de geração de caixa disponível é mais rigorosa que o *EBITDA*,

---

5 *Free Cash Flow*, em inglês.

revelando uma melhor capacidade de pagamento da empresa. A estrutura de cálculo do FCOL é a seguinte:

Lucro Operacional antes do IR
(–) IR
(=) Lucro Operacional Líquido do IR
(+) Depreciação
(=) Fluxo de Caixa Operacional (FCO)
(–) Investimentos Fixos (*CAPEX*)
(–) Investimento em Giro
(=) Fluxo de Caixa Operacional Livre (FCOL)

Cálculo ilustrativo do FCOL

Admita os seguintes resultados operacionais:

Receitas Operacionais	= $ 1.500,0
Despesas Operacionais Desembolsáveis (exceto Depreciação)	= $ 700,0
Depreciação	= $ 300,0
Alíquota de IR	= 34%
Investimentos em Imobilizado (*CAPEX*)	= $ 400,0
Investimentos em Giro	= $ 100,0

FLUXOS DE CAIXA	
Receitas Operacionais	$ 1.500,0
Despesas Operacionais Desembolsáveis	($ 700,0)
EBITDA	**$ 800,0**
Depreciação	($ 300,0)
Lucro Operacional antes do IR	**$ 500,0**
IR	(34%)
Lucro Operacional Líquido	$ 330,0
Depreciação	$ 300,0
FLUXO DE CAIXA OPERACIONAL	**$ 630,0**
Investimentos em Giro	($ 100,0)
Investimentos Fixo (*CAPEX*)	($ 400,0)
FLUXO DE CAIXA OPERACIONAL LIVRE – FCOL	**$ 130,0**

A medida de cobertura de juros pelo FCOL apresenta a seguinte expressão:

$$\text{Cobertura de juros pelo FCOL} = \frac{\text{FCOL}}{\text{Despesas financeiras}}$$

12.5.3 *Earning Before Interest, Taxes, Depreciation and Amortization* ajustado - resultados não recorrentes

Na apuração do *EBITDA* são muitas vezes desconsideradas as **despesas não recorrentes** verificadas no período, com o objetivo de medir a efetiva capacidade de geração de caixa (recorrente) da empresa.

Despesas ou receitas **não recorrentes** são aquelas que se verificam em determinado exercício, motivadas por algum evento, mas que não devem se repetir no futuro próximo. São eventos que não ocorrem com frequência, não estando diretamente vinculados aos negócios da empresa.

- **Exemplos de Receitas Não Recorrentes**: créditos fiscais, receita na alienação de uma participação acionária etc.
- **Exemplos de Despesas Não Recorrentes**: multas, acidentes na fábrica, gastos com implantação de novos sistemas de controle operacional etc.

EXEMPLO ILUSTRATIVO - CÁLCULO DO *EBITDA* AJUSTADO	
Demonstrativo de Resultados	**31-12-X9**
Receita Líquida de Vendas	$ 838,8
Custo dos Produtos Vendidos	($ 294,6)
LUCRO BRUTO	$ 544,2
Despesas Operacionais Desembolsáveis(*)	($ 89,3)
Despesas de Depreciação	($ 41,2)
LUCRO OPERACIONAL	**$ 413,7**
Resultado Financeiro Líquido	($ 91,8)
LUCRO ANTES DO IR/CSLL	$ 321,9
Despesa com IR/CSLL	($ 109,4)
LUCRO LÍQUIDO	**$ 212,5**
(*) Itens não recorrentes = $ 11,4	
APURAÇÃO DO *EBITDA* AJUSTADO PELO LUCRO LÍQUIDO	
	31-12-X9
LUCRO LÍQUIDO	**$ 212,5**
Despesa com IR/CSLL	$ 109,4
Resultado Financeiro Líquido	$ 91,8
Despesa de Depreciação	$ 41,2
Itens Não Recorrentes	$ 11,4

(continua)

(continuação)

APURAÇÃO DO *EBITDA* AJUSTADO PELO LUCRO LÍQUIDO	
	31-12-X9
EBITDA AJUSTADO	$ 466,3
APURAÇÃO DO *EBITDA* AJUSTADO PELO LUCRO OPERACIONAL	
LUCRO OPERACIONAL ANTES DO IR	$ 413,7
Despesa de Depreciação	$ 41,2
Itens Não Recorrentes	$ 11,4
EBITDA AJUSTADO	$ 466,3

EXEMPLO ILUSTRATIVO – CONCILIAÇÃO DE CÁLCULO DOS FLUXOS DE CAIXA

É desenvolvido, a seguir, um exemplo ilustrativo de Conciliação das várias medidas de geração de caixa de uma empresa. Na ilustração são apurados o *EBITDA*, o Fluxo de Caixa Operacional (FCO) e o FCOL.

A despesa de Depreciação do exercício, incluída nas Despesas Operacionais de $ 468,0, atinge a $ 180,0, o *CAPEX* é calculado em $ 210,0 e o Investimento em Giro em $ 60,0 no período. A alíquota de IR é de 34%.

Receitas de Vendas	$ 1.200,0
Custos e Despesas Operacionais Desembolsáveis: $ 468,0 – $ 180,0	($ 288,0)
EBITDA	$ 912,0
Despesa de Depreciação	($ 180,0)
LUCRO OPERACIONAL ANTES DO IR	$ 732,0
Alíquota de IR	(34%)
LUCRO OPERACIONAL LÍQUIDO IR	$ 483,1
Depreciação	$ 180,0
FCO	$ 663,1
CAPEX	($ 210,0)
Investimento em Giro	($ 60,0)
FCOL	$ 393,1

12.5.4 *Earning Before Interest, Taxes, Depreciation and Amortization* e *Earning Before Interest, Taxes, Depreciation, Amorization and Rent*[6]

O *Earning Before Interest, Taxes, Depreciation, Amorization and Rent* (*EBITDAR*) segue a mesma estrutura de cálculo do *EBITDA*, diferenciando-se unicamente pela exclusão das despesas de aluguéis, arrendamento mercantil (*leasing*) e de reestruturação. Essas despesas

6 *EBITDAR*: *Earning Before Interest, Taxes, Depreciation, Amorization and Rent. Rent* (*R*) sifnifica despesas de arrendamentos/aluguéis e de reestruturação.

são admitidas como não relacionadas mais diretamente com a atividade operacional principal da empresa. Assim:

EBITDA = Lucro Líquido + Despesas Financeiras (Juros) + Depreciação/Amortização + Impostos

EBITDAR = *EBITDA* + Despesas de Aluguel/ Arrendamento Mercantil/Reestruturação

Em que: *R* (*Rent*) indica despesas de aluguel ou reestruturação.

Essas despesas (aluguel e reestruturação) são dedutíveis para o cálculo do resultado líquido e também redutoras do *EBITDA*. Por não pertencerem mais rigorosamente às operações da empresa, o cálculo do *EBITDAR*, ao contrário, repõe essas despesas no indicador, apurando uma melhor medida da capacidade de geração de lucros do negócio. O *EBITDAR* mostra a capacidade da empresa em gerar.

A principal vantagem do *EBITDAR* é que a medida expressa a atividade operacional principal da empresa, considerando somente as despesas mais diretamente vinculadas à essência dos negócios. Ao apurar a capacidade da empresa em gerar resultados de caixa após os gastos com aluguel e reestruturação, permite uma visão mais rigorosa do desempenho operacional.

O indicador é muito utilizado, por exemplo, para avaliar o desempenho de empresas com altas despesas de arrendamento mercantil, como as do setor de aviação, que negociam a maior parte de suas aeronaves e equipamentos por meio de operações de arrendamento mercantil (*leasing*).

Ao comparar duas empresas de mesma atividade operacional, por exemplo, o resultado pode não refletir de forma mais adequada o desempenho operacional principal de cada uma delas. Se uma mantém instalações próprias e a outra tem seus ativos arrendados o *EBITDAR*, ao adicionar as despesas de aluguel, torna a medida comparável para as duas empresas, permitindo conclusões mais coerentes.

O *EBITDAR* é indicado também para empresas em fase de reestruturação, cujas despesas são, geralmente, classificadas como **não recorrentes**.

13

AVALIAÇÃO DO DESEMPENHO ECONÔMICO

Este capítulo trata dos instrumentos de avaliação do desempenho econômico de uma empresa, abordando analiticamente a atratividade dos investimentos operacionais e seus indicadores de retorno. O estudo é desenvolvido com base em um exemplo prático, obtido de demonstrativos contábeis publicados.

13.1 A COMPLEXIDADE DAS DEMONSTRAÇÕES CONTÁBEIS

Apesar de bastante discutido no Capítulo 4, é importante que se destaque, neste estudo de desempenho econômico da empresa elaborado a partir de suas demonstrações financeiras, as modificações mais relevantes trazidas pelas novas legislações.

13.1.1 Avaliação de Ativos Financeiros e Créditos

De acordo com a legislação vigente, as aplicações em instrumentos financeiros (caixa, valores a receber, debêntures, ações etc.), inclusive derivativos, e em direitos e títulos de crédito, classificados no **Ativo Circulante (AC)** ou no **Realizável a Longo Prazo (RLP)**, são avaliados segundo os seguintes critérios:

- **a.** pelo seu valor justo, quando se tratar de aplicações destinadas à negociação ou disponíveis para venda;
- **b.** pelo valor de custo de aquisição ou valor de emissão, atualizado conforme disposições legais e contratuais, ajustado ao valor provável de realização, quando esse for inferior, no caso das demais aplicações e os direitos e títulos de crédito.

Dessa forma, uma parte das aplicações financeiras da empresa encontra-se avaliada pelo seu valor de mercado ou equivalente (valor justo), e outra parte pelo seu valor de aquisição ou valor de realização, se esse for menor.

13.1.2 Estoques

Os estoques da empresa, (matérias-primas, produtos em processo de fabricação e outros bens) são avaliados pelo seu custo de aquisição ou de produção, sendo deduzida provisão para ajustá-los ao valor de mercado, quando esse for inferior.

13.1.3 Arrendamento Mercantil Financeiro - *Leasing* Financeiro

O arrendamento mercantil financeiro possui, basicamente, as seguintes características:

- a sociedade de *leasing* arrenda o ativo para uso da empresa arrendatária e assume o compromisso de transferir a sua propriedade ao final do prazo da operação;
- a empresa arrendatária recebe a opção de adquirir o ativo ao final do prazo do arrendamento mercantil por um preço contratado na celebração do contrato. O prazo de arrendamento cobre, normalmente, a maior parte da vida útil econômica do ativo;
- o ativo objeto de arrendamento costuma satisfazer às necessidades específicas apenas da empresa arrendatária. Qualquer outra empresa que venha a utilizar os ativos deverá efetuar modificações de forma a adaptá-lo às suas necessidades.

O arrendamento mercantil é registrado na arrendatária pelo valor presente de todas as saídas de caixa previstas no contrato de arrendamento (prestações mensais e outras eventuais). O ativo imobilizado, objeto do arrendamento, sofre depreciação como qualquer outro imobilizado.

Com a nova lei, o arrendamento mercantil financeiro deixou de ser tratado como uma operação de aluguel, sendo considerado como um ativo pela contabilidade.

13.2 CASO ILUSTRATIVO

A Cia. EAB está, atualmente, preocupada em avaliar seu desempenho econômico, apurando corretamente os indicadores de retorno do investimento e a viabilidade do empreendimento. A empresa julga importante adotar uma avaliação bem mais analítica do retorno sobre o investimento operacional, com base em relatórios financeiros elaborados em moeda constante.

Os demonstrativos financeiros (Balanço e Resultados) de forma mais simplificada, e referentes ao exercício de 20X9, são apresentados nos Quadros 13.1 e 13.2.

Quadro 13.1 Balanços patrimoniais – 20X9

Ativo	$	Passivo	$
Ativo Circulante (AC)	8.026	**Passivo Circulante (PC)**	4.408
Disponibilidades	40	Fornecedores	725
Aplicações Financeiras	1.932	Financiamentos	1.432
Contas a Receber	2.465	Impostos a Recolher	456
Estoques	1.866	Salários e Contribuições	627
Outros	1.723	Dividendos a Pagar	357
Não Circulante	76	Imposto de Renda (IR)	811
Realizável a Longo Prazo (RLP)	76	**Não Circulante**	1.878
		Exigível a Longo Prazo (ELP)	1.878
Ativo Imobilizado (IMOB)	8.792	Financiamentos	1.878
		Patrimônio Líquido (PL)	10.608
TOTAL	**16.894**	**TOTAL**	**16.894**

Quadro 13.2 Resultados do exercício – 20X9

	$
Receita Operacional	14.213
Custos dos Produtos Vendidos	(8.311)
Lucro Bruto	5.902
Despesas Operacionais e Financeiras	(2.982)
Com Vendas	(1.714)
Administração e Gerais	(927)
Honorários de Administração	(60)
Receitas Financeiras	116
Despesas Financeiras	(397)
Lucro Antes do IR	2.920
Provisão para IR	(1.095)
Lucro Líquido	**1.825**

13.2.1 Ativos e investimentos

O estudo mais aprofundado da viabilidade econômica de uma empresa requer que se definam alguns fundamentos financeiros.

Inicialmente, a avaliação do desempenho pode ser desenvolvida por meio da atratividade proporcionada pelos **ativos totais** e pelo **Investimento.**

Por **ativo total** entende-se todos os direitos e bens de uma empresa que prometem gerar benefícios econômicos futuros. No caso da **Cia. EAB**, seu ativo total atinge $ 16.894, conforme discriminado em seu balanço no Quadro 13.1. O **Investimento** (ou **Capital Investido**), por outro lado, refere-se ao valor do Ativo Total excluído de passivos inerentes às atividades da empresa, como fornecedores a pagar, salários e encargos sociais a recolher, impostos a recolher, dividendos a pagar, e assim por diante. Esses passivos são denominados **Passivos de Funcionamento**, e não apresentam, de forma destacada, custos financeiros, sendo conhecidos também por "passivos sem ônus".

Em outras palavras, o **Investimento** é o montante que foi efetivamente investido na atividade da empresa, originado de recursos de terceiros onerosos, disponíveis no mercado financeiro (empréstimos e financiamentos), e junto aos proprietários (sócios/acionistas). Esse capital apresenta um custo financeiro – custo de oportunidade – que deve ser remunerado.

Assim o valor do capital investido (Investimento) pode ser calculado:

Investimento = PL + Passivo Oneroso (PO)

ou

Investimento = Ativo Total – Passivos de Funcionamento

Os valores do ativo total e do investimento da Cia. EAB atingem:

Ativo Total		$ 16.894
(–) Passivo de Funcionamento		
Fornecedores	$ 725	
Impostos a Recolher	$ 456	
Salários e Contribuições	$ 627	
Dividendos	$ 357	
Imposto de Renda	$ 811	($ 2.976)
Investimento		**$ 13.918**
ou		
Financiamentos (CP)	$ 1.432	
Financiamentos (LP)	$ 1.878	
Passivo Oneroso		$ 3.310
Patrimônio Líquido		$ 10.608
Investimento		**$ 13.918**

Esses **Passivos de Funcionamento** não costumam apresentar, pelo menos de forma explícita, custos financeiros, sendo por isso definidos também por **passivos não onerosos**. Caso seja possível identificar encargos financeiros em seus itens, e tenham relevância para a análise, e desde que não sejam incluídos nos custos, eles podem ser remanejados para o grupo dos passivos onerosos (empréstimos e financiamentos, basicamente).

Um **exemplo** é a conta de "fornecedores a pagar". Na prática, as compras a prazo embutem juros, cujos valores não são normalmente destacados na apuração dos resultados, estando incluídos no custo do produto vendido. Caso haja interesse para o analista financeiro, e seja possível a identificação desses encargos, os juros das compras a prazo podem ser identificados nas despesas financeiras e excluídos o custo de produção (ou de venda), e o saldo de fornecedores a pagar somado aos passivos onerosos.

Uma vez mais: é a relevância desses valores para a análise e as condições de controle que indicarão a decisão de classificar esses passivos em **onerosos** (geradores de despesas financeiras) ou **não onerosos (funcionamento)**.

O valor do capital investido total pode, ainda, ser mensurado de acordo com diversos enfoques. Uma representação ilustrativa mais detalhada da estrutura patrimonial da Cia. EAB é apresentada a seguir:

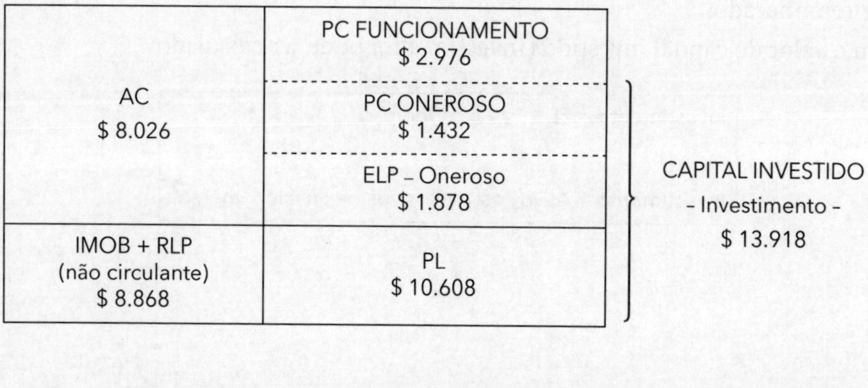
AC
$ 8.026
IMOB + RLP
(não circulante)
$ 8.868
PC FUNCIONAMENTO
$ 2.976
PC ONEROSO
$ 1.432
ELP – Oneroso
$ 1.878
PL
$ 10.608
CAPITAL INVESTIDO
- Investimento -
$ 13.918

A partir desses valores patrimoniais é detalhado o cálculo do **Investimento Total** da empresa:

■ ATIVO TOTAL	$ 16.894
Passivo de Funcionamento	(2.976)
INVESTIMENTO	**$ 13.918**
■ PASSIVO ONEROSO	$ 3.310
Financiamento Curto Prazo	$ 1.432
Financiamento Longo Prazo	$ 1.878
PATRIMÔNIO LÍQUIDO	$ 10.608
INVESTIMENTO	**$ 13.918**

Outro aspecto a ser considerado na avaliação do desempenho é o cálculo das taxas de retorno, e também do custo de capital, após a respectiva provisão para **Imposto de Renda (IR)**.

Como o valor do tributo é apurado separadamente, de acordo com procedimentos e normas específicos,[1] geralmente é obtida a alíquota do IR aplicável ao demonstrativo de resultados em análise. No caso da Cia. EAB, esse percentual atinge:

$$\text{Alíquota de IR} = \frac{\text{Provisão para IR}}{\text{Lucro Antes IR}} = \frac{\$\ 1.095}{\$\ 2.920} = 37{,}5\%$$

Com isso, é possível determinar não somente o Lucro Líquido (LL), mas também o Lucro Operacional (LOP) após o IR, e as despesas financeiras líquidas da economia desse tributo. Em verdade, as despesas de juros são dedutíveis para cálculo do IR devido, promovendo uma redução (economia) do tributo a recolher equivalente à alíquota calculada.

A alíquota de IR calculada é a praticada pela empresa no exercício social. Para a análise pode ser considerada, de forma alternativa à alíquota de 34%, conforme adotada na tributação dos resultados das empresas brasileiras (regime de Lucro Real), é usado o percentual de IR de 37,5% calculado no exemplo. Nesse caso, os resultados (operacional e líquido) calculados para a análise coincidirão com os valores apurados pelas demonstrações contábeis publicadas.

13.2.2 Resultado operacional ajustado

Apesar de discutido em capítulos anteriores, é importante ressaltar o conceito de **LOP**. Esse resultado refere-se ao lucro que os ativos geraram na consecução da atividade-objeto da empresa. É determinado essencialmente pela decisão de investimento da empresa (ativos), não sendo, por conseguinte, influenciado por sua estrutura de financiamento. Muitos autores referem-se a esse resultado como "Lucro Antes do Juro e do Imposto" (LAJIR).

O resultado operacional incorpora a remuneração dos proprietários de capital: acionistas (LL) e credores (despesas financeiras). Pode ser entendido, ainda, como o **LL da empresa se essa fosse financiada exclusivamente por capital próprio**.

A estrutura básica sugerida de cálculo do resultado operacional, em seu sentido mais amplo, apresenta-se da forma seguinte:

1 Ver Capítulo 5, Seção 5.1.7.

RECEITA OPERACIONAL DE VENDAS	XXX
(–) Custo dos Produtos Vendidos	xxx
(=) LUCRO BRUTO	XXX
(–) Despesas Operacionais	xxx
(+) Receitas Financeiras	xxx
(+/–) Resultado de Equivalência Patrimonial	xxx
(+/–) Outras Receitas/Despesas Operacionais	xxx
(=) LUCRO OPERACIONAL AJUSTADO (ANTES DO IR)	XXX
(–) Provisão para IR	xxx
(=) **LUCRO OPERACIONAL AJUSTADO LÍQUIDO** (*NOPAT*)	XXX

O resultado operacional é mensurado, normalmente, como líquido do IR. Para tanto, foi calculada a provisão desse imposto sobre o lucro gerado pelos ativos (resultado operacional tributável de cada período), pela alíquota praticada pela empresa. Determinados itens não gravados pelo tributo, como Resultado de Equivalência Patrimonial, devem ser desconsiderados da base tributável de cálculo do IR.

É conveniente alertar, ainda, sobre a forma conceitualmente errônea de como é calculado o LOP nas demonstrações financeiras no Brasil, muitas vezes. Nossas empresas costumam calcular o resultado operacional após a dedução das despesas financeiras, ou seja, o resultado apurado e definido por operacional é consequência não só das decisões de investimento (ativo), mas também das decisões de financiamento (passivo). Adotando-se essa situação, a apuração e análise do retorno dos ativos são sensivelmente prejudicadas, limitando a qualidade das conclusões do desempenho econômico da empresa.

No caso ilustrativo da Cia. EAB, o cálculo do LOP e o tratamento do IR nos resultados são processados de acordo com o Quadro 13.3.

Quadro 13.3 Cálculo do lucro operacional após o IR da Cia. EAB

	$
Receita Operacional	14.213
Custo dos Produtos Vendidos	(8.311)
(=) Lucro Bruto	5.902
Despesas Operacionais	(2.585)
Com Vendas	(1.714)
Administrativas e Gerais	(927)
Honorários de Administração	(60)
Receitas Financeiras	116
(=) **Lucro Operacional Antes IR**	3.317
IR s/ Lucro Gerado p/ Ativos: 37,5% × $ 3.317	(1.244)
(=) **Lucro Operacional Após IR** (*NOPAT*)	2.073
Despesas Financeiras Brutas: ($ 397)	
Economia IR (37,5%): 149	(248)
(=) **Lucro Líquido**	1.825

O lucro operacional LOP líquido (*NOPAT*, do inglês *Net Operating Profit After Taxes*) de $ 2.073, refere-se unicamente ao resultado das decisões de investimentos (ativos) tomadas pela empresa. É o resultado proveniente de seus ativos, não sendo influenciado pela forma como a empresa se financiou no período.

O LOP equivale a soma do lucro líquido (remuneração do acionista) e das despesas financeiras líquidas do IR (remuneração dos credores), ou seja:

NOPAT = LUCRO LÍQUIDO + DESPESAS FINANCEIRAS LÍQUIDAS DO IR

Importante: as despesas financeiras incorridas pela empresa no exercício atingiram $ 397; no entanto, esses encargos permitem dedutibilidade fiscal, ou seja, produzem uma redução do IR a pagar. Considerando a alíquota de 37,5% da empresa, tem-se:

Despesas Financeiras Brutas	($ 397)
Economia de IR: 37,5% × $ 397	$ 149
Despesas Financeiras Líquidas	($ 248)

A avaliação do desempenho econômico pode ser processada por meio da formulação do **Retorno Sobre o Investimento (do inglês *Return on Investment* - *ROI*)** e do **Retorno Sobre o Ativo (do inglês *Return on Assets* - *ROA*)**. Os itens deste capítulo e do próximo dedicam-se ao cálculo e interpretação desses instrumentos de análise, essenciais para o estudo da viabilidade econômica de uma empresa.

13.2.3 Resultado operacional amplo e restrito

O resultado operacional pode ser apurado em seu sentido **amplo** e **restrito**. O resultado operacional **amplo** considera, em seu cálculo, todas as receitas e despesas provenientes de ativos. As únicas despesas que não são consideradas são as Despesas Financeiras (juros de dívidas) geradas por passivos onerosos (empréstimos e financiamentos).

O resultado operacional **restrito** é mais rigoroso, considera somente as receitas e despesas identificadas diretamente com a atividade objeto da empresa. Por exemplo, uma empresa industrial que mantém participações acionárias em outras empresas (coligadas e controladas) registra, ao final do exercício, um resultado dessas participações. Apesar de serem originadas de seus ativos (Não Circulante - Investimentos) esses valores não são considerados no cálculo do resultado operacional **restrito**, pois não são oriundos da atividade objeto da empresa.

O exemplo a seguir ilustra o cálculo do LOP **amplo** e **restrito** de uma empresa industrial. Para o cálculo do resultado **restrito** foram excluídas as Receitas Financeiras do Operacional, geralmente de caráter especulativo.

DRE CONTÁBIL	$	LOP AMPLO	$	LOP RESTRITO	$
REC. VENDAS	420,0	REC. VENDAS	420,0	REC. VENDAS	420,0
CPV	(236,7)	CPV	(236,7)	CPV	(236,7)
(=) RES. BRUTO	**183,3**	**(=) RES. BRUTO**	**(183,3)**	**RES. BRUTO**	**(183,3)**
DESP. OPERAC	(60,0)	DESP. OPERAC	(60,0)	DESP. OPERAC	(60,0)
REC. FINANCEIRAS	4,3	REC. FINANCEIRAS	4,3	**LOP RESTRITO BRUTO**	123,3

(continua)

(continuação)

DESP. FINANCEIRAS	(14,2)	**LOP AMPLO BRUTO**	127,6	PROV. IR	(29,1%)
RESULT. ANTES DO IR	**113,4**	PROV. IR*	(29,1%)	**LOP RESTRITO LÍQ**	**87,4**
Provisão IR	(33,0)	**LOP AMPLO LÍQ**	90,5	Desp. Financ. Líq.	(10,1)
		DESP. FINANC. LÍQ $ 14,2 – 29,1%	(10,1)	Rec. Financ. Líq. $ 4,3 – 29,1%	3,1
LUCRO LÍQUIDO	**80,4**	**LUCRO LÍQUIDO**	**80,4**	**LUCRO LÍQUIDO**	**80,4**

*Alíquota IR = Prov. IR: $ 33,0 / Resultado Antes IR: $ 113,4 = 29,1%

Principais Medidas:

Lucro Gerado p/ Ativos (Credores e Acionistas) **$ 90,5**
(LL: $ 80,4 + DESP. FINANC. LÍQUIDAS: $ 10,1)

Lucro Restrito dos Ativos (Credores e Acionistas) **$ 87,4**
Restrito da Atividade Objeto

Remuneração do Credores (Líq. do Benefício Fiscal) **$ 10,1**

Remuneração do Acionista (LL) **$ 80,4**

13.3 RETORNO SOBRE O PATRIMÔNIO LÍQUIDO, INVESTIMENTO E ALAVANCAGEM FINANCEIRA

Graficamente, a estrutura de investimento da Cia. EAB encontra-se ilustrada no Quadro 13.1.

Quadro 13.1 Estrutura do investimento – Cia. EAB

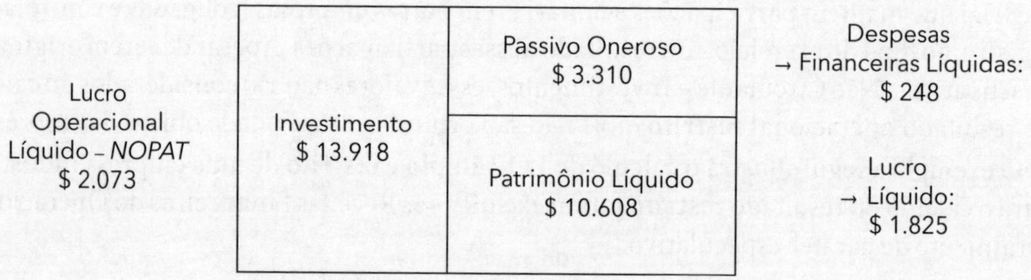

O **PO** de $ 3.310 é constituído pelos empréstimos e financiamentos bancários do Passivo Circulante ($ 1.432) e do Exigível a Longo Prazo ($ 1.878), conforme demonstrados no balanço patrimonial (Quadro 13.1).

O **Retorno Sobre o Investimento** (***ROI***) é calculado de acordo com a seguinte expressão:

$$ROI = \frac{NOPAT}{\text{Investimento}}$$

O numerador da fórmula do ***ROI*** – **LOP** – representa a remuneração gerada aos acionistas (LL) e credores (despesas financeiras). O denominador – **Investimento** – indica o total dos recursos investidos pelos proprietários de capital (credores e acionistas). A formulação do ***ROI*** pode, para efeitos de melhor entendimento, ser apresentada da forma seguinte:

$$ROI = \frac{NOPAT = \text{LL + Despesas Financeiras (Líquidas)}}{\text{PL + PO}}$$

Para o caso da Cia. EAB, apura-se a seguinte taxa de retorno:

$$ROI = \frac{\$\ 2.073}{\$\ 13.918 - \$\ 1.825} = 17{,}1\%$$

ou

$$ROI = \frac{\$\ 1.825 + \$\ 248\ \text{(Quadro 13.3)}}{(\$\ 3.310 + \$\ 10.608) - \$\ 1.825} = 17{,}1\%$$

De forma mais rigorosa, o LL gerado no exercício foi deduzido do investimento, evitando considerar o LL no numerador e no denominador da expressão de cálculo. O investimento, assim como o PL e demais elementos do balanço, encontra-se expresso em valores médios do período, conforme pressuposto adotado na elaboração do Quadro 13.1.

Pelo resultado apurado, verifica-se que a empresa obteve um retorno de 17,1% dos investimentos mantidos em X9. Esse percentual deve ser comparado com o retorno do PL e com o custo do endividamento (custo da dívida) para avaliar a atratividade do *ROI*. Idealmente, a empresa deve financiar-se pagando aos proprietários de capital uma taxa de juros inferior a 17,1%, de maneira a não onerar a rentabilidade do capital próprio.

Retornos superiores ao custo de capital indicam agregação de valor; a empresa promove, no exercício, um resultado em excesso à taxa mínima de atratividade requerida pelos proprietários. O Capítulo 14 desenvolve, com maiores detalhes, essa análise de valor.

> **Importante**: deve ser ressaltado, uma vez mais, que os ativos de uma empresa são avaliados, pela contabilidade, pelo seu valor de negociação de mercado (liquidação) no encerramento do exercício. Os ativos não expressam, em consequência, o capital originalmente investido. A interpretação dessa medida deve considerar essa forma de precificação do capital investido para obter conclusões mais adequadas do desempenho da empresa.

O **Retorno Sobre o Patrimônio Líquido (RSPL)**[2] representa a taxa de rentabilidade auferida pelo capital próprio da empresa, sendo dimensionado pela relação entre o PL e o PL, excluído o LL do próprio exercício. O procedimento é o mesmo anteriormente adotado no cálculo do *ROI*, evitando relacionar LL (numerador) com LL (denominador). Ou seja:

2 *Return on Equity* (*ROE*), em inglês.

$$\textbf{RSPL} = \frac{LL}{PL - LL}$$

No caso da Cia. EAB apura-se a seguinte taxa de retorno:

$$\textbf{RSPL} = \frac{\$\ 1.825}{\$\ 10.608 - \$\ 1.825} = 20{,}8\%$$

O RSPL é superior ao *ROI*, indicando que a empresa toma recursos emprestados no mercado a uma taxa de juros inferior ao retorno da aplicação desse dinheiro. Observe que, se a empresa não tivesse nenhuma dívida (trabalhasse exclusivamente com capital próprio), seu LL seria igual ao LOP após o IR ($ 2.073) e o RSPL idêntico ao *ROI* (17,1%). Como trabalhou com recursos de terceiros e apurou um RSPL maior no exercício, o custo do endividamento foi mais baixo (inferior a 17,1%), sendo esse diferencial agregado aos resultados líquidos do proprietário.

Em outras palavras, pode-se avaliar que os 17,1% de *ROI* apurados no exercício seriam o RSPL se houvesse somente capital próprio financiando os investimentos da empresa (Investimento = PL). Como a Cia. EAB mantém, no entanto, empréstimos no valor de $ 3.310, verifica-se uma elevação do retorno sobre o capital próprio de 17,1% para 20,8%.

Esse crescimento da rentabilidade dos proprietários deve-se, em verdade, ao fato de a empresa ter captado empréstimos a um custo inferior ao retorno auferido pela aplicação desse capital. Comprovando, tem-se um *ROI* de 17,1% em um **custo da dívida**, também após o IR, de 7,5%, ou seja:

$$\text{Custo da Dívida } (K_i) \text{ (Líquido IR)} = \frac{\text{Despesas Financeiras Líquidas}}{\text{Passivo Oneroso (Médio)}} = \frac{\$\ 248}{\$\ 3.310} = 7{,}5\%$$

Os recursos levantados pela empresa junto a terceiros, a um custo líquido de 7,5%, foram aplicados em ativos que renderam 20,8% de retorno, incorporando-se, esse diferencial positivo, aos resultados dos proprietários.

A essência do estudo da **alavancagem financeira** se constitui conforme desenvolvido no Capítulo 8: como o diferencial entre o retorno e o custo dos recursos emprestados de terceiros afeta a rentabilidade do capital próprio. No caso ilustrativo da Cia. EAB, observa-se que o RSPL, em razão de a empresa ter captado empréstimos a um custo mais barato, passa de 17,1% para 20,8%, ou seja, mostrou uma rentabilidade 1,216 vez maior, sendo esse resultado definido como **Grau de Alavancagem Financeira (GAF)**. Assim:

$$\textbf{GAF} = \frac{RSPL}{ROI} = \frac{20{,}8\%}{17{,}1\%} = 1{,}216$$

O GAF calculado é uma variação do estudado no Capítulo 8 (Seção 8.2), sendo obtido pela relação entre a taxa de retorno do capital próprio e do investimento. Para cada $ 1,00 de recursos tomados de terceiros, os proprietários ganharam $ 0,216 em decorrência da alavancagem favorável.

Sempre que o **GAF for maior que 1**, denota que o capital de terceiros está influenciando positivamente o retorno do capital próprio da empresa, em razão do aumento do LL em relação ao PL.

É claro que, para os proprietários, quanto maior se apresenta o GAF, tanto melhor será, pois o menor custo dos recursos de terceiros atuará como uma **alavanca** em seus retornos.

Por outro lado, um **GAF menor que 1** reflete uma situação desfavorável em termos de alavancagem financeira para a empresa. Identifica-se um custo de financiamento por meio de recursos de terceiros superior ao retorno que esses recursos podem gerar nos ativos da empresa. Essa diferença desfavorável é absorvida, evidentemente, pelos proprietários da empresa, promovendo uma redução em sua taxa de rentabilidade (RSPL).

Em resumo, pode-se acrescentar:

Se:	Identifica:	Denota:
GAF > 1	RSPL > *ROI*	*ROI* > Custo da dívida (K_i)
GAF = 1	RSPL = *ROI*	*ROI* = Custo da dívida (K_i)
GAF < 1	RSPL < *ROI*	*ROI* < Custo da dívida (K_i)

OUTRA FORMA DE ENTENDER O RSPL

Se uma empresa fosse financiada exclusivamente por recursos próprios (Investimento = Patrimônio Líquido), o RSPL seria igual ao *ROI*, ou seja:

Investimento = Patrimônio Líquido

RSPL = *ROI*

No exemplo apresentado no texto, pode-se concluir que, se não fosse utilizado capital de terceiros no financiamento da empresa, os acionistas aufeririam um retorno de 17,1% no período, exatamente igual ao *ROI* calculado. Nesse caso, o LL seria igual ao LOP após o IR, e o total do investimento seria representado somente por PL.

Dessa forma, pode-se segmentar o RSPL em seus dois componentes: o retorno da decisão de investimento (*ROI*) e o retorno oferecido pelas dívidas mais baratas (observe que a empresa captou a uma taxa de juros inferior ao que conseguiu auferir na aplicação desses recursos).

Em outras palavras, o acionista ganhou 17,1% sobre o capital próprio investido nos ativos (decisão de investimento), e 3,7% pela forma como manteve seu endividamento (decisão de financiamento), ou seja:

- Retorno do capital próprio aplicado nos ativos da empresa (*ROI*) 17,1%
- Retorno do capital próprio gerado pelo capital de terceiros (dívidas) 3,7%
- **Retorno Total do Capital Próprio (RSPL) 20,8%**

A medida do RSPL deve ser avaliada comparando essa taxa de retorno com a remuneração mínima exigida pelo acionista, ou seja, com o custo de capital próprio da empresa.

Se o RSPL apurado for superior à taxa de retorno exigida pelos investidores, conclui-se que a empresa apresenta um desempenho melhor que o esperado, criando valor econômico ao acionista. O capital investido valorizou motivado pelo maior retorno apurado.

Em caso contrário, se o RSPL não for capaz de cobrir o custo de capital do acionista, revela-se uma situação de destruição de valor. Nesse caso, o capital próprio investido perdeu valor por não conseguir remunerar a taxa mínima de retorno desejada.

13.3.1 Análise comparativa - Lucro Operacional e Lucro Líquido

Para um melhor entendimento do Lucro Operacional (LOP) e do LL na análise financeira de empresas, considere três diferentes estruturas de resultados:

	A	B	C
LOP	+	+	–
LL	+	–	–

Admita que "+" é um resultado positivo (lucro) satisfatório, e "–" um resultado negativo (prejuízo).

A **estrutura A** indica que o negócio se apresenta lucrativo, ou seja, os ativos produzem um resultado operacional positivo (LOP > 0). Se esse resultado remunerar todos os custos e despesas, inclusive o custo de oportunidade do capital investido, pode-se concluir que o negócio é **economicamente** viável, produz valor econômico.

Nessa estrutura é possível, ainda, demonstrar que o retorno do capital próprio (RSPL) se origina dos ativos (LOP) e dos resultados da alavancagem financeira ($ROI \times K_i$).

As despesas financeiras (juros de passivos onerosos de empréstimos e financiamentos), sejam pelas taxas de juros mais baixas ou pelo menor montante de dívidas onerosas, não foram capazes de absorver todo o resultado operacional produzindo um retorno positivo ao capital próprio (LL).

A **estrutura B** revela uma empresa com prejuízo líquido (LL < 0) motivado pelos altos custos das dívidas onerosas (empréstimos e financiamentos). O negócio (ativos) produziu um lucro (LOP > 0), sendo o resultado líquido negativo determinado pelas despesas financeiras. Em princípio, o problema da empresa (prejuízo líquido) está localizado em sua estrutura de financiamento: custos financeiros superiores ao retorno do capital investido ($K_i > ROI$).

A **estrutura C** apura um prejuízo operacional. Os ativos da empresa (negócio) produziram um resultado negativo, demonstrando inviabilidade no período. As despesas financeiras agravaram o prejuízo da empresa, mas não causaram esse resultado negativo. Mesmo que a empresa fosse financiada somente por capital próprio, ainda assim apuraria um prejuízo líquido, pois o lucro operacional é negativo (LOP < 0).

A seguir são representadas essas três estruturas com valores monetários. Admita, de forma simplificada, que os resultados (operacional e líquido) já estejam calculados após o IR.

	I	II	III
ATIVO	$ 100,0	$ 100,0	$ 100,0
PASSIVO	-	$ 70,0 (K_i = 20%)	$ 50,0 (K_i = 20%)
PL	$ 100,0	$ 30,0	$ 50,0
Receitas	$ 120,0	$ 120,0	$ 120,0
Desp. Operacionais	($ 110,0)	($ 110,0)	($ 130,0)
LOP (*ROI* = 10%)	**$ 10,0**	**$ 10,0**	**($ 10,0)**
Desp. Financeiras	-	($ 14,0) 20% x $ 70,0	($ 10,0) 20% x $ 50,0
LUCRO LÍQUIDO	**$ 10,0**	**($ 4,0)**	**($ 20,0)**

ESTRUTURA I – Por ser financiada unicamente por capital próprio (PL), o LOP apurado é o próprio LL. Assim: LOP = LL = $ 10,0.

ESTRUTURA II – O resultado positivo dos ativos (LOP > 0) foi totalmente consumido pelo custo da dívida: $K_i = 20\% > ROI = 10\%$. O uso de capital de terceiros no financiamento da empresa reduz a participação do PL e incorpora ao LL o resultado em excesso (positivo ou negativo) do *ROI* em relação ao custo da dívida (K_i). Como K_i é maior que o retorno (*ROI*), esse resultado negativo reduz o LL do exercício, produzindo um prejuízo líquido de $ 4,0. A reversão desse prejuízo deve ser focada, principalmente, na estrutura de capital da empresa.

ESTRUTURA III – O prejuízo operacional (LOP) de $ 10,0 revela que os ativos não demonstraram viabilidade econômica no período; em outras palavras, não foram capazes de produzir um resultado positivo das operações. As despesas com juros dos passivos onerosos (empréstimos e financiamentos) apenas agravaram (não causaram) o resultado negativo. Observe que mesmo que a empresa fosse financiada somente por PL, ainda assim, apuraria um prejuízo operacional (LOP) de $ 10,0.

13.4 GIRO DO ATIVO/INVESTIMENTO EM FUNÇÃO DAS VENDAS

Esse indicador relaciona as receitas operacionais da empresa com seu ativo total (ou investimento) de forma a demonstrar seu giro, ou seja:

$$\text{Giro do Ativo/Investimento} = \frac{\text{Receitas Operacionais}}{\text{Ativo/Investimento Total}}$$

Indica o número de vezes que o ativo total da empresa girou (transformou-se em dinheiro) em determinado período em função das vendas realizadas. Quanto maior se apresentar esse giro, melhor terá sido o desempenho da empresa, por meio de um melhor retorno de suas aplicações.

O incremento dessa medida de giro ocorre pelo uso mais eficiente dos investimentos da empresa (identificação de ativos ociosos e estoques obsoletos, por exemplo), e melhor desempenho das receitas operacionais de vendas.

Por exemplo, considerando-se um período de 1 ano, se o giro do ativo for igual a 2, significará que a empresa precisa, em média, de 6 meses para transformar todo o seu ativo em dinheiro. Em outras palavras, o volume das receitas operacionais corresponde a 2 vezes o total do ativo, incrementando sua taxa de retorno.

Como recomendado a todos indicadores, o cálculo desse índice deve considerar valores monetários expressos em moeda de mesmo poder de compra. No caso ilustrativo da Cia. EAB, o giro do investimento, deduzido oLL gerado no próprio exercício, atinge:

$$\text{Giro do Investimento (Cia. EAB)} = \frac{\$\ 14.213}{\$\ 13.918 - \$\ 1.825} = 1{,}175$$

indicando que seus investimentos foram utilizados 1,175 vez no exercício para promover as vendas. As vendas da empresa excederam em 17,5% seu volume de investimentos.

13.4.1 Análise "giro *versus* margem operacional"

Com o objetivo de analisar melhor os resultados operacionais gerados pelos investimentos, é interessante que se decomponha o *ROI* da maneira seguinte:

$$\text{Retorno do Investimento} = \text{Margem Operacional} \times \text{Giro do Investimento}$$

$$\frac{\text{Lucro Operacional}}{\text{Investimento}} = \frac{\text{Lucro Operacional}}{\text{Receitas Operacionais}} \times \frac{\text{Receitas Operacionais}}{\text{Investimento}}$$

O giro do investimento é desenvolvido no item anterior. A **margem operacional** demonstra o desempenho da empresa, medido em função de valores efetivamente utilizados em suas operações normais. Quanto das receitas de vendas foi destinado a cobrir despesas operacionais, e quanto transformou-se em lucro.

A margem operacional líquida do IR da Cia. EAB é calculada em 14,6%, ou seja:

$$\text{Margem Operacional (Cia. EAB)} = \frac{\$\ 2.073}{\$\ 14.213} = 14{,}6\%$$

indicando que 85,4% das receitas de vendas foram empenhadas em cobrir as despesas operacionais, restando 14,6% de resultado operacional do período.

Em outras palavras, de cada $ 100,00 de vendas, a empresa destina $ 85,40 para cobrir despesas operacionais, apropriando-se de $ 14,60 de resultado.

O diagrama **margem operacional × giro de investimento**, do *ROI*, permite uma avaliação dos indicadores que exercem influência direta sobre o desempenho dos investimentos da empresa. Assim, com relação ao índice da margem operacional são analisados o comportamento das receitas, custos e despesas incorridos pela empresa.

O giro do investimento, por outro lado, permite que se conheça, principalmente, o desempenho das aplicações realizadas, ou seja, a capacidade dos investimentos em produzir receitas operacionais. Decisões inadequadas de investimentos, como ativos ociosos ou pouco rentáveis, inadimplência, estoques de baixo giro etc., levam inevitavelmente a uma diminuição da rotação do ativo com reflexos evidentes sobre a rentabilidade do capital investido.

Ao se decompor o retorno sobre o investimento (*ROI*) da Cia. EAB, chega-se aos seguintes resultados:

ROI	=	**Margem Operacional**	×	**Giro do Investimento**
$\frac{\$\ 2.073}{\$\ 13.918 - \$\ 1.825}$	=	$\frac{\$\ 2.073}{\$\ 14.213}$	×	$\frac{\$\ 14.213}{\$\ 13.918 - \$\ 1.825}$
17,1%	=	14,6%	×	1,175

Algumas simulações importantes para a análise podem ser feitas.

Mantido o giro do investimento inalterado, um aumento de 1% (ponto percentual) na margem operacional determina uma elevação do *ROI* de 17,1% para 18,3%, ou seja:

$$ROI = 15{,}6\% \times 1{,}175 = 18{,}3\%$$

Da mesma forma, alterações no giro do investimento também provocam reflexos diretos sobre o *ROI*. Se a Cia. EAB conseguir, por exemplo, elevar o giro para 1,4 vez, mantida a mesma margem operacional de 14,6%, conseguirá elevar o *ROI* para 20,4%, ou seja:

$$ROI = 14{,}6\% \times 1{,}4 = 20{,}4\%$$

o que evidencia uma expressiva valorização de seu desempenho operacional, a partir de um uso mais eficiente de seus investimentos.

É de se notar, ainda, que diferentes empresas, com o mesmo volume de vendas e nível de lucros, podem apresentar diferentes retornos do capital investido se os giros não forem iguais. Ilustrativamente, admita duas empresas concorrentes com as seguintes informações:

	Empresa A	**Empresa B**
Receitas de Vendas	$ 100.000	$ 100.000
Margem Operacional	16%	16%
Investimento Total	$ 50.000	$ 80.000

Considerando que a empresa **A** apresentou melhor utilização de seus investimentos produzindo um giro maior, a taxa de retorno sobre o investimento também se apresentará maior, apesar dos demais dados serem iguais, isto é:

	Empresa A	**Empresa B**
Lucro Operacional	$ 16.000	$ 16.000
Giro do Investimento	$\frac{\$\ 100.000}{\$\ 50.000} = 2{,}0$	$\frac{\$\ 100.000}{\$\ 80.000} = 1{,}25$
Retorno s/ Investimento (*ROI*)	$\frac{\$\ 16.000}{\$\ 50.000} = 32{,}0\%$	$\frac{\$\ 16.000}{\$\ 80.000} = 20{,}0\%$

A eficiência produtiva do capital investido é admitida como uma importante vantagem competitiva da empresa, agregando valor a seus proprietários. A empresa **A**, do mesmo setor de atuação de **B**, foi capaz de produzir o mesmo resultado operacional com um montante menor de capital investido, remunerando melhor seus proprietários.

13.5 GIRO DOS RECURSOS PRÓPRIOS

Conforme demonstrado na Seção 13.2, o RSPL é expresso pela relação entre os resultados líquidos obtidos em determinado período e o capital próprio investido. O índice é de grande importância para o acionista da empresa, exercendo forte influência sobre o valor de mercado das ações.

A rentabilidade sobre o PL pode decompor-se, visando melhor interpretação dos resultados, da maneira seguinte:

$$\text{Retorno sobre Patrimônio Líquido} = \text{Margem Líquida} \times \text{Giro dos Recursos Próprios}$$

$$\frac{\text{Lucro Líquido}}{\text{Patrimônio Líquido}} = \frac{\text{Lucro Líquido}}{\text{Vendas}} \times \frac{\text{Vendas}}{\text{Patrimônio Líquido}}$$

A **margem líquida** mede a eficiência global da empresa. Por exemplo, se o índice for igual a 10%, indica que 90% das receitas de vendas foram utilizadas para cobrir todos os custos e despesas incorridos gerando 10% das vendas realizadas sob a forma de LL. Em outras palavras, de cada $ 1 de vendas, a empresa aufere $ 0,10 de LL.

Por outro lado, o **giro dos recursos próprios** revela o número de vezes em que o capital próprio investido na empresa girou em determinado período em função das vendas realizadas. Para melhor estudar esse índice, deve-se levar em conta a participação dos capitais de terceiros na empresa, pois um giro alto pode significar, além de uma eficiência maior na aplicação dos recursos próprios, um endividamento elevado.

Pela decomposição apresentada do RSPL, conclui-se que, para melhoria da rentabilidade do capital próprio, pode atuar o aumento do lucro sobre as vendas (margem líquida) ou o aumento da rotação (giro) do PL.

Para o caso ilustrativo da Cia. EAB, têm-se os seguintes resultados:

$$\text{Retorno sobre Patrimônio Líquido} = \text{Margem Líquida} \times \text{Giro dos Recursos Próprios}$$

$$\frac{\text{Lucro Líquido}}{\text{Patrimônio Líquido}} = \frac{\text{Lucro Líquido}}{\text{Vendas}} \times \frac{\text{Vendas}}{\text{Patrimônio Líquido}}$$

$$\text{RSPL} = \text{Margem Líquida} \times \text{Giro dos Recursos Próprios}$$

$$\frac{\$\ 1.825}{\$\ 10.608 - \$\ 1.825} = \frac{\$\ 1.825}{\$\ 14.213} \times \frac{\$\ 14.213}{\$\ 10.608 - \$\ 1.825}$$

$$20{,}8\% = 12{,}8\% \times 1{,}6182$$

13.6 TAXA DE CRESCIMENTO DO LUCRO LÍQUIDO

Uma medida relevante para a análise de agregação de valor de uma empresa é a taxa esperada de crescimento de seus resultados. Esse percentual é um direcionador de valor que permite uma avaliação de importantes indicadores que afetam o desempenho econômico: **reinvestimento do lucro** e **retorno do capital investido**.

A **taxa de crescimento do lucro líquido** (g_{LL}) é um direcionador formado pelo produto da **taxa de reinvestimento do lucro líquido** (b_{LL}) e o RSPL, ou seja:

$$g_{LL} = b_{LL} \times \text{RSPL}$$

A **taxa de reinvestimento** é a parcela do LL que não foi distribuída aos acionistas/sócios como dividendos, sendo reinvestida na empresa. O percentual do lucro pago aos sócios é conhecido como índice de *payout*, sendo calculado da forma seguinte:

$$\textit{Payout} = \frac{\text{Dividendos}}{\text{LL}}$$

Logo, a taxa de reinvestimento do LL (percentual do LL reinvestido) é facilmente obtida pela expressão:

$$\text{Taxa de Reinvestimento do lucro líquido } (\boldsymbol{b_{LL}}) = 1 - \textit{payout}$$

Empresas em fase de expansão de suas atividades, e com atraentes oportunidades de crescimento, costumam reduzir o índice de *payout* visando financiar parte de suas necessidades de investimentos com maior retenção de lucros. Da mesma forma, forte competitividade de mercado exige maiores investimentos das empresas, elevando a taxa de reinvestimento de seus lucros. Empresas que atuam em setores mais estáveis podem elevar seu índice de *payout*, distribuindo um percentual maior de seus lucros aos acionistas. Suas necessidades de reinvestimentos são menores e podem direcionar maior parcela de seus resultados para pagamento de dividendos.

Por exemplo, se uma empresa apurar um RSPL de 20% e apresentar uma política de distribuir 30% de seus lucros líquidos como dividendos aos seus acionistas, pode-se esperar um crescimento equivalente a 14% em seus resultados líquidos (g_{LL}), ou seja:

$\boldsymbol{g_{LL}} = (1 - \textit{payout}) \times \text{RSPL}$

$\boldsymbol{g_{LL}} = (1 - 0{,}30) \times 20\% = 14\%$

Pela taxa calculada pode-se estimar, mantidos os indicadores de *payout* e de RSPL constantes, um crescimento anual de 14% do LL. Assim, para um resultado líquido referência de $ 100,00, são projetados os seguintes resultados:

	Ano 1	**Ano 2**	**Ano 3**	...
Lucro Líquido (g_{LL} = 14% a.a.)	100,00	114,00	129,96	...
Taxa de Reinvestimento (b_{LL}): 70%	(70,00)	(79,80)	(90,972)	...
Dividendos (*Payout*: 30%)	30,00	34,20	38,988	...
Taxa de Crescimento (g_{LL})	-	14%	14%	14%

Entendendo da taxa de crescimento como direcionador de valor, pode-se avaliar o RSPL de uma empresa a partir da relação entre a taxa de crescimento do LL e a de reinvestimento, ou seja:

$$\text{RSPL} = \frac{g_{LL}}{\underbrace{1 - \textit{payout}}_{\text{Taxa de Reinvestimento}}}$$

De forma mais analítica, a taxa de crescimento do lucro como direcionador de valor pode ser desmembrada da seguinte maneira (formulação analítica do crescimento):

$$g_{LL} = b_{LL} \times RSPL$$
$$g_{LL} = (1 - payout) \times [ROI + (ROI - Ki) \times P/PL]$$

Para ilustrar, admita os seguintes resultados apurados por uma companhia aberta:

INVESTIMENTO	$ 2.700,0
PASSIVO ONEROSO	$ 1.280,0
PATRIMÔNIO LÍQUIDO	$ 1.420,0
LUCRO LÍQUIDO	$ 492,5
DESPESAS FINANCEIRAS (LÍQ. IR)	$ 160,0
LUCRO OPERACIONAL (LÍQ. IR)	$ 652,5

Admitindo-se um *payout* de 35% da empresa, são apurados os seguintes indicadores:

- Taxa de Reinvestimento (b_{LL}) = 1 – 0,35 = 0,65 (65%)

$$\text{Retorno s/ PL (RSPL)} = \frac{LL = \$\ 492,5}{PL = \$\ 1.420,0} = 34,7\%$$

- Taxa de Crescimento (g_{LL}) = 65% × 34,7% = 22,5%

$$RSPL = \frac{g_{LL}}{1 - payout}$$

$$RSPL = \frac{22,5\%}{65\%} = 34,7\%$$

- $g_{LL} = (1 - payout) \times [ROI + (ROI - K_i) \times P/PL]$

$$ROI = \frac{\$\ 652,5}{\$\ 2.700,0} = 24,2\%$$

$$K_i = \frac{\$\ 160,0}{\$\ 1.280,0} = 12,5\%$$

$$P/PL = \frac{\$\ 1.280,0}{\$\ 1.420,0} = 0,90$$

Substituindo:

$$g_{LL} = (1 - 0{,}35) \times [24{,}2\% + (24{,}2\% - 12{,}5\%) \times 0{,}90]$$

$$g_{LL} = 0{,}65 \times 34{,}7\% = 22{,}5\%$$

Formulação Analítica do RSPL

O RSPL, em sua formulação simplificada, é apurado pela relação entre o LL do exercício e o PL investido, ou seja: RSPL = LL/PL.

Uma **formulação analítica**, melhor detalhada no próximo capítulo, permite que sejam identificadas as três medidas que exercem influência sobre a taxa de retorno do PL:

- *ROI*
- *Spread*
- Endividamento (Passivo Oneroso/Patrimônio Líquido)

O *ROI* foi estudado na Seção 13.2. Representa o retorno produzido pelo capital total dos credores e acionistas/sócios investidos na empresa (*ROI* = LOP LÍQ./INVESTIMENTO).

> **Importante**: se a empresa fosse totalmente financiada por recursos próprios (ativo total = patrimônio líquido), o *ROI* seria igual ao RSPL. Nessa situação de ausência de alavancagem, o resultado líquido seria igual ao resultado operacional, e o PL igual ao capital investido.

O *spread* mede o diferencial da taxa de *ROI* e o custo da dívida (K_i), ou seja:

$$SPREAD = ROI - K_i$$

Essa diferença é do acionista. Se positiva, **alavancará** a taxa de retorno do capital próprio; se negativa, reduzirá rentabilidade do PL. É o conceito de alavancagem financeira introduzido no Capítulo 8 e estudado de forma mais avançada no Capítulo 13.

O **endividamento** da empresa, medido pela relação entre o PO e o PL, revela a participação dos recursos de terceiros em relação ao capital próprio. Quanto mais alto esse índice, mais elevada é a alavancagem financeira da empresa, atuando sobre o retorno do capital próprio.

É importante registrar, uma vez mais, que a **taxa de crescimento do lucro líquido** (g_{LL}) é determinada pelo produto da taxa de reinvestimento e taxa de retorno do capital próprio. Ou seja: $g = b_{LL} \times$ RSPL. Em outras palavras, a taxa g é função das oportunidades de crescimento criadas pela empresa, determinadas principalmente pela busca de novos mercados e produtos e pelos retornos auferidos pelos acionistas, ou seja, pela eficácia na utilização dos recursos próprios colocados à disposição da empresa. Simulações nesses direcionadores poderão revelar as melhores estratégias de agregação de valor, de maneira a satisfazer às expectativas dos acionistas de maximização de sua riqueza.

Por outro lado, para que o crescimento dos lucros tenha atratividade econômica, o RSPL deve, no mínimo, remunerar a taxa mínima de retorno exigida pelos acionistas (custo de oportunidade). Investimentos com retornos inferiores ao custo de capital não devem ser aceitos por destruírem valor, mesmo que provoquem crescimento no LL.

APLICAÇÃO PRÁTICA

Admita os seguintes resultados estimados por uma empresa para o próximo exercício:

Margem Operacional (MO): LOP / Vendas	**16,0%**
Giro do Investimento (GI): Vendas / Cap Investido	**0,70**
Índice de *Payout*	**40,0%**
Custo da Dívida Líquido do IR (K_i)	**6,7%**
Razão Passivo / PL (P/PL)	**0,778**

Pede-se determinar a taxa de crescimento projetada do lucro líquido (g_{LL}) da empresa para o próximo exercício.

Solução

$g_{LL} = b_{LL} \times \text{RSPL}$

$b_{LL} = 1 - Payout$

$b_{LL} = 1 - 0{,}40 = 0{,}60\ (60{,}0\%)$

Formulação Analítica do RSPL:

$\text{RSPL} = ROI + (ROI - K_i) \times \text{P/PL}$

$ROI = \text{GI} \times \text{MO}$

$ROI = 0{,}70 \times 16{,}0\% = 11{,}2\%$

$K_i = 6{,}7\%$; $\text{P / PL} = 0{,}778$

Substituindo na expressão:

$\text{RSPL} = 11{,}2\% + (11{,}2\% - 6{,}7\%) \times 0{,}778$

$\text{RSPL} = 11{,}2\% + 3{,}5\% = 14{,}7\%$

Taxa de Crescimento Esperada do LL:

$g_{LL} = 0{,}60 \times 14{,}7\% = \mathbf{8{,}82\%}$

13.7 INDICADORES DE COBERTURA DAS EXIGIBILIDADES E DOS JUROS

O índice de cobertura de juros expressa o número de vezes em que os resultados operacionais da empresa cobrem a remuneração devida ao capital de terceiros. É apurado pela relação entre o lucro operacional e o montante das despesas financeiras incorrido no período, ou seja:

$$\text{Cobertura de Juros pelo Lucro Operacional} = \frac{\text{Lucro Operacional}}{\text{Despesas Financeiras}}$$

A cobertura de juros da Cia. EAB, calculada após a provisão para IR, atinge 8,36 vezes, ou seja:

$$\text{Cobertura de Juros} = \frac{\$\ 2.073}{\$\ 248} = 8{,}36$$

O indicador mede, também, o número de vezes em que o lucro da empresa pode diminuir sem afetar a remuneração devida aos recursos de terceiros. É claro que, quanto maior se apresentar esse indicador, mais confiantes e seguros se sentirão os credores.

Dentro de um enfoque mais rigoroso, os fundos gerados pelo processo de depreciação dos bens imobilizados podem, também, ser utilizados para a cobertura das despesas financeiras. Nesse caso, o indicador relaciona o **fluxo de caixa operacional (FCO)** gerado pelas operações (lucro operacional + depreciação) com as despesas financeiras incorridas no período, ou seja:

$$\frac{\text{FCO = Lucro Operacional + Depreciação}}{\text{Despesas Financeiras}}$$

Por outro lado, também é possível, considerando a amortização do principal da dívida contraída, medir a capacidade de que ela seja saldada pela empresa por meio do pagamento dos juros mais o principal. Nesse caso, o índice assume a forma seguinte:

$$\frac{\text{FCO = Lucro Operacional + Depreciação}}{\text{Despesas Financeiras + Amortização de Principal}}$$

Os indicadores de cobertura de juros, geralmente adotados pelos analistas financeiros, são construídos a partir do conceito de *EBITDA*, conforme estudado no Capítulo 12 (Seção 12.5). Nesse contexto, tem-se:

- uma empresa se diz em situação de **equilíbrio** de caixa quando:

$$\textit{EBITDA} \geq \text{Despesas financeiras + Amortização de principal de dívidas}$$

Nessa estrutura, o fluxo operacional de caixa gerado pela empresa é suficiente para cobrir tanto as despesas financeiras como o principal da dívida de competência do período em avaliação. É uma situação conhecida como *hedge*, apontando para um equilíbrio de caixa;

- uma empresa se encontra em posição **especulativa** quando o fluxo operacional de caixa for capaz de remunerar somente as despesas financeiras, ou seja:

$$\textit{EBITDA} = \text{Despesas financeiras}$$

Nessa estrutura, eventuais excessos do *EBITDA* em relação aos encargos financeiros do período não serão suficientes para cobrir o principal;

- uma outra posição de cobertura financeira dos passivos, que denota uma situação de maior **risco**, é refletida quando a geração do fluxo operacional de caixa não for suficiente para cobrir nem as despesas financeiras da dívida, ou seja:

EBITDA < Despesas financeiras

Nesse caso, o principal da dívida tende a se elevar diante da necessidade da empresa em capitalizar os encargos financeiros.

13.7.1 Risco de inadimplência

O risco de inadimplência das empresas é estudado, basicamente, a partir do potencial de geração de fluxos de caixa decorrentes das operações (geração interna de caixa) e de seus compromissos financeiros, incluindo juros e amortização do principal.

Evidentemente, quanto maior a capacidade de geração de caixa de uma empresa em relação a suas despesas financeiras, mais segura se apresenta sua capacidade de pagamentos. Da mesma forma, uma estabilidade maior nos fluxos de caixa promove a redução em seu risco de inadimplência. Empresas com negócios mais estáveis permitem maior previsibilidade que outras inseridas em segmentos cíclicos e mais voláteis.

A avaliação do risco de inadimplência processa-se, geralmente, mediante uso de índices financeiros baseados no comportamento dos fluxos de caixa e capacidade de cobertura de juros, conforme estudados nesta seção e em diversos outros capítulos.

Frequentemente, ainda, uma instituição de *rating* é contratada visando medir o risco de inadimplência da empresa por meio de uma classificação de suas obrigações. O nível de qualidade atribuído aos passivos da empresa é, geralmente, em função de informações conjunturais, de mercado e da própria empresa, além da apuração de índices financeiros. Esses indicadores visam refletir, em essência, a capacidade de cobertura dos juros pela geração interna de caixa.

Empresas como Standard and Poor's (S&P) e Moody's, para citar alguns exemplos, são conhecidas classificadoras de risco de inadimplência com atuação no mercado mundial. Empresas com classificação mais elevada em relação à qualidade de seus passivos podem remunerar os credores com taxas de juros mais baixas que aquelas que apuram um *rating* inferior.

A mais alta classificação da S&P é definida por **AAA**. Nessa categoria, são incluídas as empresas com capacidade elevada de pagamentos (risco mínimo). Uma classificação mais baixa é **A**, que denota empresas mais sensíveis aos riscos de mercado e às oscilações do ambiente econômico. Se os títulos classificados por **AAA** pagarem, ilustrativamente, 7% ao ano de juros a seus investidores, e os **A** remunerarem a uma taxa equivalente a 10% ao ano, esse diferencial de juros é conhecido por ***spread* de inadimplência.**

Quanto mais elevado o *spread* de inadimplência de uma empresa, maior se apresenta seu custo de capital e, consequentemente, menor sua capacidade de alavancar os resultados dos proprietários.

SIGNIFICADO DE CADA *RATING*

Rating de Grau de Investimento			*Rating* de Grau Especulativo		
S&P	**Moody's**	**Capacidade de Pagamento**	**S&P**	**Moody's**	**Capacidade de Pagamento**
AAA	Aaa	Extremamente elevada	BB + BB BB –	Ba1 Ba2 Ba3	Risco
AA + AA AA –	A a 1 A a 2 A a 3	Muito boa	B + B B –	B1 B2 B3	Alto risco
A + A A –	A1 A2 A3	Boa	CCC + CCC CCC – CC	Caa1 Caa2 Caa3	Vulnerabilidade atual a inadimplente
BBB + BBB BBB –	Baa1 Baa2 Baa3	Adequada	C	Ca	Juros não são pagos
			D		Inadimplência

14

DESEMPENHO ECONÔMICO E VALOR

Este capítulo trata, em sequência ao Capítulo 13, das formulações analíticas de avaliação do desempenho econômico desenvolvidas a partir do retorno sobre o investimento e retorno sobre o ativo.

Conforme definido ainda no Capítulo 2, o objetivo de toda empresa é a maximização de seu valor de mercado. O indicador do **valor econômico adicionado** sinaliza se as estratégias financeiras implementadas agregaram valor, reforçando sua viabilidade econômica e a continuidade do empreendimento.

14.1 FORMULAÇÃO ANALÍTICA DO DESEMPENHO MEDIDO PELO RETORNO SOBRE O PATRIMÔNIO LÍQUIDO

O Retorno Sobre o Patrimônio Líquido (RSPL) expressa, como definido no capítulo anterior, a taxa de retorno produzida pelo capital próprio investido na empresa. De maneira analítica, a RSPL depende de três fatores:[1]

1. **Retorno Sobre o Investimento (*ROI*)**. Se a empresa se apresentar totalmente financiada por capital próprio, foi demonstrado que RSPL e *ROI* são iguais, isto é: RSPL = *ROI*;
2. diferencial entre a taxa de *ROI* e o custo da dívida (K_i) ($ROI - K_i$). Esse *spread*, se positivo, é direcionado aos proprietários elevando sua taxa de retorno; se negativo, sua cobertura é também de responsabilidade do capital próprio;
3. **endividamento**, medido pela relação de passivos onerosos ([P]dívidas que produzem encargos financeiros) e patrimônio líquido, isto é: P/PL. Quanto maior esse índice, mais elevada se apresenta a capacidade do *spread* em alavancar a rentabilidade dos proprietários.

Dessa maneira, a fórmula mais analítica de apuração do RSPL, que permite uma análise mais completa de sua evolução, apresenta-se:

$$\text{RSPL} = ROI + (ROI - K_i) \times \text{P/PL}$$

1 Essa formulação analítica encontra-se em: MARTINS, E. *Aspectos da alavancagem financeira e do lucro no Brasil*. 1980. Tese (livre-docência) – Faculdade de Economia e Administração. Universidade de São Paulo, São Paulo.

A formação do *ROI* é determinada pela análise "giro × margem", conforme ilustrada na Seção 13.3 do capítulo anterior. Representando esse desempenho por meio de um diagrama de índices, bastante útil para uma avaliação mais analítica, tem-se:

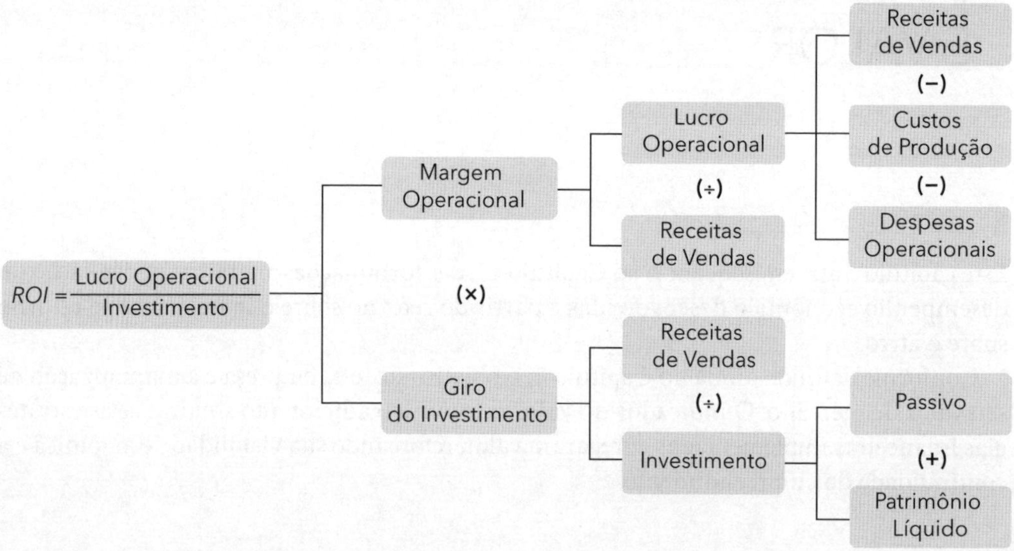

Figura 14.1 Diagrama de índices que compõem o *ROI*.

O desempenho do *ROI* em determinado período é consequência, basicamente, de duas estratégias financeiras.

- **Estratégia operacional**: envolvendo política de preços, escala de produção, qualidade, decisões de compra e estocagem etc.
- **Estratégia de investimento**: uso mais produtivo do capital, tecnologia, eliminação de ativos pouco rentáveis, identificação de novos investimentos economicamente atraentes etc.

O *spread* ($ROI - K_i$) é agregado ao resultado líquido do proprietário de forma ponderada ao endividamento da empresa (P/PL). É o fator econômico determinante da atratividade em se trabalhar com capital de terceiros, influenciando diretamente a taxa de retorno do capital próprio e as decisões de financiamento.

> Conforme estudado no Capítulo 13, a diferença entre o *ROI* e o K_i representa o **ganho do acionista pela alavancagem**. Mede quanto a empresa foi capaz de gerar de retorno em excesso ao custo do capital de terceiros (empréstimos e financiamentos). Esse *spread* pertence ao acionista, sendo incorporado ao retorno sobre o capital próprio investido.

O custo de captação (K_i) e, consequentemente, o nível de endividamento da empresa, são consequências de **estratégias de financiamento** formuladas, visando reduzir seu custo financeiro mediante acesso aos vários instrumentos do mercado de capitais, redução do risco empresarial, viabilidade econômica e financeira etc.

No caso ilustrativo da Cia. EAB, desenvolvido no Capítulo 13, a avaliação analítica de seu desempenho econômico pode ser demonstrada no diagrama de índices da Figura 14.2.

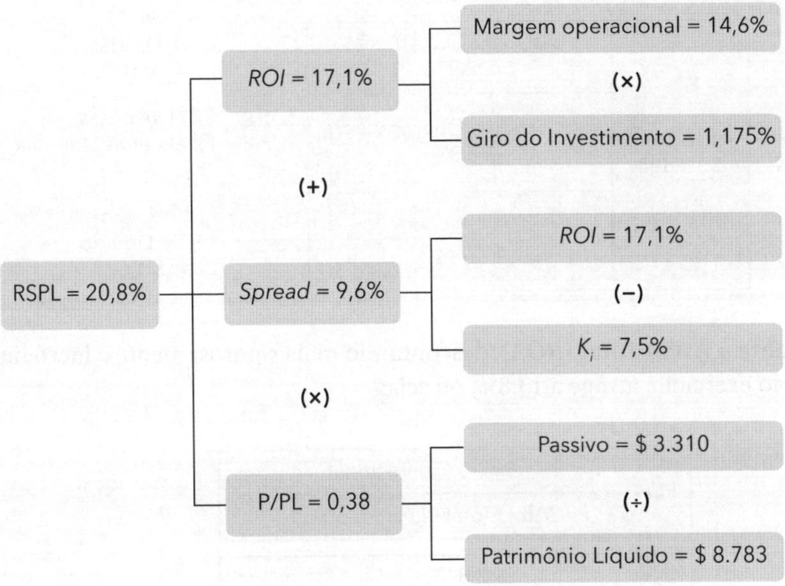

Figura 14.2 Diagrama de índices que compõem a avaliação analítica do desempenho econômico.

Analiticamente, tem-se a seguinte interpretação para os resultados apresentados anteriormente:

- **os 17,1%** indicam o retorno que o capital próprio está auferindo no ativo, ou seja, a rentabilidade dos proprietários se a empresa não utilizasse capitais de terceiros para financiar seus investimentos;
- **o *spread* de 9,6%** refere-se à diferença entre a taxa de aplicação e a de captação ($ROI - K_i$), ou seja, o acréscimo (ou decréscimo, se for negativo) à rentabilidade dos proprietários pela intermediação de recursos de terceiros;
- **o P/PL = 0,38** representa o índice de endividamento da empresa. Para o caso da **Cia. EAB** nota-se que, para cada $ 1,00 aportado por seus proprietários, foram captados junto a terceiros $ 0,38 de recursos onerosos;
- **9,6% × 0,38 = 3,65%** indicam o incremento no RSPL pelo uso de recursos de terceiros, mais baratos em relação ao retorno do investimento. Evidentemente, para um diferencial positivo entre aplicação e captação, quanto maior o endividamento, mais alto será o RSPL e, também, mais elevado o risco financeiro da empresa.

14.2 RETORNO SOBRE O ATIVO

A avaliação do desempenho pode, também, ser processada por meio do retorno do ativo total, promovendo importantes informações adicionais sobre a evolução da situação econômica da empresa.

A estrutura patrimonial total da Cia. EAB, conforme demonstrada no Capítulo 13, apresenta-se da seguinte forma:

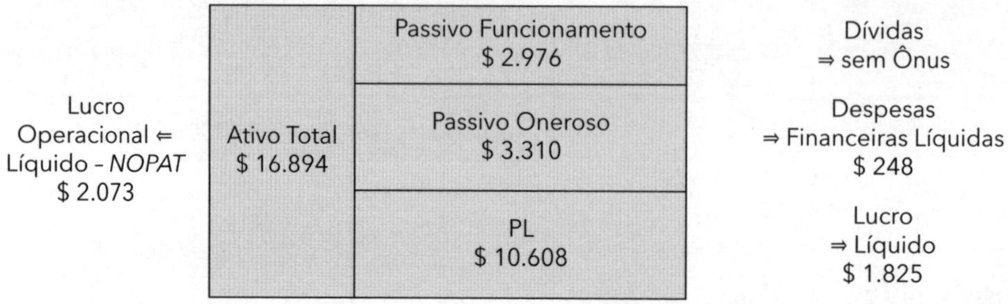

O **Retorno Sobre o Ativo Total (*ROA*)**, descontando mais rigorosamente o lucro líquido gerado no próprio exercício, atinge a 13,8%, ou seja:

$$ROA = \frac{\text{Lucro Operacional}}{\text{Ativo Total - Lucro Líquido}}$$

$$ROA = \frac{\$\ 2.073}{\$\ 16.894 - \$\ 1.825} = 13{,}8\%$$

O **passivo de funcionamento** não apresenta, pelas características comentadas, encargos financeiros explícitos, tornando-se um financiamento sem ônus para a empresa. São essencialmente passivos vinculados à atividade da empresa, inerentes a seu ciclo de negócios (fornecedores e salários a pagar, impostos a recolher etc). Eventuais encargos cobrados por pagamentos a prazo estão considerados nos custos de produção e venda dos produtos e não como despesas financeiras. Portanto, o custo desses passivos é admitido como nulo, ou seja:

$$\text{Custo Passivo Funcionamento} = K_F = 0\%$$

O **passivo oneroso**, representado basicamente por empréstimos e financiamentos, conforme comentado, apresenta custo financeiro explícito, devendo ser calculado e incorporado nas formulações de avaliação do desempenho. O custo desses passivos calculado para a Cia. EAB é de 7,5%.

Logo, com base nesses valores da Cia. EAB, pode-se desenvolver um diagrama analítico de seu desempenho econômico a partir do ativo total, conforme demonstrado a seguir.

Aplicação dos Recursos Próprios	
ROA	13,8%
(+) **Contribuição do Passivo de Funcionamento**	
(*ROA* - K_F) × [Passivo Funcionamento / (PL - Lucro Líquido)]	
(13,8% - 0%) × [$ 2.976 / ($ 10.608 - $ 1.825)]	4,7%
(+) **Contribuição do Passivo Oneroso**	
(*ROA* - K_i) × [Passivo Oneroso / (PL - Lucro Líquido)]	
(13,8% - 7,5%) × [$ 3.310 / ($ 10.608 - $ 1.825)]	2,3%
RSPL	20,8%

Podem ser efetuadas as seguintes avaliações do RSPL da Cia. EAB formuladas com base no retorno do ativo total:

- o *ROA* de 13,8% demonstra o retorno do capital próprio investido nos ativos da empresa;
- o *spread* do passivo de funcionamento é o valor integral do *ROA* de 13,8%, pois essa fonte de financiamento não apresenta custo financeiro;
- a contribuição desse passivo não oneroso ao RSPL é limitada à sua participação na estrutura de capital, sendo seu nível de endividamento igual a 0,3388, ou seja

Passivo Funcionamento / Patrimônio Líquido = $ 2.976 / ($ 10.608 – $ 1.825) = 0,3388 assim, ponderando-se esse endividamento com a taxa de retorno do ativo, obtém-se a agregação de valor do passivo de funcionamento à remuneração do capital próprio: 13,8% × 0,3388 = 4,7%.

- o passivo oneroso apresenta um custo (7,5%) inferior ao retorno da aplicação desses recursos (*ROA* = 13,8%), permitindo, também, a alavancagem do retorno dos proprietários. Essa contribuição é ponderada pelo nível de endividamento apresentado de 0,3768, atingindo 2,3%, ou seja, (13,8% – 7,5%) × 0,3768 = 2,3%.
- Dessa maneira, o RSPL da Cia. EAB é formado pelo retorno da participação do capital próprio em seus ativos de 13,8%, pelo retorno dos passivos de funcionamento (4,7%), e também pela alavancagem proporcionada pelos passivos onerosos e nível de endividamento (2,3%). Assim: RSPL = 13,8% + 4,7% + 2,3% = **20,8%**.

14.3 JUROS SOBRE CAPITAL PRÓPRIO

O cálculo dos **Juros Sobre o Capital Próprio (JCP)** está previsto em nossa legislação societária e fiscal como forma de apurar a remuneração dos capitais mantidos pelos sócios (acionistas e titulares) em determinado empreendimento empresarial. Da mesma forma que os encargos financeiros (juros) se referem à remuneração dos capitais de terceiros tomados como empréstimos e financiamentos, os JCP são calculados do investimento mantido pelos proprietários da empresa.

A atual legislação estende essa remuneração a todos os sócios dentro de certos limites, permitindo ainda que o valor pago seja dedutível do cálculo do Imposto de Renda (IR) nas sociedades que apurem o tributo com base no lucro real, conforme estudado no Capítulo 5 (Seção 5.2.2).

O cálculo e o consequente pagamento dos juros do capital próprio são de natureza opcional, podendo ou não a empresa exercer esse direito. Os juros são determinados com base na **Taxa de Juros de Longo Prazo (TLP)**, divulgada periodicamente pelas autoridades monetárias, e seu pagamento é efetuado somente diante da existência de lucros.

O montante calculado de JCP está limitado a 50% do lucro apurado no exercício (antes de sua contabilização), ou a 50% do saldo da conta de Lucros Acumulados, escolhendo-se dos dois o de maior valor.

Ao decidir pagar os JCP aos seus acionistas, esse desembolso pode ser interpretado como se fosse dividendo para apuração do dividendo mínimo legal obrigatório da empresa, como previsto pela legislação das sociedades por ações.

Essa remuneração do capital próprio está, atualmente, sujeita à incidência do IR na fonte, de responsabilidade da empresa.

É importante registrar, ainda, que a TLP, base de cálculo dos JCP, não tem relação alguma com o risco da empresa e, em consequência, com o custo de oportunidade do investimento. A TLP é uma taxa de juros que representa uma alternativa de financiamento idealizada no mercado financeiro nacional, sem maior vínculo com a taxa de juros de mercado. É calculada pela taxa média das captações internas e externas realizadas pelo Tesouro Nacional, não tendo relação com o custo de capital das empresas.

Para ilustrar a prática legal de cálculo dos juros sobre capital próprio, considere de forma simplificada uma sociedade com um patrimônio líquido igual a $ 800.000. Se for de 12% a TLP fixada para o exercício, tem-se o seguinte demonstrativo de resultados:

Demonstrativo de Resultados do Exercício

Receita de vendas	$ 1.400.000
Custos de produção	(540.000)
Lucro bruto	**$ 860.000**
Despesas operacionais e financeiras	(400.000)
Juros s/ capital próprio (12% × $ 800.000)	(96.000)
Lucro Antes do IR	**$ 364.000**
Provisão p/ IR	(90.000)
Lucro Líquido	**$ 274.000**

A sistemática brasileira de incluir os JCP no demonstrativo de resultados, conforme proposto pela Comissão de Valores Mobiliários, determina que esses juros, se registrados como despesas nos resultados do exercício, devem ser estornados para fins de cálculo do lucro líquido. É uma medida acertada, devendo ser incorporado no resultado do exercício apenas o benefício fiscal.

14.3.1 Custo de oportunidade

A inclusão dos JCP nos demonstrativos de resultados, conforme sugerido pela legislação vigente, não deve ter a pretensão de apurar o custo de oportunidade do acionista. O conceito de custo de oportunidade do capital próprio é mais rigoroso, representando o retorno da melhor alternativa de investimento, desprezada pelo acionista, ao selecionar outra oportunidade de mesmo risco. Equivale à taxa mínima de atratividade requerida pelos investidores para realizar um investimento.

O uso do custo de oportunidade do capital próprio na apuração dos resultados permite que se avalie a efetiva remuneração do acionista. Por exemplo, se uma empresa mantém $ 10 milhões de patrimônio líquido em certo exercício, e a remuneração que os sócios poderiam obter em outra alternativa de risco semelhante fosse de 14% ao ano, o lucro genuíno dos proprietários seria o valor que excedesse esse custo mínimo de: $ 10 milhões × 14% = 1,4 milhão.

Se, ao final do exercício, a contabilidade registrasse um lucro líquido de $ 1,9 milhão, o lucro genuíno dos sócios seria medido pela diferença: $ 1,9 – $ 1,4 = $ 0,5 milhão. Esse resultado é o que se denomina "lucro econômico". Ou seja, o lucro que excede ao custo de oportunidade dos acionistas. Observe que, se a empresa tivesse auferido $ 1 milhão de lucro contábil, esse resultado seria incapaz de remunerar seus acionistas na taxa mínima de atratividade exigida, produzindo um prejuízo econômico de $ 0,4 milhão.

Uma empresa somente é capaz de demonstrar crescimento em seu valor de mercado (agregar valor) se for capaz de apurar um lucro superior ao retorno mínimo requerido por seus sócios. Em caso de o lucro ser inferior ao custo de oportunidade do capital próprio, o acionista será atraído por outra alternativa de investimento mais rentável, desvalorizando o empreendimento.

A sistemática dos juros sobre capital próprio, conforme prevista em nossa legislação, é bastante limitada, não devendo representar a efetiva remuneração dos proprietários da empresa. O cálculo utiliza taxa de juros do mercado financeiro (em verdade, a TLP equivale à taxa média de captação do governo), cuja formação não guarda maior relação com a natureza e risco do investimento em capital de empresas. A adoção da TLP para o cálculo dos juros implica, ainda, admitir todos os empreendimentos empresariais equivalentes em termos de risco e expectativas de remuneração do capital dos proprietários, além de outras restrições impostas na legislação.

Quando a empresa faz a opção de pagar os JCP, o procedimento usual, conforme foi comentado, é considerar esse valor no demonstrativo de resultados pelos benefícios fiscais que produz e, posteriormente, efetuar a reversão para o cálculo do lucro líquido do exercício. No exemplo ilustrativo apresentado, o lucro líquido é calculado:

Lucro líquido do exercício antes dos JCP	$ 274.000
(+) Reversão dos JCP	$ 96.000
Lucro Líquido do Exercício	$ 370.000

14.4 CUSTO DE CAPITAL

Definido o retorno dos ativos e efetuada a avaliação de seus componentes, é necessário que se determine o custo de capital da empresa (próprio e de terceiros) de forma a conhecer a taxa de atratividade de seus investimentos e sua capacidade de agregar valor.

O **custo total de capital** equivale aos retornos exigidos pelos credores da empresa (instituições financeiras, debenturistas etc.) e por seus proprietários. Identifica o retorno que a empresa deve auferir em seus investimentos de maneira a remunerar suas fontes de financiamento.

O custo total de capital é obtido, basicamente, pelo custo de cada fonte de capital ponderado por sua respectiva participação na estrutura de financiamento, ou seja:

$$\text{CMPC} = W_1 \times K_i + W_2 \times K_e$$

em que: CMPC = custo médio ponderado de capital das várias fontes de financiamento utilizadas pela empresa;

W_1, W_2 = respectivamente, proporção de fundos de terceiros e próprios na estrutura de capital;

K_i = custo do capital de terceiros onerosos (empréstimos e financiamentos);

K_e = custo do capital próprio, ou seja, taxa de retorno mínima requerida pelos acionistas em seus investimentos na empresa.

O **custo do capital de terceiros** (K_i) é uma taxa explícita obtida, de forma mais simplificada, pela relação entre as despesas financeiras (juros) e os passivos onerosos geradores desses encargos. No caso ilustrativo da Cia. EAB, esse custo foi determinado de forma mais simplificada em 7,5%, ou seja:

$$K_i = \frac{\text{Despesas Financeiras (Líquido IR)}}{\text{Passivo Oneroso}}$$

$$K_i = \frac{\$\ 248}{\$\ 3.310} = 7{,}5\%$$

As despesas financeiras líquidas do IR (benefício fiscal) de $ 248 foram mensuradas no Capítulo 13, Quadro 13.3.

O custo do capital próprio (K_e) conforme apresentado na seção anterior, reflete o custo de oportunidade dos proprietários, ou seja, a melhor taxa de retorno de risco semelhante a que o investidor renunciou para aplicar seus recursos no capital da empresa. Essa taxa varia segundo o setor de atividade da empresa – empresas do setor de construção civil apresentam maior risco que empresas alimentícias, por exemplo, devendo oferecer, em consequência, maior rentabilidade – e as condições da economia.[2]

---

2 Para o leitor interessado no assunto, recomenda-se: ASSAF NETO A. *Finanças Corporativas e Valor*. 8. ed. São Paulo: Atlas, 2021.

Admitindo-se, ilustrativamente, um custo de capital próprio de 16% para a Cia. EAB, tem-se o seguinte custo total de capital, ilustrado com base em sua estrutura de investimentos:

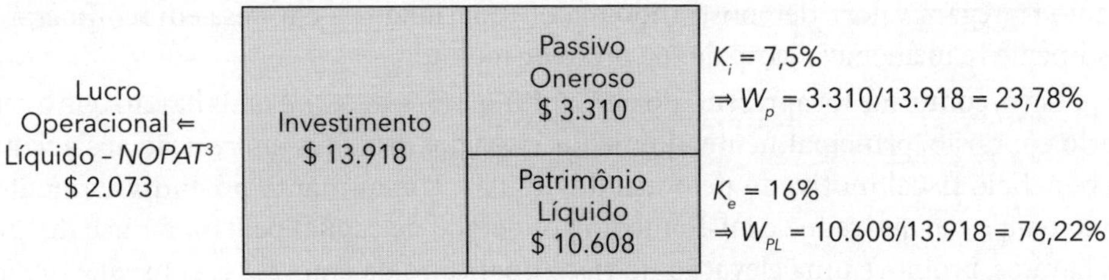

$$CMPC = (7{,}5\% \times 0{,}2378) + (16\% \times 0{,}7622)$$
$$CMPC = 1{,}7835\% + 12{,}1952\% = 13{,}98\%$$

O CMPC de 13,98% representa a remuneração mínima exigida pelos proprietários de capital (acionistas e credores) da Cia. EAB, ou seja, o retorno que a empresa deve produzir visando remunerar suas fontes de financiamento. Reflete, em outras palavras, a remuneração mínima exigida por todos os proprietários de capital (acionistas e credores), ponderada por suas respectivas participações sobre o capital total investido.

Pode-se entender o CMPC a partir da remuneração mínima exigida por cada fonte de financiamento. Assim:

Remuneração Exigida pelos Acionistas:	
16% × $ 10.608	= $ 1.697,3
Remuneração Exigida pelos Credores:	
7,5% × $ 3.310	= $ 248,4
CUSTO TOTAL DE CAPITAL	$ 1.945,7

Como os credores e acionistas investiram $ 13.918 na empresa, o custo total de capital (CMPC) é calculado:

$$CMPC = \frac{\$\ 1.945{,}7}{\$\ 13.918{,}0} = 13{,}98\%$$

- É possível sugerir, ainda, que o lucro operacional mínimo obtido pela empresa para demonstrar viabilidade econômica é igual ao seu total de capital de $ 1.945,7. Ao realizar esse lucro no exercício, a empresa apura um retorno de 13,98% ($ 1.945,7/$ 13.918,0), exatamente igual ao CMPC.

O custo de capital pode ser interpretado, também, como a taxa mínima de atratividade da empresa, devendo todos os seus investimentos gerarem, no mínimo, essa taxa de 13,98% de maneira a se tornarem economicamente atraentes.

3 Sigla do termo, em inglês, *Net Operating Profit After Taxes.*

Se a empresa produzir um *ROI* inferior ao seu custo de capital, estará deixando de atender às expectativas mínimas de remuneração de seus proprietários, permitindo a depreciação de seu valor de mercado. Retornos superiores ao CMPC, por outro lado, valorizam o empreendimento (agregam valor), demonstrando maior capacidade da empresa em remunerar seus investimentos e melhor avaliação de seu preço de mercado.

O passivo, conforme foi apresentado no Capítulo 2 (Seção 2.2), é mais barato que o capital próprio em razão, principalmente, do menor risco dos credores em relação aos acionistas e do benefício fiscal motivado pelo uso de dívidas. Um aumento no endividamento, ao mesmo tempo em que reduz o custo médio ponderado de capital pelo maior uso de fundos mais baratos, promove uma elevação no risco financeiro da empresa e, consequentemente, nos custos de oportunidade de seus proprietários. O efeito dessas duas forças antagônicas sobre o CMPC é que determinará a estrutura de capital ótima, definida como a que produz um custo de capital mais baixo. Nesse ponto de minimização do custo, o valor da empresa é maximizado.

14.5 VALOR ECONÔMICO AGREGADO[4]

Como o objetivo enunciado de qualquer empresa é promover, em suas decisões financeiras, um retorno que remunere as expectativas de rendimentos de seus proprietários de capital, a comparação do *ROI* com o CMPC permite identificar se a empresa está agregando ou destruindo valor econômico. Para que uma empresa demonstre viabilidade econômica, é necessário que o retorno do investimento cubra, pelo menos, seu custo de capital, isto é:

Atratividade Econômica	⇒ *ROI* ≥ CMPC

No caso ilustrativo da Cia. EAB, o lucro operacional mínimo necessário que deve ser obtido no exercício de forma a remunerar seus proprietários de capital (credores e acionistas) atinge $ 1.945,70, ou seja

$$\underbrace{(\$\ 3.310 + \$\ 10.608)}_{\text{capital investido por credores e acionistas}} \times \underbrace{13{,}98\%}_{\text{expectativa de retorno dos proprietários de capital (CMPC)}} = \$\ 1.945{,}70$$

Como o resultado operacional superou esse valor mínimo exigido, tem-se uma agregação de valor econômico pela Cia. EAB no exercício no montante de $ 127,30, ou seja

4 O termo *EVA*® – *Economic Value Added*, é marca registrada da Stern Stewart & Co. Neste livro, adotou-se a sigla VEA para exprimir o Valor Econômico Agregado.

Lucro Operacional de X9: (Quadro 13.3 do Capítulo 13)	$ 2.073,00
Lucro Operacional Mínimo para Remunerar os Proprietários de Capital:	($ 1.945,70)
Valor Econômico Agregado	**$ 127,30**

Esse é o lucro extraordinário, em excesso ao custo de capital, obtido pela empresa no exercício de X9, o qual influencia positivamente seu valor de mercado. A expressão de cálculo do VEA apresenta-se:

$$\text{VEA} = \text{Lucro Operacional} - (\text{Investimento} \times \text{CMPC})$$

Substituindo com os dados da Cia. EAB:

$$\text{VEA} = 2.073{,}00 - (13.918{,}00 \times 13{,}98\%)$$
$$\text{VEA} = \$\ 127{,}30$$

O VEA pode, também, ser calculado pela seguinte formulação alternativa, produzindo o mesmo resultado

$$\text{VEA} = (ROI - \text{CMPC}) \times \text{Investimento}$$

Para o cálculo do VEA, o *ROI* é confrontado com o CMPC de forma a evidenciar se a empresa foi capaz de auferir um retorno suficiente para remunerar o custo de oportunidade dos proprietários de capital.

A expressão [*ROI* – CMPC] é designada por ***ROI* Residual (*RROI*)**, designando o retorno em excesso produzido pelo investimento em relação ao seu custo de oportunidade. Assim

$$RROI = ROI - \text{CMPC}$$

Quando o *RROI* for positivo, entende-se que a empresa é capaz de gerar um retorno em excesso ao seu custo total de capital, revelando **agregação de valor econômico**. Em caso contrário (*RROI* < 0), a empresa **destrói valor**, pois não demonstra competência em remunerar as expectativas mínimas de retorno de seus investidores. O resultado econômico gerado é negativo.

Para o caso ilustrativo da Cia. EAB, tem-se os seguintes resultados

$$ROI = \frac{\$\ 2.073}{\$\ 13.918} = 14{,}9\%$$

Logo

$$\text{VEA} = \underbrace{(14{,}9\% - 13{,}98\%)}_{RROI} \times \underbrace{\$\ 13.918}_{\text{Investimento}} = \$\ 127{,}30$$

Na formação do VEA, torna-se bastante nítida a identificação das estratégias financeiras relacionadas pela empresa: **operacional**, **investimentos** e **financiamento**. A Figura 14.3 demonstra esse desempenho por meio de um diagrama básico de índices.

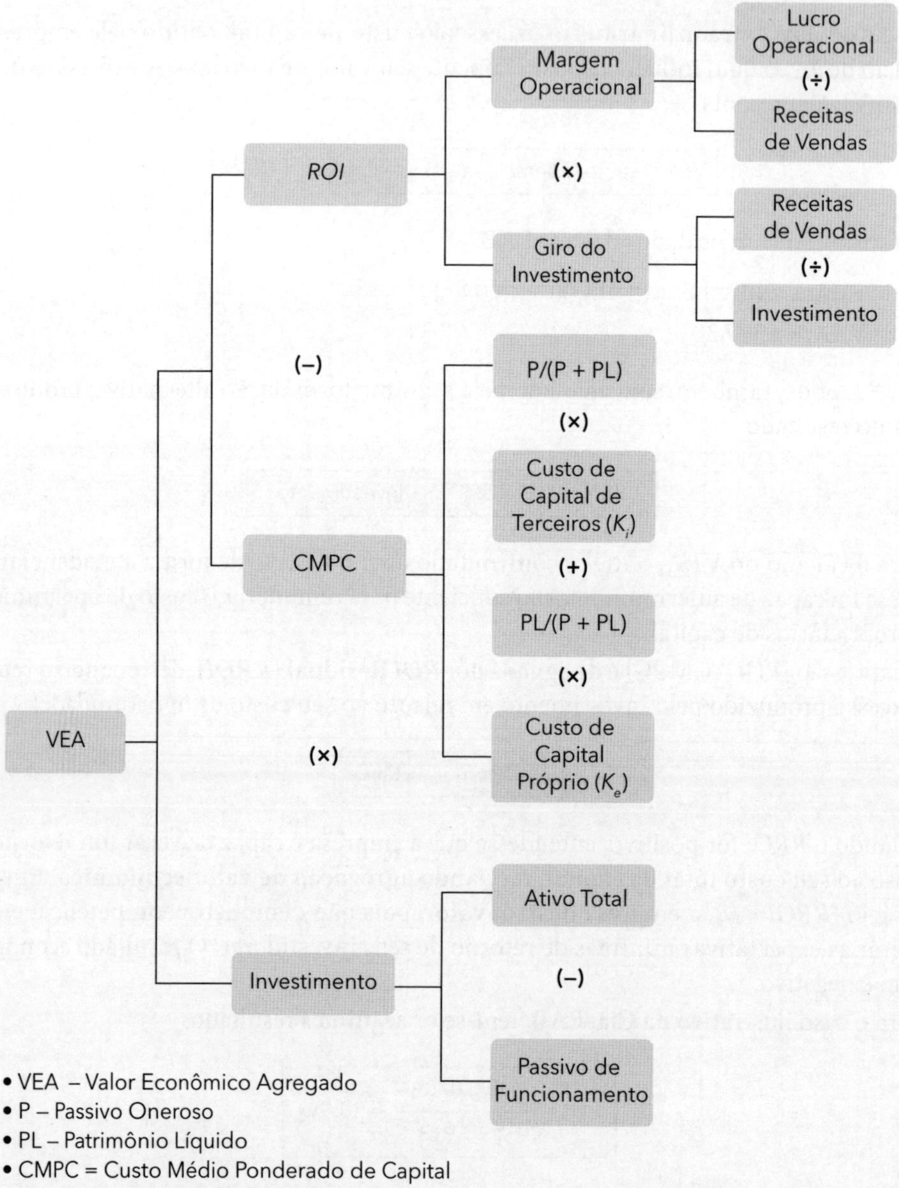

- VEA – Valor Econômico Agregado
- P – Passivo Oneroso
- PL – Patrimônio Líquido
- CMPC = Custo Médio Ponderado de Capital
- K_e = Custo do Capital Próprio
- K_i = Custo da Dívida

Figura 14.3 Formação do VEA - diagrama de índices.

O *ROI* revela, essencialmente, as estratégias de investimento e operacional da empresa, avaliado pelo giro do investimento e pela margem operacional. A Seção 14.1 desenvolveu, com detalhes, a análise desse desempenho.

O **CMPC** é formado como consequência da estratégia de financiamento adotado pela empresa, definida essencialmente por sua capacidade de acesso a fontes de capital menos onerosas que permitem minimizar o custo de capital.

Nessa estratégia, devem ser estudados o custo do capital próprio e de terceiros, e a proporção dos recursos de terceiros em relação ao patrimônio líquido. Pelas características da economia brasileira é importante que se avalie, também, a natureza das fontes de financiamento, identificando os recursos vinculados à variação comercial; os provenientes de fontes oficiais de crédito e, por isso, geralmente, mais baratos; os recursos captados a taxas livremente praticadas no mercado, tradicionalmente caros; e assim por diante.

Na avaliação da estratégia de **investimento**, além do retorno produzido por essas decisões, deve ser levado em consideração, também, o grau de imobilização do capital permanente, giro dos investimentos, equilíbrio financeiro etc.

A Figura 14.1 mostra um diagrama de índices formadores do valor econômico agregado, permitindo uma avaliação mais analítica das estratégias financeiras adotadas pela empresa.

14.6 VALOR PARA O ACIONISTA

O investimento do acionista revela atratividade econômica somente quando a remuneração oferecida for suficiente para remunerar o custo de oportunidade do capital próprio aplicado no negócio. Esse enfoque da moderna gestão das empresas passa a exigir atuação mais destacada da contabilidade e análise de balanços, cobrindo as necessidades mais exigentes de informações de seus diversos usuários.

O **valor é criado** ao acionista quando as receitas de vendas superarem todos os custos e despesas incorridos, inclusive o custo de oportunidade do capital próprio. Nesse caso, o valor da empresa excederia ao de realização de seus ativos tangíveis, indicando, esse resultado adicional, uma agregação de riqueza pelo mercado conhecida por *MVA*®[5] (*Market Value Added*) ou *goodwill*.

> A medida do *MVA*® revela o valor da empresa que excede ao capital investido. Ou seja, a riqueza econômica gerada pelo investimento realizado por credores e acionistas.

Uma empresa **destrói valor** quando, mesmo apurando um lucro contábil, seu montante não conseguir cobrir o custo mínimo de oportunidade do capital investido. O retorno oferecido não se mostra capaz de remunerar o risco assumido pelo acionista, formando um *MVA*® negativo, indicativo de destruição de valor.

Os acionistas têm a expectativa de que a empresa gere retorno superior ao custo dos recursos investidos, promovendo uma valorização em seu valor de mercado, ou seja, a criação de riqueza. O objetivo da empresa é o de maximizar a riqueza dos acionistas.

---

5 O termo empregado é marca registrada da Stern Stewart & Co.

Toda decisão que seja capaz de remunerar o custo do capital investido agrega valor econômico à empresa. Esse valor agregado é incorporado pelo mercado na avaliação das ações, gerando riqueza aos acionistas, principalmente se a empresa demonstrar competência de repassar a informação e credibilidade em seus resultados aos investidores.

O objetivo de qualquer empresa, conforme discutido no Capítulo 2, é criar valor para seus acionistas, promovendo a maximização de sua riqueza. Existem diversas razões consagradas na literatura financeira que apontam o valor, e não o lucro ou qualquer outra medida derivada, como Lucro por Ação (LPA), retorno sobre patrimônio líquido etc., como a melhor medida de desempenho de uma empresa. O valor é uma medida bem mais completa, levando em consideração, em seus cálculos, a geração operacional de caixa atual e potencial, a taxa de atratividade dos proprietários de capital (credores e acionistas) e o risco associado ao investimento. É uma visão de longo prazo, vinculada à continuidade do empreendimento, indicando o poder de ganho e a viabilidade de um negócio.

A existência de lucro não garante a remuneração do capital aplicado e, consequentemente, a atratividade econômica de um empreendimento. A sustentação de uma empresa no futuro somente se dará se ela for capaz de criar valor para seus proprietários por meio da concepção inteligente de um negócio. Um ativo somente agrega valor se seus fluxos operacionais de caixa esperados, descontados a uma taxa que reflete as expectativas de risco dos proprietários de capital, produzirem um valor presente líquido entendido, nesse caso, como *goodwill*, maior que zero, ou seja, uma riqueza absoluta.

14.6.1 Medida de valor para o acionista

Nesse objetivo de agregação de valor, uma medida alternativa de valor e derivada do VEA é o *spread* econômico do capital próprio, obtido pela diferença entre o retorno auferido pelo patrimônio líquido (RSPL = Lucro Líquido/Patrimônio Líquido) e o custo de oportunidade do acionista (remuneração mínima exigida). Assim

$$\textit{Spread}\text{ Econômico do Capital Próprio} = \underbrace{\text{RSPL}}_{\substack{\text{Retorno Sobre}\\ \text{o PL}}} - \underbrace{K_e}_{\text{Custo de Capital Próprio}}$$

A atratividade econômica da empresa é admitida quando o *spread* do capital próprio for positivo, indicando agregação de riqueza aos proprietários pela valorização do preço de mercado de suas ações.

SPREAD ECONÔMICO DO ACIONISTA	REVELA
POSITIVO – RSPL > K_e	VEA > 0 Agregação de Valor Econômico Empresa gerou um retorno ao acionista superior ao custo de capital

(continua)

(continuação)

SPREAD ECONÔMICO DO ACIONISTA	REVELA
NEGATIVO – RSPL < K_e	VEA < 0 Destruição de Valor Econômico Retorno do acionista foi menor que a taxa mínima requerida
NULO – RSPL = K_e	VEA = 0 A empresa remunerou o capital próprio investido na taxa mínima de retorno exigida

O resultado do ***spread*** **Econômico** do capital próprio ($ROE - K_e$) deve ser idêntico ao do VEA, pois as duas medidas excluem o custo do capital de terceiros em seus cálculos.

Ilustrativamente, admita uma empresa que apresenta um passivo oneroso (financiamento) de \$ 400, captado a um custo líquido do IR de 15%, e um patrimônio líquido de \$ 600. O custo de oportunidade dos acionistas é de 20%, e o *ROI* líquido, tradicionalmente apurado pela empresa, atinge a 21%.

A determinação do VEA obedece à seguinte sequência:

- CMPC = [20% × \$ 600/\$ 1.000] + [15% × \$ 400/\$ 1.000] = 18%
- VEA = [*ROI* – CMPC] × Investimento
- VEA = [21% – 18%] × \$ 1.000 = **\$ 30**

Cálculo do *spread* do patrimônio líquido:

- Lucro Líquido = [21% × \$ 1.000] – [15% × \$ 400] = \$ 150
- Retorno sobre o Patrimônio Líquido = \$ 150/\$ 600 = 25%
- *Spread* do Patrimônio Líquido = 25% – 20% = 5%
- Valor Agregado = 5% × \$ 600 = **\$ 30**

RETORNO ECONÔMICO DO ACIONISTA E PRÊMIO PELO RISCO		
Considere as seguintes informações de mercado e extraídas dos balanços de uma empresa, referentes aos dois últimos exercícios sociais:		
	20X1	**20X2**
GIRO DO INVESTIMENTO	0,78	0,90
MARGEM OPERACIONAL	15,0%	14,0%
RETORNO S/PL (RSPL)	18,5%	19,4%
TAXA DE JURO LIVRE DE RISCO	11,5%	10,5%
CUSTO DE OPORTUNIDADE DO CAPITAL PRÓPRIO	17,4%	17,0%

(continua)

(continuação)

RETORNO ECONÔMICO DO ACIONISTA E PRÊMIO PELO RISCO

Calcular o *ROI*

ROI (20X1) = 0,78 × 15,0% = 11,7%

ROI (20X2) = 0,90 × 14,0% = 12,6%

Apesar da redução da margem operacional em 20X2, a empresa elevou seu *ROI* imprimindo maior giro aos seus investimentos. Isso ocorre, principalmente, pela eliminação de ativos ociosos, estoques obsoletos ou demasiados, clientes morosos, excessos de liquidez, estratégias de distribuição e terceirização de atividades, e assim por diante.

Prêmio pelo Risco do Acionista = RSPL – Retorno de Aplicações Livres de Risco

Prêmio pelo Risco (20X1) = 18,5% – 11,5% = 7,0%

Prêmio pelo Risco (20X2) = 19,4% – 10,5% = 8,9%

O **prêmio pelo risco** revela o ganho do acionista acima de uma alternativa de aplicação admitida como livre de risco. Em geral, são usadas as taxas de juros prometidas pelos títulos públicos federais para expressar uma taxa de remuneração sem risco ou de risco mínimo.

Na avaliação desse indicador deve ser considerado o risco do investimento realizado e o prêmio de risco oferecido. Empresas que não conseguem remunerar adequadamente o seu risco demonstram certa inviabilidade, destruindo valor. Se o prêmio de risco médio para essa empresa, por exemplo, considerando seu negócio e seu endividamento, for de 6,0%, pode-se concluir que os acionistas foram remunerados em todos os anos acima da taxa mínima de retorno exigida (custo de oportunidade), promovendo a criação de valor econômico.

Retorno Econômico do Acionista = RSPL – Custo de Capital

Retorno Econômico do Acionista (20X1) = 18,5% – 17,4% = 1,10%

Retorno Econômico do Acionista (20X2) = 19,4% – 17,0% = 2,4%

O retorno econômico positivo nos dois exercícios corrobora as conclusões anteriores, indicando que os acionistas foram remunerados acima de seu custo de capital. Esse desempenho promove a criação de valor econômico aos investidores.

O retorno econômico é uma medida derivada do VEA, indicando a atratividade econômica do investimento. Neste capítulo, esse indicador foi denominado *spread* do capital próprio.

14.7 MODELO DE AVALIAÇÃO A PARTIR DO VALOR ECONÔMICO AGREGADO

Conforme desenvolvido, o VEA é entendido como o resultado em excesso auferido pela empresa em relação à remuneração mínima exigida pelos seus proprietários de capital (credores e acionistas). Ocorrendo uma agregação de valor econômico, o resultado repercute favoravelmente sobre a riqueza dos acionistas, elevando o valor de mercado da empresa. Um VEA negativo, ao contrário, destrói valor da empresa, desvalorizando seu preço de mercado.

Ao se aplicar o modelo de avaliação proposto pela Stern Stewart,[6] pode-se entender o valor presente do VEA como o *goodwill* da empresa, ou seja, o valor de mercado que excede ao total do capital investido em seus ativos. Logo, o *goodwill* reflete o preço que um investidor

6 STEWART, B. III – Stern Stewart & Co. *The Quest for value*, Harper Business, 1991. A relação entre o VEA e o CMPC é definida por *MVA*® (*Market Value Added*) pelo autor.

pagaria por uma empresa a mais do que ele gastaria na hipótese de construí-la na atual estrutura de investimento. Assim

$$Goodwill = \frac{VEA}{CMPC}$$

- VEA = valor econômico agregado.
- CMPC = custo médio ponderado de capital.

De maneira simplificada, ao se admitir um valor econômico agregado constante na perpetuidade, o *goodwill* da Cia. EAB, conforme análise desenvolvida ao longo dos Capítulos 13 e 14, apresenta-se:

- VEA: 127,30
- CMPC: 13,98%

$$Goodwill = \frac{\$\ 127{,}30}{0{,}1398} = \$\ 910{,}6$$

Esse resultado indica a valorização do preço de mercado da empresa em relação ao valor tangível de seus ativos (criação de riqueza), determinada pela expectativa de produzir um VEA positivo no futuro. Quanto maior o VEA, mais elevado o valor agregado pelo mercado, valorizando o preço da empresa.

Com base no modelo, o valor de mercado de uma empresa é constituído do capital investido em seus ativos mais o *goodwill*, ou seja:

$$\text{Valor da Empresa} = \text{Investimento} + \textit{Goodwill}$$

Calculando o valor da Cia. EAB, tem-se:

Valor = $ 13.918 + $ 910,6

Valor = $ 14.828,6

O *goodwill* (ou *MVA*®) é efetivamente uma medida de riqueza intangível, podendo ser entendida pela diferença entre o valor de mercado da empresa e o montante de capital que os investidores aplicaram no negócio. O investimento realizado na empresa é identificado no aporte de capital próprio, retenção de lucros e empréstimos/financiamentos levantados no mercado.

Se a empresa for capaz de promover um retorno que supere as expectativas de remuneração mínima dos proprietários de capital, então ela estará gerando riqueza aos seus acionistas. Em caso contrário, se o retorno não satisfizer o custo de oportunidade do investimento, os acionistas estariam economicamente melhor se a empresa distribuísse seus lucros como dividendos. Nesse caso, quanto mais a empresa investir, mais destruirá a riqueza de seus acionistas.

O *goodwill* de uma empresa é determinado essencialmente pela qualidade de sua gestão, pela correta avaliação das estratégias financeiras implementadas. O desempenho do *goodwill*, para o analista, fornece indicações relevantes do sucesso do empreendimento, refletindo como a gestão da empresa contribuirá para a formação da riqueza dos proprietários.

APLICAÇÃO PRÁTICA

Considere as seguintes informações apuradas por uma empresa ao final do exercício de 20X3, conforme apresentadas abaixo:

CAPITAL INVESTIDO (Valor Médio): $ 42.000,0	Lucro Operacional (LOP) ANTES IR: $ 11.200,0 (IR = 34%)
PASSIVO ONEROSO (Valor Médio): $ 14.000,0	DESP. FINANC. ANTES IR: $ 1.600,0
PATRIM. LÍQUIDO (Valor Médio): $ 28.000,0	CUSTO DE CAPITAL PRÓPRIO: 15%
RECEITAS OPERAC. DE VENDAS: $ 64.100,0	

PEDE-SE Calcular:

a. *ROI*

$$ROI = \frac{\text{LOP Líquido IR} = \$\ 11.200 \times (1 - 0{,}34)}{\text{Capital investido} = \$\ 42.000{,}0} = \mathbf{17{,}6\%}$$

b. LOP Líquido do IR e Lucro Líquido

LOP Antes IR	= $ 11.200,0
IR	= (34%)
LOP LÍQUIDO DO IR	**= $ 7.392,0**
Desp. Financeira Líquida IR:	
$ 1.600,0 (1 – 0,34)	= ($ 1.056,0)
LUCRO LÍQUIDO	**$ 6.336,0**

c. Formulação Analítica – Retorno s/ Patrimônio Líquido (RSPL)

$$RSPL = \frac{\text{LUCRO LÍQUIDO} = \$\ 6.336{,}0}{\text{PATRIM. LÍQUIDO} = \$\ 28.000{,}0} = \mathbf{22{,}63\%}$$

- $RSPL = ROI + (ROI - K_i) \times P/PL$

$$\text{Sendo: } K_i = \frac{\text{Desp. Financ. Líquida} = \$\ 1.600{,}0\ (1 - 0{,}34)}{\text{Passivo Oneroso (médio)} = 14.000{,}0} = \mathbf{7{,}543\%}$$

$$RSPL = 17{,}6\% + (17{,}6\% - 7{,}54\%) \times \$\ 14.000{,}0 / \$\ 28.000{,}0$$

$$RSPL = 17{,}6\% + 5{,}03\% = \mathbf{22{,}63\%}$$

d. Formulação Analítica do *ROI*

$$\text{GIRO DO INVESTIMENTO (GI)} = \frac{\text{REC. OPERAC. VENDAS} = \$\ 64.100{,}0}{\text{CAPITAL INVESTIDO} = \$\ 42.000{,}0} = 1{,}5262$$

$$\times$$

$$\text{MARGEM OPERACIONAL (MO)} = \frac{\text{LOP LÍQ.} = \$\ 7.392{,}0}{\text{REC. DE VENDAS} = \$\ 64.100{,}0} = \mathbf{11{,}532\%}$$

ROI = 1,5262 × 11,532% = 17,6%

Medidas que influenciam o GI e a MO

GIRO DO INVESTIMENTO	MARGEM OPERACIONAL
Inadimplência	Escala
Investimentos em Estoques	Margem de Lucro
Ativos Ociosos	Logística/Distribuição
Montante de Imobilizações	Produtividade e Qualidade

e. Custo de Capital Total (CMPC)

PAS. ONEROSO: $ 14.000,0 (1/3)	K_i = 7,543%	DF Líq. = $ 1.600,0 – 34% = $ 1.056,0
PATR. LÍQUIDO: <u>$ 28.000,0</u> (2/3)	K_e = 15,0%	Custo = 15% × 28.000,0 = <u>$ 4.200,0</u>
INVEST. = $ 42.000,0		**CUSTO TOTAL = $ 5.256,0**

$$\text{CMPC} = \frac{\text{REC. DE VENDAS} = \$\ 64.100{,}0}{\text{INVESTIMENTO} = \$\ 42.000{,}0} = \mathbf{12{,}5143\%}$$

Ou, calculando pela Média Ponderada:

CMPC = (K_e × PL / Cap. Invest.) + (K_i × PAS / Cap. Invest.)

CMPC = (15% × 2/3) + (7,543% × 1/3) = **12,5143%**

f. Atratividade Econômica

Indicador de Viabilidade Econômica = *ROI*: 17,6% > CMPC: 12,5143%

RROI = *ROI*: 17,6% – CMPC: 12,5143% = 5,086%

O Capital Investido produziu um retorno 5,086% maior que Custo Total de Capital (CMPC), agregando valor a empresa.

***SPREAD* ECONÔMICO DO CAPITAL PRÓPRIO** – Indica quanto o Acionista/Sócio ganhou acima de seu custo de oportunidade (taxa mínima de atratividade).

***SPREAD* ECONÔMICO DO CAPITAL PRÓPRIO** = RSPL: 22,63% – K_e: 15,0% = 7,63%

g. VEA

VEA PELO RESULTADO LÍQUIDO	**VEA PELO LUCRO OPERACIONAL**
VEA = (RSPL – K_e) × PL	VEA = (*ROI* – CMPC) × INVESTIMENTO
VEA = (22,63% – 15,0%) × $ 28.000,0	VEA = (17,6% – 12,5143%) × $ 42.000,0
VEA = **$ 2.136,0**	VEA = **$ 2.136,0**
VEA = LL – (K_e × PL)	VEA = LOP LÍQ. – (CMPC × INVEST.)
VEA = $ 6.336,0 – (15% × $ 28.000,0)	VEA = $ 7.392,0 – (12,5143% × $ 42.000,0)
VEA = **$ 2.136,0**	VEA = **$ 2.136,0**

h. Modelo *MVA*® (*goodwill*) da Stern Stewart

$$Goodwill = \frac{\text{VEA} = \$\ 2.136{,}0}{\text{CMPC} = 0{,}125143} = \$\ 17.068{,}5$$

Capital Investido	= $ 42.000,0
VALOR DA EMPRESA	**$ 59.068,5**

$$\text{Valor da Empresa} = \frac{\text{LOP LÍQ. IR} = 7.392{,}0}{\text{CMPC} = 0{,}125143} = \mathbf{\$\ 59.068{,}5}$$

O Valor da Empresa, calculado pelo modelo da Stern Stewart é predominantemente contábil, considerando unicamente os resultados contábeis apurados no exercício. Permite, por isso, sua conciliação com as demonstrações financeiras publicadas. Reflete somente o desempenho da empresa no exercício em análise, desconsiderando todas as expectativas futuras.

i. Resultado da Alavancagem Financeira

Conforme estudado no Capítulo 13 (Seção 13.3) o resultado do capital próprio origina-se do negócio (ativos) e do ganho da alavancagem financeira. Assim o RSPL é formado pelo retorno dos ativos mais o resultado da alavancagem financeira.

O LOP Líquido do IR é entendido como o Lucro Líquido da empresa caso seus ativos fossem financiados exclusivamente por capital próprio. O *ROI* equivale, em consequência, ao RSPL na ausência de dívidas. O RSPL, conforme calculado, mede o retorno do capital próprio considerando a estrutura de capital com dívidas (Pas. + PL). Assim, o resultado da alavancagem financeira é medido pela diferença: RSPL – *ROI*.

Aplicando ao caso ilustrativo em desenvolvimento, tem-se:

RSPL:	22,63%	– **Ganho Total do Capital Próprio**
ROI:	(17,6%)	– **Ganho dos Ativos** (Negócio)
	5,0%	– **Ganho por Alavancagem**

O ganho da alavancagem é explicado pelo retorno do Investimento (*ROI* = 17,6%) ser superior ao custo da dívida (K_i = 7,54%).

Grau de Alavancagem Financeira (GAF): indica a variação no RSPL motivada pela alavancagem financeira.

$$\frac{RSPL}{ROI} = GAF = \frac{RSPL = 22{,}63\%}{ROI = 17{,}6\%} = 1{,}286$$

O GAF calculado indica que a alavancagem financeira elevou (alavancou) o RSPL em 28,6%, ou 1,286 vezes. Esse comportamento favorável (GAF > 1,0) ocorreu devido ao *ROI* ser superior ao Custo da Dívida (K_i).

14.8 TAXA DE CRESCIMENTO DO LUCRO OPERACIONAL

Uma importante premissa na avaliação econômica de uma empresa é a taxa esperada de crescimento de seus resultados operacionais, conforme estudada no Capítulo 13 (Seção 13.6). Seguindo a mesma orientação básica da taxa de crescimento do lucro líquido, o crescimento do lucro operacional é direcionador de valor determinado pelo percentual de reinvestimento do lucro e retorno sobre o investimento, ou seja:

$$g_{LOP} = b_{LOP} \times ROI$$

Em que

g_{LOP} = taxa de crescimento do lucro operacional;
b_{LOP} = taxa de reinvestimento do lucro operacional;
ROI = retorno sobre o investimento.

Por exemplo, para uma empresa com *ROI* de 15% e que reinveste o equivalente a 60% de seus resultados operacionais, a taxa de crescimento esperada é de 9%, ou seja:

$g_{LOP} = 60\% \times 15\% = 9\%$

Mantendo-se o *ROI* em 15%, quanto maiores os reinvestimentos da empresa, mais elevadas se apresentam as taxas de crescimento dos resultados operacionais, conforme ilustrado no quadro a seguir:

TAXA DE REINVESTIMENTO b_{LOP}	0%	20%	40%	60%	80%	100%
TAXA DE CRESCIMENTO DO LUCRO OPERACIONAL $g_{LOP} = b_{LOP} \times 15\%$	0%	3%	6%	9%	12%	15%

Se o custo total de capital for inferior ao *ROI*, apura-se um VEA positivo para a empresa (maior que zero), e quanto maior se apresentar a taxa de crescimento do lucro operacional, mais elevado é o valor criado. Variações em g_{LOP} ocorrem em razão de alterações tanto na taxa de crescimento como na de retorno do investimento, ou em ambos os direcionadores.

As oportunidades de crescimento da empresa, assim como suas necessidades periódicas de novos investimentos, estão consideradas em seus resultados operacionais previstos, promovendo um crescimento em seus valores futuros. No entanto, **destaca-se uma vez mais que esse crescimento somente agrega valor econômico se a taxa de retorno esperada dos reinvestimentos superar o custo de oportunidade do capital utilizado**. O objetivo de crescimento da empresa nem sempre é o mais adequado para criar riqueza, sendo necessário que a taxa de retorno supere o custo de capital definido pelos investidores, produzindo um VEA positivo.

Os investimentos estimados em capital fixo e em capital de giro, quando deduzidos da depreciação, representam os reinvestimentos líquidos necessários que a empresa deve efetuar no futuro de forma a garantir sua continuidade. A taxa de reinvestimento do lucro operacional (b_{LOP}), medida relevante na avaliação do valor, é apurada pela seguinte expressão.

$$b_{LOP} = \frac{\text{Investimento Total Líquido}}{\text{Lucro Operacional Líquido do IR}}$$

O investimento operacional total líquido representa todas as aplicações em capital fixo e capital de giro, deduzidas da depreciação do período. Quando obtido dos relatórios contábeis, o Investimento Total Líquido pode ser calculado a partir da Demonstração do Fluxo de Caixa (DFC) da forma seguinte:

APLICAÇÕES	
Compras de Ativos Fixos	XXXX
ORIGENS	
(–) Vendas de Ativos Fixos	XXXX
(–) Depreciação do Exercício	XXXX
(=) INVESTIMENTO LÍQUIDO EM ATIVO FIXO	XXXX
(±) VARIAÇÃO NO CAPITAL CIRCULANTE LÍQUIDO	XXXX
(=) INVESTIMENTO TOTAL LÍQUIDO	**XXXX**

Algumas empresas podem apresentar uma taxa de reinvestimento bastante elevada, ultrapassando sua própria capacidade de geração operacional de resultados. São, tipicamente, empresas que atuam em ambientes muito competitivos e demandam fortes investimentos em tecnologia e desenvolvimento de produtos, como as do setor de alta tecnologia (*high-tech*). Esses altos desembolsos de capital verificados em determinados anos são, geralmente, compensados por resultados operacionais mais elevados no futuro, agregando valor à empresa.

Da mesma forma, empresas em fase de acentuado crescimento costumam promover desembolsos de capital bastante elevados. Em períodos futuros de estabilidade, no entanto, observa-se uma tendência de recuperação do equilíbrio entre a capacidade de geração de resultados operacionais de caixa e o volume de investimentos realizados.

APLICAÇÃO PRÁTICA

Admita que uma empresa tenha projetado um *ROI* de 12% para o próximo ano calculado sobre um capital investido de $ 14.400,0. A empesa prevê ainda as seguintes despesas de capital para o período:

CAPEX	= $ 800,0
DEPRECIAÇÃO	= $ 158,0
INVESTIMENTO EM GIRO	= $ 222,0

a. Determinar a taxa de crescimento do LOP

$$\boldsymbol{g_{LOP} = b_{LOP} \times ROI}$$

$$b_{LOP} = \frac{CAPEX - \text{DEPRECIAÇÃO} + \Delta\ \text{GIRO}}{\text{LOP}}$$

$$b_{LOP} = \frac{\$\ 800{,}0 - \$\ 158{,}0 + \$\ 222{,}0}{\text{LOP: } 12\% \times \$\ 14.400{,}0} = \frac{\$864{,}0}{\$1.728{,}0} = 50{,}0\%$$

$ROI = 12{,}0\%$

Crescimento do LOP:

$g_{LOP} = 0{,}0\% \times 12{,}0\% = \mathbf{6{,}0\%}$

b. Se a empresa desejar crescer 8,0% no próximo ano, qual deve ser a taxa de reinvestimento do lucro operacional (b_{LOP}) mantendo em 12,0% o *ROI*?

Como: $\boldsymbol{g_{LOP} = b_{LOP} \times ROI}$

$$\boldsymbol{b_{LOP} = \frac{g_{LOP}}{ROI} = \frac{8{,}0\%}{12{,}0\%} = 66{,}67\%}$$

Para atingir ao crescimento desejado de 8,0% no LOP no próximo ano, e mantendo em 12,0% o *ROI*, a empresa deve investir o equivalente a 66,67% (2/3) de seu Lucro Operacional. Restariam somente 1/3 do LOP para remuneração e amortização de dívidas, e remuneração do capital próprio.

O crescimento do lucro operacional (g_{LOP}) é dependente, principalmente, do potencial de mercado e concorrência, da capacidade instalada de produção e vendas da empresa e de sua viabilidade financeira em financiar novos investimentos necessários para sustentar o crescimento, ou seja:

g_{LOP} → Mercado
g_{LOP} → Capacidade de Produção
g_{LOP} → Viabilidade Financeira

14.9 VALOR ECONÔMICO FUTURO

O **Valor Econômico Futuro** (VEF)[7] é uma métrica de valor baseada em indicadores de mercado, e tem por objetivo apurar a riqueza agregada de expectativas futuras esperadas de desempenho. O *goodwill* (ou *MVA*®) obtido de balanços publicados, conforme demonstrado na Seção 14.7, apura a criação de riqueza com base no desempenho passado da empresa, de acordo com os valores apurados em determinado exercício.

7 A medida é apresentada pela Stern Stewart & Co. por *Economic Future Value* (*EFV*).

O *MVA®*, nessas condições, não tem nenhum compromisso com o desempenho futuro da empresa, somente com os resultados apurados em determinado período passado. O VEF, ao contrário, calcula a riqueza agregada a partir do valor de mercado das ações da companhia, o qual exprime o valor presente de uma expectativa futura de geração de benefícios econômicos de caixa. Uma ação avaliada no mercado por $ 4,00, por exemplo, reflete uma projeção futura de ganhos, que é descontada a valor presente por uma taxa mínima de remuneração que incorpora o risco do investimento.

É muito comum encontrar empresas que apresentam um VEA negativo em determinado exercício social, porém revelando boa capacidade de geração de valor diante de otimistas projeções futuras de desempenho. O VEA negativo pode, muitas vezes, ser reflexo de uma crise conjuntural localizada ou de um momento de forte expansão da atividade da empresa, por exemplo, e não uma demonstração de sua inviabilidade econômica. O VEF, ao considerar os resultados futuros esperados pelo mercado, revela com melhor qualidade ao analista a atratividade econômica do investimento, proporcionando uma visão de continuidade da empresa.

Para ilustrar o cálculo do VEF, admita uma empresa com os seguintes resultados apurados do mercado e de seus demonstrativos contábeis no exercício de 20X7:

	Exercício 20X7
■ PL a Valor de Mercado: $ 2,50/ação × 64.000 ações	$ 160.000,00
■ Dívidas	$ 80.000,00
■ Ativos Contábeis (Investimentos)	$ 220.000,00
■ VEA de Balanços	($ 1.500,00)
■ CMPC	$ 17,5%

O **PL a preços de mercado** foi determinado multiplicando-se o valor médio de mercado da ação ($ 2,50/ação) pela quantidade de ações emitidas pela sociedade (64.000 ações). As **dívidas** estão também avaliadas a preços de mercado. Os **ativos contábeis** foram extraídos dos balanços publicados ao final do exercício de 20X7, e o VEA foi calculado também desses demonstrativos.

A riqueza agregada determinada com base no desempenho passado (exercício de 20X7) é negativa, ou seja:

$$\textit{Goodwill} = \frac{\text{VEA} = (\$\ 1.500{,}00)}{\text{CMPC} = 0{,}175} = (\$\ 8.571{,}\ 43)$$

Pelos resultados, conclui-se que o desempenho da empresa, no exercício de 20X7, destruiu o equivalente a $ 8.571,43 de valor econômico. Em outras palavras, fixando-se unicamente nos resultados desse exercício de 20X7, o valor da empresa é $ 8.571,43 menor do que o investimento histórico apurado em seu balanço, isto é:

Valor da Empresa = $ 220.000,00 – $ 8.571,43 = $ 211.428,57

Por outro lado, considerando os indicadores de mercado de ações, que retratam expectativas futuras de desempenho, a situação é bastante diferente, registrando uma agregação de riqueza de $ 20.000,00, conforme demonstrado a seguir:

Valor de Mercado do Patrimônio Líquido	$ 160.000,00
Dívidas a Valor de Mercado	$ 80.000,00
Valor de Mercado da Empresa	**$ 240.000,00**
Ativos Contábeis (Investimentos)	($ 220.000,00)
Riqueza Futura Gerada	**$ 20.000,00**

Assim, o **VEF** atinge $ 28.571,43:

VEF = $ 20.000,00 – (– $ 8.571,43) = $ 28.571,43

Considerando o desempenho passado registrado no balanço de 20X7, a empresa destruiu valor de $ 8.571,43. Analisando-se o favorável comportamento futuro esperado, houve uma agregação de riqueza de $ 20.000,00, indicando um crescimento de $ 28.571,43 em seu *goodwill.*

Observe que a criação de riqueza econômica é determinada pela **capacidade futura** da empresa em produzir um retorno acima de seu custo de capital. O valor econômico de um ativo é em função de seu desempenho futuro esperado e não dos resultados auferidos no passado. Na avaliação de uma empresa, o objetivo, em verdade, é o de precificar os fluxos de benefícios econômicos futuros, independentemente do desempenho passado ou do tamanho de seus ativos (montante do capital investido).

14.10 PADRÕES DE ANÁLISE

Índices-padrão revelam os indicadores médios representativos do desempenho de grande número de empresas. Esses padrões são importantes para toda análise que se venha a fazer das empresas, permitindo que se estabeleçam qualificações (favorável, insuficiente etc.) nos vários índices extraídos dos demonstrativos financeiros.

Em verdade, para uma adequada avaliação dos índices econômico-financeiros de uma empresa, é indispensável compará-los com os de empresas que atuam no mesmo setor de atividade. Por meio desse processo comparativo é possível definir se uma empresa está mais ou menos líquida em relação a seus concorrentes. Da mesma forma, a rentabilidade, o nível de endividamento e outras importantes medidas são avaliadas comparativamente com outras empresas do mesmo ramo. Por exemplo, um índice de liquidez seca de 0,60 pode ser deficiente para uma empresa mineradora, mas adequado para aquelas cujo investimento relevante é em estoques (comércio atacadista, supermercados etc.).

Revistas especializadas em negócios[8] publicam, periodicamente, edições especiais em que são apurados os padrões de alguns indicadores econômico-financeiros das empresas (retorno sobre patrimônio líquido, liquidez geral, margem líquida etc.), assim como a evolução de certos valores agregados (receitas de vendas, ativo total, despesas financeiras etc.).

Basicamente, a determinação dos índices-padrão processa-se pelo cálculo da mediana, ou seja, o índice do meio da série de valores calculados.

Por exemplo, os índices de liquidez geral das 30 maiores empresas privadas do setor de alimentos referentes a determinado exercício social, conforme publicados, são classificados por ordem crescente de grandeza a seguir.

0,86	0,90	0,93	0,97	0,98	1,00
1,01	1,02	1,03	1,04	1,05	1,07
1,09	1,10	1,14	1,18	1,19	1,20
1,23	1,26	1,28	1,40	1,45	1,49
1,61	1,70	1,75	1,83	1,97	4,82

A **mediana** distingue-se da **média** por dividir os valores exatamente no meio, permanecendo 50% da distribuição antes e após a mediana.

Assim, com base nos valores originais relacionados anteriormente, a mediana situa-se na 15,5ª posição, ou seja, entre o índice de liquidez geral de 1,14 e 1,18. A mediana nessa colocação é de 1,16, a qual serve de comparação, como indicador-padrão do setor, para análises das empresas.

É interessante acrescentar que a mediana não fornece o desvio-padrão da distribuição de valores. Observe que os índices de liquidez considerados partem de um mínimo de 0,86 até um máximo de 4,82, denotando grande dispersão nos dados financeiros. Assim, ao se comparar a liquidez geral de uma empresa com a mediana de seu setor de atividade, as conclusões sobre o desempenho da empresa ficam limitadas pelo desconhecimento do desvio-padrão da distribuição de frequência, isto é, do grau de dispersão de seus valores.

14.10.1 Outras medidas de posição: decis e quartis

Um tratamento estatístico a um elenco de indicadores econômico-financeiros com a finalidade de apurar um valor-padrão representativo da distribuição é também desenvolvido por meio do cálculo de **decis** e **quartis**. Essas medidas são bastante utilizadas pelos analistas de mercado para definição de índices-padrão de avaliação das várias demonstrações contábeis.

Para ilustrar o cálculo de índices-padrão por meio dessas medidas estatísticas, considere os indicadores de endividamento (exigível total/ativo total), conforme definidos em determinado exercício social, para 20 empresas do setor de papel e papelão. Os indicadores, expressos em porcentagens, são apresentados a seguir em ordem crescente de grandeza.

---

8 No Brasil, existem as revistas *Exame* (Abril), *Conjuntura Econômica* (FGV) e outras. Recomenda-se o *site* financeiro: www.institutoassaf.com.br, que disponibiliza padrões médios de desempenho das Cias. Abertas brasileiras desde o ano 2000, e instituições financeiras.

1,1	7,4	8,2	12,3	15,5
15,9	22,5	23,0	23,1	23,4
26,1	28,4	28,9	29,1	29,7
32,7	42,8	44,8	45,9	52,2

Decis e **quartis** são medidas estatísticas que envolvem os conceitos de décimos e quartos. Basicamente, os decis dividem o rol de valores em nove partes (décimos) e os quartis em três partes (quartos).

Assim, o 1º decil será aquele valor que estiver acima de 10% dos índices e abaixo de 90%; o 2º decil, por sua vez, terá 20% dos índices abaixo de si e 80% acima; e assim por diante.

Com relação aos 20 índices de endividamento do setor de papel e papelão, o 1º decil terá dois valores abaixo (1,1 e 7,4) e 18 acima, situando-se, em consequência, entre 7,4 e 8,2. O cálculo do decil é desenvolvido pela média aritmética desses valores, atingindo 7,8 (7,4 + 8,2/2). O 2º decil situa-se entre 12,3 e 15,5, mantendo quatro valores abaixo e 16 acima. O valor médio é de 13,9. Os demais decis do rol de índices são apurados de maneira idêntica.

Por outro lado, os **quartis** dividem o rol de informações em três partes, ficando abaixo do 1º quartil 25% dos valores e acima 75%. O 2º quartil separa a distribuição em duas partes iguais, ficando 50% dos valores abaixo e 50% acima. Representa a mediana do rol de índices, conforme foi demonstrado. Finalmente, o 3º quartil está acima de 75% dos índices e abaixo de 25%.

No exemplo ilustrativo em consideração, o 1º quartil é encontrado entre o 5º e o 6º elemento do rol, sendo representado pela média aritmética dos valores desse limite, ou seja, 15,7 (15,5 + 15,9/2). O 2º quartil atinge 24,75 e o 3º a 31,2.

Descrevendo graficamente os quartis e decis, tem-se:

- **Decis**

1º decil	2º decil	3º decil	4º decil	Mediana 5º decil	6º decil	7º decil	8º decil	9º decil
7,8	13,9	19,2	23,05	24,75	28,65	29,4	37,75	45,35

- **Quartis**

1º quartil	2º quartil	3º quartil	4º quartil
15,7	24,75	31,2	

Mediana

Os mais baixos índices de endividamento vão até 15,7, nos quais se concentram 25% das empresas analisadas. Entre 15,7 e 31,2 situam-se 50% das empresas, e acima de 31,2 estão os mais altos índices. Por exemplo, se determinada empresa apresentar um índice de endividamento de 20,0 sabe-se que se encontra no 2º quartil, concluindo-se que se encontra acima de 25% das empresas de seu setor de atividade. Pelo gráfico mais detalhado dos decis, observa-se que o endividamento de 20,0 localiza-se entre o 3º e 4º decil, sendo, consequentemente, superior a 30% das empresas analisadas (seis empresas).

Algumas análises de mercado costumam atribuir, com base nessas medidas estatísticas, determinadas qualificações a cada **quartil** e **decil**, de forma que sirvam como critério para comparação entre empresas.

Para tanto, os índices são classificados em duas categorias básicas: (a) quanto maior, melhor (rentabilidade, liquidez, giro dos ativos etc.); e (b) quanto menor, melhor (endividamento, prazo de estocagens etc.).

Com base nessa classificação, pode ser sugerido o seguinte critério de análise comparativa:

- **Decis**

Decil / Índice	1º e 2º	3º e 4º	Mediana 5º	6º e 7º	8º e 9º
Quanto maior, melhor	Insatisfatório	Regular	Normal	Bom	Excelente
Quanto menor, melhor	Excelente	Bom	Normal	Regular	Insatisfatório

- **Quartis**

Quartil / Índice	1º	2º	3º	4º
Quanto maior, melhor	Insatisfatório	Regular	Bom	Excelente
Quanto menor, melhor	Excelente	Bom	Regular	Insatisfatório

Por exemplo, uma empresa com índice de endividamento de 20,0, conforme comentado anteriormente, pode ser classificada com índice **bom**, situando-se no 3º/4º decil ou 2º quartil.

É necessário considerar ainda que a classificação e respectiva avaliação dos índices não deve ser tratada de maneira isolada na análise. Muitos indicadores de análise não evidenciam, necessariamente, por seus resultados isolados, correspondência com a avaliação proposta. Por exemplo, um índice de liquidez corrente elevado (excelente, na classificação quanto maior, melhor), apesar de indicar privilegiada capacidade de pagamento da empresa a curto prazo, pode envolver algumas críticas. É possível que o alto valor apresentado seja resultado de ativos monetários ociosos, estoques excessivos ou especulativos etc., limitando, por conseguinte, as conclusões da análise. Da mesma forma, baixos níveis de endividamento, apesar de reduzirem o risco financeiro da empresa, podem estar limitando a rentabilidade sobre seus recursos próprios pelo pouco uso que vêm fazendo da alavancagem financeira.

Dessa maneira, é fundamental que o analista não restrinja sua avaliação a comparações isoladas, devendo tomar conhecimento dos motivos que determinaram os resultados em estudo.

14.11 INDICADORES DE INSOLVÊNCIA

No processo de avaliação econômico-financeira apresentado, é importante que o analista incorpore também, em seus estudos, modelos de previsão de insolvência e solvência além de indicadores-padrão representativos do desempenho do mercado.

A técnica de análise por meio de índices, conforme foi desenvolvida em capítulos anteriores, apresenta uma limitação metodológica derivada do fato de cada indicador ser avaliado de forma um tanto isolada. Apesar das propostas apresentadas de uso de diagramas de índices, a combinação de seus vários resultados fica ainda, em grande parte, na dependência de um julgamento subjetivo do analista. Nessa situação, são limitadas as condições, com base em um estudo isolado dos índices, de estabelecer algum modelo mais adequado de previsão de desempenho futuro da empresa, ou mesmo de identificar mais amplamente suas diversas relações.

Para a consecução desses objetivos, é utilizada a técnica estatística de **análise discriminante**, a qual extrai um comportamento típico das variáveis relacionadas previamente. Em outras palavras, a técnica discriminante identifica características básicas de um universo de variáveis em processo de análise, classificando-o, em consequência, em categorias de desempenho similares. Por exemplo, para a análise de balanços há, normalmente, grande interesse em classificar as empresas como solventes ou insolventes. Assim, por meio de vários indicadores econômico-financeiros das empresas, a aplicação da análise discriminante permite que se conheçam as características típicas de cada grupo empresarial, obtendo-se, com isso, fatores de previsão de solvência e de insolvência.

15

ANÁLISE DE AÇÕES E VALOR CRIADO AO ACIONISTA

Convencionalmente, a análise de ações é efetuada com base em indicadores do valor patrimonial, Lucro por Ação (LPA), Índice preço/Lucro (P/L) e distribuição de dividendos (*payout*). Apesar de seus aspectos conceituais serem amplamente difundidos no mercado, a utilização dessas medidas de análise requer certos comentários críticos no que concerne, principalmente, às suas limitações e critérios de cálculo adaptados às características contábeis e econômicas brasileiras.

Este capítulo dedica, ainda, especial atenção às medidas de desempenho das ações em valores de mercado, desenvolvendo métricas modernas de "Retorno do Acionista" e "Valor Criado ao Acionista".

Os indicadores de análise de ações, assim como todas as outras medidas financeiras, são mais úteis quando avaliados em conjunto com os demais índices e analisada, também, sua evolução. É importante, ainda, que esses indicadores sejam analisados em relação a outras empresas e ao mercado como um todo.

15.1 VALOR PATRIMONIAL

O **valor patrimonial** de uma ação representa a parcela do capital próprio (patrimônio líquido) da empresa que compete a cada ação emitida. É calculado da seguinte maneira:

$$\text{Valor Patrimonial} = \frac{\text{Patrimônio Líquido}}{\text{Número de ações emitidas}}$$

Por exemplo, admita que uma sociedade apresente, em determinada data, um patrimônio líquido de \$ 160 milhões e 64 milhões de ações emitidas. Nessas condições, o valor patrimonial de suas ações atinge \$ 2,50/ação, ou seja:

$$\text{Valor Patrimonial} = \frac{\$\ 160.000.000}{64.000.000} = 2{,}50/\text{ação}$$

O valor calculado indica que cada ação emitida participa com \$ 2,50 do patrimônio líquido da sociedade.

A **realização financeira** integral do valor patrimonial de uma ação somente se verifica em caso de dissolução da sociedade. Periodicamente, parte do patrimônio líquido pode ser distribuída aos acionistas, sob a forma de dividendos, ocorrendo, ao mesmo tempo, um crescimento do grupo pela parte retida dos lucros ou integralização de novas ações. A distribuição total do patrimônio líquido, no entanto, somente é viável na hipótese de encerramento das atividades da empresa.

Por outro lado, a **validade financeira** do valor patrimonial de uma ação depende, ainda, da possibilidade de todos os ativos da empresa serem realizados exatamente pelos valores registrados pela contabilidade. Como a identidade contábil do patrimônio líquido é formulada pela diferença entre o total do ativo e os passivos, e os ativos são alguns avaliados pelo seu preço de aquisição (custo), e outros a valores de mercado, desajustes entre o valor justo e o da contabilidade são bastante frequentes. Essa realidade reduz bastante a representatividade do valor patrimonial de uma ação para efeitos de análise e avaliação de empresas.

O **valor patrimonial** é uma informação nitidamente estática e retrospectiva, isto é, mede a parcela dos recursos próprios da empresa que compete a cada ação em determinado momento, com base nos valores acumulados no passado. Com isso, desvincula-se uma relação mais estreita entre o valor patrimonial de uma ação e seu preço de mercado. O preço de mercado da ação, mais rigorosamente, é função do desempenho futuro esperado da empresa, e não dos resultados que ela auferiu em exercícios anteriores. O desempenho passado de uma empresa é usado, algumas vezes, como uma variável das projeções dos investidores e não como um indicador básico de suas decisões de compra ou venda.

> Mesmo que os ativos possam estar, isoladamente, expressos a valor de mercado, é importante comentar que a soma de todos esses valores não representa o valor justo da empresa. O valor do **todo** (empresa) não equivale à soma dos valores de cada parte (ativos) que o compõem. Para o cálculo do valor do **todo** deve ser considerada, principalmente, a sinergia entre os ativos.

Em suma, o valor patrimonial de uma ação é mais adequadamente interpretado como um indicador do potencial contábil futuro de uma empresa em distribuir lucros (dividendos) e de sua capitalização. Quanto mais elevado se apresentar o valor patrimonial, maior é o potencial de reservas da empresa em distribuir lucros.

15.2 LUCRO POR AÇÃO

O **Lucro por Ação** (LPA) representa a parcela do resultado líquido da empresa, conforme apurado em determinado exercício social, que compete a cada ação. É calculado pela divisão entre o lucro líquido e o número de ações emitidas, ou seja

$$\text{LPA} = \frac{\text{Resultado Líquido}}{\text{Número de ações emitidas}}$$

Um estudo aprofundado desse indicador, inclusive seus critérios de cálculo para diferentes tipos de ações, foi desenvolvido no Capítulo 5.

Por exemplo, admita que uma empresa possua 66.380.400 ações emitidas em mercado, e divulgou um lucro líquido de \$ 101.500.000 no exercício. O LPA da empresa é calculado pela divisão do Lucro Líquido (LL) pela quantidade de ações disponíveis, isto é:

$$LPA = \frac{\$\ 101.500.000}{66.380.400 \text{ ações}} = \$\ 1,53$$

Um crescimento do LPA revela, geralmente, um incremento nos lucros contábeis da empresa. O índice costuma manter-se relativamente estável ao longo do tempo, não revelando grandes variações em seus valores.

15.3 PREÇO/LUCRO

É apurado de acordo com a seguinte expressão:

$$P/L = \frac{\text{Valor de mercado da ação}}{LPA}$$

Esse indicador, também denominado **múltiplo de lucros**, representa o tempo teórico de retorno do investimento acionário. Por exemplo, admitindo-se que o preço de mercado de uma ação, em determinado momento, seja de \$ 4,80, e o LPA do exercício publicado de \$ 0,60, conclui-se que, mantidos esses valores inalterados, serão necessários 8 anos para a recuperação do capital investido na ação, ou seja:

$$P/L = \frac{\$\ 4,80}{\$\ 0,60} = 8,0$$

De outra forma, pode-se concluir que o preço da ação equivale a oito vezes o lucro da empresa gerado no exercício.

Da mesma forma que os demais indicadores de ações apresentados, o P/L não especifica necessariamente uma realização financeira (de caixa), pois a distribuição do lucro líquido da empresa é função de sua política de dividendos. Por outro lado, o valor de mercado da ação sofre constantes variações, determinando a necessidade de apurar esse índice para curtos intervalos de tempo, ou trabalhar com valores esperados.

No que se refere à avaliação do **P/L**, tem-se que, quanto maior o P/L de uma ação, menores serão as expectativas do risco e da lucratividade do investimento. Ao contrário, quanto menor o P/L, maiores são o risco e a lucratividade esperados da ação.

O inverso do P/L muitas vezes é definido como a **lucratividade da ação**. No exemplo anterior, de uma ação com P/L igual a 8, a lucratividade da operação atinge 12,5% ao ano (1/8), ou seja, sendo o LPA de \$ 0,60 e o investimento de \$ 4,80, o retorno do investimento totaliza 12,5% por período: \$ 0,60/\$ 4,80 = 12,5%.

15.4 RENDIMENTOS DAS AÇÕES – GANHOS DE CAPITAL E DIVIDENDOS

O Capítulo 1 (Seção 1.3) destacou os rendimentos gerados pelas ações. Para o investidor, os dois principais ganhos bursáteis são:

- dividendos, inclusive os Juros sobre o Capital Próprio (JCP);
- valorização (ganho de capital), medida pela variação no preço de mercado da ação.

Empresas que pagam **maiores** dividendos aos acionistas costumam apresentar **menor** valorização em seus preços de mercado, comparativamente a outras empresas que distribuem menores montantes de lucros. O acionista compensa, nesse caso, uma menor valorização de suas ações por um fluxo maior de dividendos. Maior distribuição de dividendos denota menor parcela dos resultados reinvestida na expansão da atividade da empresa e menor taxa de crescimento dos lucros.

Os **rendimentos** das ações estão relacionados com o desempenho econômico e financeiro da empresa, expressos nos resultados obtidos no presente e nas expectativas futuras dos investidores. Se a tendência dos resultados sinalizar boas possibilidades de ganhos futuros, o preço da ação se valoriza no mercado influenciado por uma maior demanda do papel.

A **valorização** da ação é determinada pela variação de seu preço de negociação no mercado em determinado intervalo de tempo, sendo obtida pela diferença entre o valor de final e de início do período, ou seja:

$$\Delta \text{ Preço da Ação} = P_t - P_{t-1}$$

sendo: P_t e P_{t-1}, respectivamente, o preço da ação ao final e início do período.

Se:

$P_t > P_{t-1}$, há um ganho de capital determinado pela valorização do preço da ação no mercado;

$P_t < P_{t-1}$, ocorre uma perda de capital medida pela desvalorização do preço.

O investidor realiza financeiramente o resultado em caso de venda da ação.

A taxa de retorno dos ganhos de capital pode ser determinada pela formulação seguinte:

$$\text{Retorno dos Ganhos de Capital} = \frac{P_t - P_{t-1}}{P_{t-1}}$$

15.4.1 Dividendos por Ação

O indicador de **Dividendos por Ação (DPA)** mede o valor dos dividendos pagos aos acionistas, calculados para cada ação emitida pela empresa. É calculado pela relação entre os dividendos e outras formas de remuneração como JCP e bonificação em dinheiro, e a quantidade de ações emitida pela empresa, ou seja:

$$\text{DPA} = \frac{\text{Dividendos}}{\text{Quantidade de Ações}}$$

O DPA pode ser calculado para o total das ações e também para as ações ordinárias e preferenciais. A ilustração abaixo demonstra o cálculo da medida para cada tipo de ação, de acordo com informações divulgadas por uma empresa em determinado exercício social.

	Ações Ordinárias	Ações Preferenciais	Total
Quantidade de ações	130,0 milhões	170,0 milhões	300,0 milhões
Dividendos totais (inclusive JCP)	$ 100,0 milhões	$ 136,0 milhões	$ 236,0 milhões
Índice de *Payout*	25%	30%	27,6%
LPA	$ 5,20	$ 4,17	$ 4,62
DPA	**$ 0,7692**	**$ 0,80**	**$ 0,7867**

15.4.2 *Dividend Yield*

O ***Dividend Yield*** (***DY***), ou rendimento de dividendos, revela os rendimentos de dividendos (e outras formas de proventos) oferecidos pela ação ao investidor. É calculado pela relação entre o DPA e o seu preço de mercado, ou seja:

$$DY = \frac{\text{Dividendos por Ação}}{\text{Preço de Mercado da Ação}}$$

Esse indicador expressa, em outras palavras, a taxa de retorno da ação calculada unicamente com base nos dividendos pagos.

Variações no *DY* podem ser causadas não somente por uma maior distribuição de proventos, mas também por uma valorização (ou desvalorização) no preço de mercado da ação.

Por exemplo, admita que uma empresa tenha pago \$ 3,10 de proventos aos seus acionistas em determinado exercício, e que o preço de mercado de suas ações seja de \$ 25,50. O rendimento de dividendo calculado é:

$$DY = \frac{\$\ 3{,}10}{\$\ 25{,}50} = 12{,}2\%$$

Suponha, a seguir, que a ação sofra uma desvalorização e que seu preço de mercado caia para \$ 14,80. Nessa situação, o retorno de dividendos sobe para: \$ 3,10/\$ 14,80 = 20,9%. É importante entender, na análise, que o aumento do retorno não foi determinado por um volume maior de dividendos pagos, mas sim por uma desvalorização no preço de mercado da ação.

15.4.3 Taxa de Retorno Total da Ação

A **Taxa de Retorno Total da Ação** (**TRA**) é formada, conforme comentado anteriormente, pela soma de todos os ganhos oferecidos pelo título, sendo calculada da seguinte forma:

$$\text{TRA} = \frac{\text{DPA} + (P_t - P_{t-1})}{P_{t-1}}$$

O numerador da expressão incorpora todos os rendimentos auferidos pelos acionistas, como dividendos (e outros pagamentos de lucros), e os ganhos (ou perdas) de capital mensurados pela variação no preço de mercado da ação. O denominador indica o preço de mercado da ação no início do período.

Na ilustração acima, admitindo que o preço de mercado da ação estava cotado a \$ 17,2 no início do período e a \$ 20,5 ao final desse mesmo ano, pode-se apurar os seguintes resultados:

- Δ **Preço da Ação** = \$ 20,5 – \$ 17,2 = \$ 3,30/ação

$$\text{Taxa de Retorno dos Ganhos de Capital} = \frac{\$\ 3{,}30}{\$\ 17{,}2} = 19{,}19\%$$

$$DY = \frac{\$\ 0{,}7867}{\$\ 17{,}2} = 4{,}57\%$$

$$\text{TRA} = \frac{\$\ 0{,}7867 + \$\ 3{,}30}{\$\ 17{,}2} = 23{,}76\%$$

ou:

TRA = Taxa de Retorno dos Ganhos de Capital + *DY*

TRA = 129,19% + 4,57% = 23,76%

15.5 QUANTO DISTRIBUIR DE DIVIDENDOS – FLUXOS DE CAIXA LIVRE DO ACIONISTA

Uma questão importante na análise financeira é a parcela do lucro (dividendos) que a empresa pode distribuir aos seus investidores de forma a manter seu equilíbrio econômico-financeiro. É possível mensurar, a partir das demonstrações contábeis apuradas, o montante ideal de dividendos a serem pagos aos acionistas, de maneira a não promover desequilíbrios na liquidez ou na rentabilidade da empresa.

Por exemplo, se uma empresa distribui lucros acima de sua capacidade, poderá comprometer seu equilíbrio financeiro e, principalmente, sua capacidade em financiar o próprio crescimento. Se os dividendos foram abaixo do volume recomendado, podem ser identificados, nos ativos, recursos ociosos sem retorno operacional, prejudicando a rentabilidade da empresa.

Os dividendos a serem pagos devem se referir aos recursos líquidos em excesso gerados pela empresa no exercício. Os dividendos devem ser iguais ao resultado de caixa que resta após serem consideradas todas as receitas, custos e despesas incorridos, e também todas as necessidades de investimentos permanentes e em capital de giro, além dos ajustes em sua estrutura de capital (relação entre Passivo e Patrimônio Líquido). Esse resultado líquido em excesso é denominado **Fluxo de Caixa Livre (Disponível) do Acionista** (FCLA),[1] sendo calculado a partir das demonstrações contábeis da forma seguinte:

RESULTADOS	DEMONSTRAÇÃO CONTÁBIL
LL	DRE
(+) Depreciação	DRE ou DFC
(=) **Fluxo de Caixa das Operações**	
Dispêndios de Capital (*CAPEX*)	DFC
Investimento em Giro	Balanços
Novas dívidas	Balanços
FCLA	

O indicador de Dispêndios de Capital (***CAPEX***) é obtido da Demonstração de Fluxo de Caixa (DFC) conforme apurado no item **Caixa Líquido de Investimentos.**[2] Esse resultado líquido deve representar todas as aquisições de imobilizados operacionais realizadas no exercício, descontadas das vendas realizadas de ativos usados.

O **investimento em giro** pode ser obtido do balanço da empresa pela diferença entre o Capital Circulante Líquido (CCL) de final do exercício em avaliação e o CCL de final do exercício imediatamente anterior. Revela em quanto aumentou (ou diminuiu) o CCL da empresa no exercício.

As **novas dívidas** calculam quanto a empresa captou (ou amortizou) em termos líquidos de novas dívidas onerosas (empréstimos e financiamentos) no exercício com o objetivo de manter sua estrutura de capital, ou seja, a relação Passivo (P)/Patrimônio Líquido (PL).

Formulação de cálculo das **novas dívidas**:

$$\text{Novas dívidas} = \left[\frac{P}{P + PL} \times (CAPEX - \text{Depreciação} + \text{Investimento em Giro})\right]$$

$\frac{P}{P + PL}$ = Estrutura de capital mantida pela empresa. Proporção de dívidas financiando o investimento (Ativos) da empresa.

(*CAPEX* – Depreciação + Investimento em Giro) = Investimento total líquido realizado pela empresa no exercício em ativo imobilizado e giro.

1 *Free Cash Flow to Equity* (*FCFE*), em inglês.

2 Ver Seção 6.2 do Capítulo 6.

Se:

DIVIDENDOS = FCLA	Indica que a empresa está distribuindo integralmente seu caixa disponível aos acionistas. É uma situação de equilíbrio, em que todo o caixa livre (em excesso) gerado no período é pago aos investidores.
DIVIDENDOS > FCLA	Indica que os dividendos pagos superam a capacidade de geração de caixa livre da empresa no exercício, podendo comprometer seu equilíbrio financeiro. Nessa situação, a empresa pode estar usando recursos de suas reservas financeiras ou levantando novos recursos no mercado.
DIVIDENDOS < FCLA	Indica a retenção de uma parcela do caixa livre gerado no exercício aplicado em seus ativos. Por não produzir retorno, essa retenção onera o retorno operacional do capital investido. Provavelmente, a empresa pode estar utilizando os recursos em excesso para investimento no mercado financeiro. Algumas vezes, ainda, empresas com projetos de realização de novos investimentos no futuro podem estar formando as reservas financeiras necessárias para esse financiamento.

Cálculo dos dividendos a distribuir

Considere os seguintes resultados apurados das demonstrações contábeis de uma empresa ao final de um exercício social:

	$ 000
Earning Before Interest, Taxes, Depreciation and Amortization (*EBITDA*)	$ 180.000
Depreciação	$ 30.000
Despesas Financeiras (Juros)	$ 40.000
Alíquota de Imposto de Renda (IR)	34%

O CCL mantido pela empresa cresceu em $ 20.000 no exercício, e os investimentos líquidos revelados pela DFC (*CAPEX*) totalizaram $ 60.000.

A empresa financia seus investimentos líquidos e capital de giro com 50% de dívidas. A empresa possui, ainda, 12,2 milhões de ações e pagou $ 2,50/ação de dividendos a seus acionistas no exercício.

	$ 000		**$ 000**
EBITDA	180.000	Depreciação	30.000
Depreciação	(30.000)	**FLUXO DE CAIXA DAS OPERAÇÕES**	**102.600**
Despesas Financeiras (Juros)	(40.000)	Investimentos em Giro	(20.000)
LUCRO ANTES DO IR	110.000	*CAPEX*	(60.000)
Provisão de IR	(34%)	Novas dívidas: 50% × (60.000 – 30.000 + 20.000)	25.000
LUCRO LÍQUIDO	**$ 72.600**	**FCLA – FC Livre do Acionista**	**47.600**

O FCLA de $ 47.600 indica quanto efetivamente resta de caixa livre, após serem descontadas as receitas operacionais e todos os custos e despesas, as necessidades de investimentos em capital fixo e giro, e a manutenção da estrutura de capital desejada (proporção de dívidas e capital próprio). Esses recursos residuais podem ser pagos aos acionistas sem comprometer o equilíbrio financeiro e a continuidade da empresa.

$$\text{Potencial de distribuição de dividendos: } \frac{\text{FCLA} = \$\ 47.600}{\text{Qtd. de ações} = 12.200.000} = \$\ 3{,}90/\text{ação}$$

$$\text{Dividendos distribuídos} = \$\ 2{,}50/\text{ação}$$

$$\$\ 1{,}40/\text{ação}$$

A empresa distribuiu $ 1,40 de dividendos por ação a menos do que poderia pagar no exercício. Desde que não haja perspectivas de aplicações desses recursos na atividade operacional, o lucro retido de $ 17,08 milhões ($ 1,40 + 12.200.000 ações) em seus ativos são admitidos como ociosos para o seu negócio, onerando a taxa de retorno operacional do investimento.

15.6 AUMENTO DE CAPITAL E VALOR DA AÇÃO

Basicamente, o capital social da empresa pode ser aumentado pela incorporação de reservas e mediante a integralização de novas ações.

15.6.1 Aumento de capital por incorporação de reservas

O aumento de capital por incorporação de reservas do patrimônio líquido pode ser efetuado de três formas.

1. Mediante a correspondente emissão de novas ações e distribuição gratuita dos acionistas na proporção dos valores possuídos. Essa sistemática não produz nenhuma alteração na participação relativa dos acionistas, elevando somente a quantidade física de ações possuídas.
2. Pela alteração no valor nominal da ação, refletindo o valor da elevação do capital.
3. Pela prática de emitir ações sem valor nominal. Nesses casos, a quantidade de ações emitida pela empresa permanece inalterada elevando-se, unicamente, o montante do capital social.

Ilustrativamente, admita uma empresa que tenha um capital social de $ 900.000,00 e reservas de $ 600.000,00. A decisão de incorporar 60% de suas reservas patrimoniais ao capital social é analisada a seguir de acordo com as três sistemáticas sugeridas.

1. O valor nominal da ação é de $ 20,00. Nesse caso, existem 45.000 ações emitidas, sendo o aumento de capital de $ 360.000,00 (60% × 600.000,00). Os atuais acionistas terão uma bonificação de 18.000 ações, as quais serão proporcionalmente distribuídas ao número de ações possuídas. Assim, o proprietário que detenha 5% do capital social receberá 900 ações, aquele com participação de 10% tem direito a receber 1.800 ações, e assim por diante.

O patrimônio líquido, após a elevação do capital social, apresenta a estrutura seguinte:

Capital social (63.000 ações × $ 20)	$ 1.260.000,00
Reservas	$ 240.000,00
TOTAL	**$ 1.500.000,00**

2. O valor nominal da ação é alterado. Nessa situação, não há necessidade de emitir novas ações, processando-se um reajuste em seu valor nominal. Para o exemplo ilustrativo em consideração, o valor nominal da ação é valorizado de $ 20,00 para $ 28,00 (Capital social aumentado: $ 1.260.000,00/valor nominal ajustado: $ 28,00 = 45.000), ou seja:

Capital social (45.000 ações × $ 28,00)	$ 1.260.000,00
Reservas	$ 240.000,00
TOTAL	**$ 1.500.000,00**

3. As ações não possuem valor nominal. Nesse caso, não há nenhuma alteração na quantidade das ações emitidas. O capital social é elevado para $ 1.260.000,00, permanecendo em circulação as 45.000 ações originais. O patrimônio líquido assume a estrutura seguinte:

Capital social (45.000 ações)	$ 1.260.000,00
Reservas	$ 240.000,00
TOTAL	**$ 1.500.000,00**

Com base nas situações ilustradas, o valor patrimonial assume os seguintes resultados:

- Situação 1

$$\text{Valor Patrimonial} \begin{cases} \textbf{Antes do aumento:} = \dfrac{\$\ 1.500.000,00}{45.000 \text{ ações}} = \$\ 33,33 \\ \textbf{Após o aumento:} = \dfrac{\$\ 1.500.000,00}{63.000 \text{ ações}} = \$\ 23,81 \end{cases}$$

- Situação 2

$$\text{Valor Patrimonial} \begin{cases} \textbf{Antes do aumento:} = \dfrac{\$\ 1.500.000,00}{45,000 \text{ ações}} = \$\ 33,33 \\ \textbf{Após o aumento:} = \dfrac{\$\ 1.500.000,00}{45.000 \text{ ações}} = \$\ 33,33 \end{cases}$$

- Situação 3

$$\text{Valor Patrimonial} \begin{cases} \textbf{Antes do aumento:} = \dfrac{\$\ 1.500.000,00}{45.000 \text{ ações}} = \$\ 33,33 \\ \textbf{Após o aumento:} = \dfrac{\$\ 1.500.000,00}{45.000 \text{ ações}} = \$\ 33,33 \end{cases}$$

O decréscimo na quantidade de ações verificado nas situações (2) e (3) em relação a (1) não significa, em verdade, menor volume de riqueza do acionista. A redução do valor patrimonial é compensada pelo maior volume físico de ações possuídas, permanecendo o patrimônio líquido constante em $ 1.500.000,00 nas três situações descritas.

Como derivativo dessa colocação, é interessante estabelecer o preço teórico que a ação deve assumir no mercado após a bonificação. Ao ser negociada após esses direitos, o número de ações em negociação no mercado eleva-se, pela situação (1), para 63.000. Em consequência, espera-se que a ação assuma um valor de equilíbrio, ou seja, um preço teórico que mantenha a riqueza (patrimônio) do acionista inalterada. Em verdade, a bonificação em ações não gera nenhuma alteração na estrutura econômico-financeira da empresa, não devendo interferir, em consequência, em seu valor de mercado. Muitas vezes, a irracionalidade de mercado identifica a bonificação como lucro, fazendo com que o preço de mercado atinja valor superior a seu preço teórico de equilíbrio.

Admita-se, para efeitos de cálculo do preço teórico, que o valor de mercado da ação considerada no exemplo ilustrativo seja de $ 50,00. Com isso, um investidor que possua 5.000 ações apresenta um patrimônio de $ 250.000,00. Não havendo alterações com relação às expectativas de desempenho da empresa e do mercado acionário, é de se esperar que essa ação atinja um preço de equilíbrio de $ 31,25/ação, mantendo, os investidores, o mesmo nível de riqueza.

Para o investidor que possua uma carteira de 5.000 ações, avaliada a preço de mercado (antes da bonificação) em $ 250.000,00, seu patrimônio mantém-se inalterado, ou seja:

Investimento inicial – 5.000 ações × $ 31,25 =	$ 156.250,00
Bonificação (60%) – 3.000 ações × $ 31,25 =	$ 93.750,00
	$ 250.000,00

A expressão de cálculo do valor teórico de uma ação é apresentada a seguir:

$$P_E = \frac{P_c}{(1 + b)}$$

em que: P_E = preço teórico (de equilíbrio) esperado pela ação no mercado após a bonificação;

P_c = preço corrente de mercado da ação, definido antes do exercício do direito de bonificação;

b = percentual da bonificação.

Assim, substituindo os valores admitidos no exemplo, chega-se ao preço teórico de $ 31,25/ação, ou seja:

$$P_E = \frac{\$\ 50,00}{1 + 0,60} = \frac{\$\ 50,00}{1,60} = \$\ 31,25$$

15.6.2 Aumento de capital por integralização de ações

Quando o aumento de capital ocorrer por subscrição e integralização de novas ações, o preço teórico esperado de mercado é obtido pela seguinte identidade:

$$P_E = \frac{P_c + (S \times P_s)}{1 + S}$$

em que: P_c = preço corrente de mercado da ação definido antes do exercício do direito de subscrição;

S = percentual do aumento autorizado de capital por subscrição;

P_s = preço da subscrição de novas ações.

Ilustrativamente, admita, em complemento ao exemplo anterior, que a empresa tenha decidido elevar seu capital social mediante subscrição de novas ações. O aumento autorizado foi de 80%, sendo o preço de subscrição definido em \$ 42,00. O preço de equilíbrio esperado da ação atinge:

$$P_E = \frac{\$\ 50,00 + (0,8 \times \$\ 42,00)}{1 + 0,8} = \frac{\$\ 50,00 + \$\ 33,60}{1,8} = \$\ 46,44/\text{ação}$$

A partir da demonstração do patrimônio do acionista antes e após o exercício do direito de subscrição, conclui-se que ele se mantém inalterado quando a ação atinge seu preço teórico de equilíbrio no mercado. Assim, para o investidor com uma carteira de 5.000 ações, tem-se:

- Patrimônio do acionista antes do aumento de capital

Capital acionário inicial	
5.000 ações × \$ 50,00 =	\$ 250.000,00
Recursos disponíveis para a subscrição de capital	
5.000 ações × 80% × \$ 42,00 =	\$ 168.000,00
	\$ 418.000,00

- Patrimônio do acionista após o exercício do direito de subscrição

Capital acionário após a subscrição	
5.000 ações × 1,80 × \$ 46,44 =	**\$ 418.000,00**

É interessante notar, ainda, que a diferença apurada entre o preço de mercado da ação antes da subscrição (\$ 50,00) e o seu preço teórico (\$ 46,44) define o preço do direito de subscrição negociável no mercado de capitais. Ao vender seu direito de subscrição, o patrimônio do acionista, evidentemente, não se altera, conforme demonstrado a seguir:

- Patrimônio do acionista antes da venda dos direitos de subscrição

5.000 ações × \$ 50,00 =	**\$ 250.000,00**

- Patrimônio do acionista após a venda dos direitos de subscrição

  5.000 ações × \$ 46,44 = \$ 232.222,22

  5.000 direitos × (\$ 50,00 – \$ 46,44) = \$ 17.777,78 **\$ 250.000,00**

Na situação de aumento de capital por subscrição de ações, o valor do equilíbrio nem sempre se verifica no mercado e o preço dependerá de outros fatores, oriundos do desempenho esperado da empresa, do mercado acionário etc.

15.7 VALOR CRIADO AO ACIONISTA DE MERCADO

O valor de uma empresa (ou valor do negócio) representa o valor econômico de seus ativos. É calculado pelas expectativas de benefícios econômicos de caixa futuros, trazidos a valor presente por uma taxa de desconto que remunera o risco do negócio. Em outras palavras, o valor é determinado pela capacidade que a empresa demonstra em remunerar seus investidores no futuro, e não pelo montante do capital investido no negócio ou por seu desempenho passado.

O valor da empresa (ou valor do negócio) é igual ao valor de mercado de suas dívidas mais o valor de mercado do patrimônio líquido, ou seja:

$$\text{VALOR DA EMPRESA } (V_o) = \text{DÍVIDAS + PATRIMÔNIO LÍQUIDO}$$

A partir dessa formulação básica de cálculo do valor do negócio, é possível extrair-se o valor do patrimônio líquido, ou valor do acionista, da forma seguinte:

$$PL = V_o - \text{DÍVIDAS}$$

Quanto maiores as expectativas de retorno de uma empresa, mais alto é seu valor econômico atual. Uma vez mais, o valor de mercado de uma empresa é baseado no retorno que pode ser oferecido aos acionistas, na remuneração do capital investido, e não no tamanho ou volume de seus ativos. Quando a empresa produz um ganho acima de seu custo de oportunidade ela se revela capaz em produzir uma riqueza econômica (um valor em excesso) denominada *goodwill*, conforme estudado ao longo do Capítulo 14.

O **Valor Criado ao Acionista** (**VCA**) é uma métrica de valor determinada a partir de valores de mercado, representando mais fielmente o valor econômico gerado ao acionista. O mercado precifica as ações de uma companhia de forma mais dinâmica, baseado em estimativas futuras dos investidores com relação ao desempenho da empresa; a Contabilidade avalia os ativos de maneira mais estática considerando eventos ocorridos. Segundo a metodologia exposta por Fernández[3] o VCA de mercado é calculado de acordo com a seguinte formulação:

---

3 FERNÁNDEZ, P. A definition of shareholder value creation. IESE/University of Navarra. *Research Paper*, n. 448, 2002.

VCA = VALOR DE MERCADO DO PL × [RETORNO DO ACIONISTA DE MERCADO – CUSTO DE CAPITAL PRÓPRIO (K_e)]

Em que:

a. Valor de Mercado do PL = Preço de Mercado da Ação × Quantidade de Ações.

Para ilustrar, admita que uma companhia aberta brasileira tenha um total de 265.219 mil ações em circulação, assim distribuídas:

	QUANTIDADE	PREÇO/AÇÃO
Ações Ordinárias	99.680 mil	$ 74,61
Ações Preferenciais	165.539 mil	$ 87,73
Total de Ações:	265.219 mil	

Aplicando a formulação descrita anteriormente, o valor de mercado do PL da companhia atinge o seguinte montante:

Valor de Mercado PL = (99.680 × $ 74,61) + (165.539 × $ 87,73)

Valor de Mercado PL = $ 21.959.861,27 mil

O PL avaliado a mercado é formado a partir de estimativas futuras de retorno da empresa, incorporando reinvestimentos e oportunidades esperadas de crescimento. O PL contábil apurado nos balanços patrimoniais relata uma posição mais estática, conforme verificado ao final do exercício social. O valor contábil não reflete uma expectativa futura dos negócios da empresa.

b. Retorno do Acionista de Mercado equivale à medida do Retorno sobre o Patrimônio Líquido (RSPL). Em valor de mercado, o Retorno do Acionista é calculado pela relação entre os ganhos totais dos acionistas, formado pelos proventos totais líquidos recebidos mais os ganhos/perdas de capital (valorização ou desvalorização das ações) calculados para o exercício, e o valor de mercado do patrimônio líquido no início do período, ou seja:

$$\text{RETORNO DO ACIONISTA} = \frac{\text{GANHOS TOTAIS LÍQUIDOS DOS ACIONISTAS}}{\text{PL INÍCIO DO EXERCÍCIO}}$$

Em que:

Ganhos (Rendimentos) Totais Líquidos = Proventos Líquidos + Ganhos/Perdas de Capital.

Os **proventos líquidos** incluem todos os pagamentos de lucros feitos aos acionistas (dividendos e juros sobre o capital próprio), deduzidos de desembolsos efetuados para subscrever aumentos de capital e conversões de debêntures do tipo "conversível em ações".

Para ilustrar, admita os seguintes proventos pagos aos acionistas de uma companhia aberta nos quatro últimos exercícios sociais:

($ milhões)

	20X4	20X5	20X6	20X7
Dividendos	$ 126,5	$ 138,7	$ 147,7	$ 189,5
JCP	$ 67,3	$ 33,8	$ 39,8	$ 59,7
Desembolsos para subscrever aumentos de capital	($ 55,4)	($ 51,2)	-	($ 25,5)
Proventos Líquidos	**$ 138,4**	**$ 121,3**	**$ 187,5**	**$ 223,7**

Os **ganhos (ou perdas) de capital** são resultados dos acionistas mensurados pelas variações (valorização ou desvalorização) ocorridas nos preços de mercado das ações. Conforme comentado, esses resultados são determinados pelas expectativas dos investidores de mercado em relação ao desempenho futuro da empresa. Se os resultados futuros esperados forem atraentes, os investidores serão atraídos a comprar mais essas ações, e a maior demanda promove uma valorização nos preços de mercado, ajustando seu preço de mercado às expectativas de maiores ganhos. O contrário ocorre ao se sinalizar resultados futuros negativos.

Para ilustrar o cálculo dos ganhos de capital, considere as informações de mercado a seguir, relativas aos valores das ações de uma companhia aberta. O PL a mercado foi calculado de acordo com a expressão sugerida anteriormente, ou seja: Preço de Mercado das Ações × Quantidade de Ações.

Os **ganhos/perdas de capital** medem a evolução (valorização ou desvalorização) do valor de mercado do PL da empresa em cada ano. Por exemplo, observe no quadro a seguir que os ganhos de capital são calculados, para cada exercício, pela diferença entre o PL do ano em relação ao ano anterior. Assim, em 20X5 o ganho de capital é obtido por: $ 1.035,45 – $ 1.026,23 = $ 9,22 milhões; e assim por diante.

($ milhões)

	20X4	20X5	20X6	20X7
Valor de Mercado do PL	$ 1.026,23	$ 1.035,45	$ 1.215,82	$ 1.235,96
Ganhos de Capital	-	**$ 9,22**	**$ 180,37**	**$ 20,14**

Os **Ganhos Totais Líquidos** dos acionistas são calculados, para cada exercício, pela soma dos ganhos de capital e os proventos líquidos pagos, ou seja:

($ milhões)

	20X4	20X5	20X6	20X7
Ganhos de Capital	-	$ 9,22	$ 180,37	$ 20,14
Proventos Líquidos	$ 138,4	$ 121,3	$ 187,5	$ 223,7
Ganhos Totais Líquidos	-	**$ 130,52**	**$ 367,87**	**$ 243,84**

Os **Ganhos Totais Líquidos** dos acionistas são, muitas vezes, denominados *Shareholder Value Added* (*SVA*). Por uma analogia bem simples, equivalem ao ganho (lucro) líquido total do acionista no investimento em ações.

O quadro a seguir demonstra o cálculo da **taxa de retorno do acionista** a mercado, pela relação entre os "ganhos líquidos totais" e o valor do PL apurado no início do exercício. Assim:

($ milhões)

	20X4	20X5	20X6	20X7
A. Valor do PL no exercício	$ 1.026,23	$ 1.035,45	$ 1.215,82	$ 1.235,96
B. Ganhos Líquidos Totais	$ 138,4	$ 130,52	$ 367,87	$ 243,84
C. Retorno do Acionista: B/PL início do exercício	-	**12,72%**	**35,53%**	**20,06%**

O **retorno do acionista de mercado** pode ser interpretado como a taxa de ganho auferida pelo investimento em ações, ou o retorno do capital próprio a valores de mercado.

c. **Custo de oportunidade do capital próprio** (K_e). Remuneração mínima exigida pelos acionistas para remunerar seus investimentos na empresa. Os proventos pagos aos acionistas devem ser comparados com esse custo de capital para mensurar a criação de valor.

RSPL – K_e = Retorno em excesso oferecido aos acionistas em relação ao seu custo de capital. O quadro a seguir fornece o custo de capital próprio e calcula o Valor Criado ao Acionista em cada exercício:

($ milhões)

	20X4	20X5	20X6	20X7
A. Valor do PL no exercício	$ 1.026,23	$ 1.035,45	$ 1.215,82	$ 1.235,96
B. Retorno do Acionista	-	12,72%	35,53%	20,06%
C. Custo de Capital	16,0%	14,5%	21,6%	17,0%
D. Retorno em Excesso (*B* – *C*)	-	-1,78%	13,93%	3,06%
E. Valor Criado ao Acionista ($D \times A_{INI}$)	-	**($ 18,28)**	**$ 144,24**	**$ 37,20**

O **Valor Criado ao Acionista** pode, também, ser calculado utilizando-se a seguinte expressão:

VCA = GANHOS TOTAIS LÍQUIDOS – [VALOR DE MERCADO DO PL × CUSTO DE CAPITAL PRÓPRIO (K_e)]

Usando-se os valores apurados no exercício ilustrativo, tem-se:

($ milhões)

	20X4	20X5	20X6	20X7
A. Ganhos Totais Líquidos	-	$ 130,52	$ 367,87	$ 243,84
B. PL a Mercado	$ 1.026,23	$ 1.035,45	$ 1.215,82	$ 1.235,96
C. Custo de Capital (%)	16,0%	14,5%	21,6%	17,0%
D. Custo de Capital ($C \times B_{INI}$)	-	$ 148,8	$ 223,66	$ 206,61
E. Valor Criado ao Acionista (*A* – *D*)	**-**	**($ 18,28)**	**$ 144,24**	**$ 37,20**

ANEXO PARTE IV

PRÁTICA DE ANÁLISE DE BALANÇOS

Análise de uma companhia aberta brasileira

DEMONSTRAÇÕES FINANCEIRAS PUBLICADAS POR UMA COMPANHIA ABERTA E AJUSTADAS PARA ANÁLISE

CAPITAL INVESTIDO ($ 000)	**20X3**	**20X4**
Empréstimos e Financiamentos (CP)	735.599	670.248
Empréstimos e Financiamentos (LP)	1.046.846	645.159
Patrimônio Líquido (PL)	1.493.253	1.305.683
Investimento	**3.275.698**	**2.621.090**

VALORES MÉDIOS ($ 000)	**20X4**
Passivo Oneroso (Empréstimos e Financiamentos) (PO)	1.548.926
Patrimônio Líquido (PL)	1.399.468
Investimento Médio	**2.948.394**

DEMONSTRAÇÃO DO RESULTADO ($ 000)		**20X4**
Receitas de Vendas		4.370.328
Resultado Bruto		2.502.744
Despesas Operacionais		(1.799.961)
LUCRO OPERACIONAL ANTES DO IR (*EBIT*)		**702.783**
IR s/ Lucro Operacional		(30,085%)[1]
LUCRO OPERACIONAL LÍQUIDO DO IR (*NOPAT*)		**491.350**
Despesas Financeiras Benefício Fiscal (30,085%)	(120.069) 35.123	(83.946)
LUCRO LÍQUIDO DO EXERCÍCIO (LL)		**407.404**

$$IR = \frac{\text{Prov. IR} = \$\ 175.310}{\text{LAIR} = \$\ 582.714} = 30{,}085\%$$

LAIR: Lucro antes do IR e CSLL INFORMAÇÕES ADICIONAIS:

- Custo de Capital Próprio = 17%
- Dividendos do Exercício = $ 261.953
- Despesas de Depreciação e Amortização = $ 167.437

ANÁLISE ECONÔMICO-FINANCEIRA

INDICADORES DE DESEMPENHO

$$ROI = \frac{NOPAT = \$\ 491.350}{\textbf{INVEST.} = \$\ 2.948.394} = 16{,}7\%$$

$$\textbf{Giro do Investimento (GI)} = \frac{\textbf{VENDAS} = \$\ 4,370.328}{\textbf{INVEST.} = \$\ 2.948.394} = 1{,}4823$$

×

$$\textbf{Margem Operacional (MO)} = \frac{NOPAT = \$\ 491.350}{\textbf{VENDAS} = \$\ 4.370.328} = 11{,}24\%$$

Retorno do Investimento (*ROI*) = 16,73%

$$\textbf{RSPL} = \frac{LL = \$\ 407.404}{PL = \$\ 1.399.468} = 29{,}1\%$$

$$\text{Custo da Dívida } (K_i) = \frac{DF = \$\ 83.946}{PO = \$\ 1.548.926} = 5{,}4\%$$

$$\text{Endividamento (P/PL)} = \frac{PO = \$\ 1.548.926}{PL = \$\ 1.399.468} = 1.1068$$

FORMULAÇÃO ANALÍTICA DO RSPL

$RSPL = ROI + (ROI - K_i) \times P/PL$

$RSPL = 16{,}7\% + (16{,}7\% - 5{,}4\%) \times 1{,}1068 = 29{,}11\%$

GANHO ECONÔMICO DO ACIONISTA

Spread Econômico $= RSPL - K_e$

$= 29{,}1\% - 17\% = 12{,}1\%$

Os acionistas ganharam 12,1% acima da remuneração mínima exigida (ganho econômico).

(continua)

(continuação)

Giro dos Recursos Próprios (PL)

ROE = Margem Líquida × Giro do PL

$$\frac{LL}{PL} = \frac{LL}{VENDAS} \times \frac{VENDAS}{PL}$$

$$29{,}1\% = \frac{\$\ 407.404}{\$\ 4.370.328} \times \frac{\$\ 4.370.328}{\$\ 1.399.468}$$

29,1% = 9,32% × 3,123

Indicadores que contribuem para a formação do *ROE*.

ANÁLISE DA ALAVANCAGEM

Endividamento (P/PL) = 1,1068

Estrutura de Capital $\left\{ \frac{PO = 52{,}53\%}{PL = 47{,}47\%} \right.$

Origens dos Ganhos do Acionista

RSPL = 29,1%	Retorno total do acionista
(–) *ROI* = 16,7%	Ganho do acionista sobre o capital próprio investido no negócio
12,4%	Ganho do acionista pela alavancagem financeira favorável. Tomou emprestado a um custo inferior do retorno da aplicação dos recursos ($ROI > K_i$)

Grau de Alavancagem Financeira (GAF)

$$GAF = \frac{RSP = 29{,}1\%}{ROI = 16{,}7\%} = 1{,}74\%$$

Favorável, maior que 1,0, indica que: $ROI > K_i$

MEDIDAS DE VALOR E CUSTO DE CAPITAL

Custo Total de Capital – WACC

$$WACC = \left(K_e \times \frac{PL}{INVEST.}\right) + \left(K_e \times \frac{INVEST.}{PL}\right)$$

WACC = (17% × 0,4747) + (5,4% × 0,5253) = 10,9%

CÁLCULO DO *EVA* PELO LL

- *EVA* = LL – (K_e × PL)
  EVA = \$ 407.404 – (17% × \$ 1.399.468) = \$ 169.494
- *EVA* = (RSPL – K_e) × PL
  EVA = (29,1% – 17%) × \$ 1.399.468 = \$ 169.494

(continua)

(continuação)

CÁLCULO DO *EVA* PELO *NOPAT*

- *EVA* = *NOPAT* – (*WACC* × INVEST.)
  EVA = $ 491.350 – (10,9% × $ 2.948.394) = $ 169.494
- *EVA* = (ROI – *WACC*) × INVEST.
  EVA = (16,7% – 10,9%) × $ 2.948.394 = $ 169.494

VALOR DA EMPRESA

Valor Agregado pelo Mercado (MVA)* $= \dfrac{EVA = \$ \ 169.494}{WACC = 0{,}109} = \$ \ 1.554.991$

Capital Investido = $ 2.948.394

Valor da Empresa (V_o) $ 4.503.385

CRESCIMENTO ESPERADO DO LL – g_{LL}

$$Payout = \frac{DIV. \ \$261.953}{LL = \$ \ 407.404} = 64{,}3\%$$

$g_{LL} = (1 - Payout) \times RSPL$

$g_{LL} = (1 - 0{,}643) \times RSPL$

* Modelo da Stern Stewart & Co.

INDICADORES DE COBERTURA DE DÍVIDAS E JUROS

Cobertura de juros pelo *NOPAT* $= \dfrac{NOPAT}{\text{DESPESAS FINANCEIRAS}}$

$$= \frac{\$ \ 491.350}{\$ \ 83.946} = 5{,}85$$

Cobertura de juros pelo Fluxo de Caixa Operacional (FCO) $= \dfrac{FCO = NOPAT + \text{DEPRECIAÇÃO}}{\text{DESPESAS FINANCEIRAS}}$

$$= \frac{\$ \ 491.350 + 167.437}{\$ \ 83.946} \ 7{,}85$$

Cobertura de juros pelo *EBITDA* $= \dfrac{\$ \ EBITDA = EBIT + \text{DEPRECIAÇÃO}}{\text{DESPESAS FINANCEIRAS}}$

$$= \frac{\$ \ 702.783 + 167.437}{\$ \ 83.946} = 10{,}37$$

Parte V ANÁLISE DE BANCOS

Esta parte trata, essencialmente, da análise de balanços aplicada a instituições financeiras. Alguns ajustes são efetuados nos métodos de avaliação de forma a adequá-los às características dessas empresas.

O Capítulo 16 desenvolve os fundamentos e funções dos bancos comerciais e múltiplos, abordando os fundamentos de economia monetária e do risco e liquidez das instituições financeiras.

O Capítulo 17, com base no "plano contábil das instituições do sistema financeiro nacional (Cosif)", trata da estrutura contábil dos demonstrativos financeiros e de suas normas básicas.

O Capítulo 18 estuda os indicadores econômico-financeiros aplicados à análise de balanços de bancos. São desenvolvidas avaliações de solvência e liquidez, capital e risco, rentabilidade e lucratividade. O capítulo inclui também uma aplicação prática da análise em demonstrativos contábeis publicados.

16

BANCOS COMERCIAIS E MÚLTIPLOS: FUNDAMENTOS E FUNÇÕES

Dentro do contexto de economia monetária, um banco pode ser entendido como uma instituição financeira que executa basicamente duas atividades. A primeira é a promoção do mecanismo de **pagamentos** dentro da sociedade; e a outra é a de ser um **intermediário financeiro** que recebe recursos de agentes econômicos superavitários e os transfere, dentro do âmbito de seus ativos (empréstimos, aplicações em títulos etc.), aos agentes carentes de liquidez.

Um banco é uma instituição regulada pelo Banco Central do Brasil e exerce três grandes funções, segundo a Federação Brasileira de Bancos (Febraban):

1. remunerar as poupanças e economias das pessoas e empresas mediante pagamento de juros;
2. promover o financiamento para consumo e investimentos das pessoas e empresas em troca de uma remuneração (juros e comissões);
3. realizar serviços de cobranças e pagamentos para seus clientes mediante a cobrança de tarifas.

A **captação financeira** inclui todos os processos e estratégias dos bancos voltados para levantar recursos financeiros destinados a lastrear suas operações de empréstimos e financiamentos. Os recursos são captados de agentes econômicos superavitários, pessoas, famílias, empresas etc. com recursos financeiros excedentes para aplicações. A captação gera despesas financeiras de intermediação aos bancos.

Essas operações de captação são registradas como obrigações (passivos) dos bancos, sendo também denominadas "operações passivas" ou *funding*. A captação financeira promove novos negócios, o crescimento dos negócios e de seus resultados.

As **aplicações ativas** são as aplicações de recursos que promovem benefícios econômicos aos bancos, representados pelas receitas de juros (receitas financeiras de intermediação).

A diferença entre as Receitas Financeiras e as Despesas Financeiras de Intermediação é o que se denomina *spread* (margem bruta de ganho) do banco.

Em nível microeconômico, o banco comercial/múltiplo é tratado como uma entidade econômica com finalidades lucrativas, tendo como produto a moeda adquirida por meio de operações de captações financeiras. O objetivo principal dessa instituição, obtido por um processo racional de tomada de decisões financeiras, é maximizar sua riqueza dentro de um ambiente conjuntural e regulatório que lhe é imposto.

Conciliando com a visão macroeconômica descrita inicialmente, um banco pressupõe a execução de duas funções. A primeira é a função de **demanda de seus produtos** (aplicações processadas pela instituição e relacionadas em seus ativos), a qual se apresenta dependente da atividade da economia, das taxas de juros de mercado, dos serviços disponíveis etc.

A outra função executada pelo banco é a de **captação financeira**, sendo definida pelo nível de depósitos, custos etc. Essa função revela-se como uma obrigação do banco, estando registrada em contas de passivo.

Tobin[1] descreve que a função essencial de todos os intermediários financeiros (inclusive os bancos comerciais e múltiplos) é satisfazer, simultaneamente, o portfólio de preferências dos vários agentes econômicos. De um lado se encontram os tomadores de recursos que desejam incrementar sua riqueza (patrimônio líquido) de ativos reais (estoques, imóveis, equipamentos etc.); do outro, encontram-se os credores (emprestadores de recursos) que objetivam, fundamentalmente, manter a essência de seu patrimônio em ativos de valorização estável e com nível mínimo de risco. As obrigações dos tomadores de recursos constituem os ativos dos intermediários financeiros, sendo seus passivos os ativos dos aplicadores de recursos.

As funções básicas de captação e de aplicação de recursos comentadas anteriormente permitem que se classifiquem os bancos como **intermediários financeiros**.

Nesse enquadramento, as instituições tomam recursos no mercado a determinada taxa de juros e os aplicam a outra taxa maior. O diferencial de taxa (taxa de aplicação menos taxa de captação), denominado *spread*, deve permitir que a instituição cubra seus vários dispêndios e produza um resultado final que remunere adequadamente o capital investido.

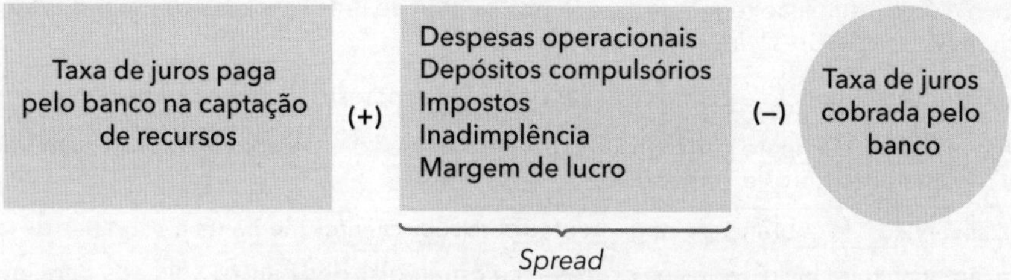

Figura 16.1 Representação do *spread*.

Os bancos mantêm ativos com menor grau de conversibilidade em dinheiro e maior risco que seus passivos. Boa parte dos passivos bancários é originada de depósitos correntes, cujos valores podem ser exigidos a qualquer momento, enquanto seus ativos são caracteristicamente resgatados em datas preestabelecidas.

O diferencial de taxas (*spread*) descreve o desempenho econômico da instituição, enquanto o equilíbrio entre a liquidez dos elementos ativos e passivos reflete o objetivo da posição financeira. O sucesso na gestão dessas variáveis depende, essencialmente, da competência e do potencial do banco em negociar prazos e taxas de juros com os agentes, do nível de inadimplência de seus devedores, do comportamento do mercado e de eventuais garantias governamentais com relação a segurança e liquidez das instituições financeiras.

Dessa maneira, o banco comercial ou múltiplo pode ser descrito como um intermediário financeiro, não sendo muito marcante sua diferenciação de outras instituições financeiras. O principal destaque dos bancos é sua capacidade de criação de moeda e elevado porte para movimentar grandes volumes de recursos.

---

1 TOBIN, J. *Essays in Economics-Macroeconomics*. Amsterdã: North Holland, 1977. cap. 6.

O *spread* bancário é, geralmente, entendido como a diferença entre a taxa de juros cobrada nos empréstimos e financiamentos concedidos (**taxa de juros de operações ativas**), e as taxas de juros pagas aos aplicadores (**taxa de juros de operações passivas**), aqueles que aplicaram seus recursos na instituição na expectativa de obterem um ganho financeiro.

Por exemplo, se um banco empresta dinheiro cobrando juros de 20% a.a., e capta recursos junto a investidores pagando juros de 14% a.a., pode-se dizer que o *spread* bancário, como diferencial de taxas, é igual a 6% a.a. (20 – 14%) ou, por uma formulação de juros compostos, atinge a: [(1,20/1,14) – 1] = 5,26% a.a.

Esse *spread* bancário é cobrado visando cobrir os gastos administrativos, os impostos e outras despesas (compulsórios, taxas para o fundo garantidor de crédito etc.), e também para fazer frente a perdas por possível inadimplência e remunerar o risco do capital, gerando um lucro aos acionistas.[2]

16.1 TIPOS DE BANCOS

Os bancos podem ser classificados em três tipos:[3]

1. Banco comercial.
2. Banco de investimento e banco de desenvolvimento.
3. Banco múltiplo.

Os **bancos comerciais** oferecem os mais variados produtos e serviços à sociedade, como contas-correntes, contas de poupança, fundos de investimentos, empréstimos pessoais, cartões de crédito, créditos consignados, empréstimos de capital de giro para empresas, financiamento imobiliário, serviços de cobrança e pagamentos, entre outros.

Esses produtos são oferecidos por meio da rede de agências e postos de atendimento bancário. Atualmente, os bancos comerciais oferecem, também, alternativas eletrônicas como **internet *banking*** e caixas eletrônicos.

O principal objetivo dos bancos comerciais é atuar no financiamento de pessoas físicas e empresas (indústria, comércio e serviços) a curto e a médio prazos. Mediante a intermediação financeira, essas instituições são capazes de criar moedas (moeda escritural), tendo, por isso, sua atividade regulada pelas autoridades monetárias.

Os **bancos de investimentos** dedicam-se, principalmente, a financiar investimentos de longo prazo das empresas, por meio de financiamentos para capital de giro e capital fixo, e participações temporárias no capital societário. Essas instituições efetuam, também, administração de recursos de terceiros. Captam recursos no mercado mediante depósitos a prazo (não operam com contas-correntes à vista), repasses de recursos internos e externos e venda de cotas de fundos de investimentos geridos por eles. Desde que autorizados pelo Banco Central, os bancos de investimentos operam também no mercado de câmbio.

Os **bancos de desenvolvimento** são instituições constituídas na forma de sociedades anônimas, geralmente controladas pelos governos estaduais, tendo por objetivo disponibilizar

---

2 Ver: CARVALHO, S. A. *Desenvolvimento de novas técnicas para gestão bancária no Brasil.* Dissertação de mestrado em Contabilidade. São Paulo: FEAUSP, 1993. Nesse trabalho original, o autor trata o cálculo do *spread* de forma analítica, sugerindo sua mensuração pelo valor presente.

3 Conforme sugerido em: www.febraban.org.br.

recursos adequados para o financiamento de programas e projetos de investimentos voltados ao desenvolvimento do Estado. Exemplos de bancos de desenvolvimento são o Banco Nacional de Desenvolvimento Econômico e Social (BNDES), Banco do Nordeste do Brasil (BNB), Banco de Desenvolvimento Econômico de Minas Gerais (BDMG) etc.

Os **bancos múltiplos** podem atuar por meio das seguintes carteiras: banco comercial, banco de investimento, sociedade de crédito imobiliário, sociedade de arrendamento mercantil e sociedade financeira (crédito, financiamento e investimento). Para ser classificado como um banco múltiplo, a instituição deve atuar com, no mínimo, duas carteiras, sendo uma delas obrigatoriamente de banco comercial ou banco de investimento.

16.2 CRIAÇÃO DE MOEDA PELOS BANCOS

Uma prerrogativa exclusiva dos bancos, como intermediários financeiros, é a capacidade de **criação de moeda**. Esse aspecto é, muitas vezes, apresentado como a principal característica diferenciadora dos bancos em relação às outras instituições financeiras, as quais não têm capacidade de criação de passivos que atuam como meios de pagamento.

Exemplificando, os recursos captados pelos bancos comerciais, de seus depositantes correntes, são registrados pela contabilidade no ativo como **caixa** e, como contrapartida, no passivo (obrigação) como **depósito à vista**. Essa operação padrão, até o momento, não promove nenhuma influência sobre o volume de oferta da moeda na economia.

Ao se verificar, no entanto, que parte desse depósito pode ser aplicado sob a forma de empréstimo a um tomador de recursos, a instituição passa a influir na quantidade de moeda em circulação. Troca, em outras palavras, um passivo (depósito à vista) por um direito (empréstimo a receber), criando moeda. Passa a circular na economia, além do dinheiro em depósito no banco, o montante do empréstimo concedido.

Esses recursos, por seu lado, seguem um percurso na economia promovendo sucessivos ciclos de criação de moeda. O volume de fundos captados que podem ser aplicados é definido, basicamente, pelo nível de reserva voluntária dos bancos e por regulamentações das autoridades monetárias.

Sequencialmente, ao consumir o empréstimo obtido, o tomador do dinheiro pode promover uma correspondente redução no caixa do banco emprestador. No entanto, em termos da economia em sua totalidade, mesmo que os cheques que venham a ser emitidos pelos depositantes sejam depositados em outras instituições financeiras, o dinheiro continuará em circulação, pressionando o volume dos meios de pagamento até o resgate final do empréstimo.

Um aspecto a ser ressaltado nessa atuação é que a capacidade de criação de moeda pelos bancos não é válida para cobrir suas próprias necessidades. Todo passivo se contrapõe a um ativo, e o objetivo dos bancos é realizar lucros em suas funções de intermediação financeira.

Não se verifica, ainda, uma perfeita ressonância nos depósitos passivos dos bancos provocada por qualquer alteração em seus ativos. Aspectos referentes aos níveis das taxas de juros e restrições na expansão da base monetária impostas pelas autoridades monetárias, por exemplo, podem explicar as restrições à livre expansão dos bancos comerciais. Tobin[4]

---

4 TOBIN, J. *op. cit.*

ita, em complemento, que a escala dos depósitos e ativos dos bancos comerciais é afetada, ambém, pelas preferências dos depositantes e pelas oportunidades de empréstimos e in-vestimentos disponíveis no mercado.

16.3 LIMITES AO CRESCIMENTO DOS BANCOS

Foi colocado, nos itens precedentes, que é privativo aos bancos comerciais receber recursos monetários sob a forma de depósitos à vista, e multiplicar seus valores por meio de operações de empréstimos.

Em verdade, os depósitos recebidos pelos bancos – identificados como moeda escritural ou bancária com liquidez equivalente à moeda legal em circulação – geram aplicações (empréstimos) e estes, por sua vez, podem resultar em novos depósitos. Esse mecanismo operacional promove elevações nos meios de pagamento da economia. Pela experiência, os bancos observaram a reduzida probabilidade de que todos os seus depositantes viessem a sacar seus fundos ao mesmo tempo e, dado o objetivo do lucro inerente à atividade empresarial, passaram a aplicar parte desses recursos junto aos agentes deficitários. Por meio de encaixes costumeiramente bastante inferiores ao volume de seus depósitos captados, os bancos comerciais contribuem para que os meios de pagamento superem, em muito, a quantidade de papel-moeda emitida na economia.

Preocupadas com o funcionamento de todo o sistema bancário, as autoridades monetárias criaram contas de depósitos exclusivas aos bancos com o objetivo de abrigarem recursos provenientes de:

a. **depósitos compulsórios**, representados por um percentual dos fundos (depósitos) captados pelo banco público e definido por instrumentos legais;
b. **depósito de livre movimentação**, representados pelo dinheiro em poder dos bancos, visando promover o encaixe necessário às operações correntes de pagamentos e recebimentos verificadas nas agências bancárias, e também pelas reservas de moeda escritural registradas em contas de depósito no Banco Central, as quais visam lastrear eventuais saldos negativos de compensação de cheques.

Os encaixes bancários criados pelas autoridades monetárias visam, como instrumento de política monetária, ao controle das reservas bancárias, atuando diretamente sobre a capacidade dos bancos comerciais e múltiplos de expandirem os meios de pagamento.

Ao contrário dos depósitos compulsórios, não há regulamentação legal sobre o montante do encaixe voluntário dos bancos. A prática da atividade bancária vem demonstrando o percentual sobre os depósitos mais adequado para compensar eventuais necessidades de caixa das instituições. Diante de seu objetivo de lucro, os bancos procuram administrar seus recursos no sentido de manter o menor volume possível sob a forma de reservas e que venha, ao mesmo tempo, promover liquidez para eventuais excessos de pagamentos em relação aos recebimentos.

É importante notar, ainda, que o volume das reservas de moeda escritural livremente movimentáveis é um importante indicador do potencial de crescimento das aplicações dos bancos.

Por outro lado, ao efetuar mais empréstimos para atender a sua finalidade de lucro, os bancos reduzem sua liquidez para atender aos pedidos de resgates de seus depositantes à vista.

Dessa maneira, **mais empréstimos promovem retornos maiores e também maiores riscos à instituição**, cabendo ao banqueiro definir um limite adequado ao nível de suas reservas. O volume conciliatório, em termos de risco e retorno das reservas bancárias, depende do comportamento de inúmeros fatores, como a preferência dos órgãos decisórios em relação ao risco, a demanda por empréstimos bancários, o prazo de resgate dos empréstimos concedidos etc.

Tanto os depósitos compulsórios como as reservas voluntárias têm seus valores mensurados com base no montante de captações dos bancos – as autoridades monetárias estabelecem percentuais sobre o saldo dos depósitos para definirem o recolhimento compulsório e o banqueiro procura manter reservas expressas em relação ao saldo de seus depósitos. Logo, conclui-se que a expansão dos bancos comerciais por meio de empréstimos está vinculada ao volume de captação de depósitos.

Assim, qualquer alteração na quantidade de papel-moeda disponível na economia provoca influências diretas sobre o volume de moeda que os bancos podem criar, ou seja, em sua capacidade de expansão mediante operações de empréstimos.

Da mesma forma, modificações no nível de risco aceito pelos banqueiros promovem variações no volume de reservas e, consequentemente, na quantidade de moeda que podem criar.

Sabe-se que para cada $ 1 de depósito tomado, isoladamente, o banco pode criar moeda até o limite de suas reservas. No entanto, para o sistema bancário em sua totalidade, o processo de criação da moeda passa por diversas etapas de depósitos e empréstimos, permitindo que se multiplique o saldo dos depósitos.

Esse crescimento dos depósitos (ou da moeda escritural), definido por **coeficiente de expansão** do sistema, é determinado matematicamente pela seguinte expressão: $1/R$, em que R indica o percentual de reservas mantido pelos bancos.

Por exemplo, um sistema bancário em que as instituições mantenham reservas equivalentes a 25% do saldo dos depósitos pode criar $ 4 de moeda escritural para cada $ 1 de aumento das reservas. Ou seja, tem-se um coeficiente de expansão do sistema igual a 4. É evidente que esse coeficiente pressupõe que o dinheiro não seja retirado do banco durante o processo de multiplicação. Caso isso se verifique, a capacidade de expansão dos depósitos reduz-se bastante.

16.4 BANCOS COMO ENTIDADES QUE VISAM AO LUCRO

No contexto macroeconômico, os bancos comerciais múltiplos são avaliados como instituições capazes de gerar meios de pagamento, sendo, em consequência, inseridos no controle monetário da economia. A preocupação central da política monetária com os bancos é sua prerrogativa de criar moeda escritural, exercendo pressões sobre a liquidez de todo o sistema.

Em nível de sistema financeiro, os bancos são tidos como participantes de sua função básica de transferir recursos de agentes com capacidade de poupança para os agentes carentes de financiamento.

No ambiente das instituições financeiras, ainda, o fluxo de fundos tem origem, geralmente, nas unidades familiares, sendo os tomadores de dinheiro principalmente as empresas privadas e o setor público. Os serviços essenciais ao funcionamento da economia executados caracteristicamente pelo sistema financeiro por meio dos bancos são descritos da seguinte forma:

mecanismo de **pagamentos** por meio de diversos instrumentos de transferência de fundos (cheques, movimentações eletrônicas de dinheiro etc.);

sistema de **crédito** aos vários agentes econômicos;

criação de moeda;

oferta de alternativas rentáveis para aplicações de **poupanças**.

É reconhecido, por outro lado, que um dos principais problemas na gestão dos bancos é ɪa responsabilidade perante os interesses sociais da economia.

Os serviços oferecidos por um banco têm profunda influência em todo o sistema, sendo ɪas funções básicas de crédito, pagamento, captação de poupanças e criação de moeda scritural fundamentais ao funcionamento da economia.

Diante dessa realidade, o funcionamento dos bancos requer alguma forma de aprovação as autoridades monetárias passando, a instituição a operar dentro de um contexto de con-ːole dos objetivos econômicos e engajamento neles (política monetária, desenvolvimento conômico, balanço de pagamentos etc.).

A ideia do banco comercial e múltiplo como uma organização que objetiva o lucro é onfigurada ao identificar-se a moeda como seu produto básico de negociação, cujos forne-edores são os agentes superavitários da economia. Foi demonstrado em seções anteriores ue, diante de seus aspectos típicos de atuação, a capacidade de entrada de recursos nos ancos tende a crescer, respeitados certos limites, em conformidade com o aumento dos mpréstimos concedidos. Essa característica da instituição sugere sua convivência com os feitos de um multiplicador de seus negócios.

Nesse contexto, Tobin[5] descreve o banco como uma empresa tomadora de decisões ra-ionais que visam à maximização de seus resultados. Sendo crédito o objetivo da demanda e seu produto básico – o dinheiro de seus depositantes e aplicadores –, suas atividades nanceiras essenciais são dependentes de inúmeros fatores como o nível de poupança de conomia, as taxas de juros, os custos da instituição entre outros.

Em nível microeconômico, os bancos devem ser avaliados como unidades empresariais rganizadas que se propõem a realizar diversos negócios, tendo, ainda, estabelecido obje-ivos operacionais de atuação, expressos em indicadores da rentabilidade, participação de nercado, diversificação, eficiência etc.

Rose e Frazer[6] descrevem os bancos comerciais (e demais intermediários financeiros) omo empresas similares a outras organizações, que utilizam determinados *inputs* – terra, rabalho, capital e habilidades gerenciais – com o intuito de atender aos mais variados tipos le serviços demandados por seus clientes.

O trabalho apresentado pelos autores demonstra, ainda, a existência de dois estágios no rocesso produtivo dos bancos. Insumos sob a forma de fatores de produção e competência dministrativa são classificados no **estágio I** (fonte de fundos), em que poupanças são atraí-las pela oferta de inúmeros serviços financeiros de interesse do mercado.

TOBIN, J. *op. cit.*

ROSE, P. S.; FRASER, D. R. *Financial Institutions*. 3. ed. Homewood, Illinois: (s.n.), 1988.

Por outro lado, os recursos disponíveis para aplicações (créditos e outros ativos) incorporam-se no **estágio II** do processo produtivo (aplicação de fundos), em que, mais especificamente, são realizados os vários investimentos dos bancos.

Para atuar em ambiente de concorrência, as instituições financeiras desenvolvem suas estratégias de mercado visando maximizar seus resultados operacionais. Os serviços financeiros oferecidos pelos bancos são gerenciados de maneira a minimizar seus custos e expandir o volume de suas aplicações e, consequentemente, de suas receitas. Nesse enfoque, os bancos controlam seus custos de captação e administrativos de forma a se capacitarem a oferecer dinheiro a seus clientes a preços (taxas de juros) mais atraentes. Suas aplicações, por outro lado, são efetuadas visando apurar o mais alto retorno possível da intermediação. Para tanto, é dada prioridade, obedecidas evidentemente as regulamentações legais e os objetivos estratégicos de conduta da instituição, à diversificação dos ativos, de forma a manter estruturas que privilegiem as aplicações mais rentáveis.

16.4.1 Objetivos e dependência de fatores externos

Os objetivos dos bancos comerciais e múltiplos – e das demais instituições financeiras – podem ser descritos sob vários ângulos.

No âmbito de suas funções de natureza econômica e responsabilidades sociais, os bancos assumem por meta, inicialmente, a melhoria da qualidade e a expansão dos serviços prestados.

Outra preocupação presente na administração dos bancos, principalmente como reflexo de seu interesse pela continuidade das atividades, é a participação de mercado, esforço que exige um processo contínuo de crescimento das operações. Nesse aspecto, a instituição assume a orientação do mercado, procurando acompanhar, pelo menos, o crescimento da demanda pelos serviços financeiros e o comportamento da concorrência.

Não se deve ignorar, entretanto, que o crescimento de uma empresa, nas atuais condições de mercado, justifica-se como uma decisão determinada por seu interesse de sobrevivência econômica.

Outros objetivos também podem ser delineados para os bancos, destacando-se uma diversificação maior de seus serviços e produtos, manutenção de uma estrutura de capital mais adequada, maior produtividade e eficiência nas operações, aprimoramento da imagem da organização etc.

No entanto, é amplamente difundida na teoria de finanças a **maximização da riqueza** dos proprietários da instituição como o objetivo principal de qualquer empresa, conforme discutido no Capítulo 2.

No âmbito da economia de mercado, é pelo objetivo de maximização do valor de mercado que a empresa executa as decisões mais eficientes de alocação dos recursos escassos, cumprindo, inclusive, sua responsabilidade social. A procura pelo retorno máximo do valor da empresa, em conclusão, é reflexo dos vários objetivos que podem ser delineados para a instituição, propiciando uma expectativa bastante otimista com relação a seu desempenho futuro.

Diversos fatores podem ser relacionados como influenciadores do desempenho dos bancos, contribuindo inclusive para as significativas alterações apresentadas por essas instituições nas últimas décadas.

São fatores sobre os quais a administração da empresa não exerce grande controle. O sucesso do empreendimento, inclusive, insere-se na capacidade de a instituição ajustar-se antecipadamente aos novos rumos e orientações.

Os principais fatores externos envolvem:

a. as condições econômicas e diretrizes da política econômica que afetam o sistema financeiro;

b. o comportamento da concorrência entre as instituições financeiras e do mercado em geral;

c. a legislação e as medidas regulatórias definidas pelas autoridades monetárias;

d. as inovações tecnológicas, principalmente na área de informática.

A posição atual e as perspectivas dos bancos comerciais são de ampliação das oportunidades de negócios e, também, do risco. Tornam-se essenciais avaliações mais profundas a respeito dos custos do dinheiro para o banco e de sua capacidade de expansão no contexto de maiores oportunidades e riscos.

16.5 RISCO DE LIQUIDEZ DOS BANCOS

O conflito **liquidez** e **rentabilidade** é bastante evidente nas atividades dos bancos ao procurarem, ao mesmo tempo, manter seus recursos aplicados em ativos rentáveis e conviverem com folga financeira suficiente para atender a toda demanda de seus depositantes e aplicadores.

As instituições financeiras, por suas características de intermediação, apresentam-se como entidades portadoras de grande potencial de assumir uma posição de iliquidez. A manutenção da liquidez é vital para o empreendimento, promovendo sua viabilidade econômica e financeira.

A atividade bancária convive estreitamente com dois tipos de risco: **liquidez** e **solvência**.

O risco de **liquidez** expressa-se pela falta de disponibilidades de caixa no momento em que os credores da instituição demandam por seus depósitos. Um banco é tido como líquido na situação de poder atender prontamente toda demanda de caixa: saques de conta corrente, resgates de aplicações etc.

A **solvência**, por seu lado, reflete a capacidade da instituição em cobrir suas obrigações de prazos mais longos. Rose e Fraser[7] especificam que uma instituição é considerada tecnicamente insolvente quando o valor de mercado de seus ativos for menor que o valor total de seus passivos.

A manutenção da liquidez pelos bancos não costuma ser uma tarefa fácil. A principal dificuldade centra-se na estrutura de seus ativos, os quais variam muito em termos de liquidez. Alguns ativos transformam-se rapidamente em caixa a baixo custo, enquanto outros têm maior maturidade, sendo onerosa sua liquidez imediata.

Uma definição do nível de liquidez dos bancos deve ser relativa, pois seus ativos assumem características bastante diferenciadoras em termos, principalmente, de sua natureza

7 ROSE, P. S.; FRASER, D. R. *op. cit.* p. 19.

e maturidade. A administração dos bancos trabalha tipicamente com itens patrimoniais de diferentes graus de liquidez, dificultando bastante a determinação da efetiva posição financeira como um todo.

Nessas condições, Reed[8] considera impossível o cálculo exato da liquidez dos bancos. Algumas vezes, afirma o autor, é difícil saber se a liquidez de um banco está se elevando ou reduzindo, dado que ele mantém ativos geradores de renda e disponibilidade que podem ser convertidos em igual sentido.

Não obstante essa dificuldade de mensuração, a posição de liquidez é bastante dinâmica e sua determinação é essencial a qualquer análise que se faça dos bancos comerciais e múltiplos. Nesse sentido, são apurados alguns indicadores financeiros que, mesmo não refletindo todas as variáveis que influenciam sua posição de equilíbrio, refletem uma imagem representativa da posição de liquidez das instituições.

De uma forma mais ampla, o controle de liquidez dos bancos é processado com base em uma análise associada a suas captações e aplicações. Mais especificamente, uma administração adequada dos grupos ativo e passivo desenvolve-se de maneira conjunta, como resultado do grau de interdependência das decisões financeiras tomadas pela instituição.

> A origem dos problemas dos bancos localiza-se, basicamente, nos rendimentos de seus ativos confrontados com o custo de seus passivos, ou na geração de uma liquidez insuficiente para fazer frente ao fluxo de desembolsos líquidos de caixa.

À medida que essas dificuldades de natureza econômica e financeira surgem, a instituição vê-se pressionada a solucionar rapidamente o problema, sob pena de sujeitar o banco a riscos maiores.

A identificação dos problemas dos bancos pode ser feita com base em seus demonstrativos financeiros formalmente apurados, avaliando-se a natureza de suas contas e principais modificações em seus ativos, passivos e resultados.

É importante notar, em consequência, que as atividades fundamentais das instituições financeiras, de captar e emprestar fundos, dão origem a resultados com diferentes níveis de risco. Dificilmente o conhecido **casamento** entre os fundos ativos e passivos dos bancos apresentam condições e características idênticas em termos de prazo, taxas de juros e garantias. A partir, principalmente, da década de 1980, os bancos passaram a conviver com maiores riscos no intuito de auferir lucros mais volumosos. Para os bancos, seus passivos são obrigações líquidas e certas; seus ativos, não obstante, estão inseridos em expectativas de um fluxo de caixa esperado (futuro).

É relevante avaliar que uma correspondência perfeita entre ativos e passivos não costuma apresentar-se como economicamente atraente aos bancos. Um volume significativo de seus resultados provém, principalmente, das oportunidades de ganhos promovidas pelo descompasso de taxas e prazos, indexadores e moedas de suas captações e aplicações.

---

8 REED, E. W. *Commercial Bank Management*. New York: Harper & Row, 1963. p. 161.

Em essência, o negócio bancário revela-se como uma atividade tipicamente de risco. A continuidade de seus negócios financeiros está vinculada à credibilidade que a instituição usufrui no mercado, recebendo manifestações e aprovação com base nos vários tipos de depósitos que consegue captar.

Os produtos e serviços tradicionais dos bancos estão mais sofisticados e diversificados. As instituições partem à procura de novos produtos e novos mercados, visando manter, ou expandir, seu nível de lucratividade. Essas estratégias, evidentemente, têm envolvido os bancos, muitas vezes, em transações mais arriscadas, exigindo uma análise mais rigorosa de suas operações.

Outro aspecto que merece ser abordado diz respeito ao custo de captação dos bancos. O mercado vem tornando-se cada vez mais exigente e sofisticado, e seus agentes mais exigentes em termos de remuneração e segurança do dinheiro aplicado. As frequentes crises na economia mundial tornam os bancos mais dependentes dos complexos ambientes macroeconômicos, bastante sensíveis a suas oscilações. A debelação do processo inflacionário, inclusive, tem contribuído para o fim da era do dinheiro fácil e barato, exigindo estratégias de atuação mais refinadas das instituições financeiras.

Ressalte-se que os recursos tomados à vista pelos bancos comerciais vêm se tornando bastante caros, notadamente pelos crescentes investimentos em tecnologia efetuados para sua captação e administração, prestações de serviços, entre outros dispêndios.

Em suma, os bancos são instituições financeiras predominantemente de risco, necessitando da confiança do público para normalmente operarem no mercado. Os riscos variam de uma instituição para outra em função, principalmente, de suas características básicas de atuação (clientela, produtos, sincronização entre ativos e passivos etc.). A atividade bancária é bastante dinâmica, convivendo com mudanças estratégicas rápidas nas oportunidades de investimento, no desenvolvimento de novos produtos e nos problemas de mercado. Uma análise mais criteriosa dos bancos passa necessariamente pela verificação de como a administração ajustou a instituição aos novos rumos do mercado.

16.6 SURGIMENTO DO BANCO MÚLTIPLO

Diante da política de especialização deflagrada pela Lei nº 4.728/1965, a qual criou diversas outras instituições de intermediação financeira, o sistema bancário comercial ficou praticamente restrito às operações de crédito de curto prazo.

Por outro lado, a capacidade de criar moeda e a tendência verificada de redução relativa de captações por meio de depósitos à vista incentivaram os bancos comerciais a diversificar suas operações, passando a atuar fortemente nas áreas de prestação de serviços pelo recolhimento de tarifas públicas, impostos e taxas, serviços de cobrança e pagamento, custódias, caixas automáticos etc.

A demanda por esses serviços apresentou vertiginoso crescimento e os bancos trataram de torná-los mais eficientes e lucrativos, passando a se constituírem em atividades operacionais rotineiras. O mercado, como um todo, foi beneficiado, principalmente os agentes institucionais.

A criação dos bancos múltiplos, como reflexo da própria evolução dos bancos comerciais e crescimento do mercado, foi um processo inevitável. Diversas instituições financeiras, motivadas por problemas conjunturais e de sua estrutura organizacional, passaram a transmitir sinais de crise nos anos 1980. Os bancos de investimento, por exemplo, naturais financiadores de capital permanente, conviviam com sérias dificuldades de prover o sistema produtivo da economia de recursos de longo prazo. O processo inflacionário e a frágil estrutura de captação de poupança no mercado desestimulavam as aplicações de prazos mais longos.

Diante desse contexto, os anos 1980 foram marcados pela consolidação dos conglomerados financeiros, formados principalmente com base na política de incentivo a fusões adotada na década anterior. As dificuldades de captação de algumas instituições e a proximidade operacional de atuação de outras uniram bastante os conglomerados de forma a se confundirem, numa única instituição, diversas especialidades financeiras.

Interessava aos bancos, ainda, promover a sinergia em suas operações, permitindo que uma instituição do grupo completasse sua atividade de intermediação. A convivência de intermediação e financiamento apresentava-se como estratégia às pretensões de crescimento dos bancos comerciais.

Nesse mesmo ambiente, a segregação formal vigente das atividades bancárias impunha algumas restrições ao funcionamento do setor financeiro. Montes[9] destaca que os recursos captados por uma instituição não podiam ser canalizados para outra, ainda que pertencente ao mesmo grupo financeiro. Essa prática de segmentação das captações e aplicações de recursos promovia **sobras** de recursos em algumas instituições e **faltas** em outras. Para evitar o colapso, acrescenta Montes, o Banco Central passou a autorizar as cessões de crédito entre instituições do mesmo tipo.

Diante dessa conjuntura da década de 1980 é que surgiu, de maneira natural, o perfil dos bancos múltiplos. Inicialmente, o mercado adotou de forma espontânea o conjunto de operações financeiras reunido em torno de uma única unidade decisória. Posteriormente, as autoridades monetárias passaram a reconhecer essa estrutura, regulamentando o funcionamento dos bancos múltiplos.

O projeto do banco múltiplo prevê sua formação com base nas atividades de quatro instituições: Banco Comercial, Banco de Investimento, Sociedade Financeira e Sociedade de Crédito Imobiliário.

Bancos múltiplos

Os bancos múltiplos são instituições financeiras privadas ou públicas que realizam as operações ativas, passivas e acessórias das diversas instituições financeiras, por intermédio das seguintes carteiras: comercial, de investimento e/ou de desenvolvimento, de crédito imobiliário, de arrendamento mercantil e de crédito, financiamento e investimento. Essas operações estão sujeitas às mesmas normas legais e regulamentares aplicáveis às instituições singulares correspondentes às suas carteiras. A carteira de desenvolvimento somente poderá ser operada por banco público. O banco múltiplo deve ser constituído com, no mínimo, duas carteiras, sendo uma delas, obrigatoriamente, comercial ou de investimento, e ser organizado sob a forma de sociedade anônima. As instituições com carteira comercial podem captar depósitos à vista. Na sua denominação social deve constar a expressão "Banco" (Resolução CMN nº 2.099, de 1994).

9 MONTES, F. O Apelo do Banco Múltiplo. *Balanço Financeiro*, São Paulo, jul. 1988.

PRINCIPAIS RISCOS FINANCEIROS CONTEMPORÂNEOS DOS BANCOS

Risco de Variação de Taxa de Juros – Sempre que os prazos dos ativos (aplicações) forem diferentes dos prazos dos passivos (captações), o banco incorre no risco de variação de taxas de juros. Por exemplo, se emprestar a um cliente por dois meses, usando como *funding* uma captação de prazo de um mês, o banco perde margem (e pode apurar inclusive prejuízo) se na renovação de seu passivo as taxas de juros subirem. De maneira contrária, pode elevar seu retorno (*spread*) da operação se na renovação puder captar recursos por uma taxa menor.

Para ilustrar, admita que o banco tenha cobrado 2,0% a.m. pelo crédito concedido, e pago 1,0% a.m. ao poupador pela captação. O valor da operação é de $ 100.000. Assim, tem-se o seguinte resultado ao final do primeiro mês:

Receita Financeira: 2% × $ 100.000,00	=	$ 2.000,00
Despesa Financeira: 1% × $ 100.000,00	=	**($ 1.000,00)**
Resultado Financeiro	=	**$ 1.000,00**

Se, no segundo mês, ao renovar a captação, as taxas de juros de mercado tiverem subido para 1,5%, por exemplo, o resultado financeiro do segundo mês reduz-se para $ 500,00 (queda de 50%), ou seja:

Receita Financeira: 2% × $ 100.000,00	=	$ 2.000,00
Despesa Financeira: 1,5% × $ 100.000,00	=	**($ 1.500,00)**
Resultado Financeiro	=	**$ 500,00**

Risco de Mercado – O risco de mercado ocorre sempre que o banco negociar no mercado seus ativos e passivos. Consiste na possibilidade de perda na negociação em razão de um comportamento desfavorável dos preços dos ativos, taxas de juros e taxas de câmbio.

A análise do risco de mercado é realizada pelo Banco Central por meio da metodologia estatística do "Valor em Risco (VaR – *Value at Risk*). O VaR calcula a probabilidade e o valor da perda potencial máxima. Por exemplo, se um ativo apresentar 5% de chance de perda no seu valor de 4% em determinado mês, diz-se que o ativo tem um "VaR de 5% em um período de 4%". Em outras palavras, há uma chance de 5% do valor do ativo diminuir em 4% no mês.

Risco de Crédito – Pode ser entendido como a possibilidade do banco não receber integralmente, na data pactuada, o principal e os juros do crédito concedido a seus clientes (devedores). É também denominado "risco de inadimplência". O risco de crédito está presente em toda operação financeira que envolva alguma concessão de crédito como empréstimos e financiamentos, parcelamentos em cartões de crédito etc.

Risco Operacional – Esse tipo de risco surge das inovações tecnológicas e processos de automação mais sofisticados adotados pela indústria bancária. São determinados por falhas nos sistemas, fraudes, demoras, interrupções nos serviços, erros e ineficiências, riscos de segurança etc.

Risco de Liquidez – Surge do descasamento dos fluxos financeiros de pagamentos e recebimentos refletindo sobre a capacidade do banco em honrar seus compromissos. É o risco de uma instituição financeira não se mostrar capaz em honrar suas obrigações atuais e futuras, inclusive garantias.

Pode ocorrer, também, o risco de liquidez de mercado, que se caracteriza quando uma determinada negociação não pode seguir os valores (preços) de mercado. Nesse caso, a negociação para liquidação é maior que o volume normalmente operado no mercado.

17

ESTRUTURA CONTÁBIL DAS DEMONSTRAÇÕES FINANCEIRAS DOS BANCOS

As normas gerais, procedimentos e critérios de escrituração contábil de elaboração das demonstrações financeiras dos bancos comerciais e múltiplos encontram-se consubstanciadas no **Plano Contábil das Instituições do Sistema Financeiro Nacional (Cosif)**.

A par da utilização do Cosif, cabe às instituições financeiras, ainda, a observância dos princípios fundamentais da contabilidade, principalmente no que se refere a:

a. uso de métodos e critérios contábeis uniformes no tempo. Qualquer alteração relevante nos procedimentos deve ser registrada em notas explicativas;

b. respeito pleno ao regime de competência no registro contábil das receitas e despesas;

c. definição de um período fixo para apuração dos resultados;

d. independentemente da periodicidade em que os resultados são apurados, proceder à apropriação mensal de seus valores.

O exercício social das instituições financeiras tem duração de um ano, devendo, obrigatoriamente, encerrar-se em 31 de dezembro.

As normas gerais de escrituração contábil das instituições componentes do Sistema Financeiro Nacional são expedidas pelo Banco Central do Brasil com base em competência delegada pelo Conselho Monetário Nacional.

A estrutura básica dos grupos patrimoniais ativos e passivos das instituições financeiras apresenta-se de acordo com a Lei nº 11.638/2007, da forma seguinte:

Ativo	Passivo
Circulante	Circulante
Não Circulante	Não Circulante
Realizável a Longo Prazo	Exigível a Longo Prazo
Permanente	Patrimônio Líquido

Os conceitos de curto prazo (circulante) e longo prazo seguem, evidentemente, a orientação da Lei das Sociedades por Ações, conforme estudada na Parte II. São considerados de curto prazo direitos (e obrigações) realizáveis financeiramente no curso dos 12 meses seguintes ao encerramento do balanço. A dimensão de longo prazo cobre o período posterior ao término dos 12 meses subsequentes ao balanço.

As contas patrimoniais encontram-se dispostas em ordem decrescente de grau de liquidez de acordo com a seguinte apresentação:

Ativo Circulante e Realizável a Longo Prazo (Não Circulante)

- disponibilidade
- direitos realizáveis
- aplicações de recursos

Ativo Não Circulante

- investimentos
- imobilizado
- intangível

Passivo Circulante e Exigível a Longo Prazo (Não Circulante)

- obrigações

Patrimônio Líquido

- capital social
- reservas de capital
- ajustes de avaliação patrimonial
- reservas de lucros

São ilustradas, no Quadro 17.1, as principais operações **ativas** e **passivas** de uma instituição financeira.

Quadro 17.1 Principais operações dos bancos

Operações Ativas	Operações Passivas
■ Carteira de Títulos e Valores Mobiliários ■ Operações de Crédito e Arrendamento Mercantil ■ Provisão para Crédito de Liquidação Duvidosa ■ Recursos transitórios de terceiros ■ Permanente	■ Depósitos à vista, a prazo e poupança ■ Obrigações por empréstimos e repasses ■ Obrigações junto a depositantes e aplicadores: letras de câmbio, letra imobiliária, CDB, letra financeira etc. ■ Recursos transitórios de terceiros ■ Passivos de funcionamento ■ Patrimônio Líquido

17.1 ESTRUTURA DAS DEMONSTRAÇÕES CONTÁBEIS

As demonstrações contábeis dos bancos comerciais apresentam, basicamente, a seguinte estrutura de contas, conforme ilustrada nos Quadros 17.2 e 17.3.

Quadro 17.2 Balanço patrimonial

Ativo	Passivo e Patrimônio Líquido
ATIVO CIRCULANTE	PASSIVO CIRCULANTE
Disponibilidades	**Depósitos**
Aplicações Interfinanceiras de Liquidez	Depósitos à Vista
Aplicações no Mercado Aberto	Depósitos de Poupança
Aplicações e Depósitos Interfinanceiros	Depósitos Interfinanceiros
Títulos e Valores Mobiliários	Depósitos a Prazo
Carteira Própria	Outros Depósitos
Títulos Vinculados a Recompra	**Captações no Mercado Aberto**
Instrumentos Financeiras Derivativos	Carteira Própria
Relações Interfinanceiras	Carteira de Terceiros
Pagamentos e Recebimentos a Liquidar	Carteira Livre Movimentação
Repasses Interfinanceiros	**Recursos de Aceites e Emissão de Títulos**
Correspondentes	Recursos de Aceites Cambiais
Relações Interdependências	Recursos de Letras Imobiliárias, Hipotecárias, de Créditos, Debêntures etc.
Recursos em Trânsito de Terceiros	**Relações Interfinanceiras**
Transferências Internas de Recursos	Correspondentes
Operações de Crédito	**Relações Interdependências**
Operações de Crédito	Recursos em Trânsito de Terceiros
Provisão Crédito Liquidação Duvidosa	**Obrigações por Empréstimos**
Operações de Arrendamento Mercantil	Empréstimos no País
Arrendamentos e Receber	Empréstimos no Exterior
Provisão Crédito Liquidação Duvidosa	**Obrigações por Repasses no País**
Outros Créditos	Tesouro Nacional
Avais e Fianças Honrados	BNDES, Finame etc.
Carteira de Câmbio	**Obrigações por Repasses no Exterior**
Negociação e Intermediação de Valores	**Instrumentos Financeiros Derivativos**
Outros Valores e Bens	**Outras Obrigações**
Outros Valores e Bens	Cobrança e Arrecadação de Tributos
Provisão para Desvalorização	Carteira de Câmbio
	Obrigações Fiscais e Previdenciárias
ATIVO NÃO CIRCULANTE	Outras
Realizável a Longo Prazo	
Investimentos	PASSIVO NÃO CIRCULANTE
Imobilizado	**Exigível a Longo Prazo**
Intangível	**Patrimônio Líquido**

Quadro 17.3 Demonstração do resultado

Receitas de Intermediação Financeira
Operações de Crédito
Operações de Arrendamento Mercantil
Resultados de Operações com Títulos e Valores Mobiliários
Resultado de Instrumentos Financeiros Derivativos
Resultado de Operações de Câmbio
Resultado de Aplicações Compulsórias
Resultado Financeiro de Seguros, Previdência e Capitalização
Despesas de Intermediação Financeira
Operações de Captação no Mercado
Operações de Empréstimos e Repasses
Operações de Arrendamento Mercantil
Despesas Financeiras de Provisões Técnicas de Seguros, Previdência e Capitalização
Provisão para Créditos de Liquidação Duvidosa
Resultado Bruto de Intermediação Financeira
Outras Receitas/Despesas Operacionais
Receitas de Prestação de Serviços
Rendas de Tarifas Bancárias
Despesas de Pessoal
Despesas Administrativas
Despesas Tributárias
Outras Receitas Operacionais
Outras Despesas Operacionais
Resultado Operacional
Provisão para Imposto de Renda e Contribuição Social
Participações no Lucro
Lucro Líquido

17.2 NORMAS BÁSICAS DO BALANÇO PATRIMONIAL

De maneira idêntica às demonstrações contábeis elaboradas por outros segmentos empresariais, o balanço dos bancos retrata a posição dos ativos, passivos e do patrimônio líquido em determinado momento do ano.

Os recursos captados pelas instituições bancárias representam suas fontes, podendo originar-se de depósitos do público em geral, de empréstimos recebidos e de seus recursos próprios (capital e reservas).

Esses recursos possuídos pelos bancos (distribuídos nos grupos do Passivo e Patrimônio Líquido) são aplicados em seus ativos, destacando-se as disponibilidades, as carteiras de títulos e valores mobiliários, os empréstimos e financiamentos concedidos e imobilizações.

O grupo de contas do ativo de maior liquidez é o de **disponibilidades**. É constituído, basicamente, por caixa e equivalentes de caixa, sendo representado por disponibilidades em moeda nacional e moeda estrangeira, aplicações em ouro, entre outros.

Esses encaixes voluntários (disponibilidades) são mantidos pelos bancos basicamente para compensar eventuais necessidades de caixa ou para cobrir, também, eventuais déficits nos serviços de compensação de cheques.

As aplicações em ouro identificadas nas **disponibilidades**, apesar de seu caráter temporário, devem ser ajustadas ao valor de mercado.

Em **aplicações interfinanceiras de liquidez** são registrados os saldos de revenda de títulos de renda fixa a liquidar, envolvendo a posição bancada e financiada, além de aplicações em depósitos no mercado interfinanceiro e em moedas estrangeiras, depósitos voluntários no Banco Central etc.

O ativo **títulos e valores mobiliários** demonstra as aplicações na carteira própria da instituição, envolvendo os títulos adquiridos visando negociações no mercado e os títulos adquiridos e que devem ser mantidos na carteira da instituição até o vencimento.

Os títulos e valores mobiliários que se destinam a negociações são, geralmente, avaliados e registrados no balanço patrimonial pelo seu valor justo estimado. Aqueles mantidos até o vencimento costumam ser demonstrados nos balanços pelo custo de compra acrescido dos rendimentos auferidos no período.

Os **instrumentos financeiros derivativos**, identificados tanto no Ativo como no Passivo, são registrados segundo a intenção da instituição na operação: apurar rendimentos financeiros pela aplicação, ou se proteger contra riscos (*hedge*).

As contas de **relações interfinanceiras** relevantes aos bancos são os resultados dos serviços de compensação de cheques, os créditos vinculados e os repasses interfinanceiros.

A compensação de cheques, função elementar dos bancos comerciais, envolve os serviços de pagamentos e recebimentos de cheques e outros papéis liquidáveis na praça.

Os créditos vinculados registram os vários depósitos efetuados pela instituição junto ao Banco Central, identificados como de natureza compulsória ou vinculados a determinadas operações especiais.

Os repasses interfinanceiros representam os créditos do banco decorrentes de repasses efetuados a outras instituições. Os valores são registrados em conformidade com a natureza dos recursos (repasses de recursos do crédito rural, repasses de recursos externos etc.).

Na hipótese de o banco manter correspondentes no exterior e no país, instituições financeiras ou não, o fluxo de recursos originado dessas operações é também registrado nesse grupo.

As **relações interdependências** incluem os recursos em trânsito de terceiros e transferências internas de recursos.

Os recursos em trânsito de terceiros são basicamente as transferências em processamento entre as diversas dependências e departamentos da instituição, visando cumprir ordens de pagamento, cobranças, recebimentos e pagamentos por conta de terceiros.

As transferências internas de recursos refletem a movimentação financeira em processamento entre dependências e departamentos do banco, a qual não pode exercer qualquer alteração nos direitos e obrigações em relação a terceiros.

As **operações de crédito** realizadas pelo banco distribuem-se sob três modalidades:

1. empréstimos – não exige destinação específica ou vínculo à comprovação de aplicação dos recursos. Exemplos: empréstimos para capital de giro, empréstimos pessoais, adiantamentos a depositantes etc.;

2. títulos descontados;
3. financiamentos – são operações com destinação específica, vinculadas à comprovação da aplicação dos recursos. Exemplos: financiamentos de máquinas e equipamentos, imobiliários etc.

Na atividade de **arrendamento mercantil**, os bancos atuam, basicamente, em operações de aquisição de direitos creditórios.

A provisão formada para devedores duvidosos (créditos de liquidação duvidosa) é apurada de forma a cobrir as perdas prováveis previstas, segundo as normas do Banco Central e do Conselho Monetário Nacional, e a análise de riscos de crédito desenvolvida pela própria instituição.

Os **outros créditos** registrados nos ativos dos bancos comerciais englobam créditos por avais e fianças honrados, diversos direitos de câmbio, serviços prestados a receber, dividendos e bonificações a receber, adiantamentos e antecipações salariais, créditos tributários, entre outros valores realizáveis.

Em **outros valores e bens**, são registradas as participações societárias de caráter minoritário, os bens que não se destinam ao uso próprio (imóveis, veículos, máquinas e equipamentos, material de estoque, mercadorias etc.) e as despesas antecipadas, definidas como toda aplicação de recursos cujos benefícios à instituição ocorrerão em períodos seguintes.

Os bens que não são de uso próprio, classificados no circulante, não se sujeitam a depreciação. Na situação de esses bens passarem a ser efetivamente utilizados pela instituição, deverão ser transferidos para a conta de **Imobilizado** (não circulante).

O **Ativo Não Circulante** apresenta características semelhantes às de outras empresas, compondo-se, basicamente, de investimentos, imobilizado e intangível.

O **Passivo Circulante** e o **Exigível a Longo Prazo** identificam as obrigações da instituição perante terceiros, ou seja, as captações de recursos processadas no mercado.

Depósitos são recursos recebidos pela instituição do público e entidades governamentais. São classificados de várias formas, de acordo com sua origem e finalidades.

Por exemplo, os depósitos à vista são de livre movimentação. Eventuais saldos devedores verificados em contas de depósitos são registrados em operações de crédito do ativo.

Os depósitos de poupança são captações livres provenientes de pessoas físicas e jurídicas. Os depósitos interfinanceiros são recursos a prazo captados no mercado interfinanceiro.

Os **recursos de aceites cambiais** são captações do banco efetuadas mediante aceites de letras de câmbio, imobiliárias e hipotecárias, debêntures etc. As **obrigações por operações compromissadas** referem-se às recompras de títulos a liquidar da carteira própria da instituição e da carteira de terceiros.

As **relações interfinanceiras** e as **relações interdependências** constituem-se nas mesmas contas descritas no ativo e que apresentam saldo credor.

Da mesma forma, as **obrigações por empréstimos e repasses** representam dívidas (captações) do banco junto a instituições financeiras no país e no exterior.

Em **outras obrigações**, são relacionadas as exigibilidades da instituição perante diferentes credores, tais como dívidas fiscais e previdenciárias, sociais e estatutárias, câmbio, cobrança e arrecadação de tributos etc.

O **Patrimônio Líquido** constituído de capital e reservas indica os recursos próprios do banco, não se diferenciando do de outras empresas.

17.2.1 Aplicação prática - balanço de um banco comercial

Para ilustrar a interpretação das demonstrações contábeis de instituições financeiras no Brasil, é apresentado a seguir, por meio de suas principais contas e grupos de contas, o balanço representativo de um banco comercial referente a um determinado exercício social. São desenvolvidas, na sequência, diversas análises sobre a estrutura do balanço do banco, destacando-se suas peculiaridades, principalmente se comparadas com empresas não financeiras, e interpretações relevantes para a análise financeira.

Balanço

	R$ (milhões)	AV (%)
ATIVO TOTAL	**3.803,6**	**100,0%**
ATIVO CIRCULANTE	**2.427,7**	**63,8%**
▪ Aplicações financeiras e TVM	1.135,1	29,8%
▪ Operações de crédito e arrendamento mercantil	618,2	16,3%
▪ Outros valores circulantes	674,4	17,7%
ATIVO NÃO CIRCULANTE	1.375,9	36,2%
REALIZÁVEL DE LONGO PRAZO	1.299,9	34,2%
▪ Aplicações financeiras e TVM	329,5	8,7%
▪ Operações de crédito e arrendam. mercantil	789,9	20,8%
▪ Outros valores a longo prazo	180,5	4,7%
ATIVO NÃO CIRCULANTE	**76,0**	**2,0%**
PASSIVO TOTAL + PATRIMÔNIO LÍQUIDO	**3.803,6**	**100,0%**
PASSIVO CIRCULANTE	**2.318,1**	**60,9%**
▪ Depósitos	852,7	22,4%
▪ Obrigações por empréstimos e repasses	132,8	3,5%
▪ Outros valores circulantes	1.332,6	35,0%
PASSIVO NÃO CIRCULANTE	**1.193,6**	**31,4%**
PATRIMÔNIO LÍQUIDO	**291,9**	**7,7%**

Principais observações do balanço

- O **Ativo Circulante** é o maior grupo dos Ativos, representando 63,8% do total dos investimentos mantidos pelo banco. Isso demonstra que essa instituição financeira opera, principalmente, com prazos de crédito e outras aplicações mais curtos (vencíveis em no máximo 12 meses), exigindo presenças constantes nas captações de recursos e renovações de seus ativos.

- A participação das **operações de crédito e arrendamento mercantil**, tanto de curt prazo como de longo prazo, não é expressiva, resultado que surpreende principalment pela atuação do banco como intermediário financeiro. Essas operações de crédito representam somente 37,1% do total do ativo. Observe que 16,3% dos ativos são representado por créditos correntes e 20,8% por créditos de longo prazo.
- O grupo de **aplicações financeiras e títulos e valores mobiliários (TVM)** correntes e d longo prazo representa 38,5% do total dos ativos, participação maior que das operaçõe de crédito. Com isso, o **resultado com títulos e valores mobiliários** surge como a mai expressiva de suas receitas de intermediação financeira.
- O volume de investimento em **permanente** é irrelevante, atingindo somente 2% do tota do ativo. Os bancos são instituições que priorizam bastante a liquidez de seus ativos e sua capacidade em gerar caixa rapidamente com eles.
- De forma coerente com a estrutura dos ativos, as dívidas correntes (**Passivo Circulante**) do banco é a principal fonte de recursos, representando 60,9% do total aplicado. A atuaçã desse banco está mais concentrada no curto prazo.
- Os recursos próprios, representados pelo grupo do **Patrimônio Líquido**, têm uma participação mínima, representando somente 7,7% do total dos ativos contábeis. Os bancos são instituições fortemente alavancadas, operando preferencialmente com recursos de terceiros e daí gerando seus ganhos.

17.3 NORMAS BÁSICAS DA DEMONSTRAÇÃO DE RESULTADOS

As **receitas de intermediação financeira** originam-se, em sua maior parte, de juros de créditos concedidos, de resultados da carteira de títulos e valores mobiliários, operações de câmbio, resultados de aplicações compulsórias etc.

As **despesas de intermediação financeira** são os juros apropriados de captações efetuadas, juros de provisões técnicas de seguros, provisão para crédito de liquidação duvidosa etc.

O conceito **operacional** está relacionado com as atividades típicas, regulares e habituais da instituição financeira.

Para a apuração dos resultados, é observado rigorosamente o regime de competência das receitas e despesas.

17.4 PRINCIPAIS CARACTERÍSTICAS DAS DEMONSTRAÇÕES CONTÁBEIS DOS BANCOS PARA ANÁLISE

Tradicionalmente, as técnicas de análise de balanços têm-se voltado preferencialmente para as empresas comerciais e industriais, dispensando pouca atenção às instituições financeiras. O entendimento adequado das demonstrações contábeis dos bancos exige um nível de conhecimento específico mais aprimorado, principalmente no que se refere ao domínio da dinâmica financeira.

Um banco é um intermediário financeiro, que capta recursos de agentes com capacidade de poupança e os repassa (empresta) para agentes carentes de capital (tomadores de recursos).

Uma estrutura convencional da intermediação financeira coloca o banco entre o poupador e o tomador de recursos. A instituição capta o dinheiro disponível por meio de depósitos à vista, depósitos a prazo (Certificado de Depósito Bancário – CDB, por exemplo), caderneta de poupança, empréstimos e financiamentos etc., e o repassa ao mercado mediante diversas linhas de crédito, conforme é ilustrado na Figura 17.1.

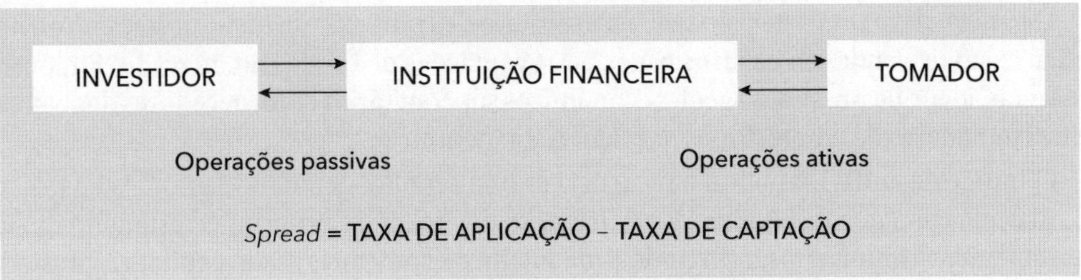

Figura 17.1 Estrutura convencional de intermediação financeira.

As captações de um banco são registradas como **passivos** (obrigações a pagar), e as aplicações são classificadas como operações **ativas** (créditos e outras aplicações). Conforme comentado anteriormente, a diferença entre a taxa que a instituição paga pela captação do dinheiro e a que cobra pela sua aplicação é denominada *spread*.

Uma estrutura de intermediação financeira mais avançada, própria de mercados mais desenvolvidos, coloca a instituição como coordenadora da transferência de recursos entre os poupadores e tomadores, sem envolver-se diretamente com a responsabilidade de buscar dinheiro no mercado e repassá-lo. Essa estrutura moderna, ilustrada na Figura 17.2, é muitas vezes conhecida por **desintermediação financeira**. Por exemplo, uma empresa, necessitando de recursos para investimento, pode emitir títulos de dívidas como debêntures, para lastrear sua captação. Para tanto, contrata uma instituição financeira com o objetivo de intermediar a colocação desses papéis no mercado, oferecendo-os a investidores.

A remuneração do banco nessa operação são as comissões (ou corretagens) recebidas pelos serviços de colocação dos títulos no mercado. Os juros aos investidores são pagos pelos emitentes dos títulos (empresa captadora de recursos). É a forma de financiamento conhecida por **securitização de dívidas**.

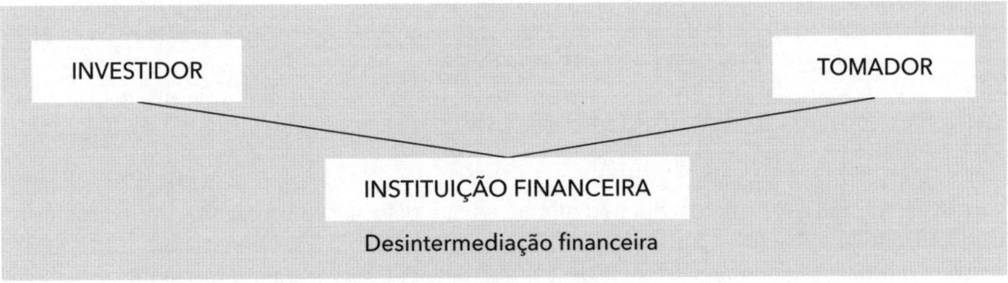

Figura 17.2 Ilustração da estrutura de desintermediação financeira.

17.4.1 Atuação dos Bancos

Conforme introduzido no processo de intermediação financeira, existem certas características de atuação dos bancos que conflitam com o raciocínio usualmente adotado nas análises de balanços de empresas não financeiras, tornando o entendimento de suas demonstrações contábeis uma tarefa não muito simples.

De início, deve ser destacado que a mercadoria de transação da instituição é o dinheiro e seu custo de venda são os juros pagos pelas captações de fundos no mercado. Em outras palavras, identificam-se nos agentes econômicos superavitários os **fornecedores** dos bancos, e nos tomadores de empréstimos os **clientes** da instituição.

O **índice de endividamento** bancário costuma ser alto, denotando grande capacidade de alavancagem dos resultados. A participação dos recursos próprios é bastante reduzida nas operações financeiras, atingindo uma média de somente 11% do capital emprestado. Os bancos são tipicamente empreendimentos de risco, e como dependem bastante da confiança do mercado para poderem funcionar, dificilmente se mantêm em atividade apurando resultados operacionais negativos.

O **capital mínimo** dos bancos é utilizado para que sejam definidos os limites de empréstimos (e outras operações ativas) visando reduzir ou, até mesmo, evitar os principais riscos financeiros (mercado, liquidez, crédito etc.). Não são todos os ativos de um banco que possuem liquidez de venda e valor de mercado em níveis adequados para atender às necessidades imediatas e emergenciais dessas instituições, exigindo que mantenham uma reserva de capital próprio coerente com o risco de suas operações.

Por determinação do Banco Central, os bancos que operam no Brasil devem manter um Patrimônio Líquido Exigido (PLE) em torno de 11% de seus ativos ponderados pelo risco, ou seja:

$$\text{PLE} = 11\% \times \text{APR}$$

A ideia básica dessa exigência origina-se do Acordo de Basileia, subscrito pelos principais Bancos Centrais do mundo, e que definiu as linhas gerais para a regulamentação da atividade bancária.

O **Ativo Ponderado pelo Risco (APR)** de um banco é formado ponderando-se os vários ativos operacionais por um ponderador (fator) de risco. Quanto maior o risco do ativo, mais elevado apresenta-se o ponderador de risco usado, e também mais alta a participação do patrimônio líquido na operação.

Por exemplo, ativo como dinheiro em caixa, reservas livres depositadas no Banco Central e títulos públicos federais, são entendidos como livres de risco, e possuem, por isso, um ponderador de 0%.

Cheques em compensação, créditos tributários federais, disponibilidades em moedas estrangeiras etc., são classificados como de risco reduzido e recebem uma ponderação de risco igual a 20% sobre o montante mantido pelo banco em seus ativos.

Uma ponderação de 50% do APR, revelando um risco maior, é utilizada em ativos como aplicações em títulos de instituições financeiras não ligadas, aplicações em moedas estrangeiras no exterior etc.

O grupo de ativos admitido como de maior risco, com ponderação de 100%, é constituído basicamente pelas operações de crédito concedidas pelo banco (descontos, empréstimos e financiamentos etc.).

Assim, um banco que tenha um APR de $ 300,0 bilhões, deve manter um patrimônio líquido exigido de $ 33,0 bilhões, ou seja:

$$\text{PL Exigido (PLE)} = 11\% \times \$\ 300{,}0 = \$\ 33{,}0 \text{ bilhões}$$

De outra maneira, o banco deve limitar seu APR em até 9,09 vezes o valor de seu Patrimônio Líquido, isto é:

APR = 9,09 × PLE

Um novo Acordo de Basileia (Basileia III) foi firmado pelos Bancos Centrais de todo o mundo. O Basileia III propôs um aumento do capital mínimo por meio da elevação do chamado "capital de alta qualidade", formado por ações e lucros retidos em mais 2,5%. Essa proteção é conhecida por "colchão proteção". A esse aumento está prevista também a formação de uma proteção de capital denominada "colchão contracíclico", que pode variar de 0% a 2,5%. Esses incrementos foram gradualmente implantados a partir de 2013.

Assim, mesmo mantendo o capital ponderado pelo risco em 8%, esse percentual pode subir para um mínimo de 13%, de acordo com as condições econômicas internacionais e do próprio país.

O capital mínimo ponderado pelo risco (PLE), em seu percentual mínimo, tem a seguinte formulação de cálculo prevista pelo Basileia III:

PLE = [8% (Capital Atual) + 2,5% (Colchão de Proteção) + 2,5% (Colchão Contracíclico)] × APR

Essas medidas são acompanhadas da criação de dois novos índices para os bancos. Um novo índice de **alavancagem** que deverá levar em conta em seu cálculo os ativos totais nominais sem ponderação por risco; e outro de controle de **liquidez**, que deve definir um montante mínimo de ativos realizáveis suficientes para cobrir passivos vencíveis em até 30 dias.

Outra característica presente na estrutura dos balanços, é que eles operam de forma **casada**, em termos, principalmente, da natureza dos ativos e passivos, taxas, prazos e moedas. As captações processadas pelos bancos estão, em grande parte, vinculadas a determinadas aplicações, os chamados créditos **direcionados**. Por exemplo, fundos de caderneta de poupança devem, em sua maior parte, ser direcionados para financiamento habitacional, e parcela menor para depósitos compulsórios e aplicações livres.

O casamento de **taxas** assume que o custo de captação seja menor que o retorno das aplicações. Os bancos, geralmente, destinam as captações mais baratas (habitualmente, depósitos à vista) para aplicações que oferecem taxas também mais baixas. Após esgotados os recursos passivos mais baratos, são selecionadas aplicações mais caras, e assim por diante.

Conforme foi discutido no estudo dos riscos financeiros, as instituições procuram compensar os prazos de aplicação e captação de recursos, de maneira a minimizar o risco de variação das taxas de juros. Ao aplicarem recursos com prazo de recebimento inferior, por exemplo, ao das captações, e ocorrendo uma redução das taxas de juros de mercado, o banco perde margem financeira ao reaplicar os recursos ativos ganhando taxas menores. Em caso de elevação das taxas de juros, ao contrário, há um ganho pela maior receita financeira.

Outro casamento previsto nas operações financeiras é o referente às **moedas**. Ao captar recursos pagando juros prefixados, **por exemplo**, as instituições devem repassar esses fundos a taxas fixas também, protegendo-se, assim, de diferentes comportamentos dos juros ativos e passivos.

18

INDICADORES E CRITÉRIOS DE ANÁLISE DE BANCOS

Um banco, mais bem entendido como um intermediário financeiro, atua operacionalmente com base em duas grandes decisões financeiras: **ativo** – decisões de investimento (aplicações) – e **passivo** – decisões de financiamento (captações).

Os recursos alocados aos ativos geram benefícios econômicos, definidos por **receitas da intermediação financeira**, e os valores registrados nos passivos produzem **despesas com intermediação financeira**. É por meio desse processo de intermediação financeira que se forma o ***spread*** (resultado bruto) de um banco, ou seja:

Spread Bancário = Receitas de Intermediação – Despesas com Intermediação

De outro modo, a taxa de juros cobrada ao tomador de recursos visa, fundamentalmente, remunerar o titular da poupança, cobrir os riscos e demais custos da operação e despesas administrativas, além de gerar um resultado que remunere o capital investido na instituição.

Os recursos passivos de um banco, pelo princípio da minimização do risco, são levantados por meio de operações **casadas** com os ativos em termos de prazo, moeda e taxa, conforme foi estudado no Capítulo 17. O **descasamento** deliberado em operações de intermediação financeira justifica-se como uma forma de alavancar os resultados da instituição. No entanto, essas estratégias envolvem maior risco, demandando um controle bastante próximo das operações.

O **descasamento** das operações pode, também, ocorrer diante de falta de alternativa de negócios no mercado. Por exemplo, uma instituição que deseja atender a uma solicitação de empréstimo para resgate em dois meses, não encontrando disponibilidade de poupança de mesmo prazo no mercado, pode decidir captar por um mês. Nessa posição assumida, evidencia-se um descasamento de prazos, tornando-se necessárias duas captações seguidas de 30 dias para lastrear a operação ativa de 60 dias. Evidentemente, se a taxa de juros de mercado subir, a rentabilidade do banco se reduz, ocorrendo o contrário na hipótese de uma retração nas taxas de juros. Essa ilustração evidencia, de forma bastante simples, o risco com que a instituição financeira convive ao operar com ativos e passivos **descasados**.

Por outro lado, os recursos próprios do banco, basicamente definidos nos valores incorporados a seu patrimônio líquido, exigem uma gestão voltada a remunerar o capital, no mínimo, à taxa de oportunidade de mercado. É característico na atividade bancária o patrimônio líquido ser o ***funding*** do ativo não circulante, sendo o montante excedente denominado **capital de giro próprio**.

A análise de bancos efetuada com base em seus demonstrativos contábeis, como ocorre também com outros segmentos empresariais, pode conter algumas limitações, principalmente no que se refere à qualidade das informações contidas nos relatórios. Mesmo diante dessa realidade, é importante entender os indicadores de avaliação como medidas que embutem uma tendência de desempenho, indicando os potenciais pontos fortes e débeis da instituição, e despertando a atenção do analista para os aspectos que demandam maior avaliação.

18.1 SOLVÊNCIA E LIQUIDEZ

Uma instituição financeira pode ser considerada **solvente** quando o valor de seus ativos superar o valor de seus passivos de diferentes naturezas, formando um excedente definido por patrimônio líquido. Um maior volume de riqueza líquida funciona naturalmente como uma reserva de segurança diante de eventuais perdas de valor ativos.

A **solvência** evidencia, em outras palavras, os recursos próprios de uma instituição oferecidos ao risco de sua atividade. Compete à administração dos bancos preservar um montante adequado de patrimônio líquido de forma a manter principalmente seus ativos de risco em nível adequado à dinâmica de seus negócios.

Por outro lado, a **liquidez** dos bancos reflete a capacidade financeira da instituição em atender prontamente toda demanda por recursos de caixa. A posição de liquidez revela, mais especificamente, a habilidade de uma instituição gerar caixa de maneira a atender adequadamente a suas obrigações financeiras.

A manutenção de caixa no âmbito de uma instituição financeira tem por objetivo atender ao fluxo de pagamento de despesas operacionais, cobrir resgates de seus depositantes, manter reservas compulsórias, e atender solicitações de empréstimos e financiamentos. Uma preocupação sempre presente na avaliação de uma instituição financeira é a presença de disponibilidades de caixa nos diversos momentos em que os recursos são demandados.

O conceito mais amplo de liquidez abrange as dimensões patrimoniais da instituição financeira, envolvendo comparações entre ativos e passivos. Nessa ideia, a determinação do nível mais adequado de liquidez de uma instituição é uma tarefa complicada, que requer uma avaliação mais ampla dentro do contexto das fontes e aplicações de recursos, o que geralmente extrapola as informações trazidas pelos demonstrativos contábeis usualmente publicados. Em verdade, a liquidez de uma instituição financeira é um conceito relativo, influenciado, principalmente, pelo grau de maturidade, qualidade e negociabilidade de seus elementos patrimoniais.

Alguns índices financeiros bastante utilizados no estudo da liquidez dos bancos, e elaborados estritamente com base em informações contidas em seus demonstrativos contábeis, são analisados a seguir.

18.1.1 Encaixe voluntário e bancário

$$\text{Encaixe voluntário} = \frac{\text{Disponibilidades}}{\text{Depósitos à vista}}$$

O **encaixe voluntário** identifica a capacidade financeira imediata (disponibilidades) de um banco em cobrir saques contra depósitos à vista na data de encerramento do exercício social. Valores mais elevados de encaixe voluntário, ao mesmo tempo que promovem maior segurança financeira à instituição, comprometem aplicações rentáveis em empréstimos e financiamentos.

A tendência normal dos bancos é manter as disponibilidades, que não produzem rendimentos financeiros à instituição, em nível mais baixo. Por outro lado, a participação dos depósitos à vista na carteira de captações dos bancos vem se reduzindo, explicada pela inflação na economia e, principalmente, diante das alternativas oferecidas de aplicações financeiras com liquidez de curto e curtíssimo prazo (um dia).

O **encaixe bancário**, por sua vez, incorpora as disponibilidades e também os depósitos mantidos pela instituição financeira em conta corrente no Banco Central (BC), sendo calculado pela seguinte expressão:

Encaixe bancário = Disponibilidades + Depósitos no BC (Livres e Compulsórios)

18.1.2 Liquidez imediata

$$\text{Liquidez Imediata} = \frac{\text{Disponibilidades} + \text{Aplicações Interfinanceiras de Liquidez}}{\text{Depósitos à vista}}$$

Na avaliação de liquidez imediata são, geralmente, incluídas as disponibilidades do banco e suas aplicações financeiras negociáveis a qualquer momento (mercado aberto e depósitos interfinanceiros). Esse índice, quando maior que 1,0, apresenta-se como favorável pois a instituição mantém recursos disponíveis para cobrir integralmente os depósitos à vista e parte dos depósitos a prazo.

18.1.3 Índice empréstimos/depósitos

$$\text{Índice Empréstimos/Depósitos} = \frac{\text{Operações de Crédito}}{\text{Depósitos}}$$

Esse índice revela quanto foi emprestado para cada $ 1 de recursos captados pela instituição na forma de depósitos. Por exemplo, um índice igual a 1,15, indica que o banco aplicou (concedeu crédito) de $ 1,15 para cada $ 1,00 tomado emprestado. Em outras palavras, os créditos concedidos representam 115% dos depósitos captados.

Um incremento na relação empréstimos/depósitos identifica uma diminuição na capacidade do banco em atender a eventuais saques da conta de seus depositantes, ocorrendo o inverso no caso de redução desse índice.

Por outro lado, admite-se que uma participação maior dos empréstimos determine maiores receitas de juros à instituição, promovendo melhor rentabilidade.

18.1.4 Capital de giro próprio

Capital de Giro Próprio = Patrimônio Líquido – Ativo Não Circulante*

* Ativo Não Circulante = Realizável a LP + Ativo Não Circulante.

O capital de giro próprio indica os recursos próprios da instituição que se encontram financiando as operações ativas. É um parâmetro de segurança do banco, revelando seu nível de folga financeira financiada com patrimônio líquido.

Na apuração desse índice, admite-se o Patrimônio Líquido como o ***funding*** das aplicações em Ativo Não Circulante e Realizável a Longo Prazo, identificando-se seus eventuais excessos nas contas circulantes da instituição.

18.1.5 Participação dos empréstimos

$$\text{Participação dos Empréstimos} = \frac{\text{Operações de Crédito}}{\text{Ativo Total}}$$

Esse indicador revela o percentual do ativo total de um banco que se encontra aplicado em operações de créditos, inclusive operações de arrendamento mercantil. Sabidamente, os empréstimos são ativos de baixa liquidez, apresentando-se, geralmente, inegociáveis até o momento de seu vencimento. Assim, índices mais elevados de empréstimos em relação aos ativos totais revelam baixo nível de liquidez da instituição e, ao mesmo tempo, uma indicação de incremento de seus resultados operacionais.

Reduções na participação do crédito, ao contrário, podem indicar uma elevação da liquidez da instituição e possíveis limitações em sua rentabilidade.

Em extensão ao indicador de Participação dos Empréstimos é calculado também o índice de **Recursos Alocados em Empréstimos (RAE)** calculado da forma seguinte:

$$\text{RAE} = \frac{\text{Operações de Crédito (Inclusive PCLD*)}}{\text{Total das Captações de Recursos}}$$

* Provisão para Crédito de Liquidação Duvidosa.

O índice financeiro identifica a parcela dos recursos captados pela instituição que foi direcionada para lastrear as operações de crédito (empréstimos).

18.2 CAPITAL E RISCO

Em instituições financeiras, a função mais consagrada do patrimônio líquido é financiar suas aplicações em ativo não circulante e, por meio de excessos de recursos próprios, lastrear financeiramente as necessidades mínimas de investimento operacional em giro.

A atividade dos negócios bancários é bastante sensível às condições econômicas, à política monetária e ao comportamento das taxas de juros, os quais apresentam-se em constante mutação. Conceitualmente, o montante de capital próprio a ser mantido por uma instituição financeira é fortemente dependente do risco assumido em seus negócios, devendo ser suficiente para cobrir eventuais perdas que possam ocorrer.

A definição do montante adequado de capital de um banco é de difícil dimensionamento prático, diante principalmente de sua dependência de fatores que não podem também ser determinados com exatidão, como seu nível de risco. Algumas tendências podem, todavia, ser extraídas dos demonstrativos contábeis sem, contudo, tornarem-se informações perfeitas.

Nessa tarefa, são utilizados, na prática, alguns índices financeiros bastante tradicionais que visam melhor identificar o volume adequado de capital próprio da instituição. Esses indicadores, apresentados a seguir, costumam também ser adotados pelas autoridades monetárias para definir normas com relação ao capital mínimo que, em geral, deve ser mantido pelas instituições financeiras.

CAPITAL PRÓPRIO DOS BANCOS - ACORDO DE BASILEIA

O Acordo de Basileia, assinado em 1988 pelos Bancos Centrais das principais economias do mundo, sob a coordenação do Bank of International Settlements (BIS) - Banco de Compensações Internacionais -, teve como objetivo estabelecer controles sobre a atividade bancária e reduzir seus riscos de insolvência. Esse acordo, tratado inicialmente como uma carta de intenções, teve suas recomendações transformadas em leis nos seus respectivos países.

O Acordo teve como uma de suas principais preocupações a adequação do capital próprio dos bancos em relação as suas aplicações. Quanto menor a participação do capital próprio nas operações mais alta é a alavancagem dos bancos, e também maior é o risco de insolvência. O Acordo de Basileia propõe um valor de equilíbrio do patrimônio líquido dos bancos, voltado à solvência da instituição e segurança do sistema financeiro.

Foi recomendado aos bancos a formação de um capital próprio mínimo baseado em seu **Ativo Ponderado pelo Risco (APR)**. Por exemplo, ao definir o capital próprio mínimo em 11% do APR, tem-se que para cada R$ 100,00 de aplicações, o banco deve preservar R$ 11,00 de patrimônio líquido na operação.

O APR é calculado pela aplicação de um **fator de ponderação de risco**, estabelecido pelo BC, sobre os principais ativos operacionais de risco mantidos pelo banco. Quanto maior o risco do ativo, tanto maior o fator de ponderação e, também, mais elevada a participação do patrimônio líquido na operação.

Por esse Acordo de Basileia, cada banco deve manter, no mínimo, 8% de seu APR representado por capital próprio. O Brasil adotou as recomendações do acordo a partir de 1994. O índice de capital próprio no Brasil foi de 11% sobre o total dos ativos ponderados pelo risco, percentual mais alto que o mínimo sugerido pela Basileia. Atualmente é adotado o percentual de 8%.

O Acordo de Basileia II, de 2004, manteve o mesmo percentual de capital próprio mínimo aplicado sobre os APR. A principal alteração foi incluir, além do risco de crédito e risco de mercado, o risco operacional das instituições (ver Seção 16.4, Capítulo 16).

O Basileia III, mais recente, ampliou o capital mínimo dos bancos para 13%, com a inclusão de novos percentuais de proteção. O Capítulo 17 descreveu os detalhes desses cálculos sugeridos pelo novo acordo de Basileia.

18.2.1 Indicadores de análise do capital

➲ $\text{Independência Financeira} = \dfrac{\text{Patrimônio Líquido}}{\text{Ativo Total}}$

➲ $\textit{Leverage} = \dfrac{\text{Ativo}}{\text{Patrimônio Líquido}}$

➲ $\text{Relação Capital/Depositantes} = \dfrac{\text{Patrimônio Líquido}}{\text{Depósitos (Passivo)}}$

➲ $\text{Imobilização do Capital Próprio} = \dfrac{\text{Ativo Não Circulante}}{\text{Patrimômio Líquido}}$

Apesar da importância desses índices financeiros, é preciso ter em conta que seus resultados não avaliam o risco operacional (risco dos ativos) dos bancos. Duas instituições podem apresentar o mesmo índice patrimônio líquido/ativo, por exemplo, mas a natureza e a qualidade das aplicações de uma podem diferenciar-se bastante da outra, assumindo riscos diferentes. O índice revela, unicamente, que as instituições apresentam a mesma estrutura de independência financeira, mas ignora os riscos assumidos.

Fundamentalmente, a ideia de risco está presente em todos os negócios, determinada principalmente pela incapacidade de predizer o futuro. Um banco, apesar de operar sob certos condicionantes legais e de política monetária, atua na maioria de seus segmentos de negócios em ambiente de livre concorrência, tomando suas decisões de maneira direcionada ao objetivo de otimização do retorno de seus ativos. Nesse contexto, são tomadas decisões de duas categorias de risco cujas essências foram discutidas no Capítulo 2: **risco operacional** e **risco financeiro**.

O **risco operacional** é definido pela qualidade e estabilidade dos fluxos de resultados esperados da instituição, os quais são influenciados pela situação política do país, pela evolução das taxas de juros e dos indexadores de preços, pelo nível de atividade e concorrência do mercado etc.

Esse risco é incrementado quanto menor for a participação de capital próprio atuando como ***funding*** dos ativos. O uso de recursos provenientes de depósitos e outras obrigações passivas, que compõem o denominado risco financeiro, introduz uma incerteza maior aos resultados esperados da instituição, reduzindo sua qualidade.

A avaliação do risco total de um banco (operacional e financeiro) é desenvolvida pelo estudo da estrutura dos portfólios ativos e passivos e suas relações, principalmente em termos de prazo, moeda e taxa. As decisões ativas (aplicações) e passivas (captações) são interdependentes, sendo a variável risco seu aspecto mais crítico. Algumas medidas podem ser implementadas pela instituição visando reduzir o risco (diversificação de suas carteiras, por exemplo), sendo a capitalização a decisão mais eficiente.

Dessa forma, a análise do risco de uma instituição financeira envolve, necessariamente, a determinação de indicadores dos relatórios contábeis apresentada, a maioria deles baseada na relação entre o patrimônio líquido e os depósitos, empréstimos e ativo total.

18.2.2 Taxa de reinvestimento do lucro

Um índice revelador da realização interna de caixa de um banco (autofinanciamento) é a denominada **Taxa de Reinvestimento do Lucro (TRL)**, obtida de acordo com a seguinte expressão, amplamente utilizada no mercado:

$$\text{TRL} = \frac{\text{Lucro Líquido} - \text{Dividendos}}{\text{Patrimônio Líquido}}$$

O numerador da expressão (**Lucro Líquido – Dividendos**) reflete a parcela do lucro que permaneceu na empresa, sendo utilizado para reinvestimento. A taxa de reinvestimento do lucro indica o incremento de capital próprio do banco mediante a retenção de seus resultados. Constitui-se, em essência, na parcela do resultado líquido do acionista apurado em determinado exercício que foi reinvestida em suas operações.

De maneira mais analítica, o cálculo da TRL pode, também, ser processado por meio das seguintes variáveis:

$$\text{TRL} = \textit{Leverage} \times \text{Retorno sobre o Ativo Total (ROA)} \times \text{Índice de Retenção do Lucro}$$

Expressando-se os índices:

$$\text{TRL} = \frac{\text{Ativo Total}}{\text{Patrimônio Líquido}} \times \frac{\text{Lucro Líquido}}{\text{Ativo Total}} \times \frac{\text{Lucro Líquido} - \text{Dividendos}}{\text{Lucro Líquido}}$$

Em todas as expressões, deve-se considerar o patrimônio líquido e o ativo total em seus valores médios, sendo o patrimônio líquido, ainda, deduzido do lucro líquido apurado no exercício.

Quanto maior for a TRL, mais alta se apresenta a capacidade da instituição em financiar variações em seus ativos por meio de recursos próprios gerados pelas operações, exigindo menores necessidades de captações passivas. Ou seja, o risco do banco é menor.

Como extensão ao estudo do risco, com base na TRL, alguns autores costumam apurar os limites de expansão dos ativos do banco passíveis de serem financiados por recursos próprios, ou seja:

Limite de Expansão = TRL × Independência Financeira

$$\text{Limite de Expansão} = \frac{\text{Lucro Líquido} - \text{Dividendos}}{\text{Patrimônio Líquido}} \times \frac{\text{Patrimônio Líquido}}{\text{Ativo Total}}$$

Por exemplo, apurando-se um resultado de 20% no cálculo desse limite, tem-se a expansão máxima dos ativos do banco passíveis de serem financiados por capital próprio. Se o crescimento das aplicações exceder esse percentual, especifica-se uma necessidade de captação de novos recursos.

Admita, por exemplo, que a carteira de créditos de um banco seja igual a $ 100,0 bilhões. A instituição deve manter uma participação mínima de capital próprio de 11% para essas operações.

Ao prever uma elevação de 30% no volume de créditos para o próximo exercício, e considerando um fator de ponderação de risco do ativo de 100%, apura-se que o banco demandará recursos próprios equivalentes a:

$$\text{Capital Próprio Exigido} = \underbrace{11\%}_{\text{Capital Mínimo}} \times \underbrace{(\$\ 100{,}0 \times 30\%)}_{\text{Acréscimo dos Ativos de Risco}} = \$\ 3{,}3 \text{ bilhões}$$

Ao projetar um lucro líquido de $ 6,4 bilhões para o próximo exercício, e admitindo que o banco distribua 25% de dividendos, a capacidade de reinvestimento dos recursos próprios é calculada em:

Reinvestimento do Lucro Líquido = $ 6,4 – 25% = $ 4,8 bilhões

Dessa forma, $ 3,3 bilhões do total do lucro líquido retido deve ser alocado para a formação do capital próprio mínimo das operações de crédito, restando $ 1,5 bilhão ($ 4,8 – $ 3,3) para lastrear outros ativos de risco do banco.

18.3 RENTABILIDADE E LUCRATIVIDADE

A atividade bancária comporta-se de modo similar aos demais tipos de negócios, diferenciando-se, basicamente, pela natureza dos fatores colocados à disposição. Numa instituição financeira os recursos captados representam suas matérias-primas, que são negociadas principalmente sob a forma de créditos e empréstimos concedidos e investimentos.

Como todo negócio, o banco tem por objetivo maximizar a riqueza de seus proprietários pelo estabelecimento de uma adequada relação risco-retorno.

Os principais índices de análise de rentabilidade adaptados à atividade bancária podem ser classificados em três grupos, conforme apresentados a seguir:

18.3.1 Índices básicos de rentabilidade

O esquema de estudo do desempenho econômico de uma empresa é centrado, basicamente, em três medidas financeiras:

- $\text{Retorno Sobre o Patrimônio Líquido} = \dfrac{\text{Lucro Líquido}}{\text{Patrimônio Líquido}}$

- $\text{Retorno Sobre o Investimento Total} = \dfrac{\text{Lucro Líquido}}{\text{Ativo Total}}$

- $\text{Margem Líquida} = \dfrac{\text{Lucro Líquido}}{\text{Receita de Intermediação Financeira}}$

O **retorno sobre o patrimônio líquido** fornece o ganho percentual auferido pelos proprietários como uma consequência das margens de lucro, da eficiência operacional, do *leverage* e do planejamento eficiente de seus negócios. Mede, para cada $ 1 investido, o retorno líquido do acionista.

O **retorno sobre o investimento total** exprime os resultados das oportunidades de negócios acionadas pelo banco. É uma medida de eficiência influenciada, principalmente, pela qualidade do gerenciamento da lucratividade dos ativos e juros passivos. Indica o retorno apurado sobre o capital (ativo) total mantido pela instituição.

A **margem líquida**, por sua vez, é formada pelos vários resultados da gestão dos ativos e passivos dos bancos (taxas, prazos, receitas e despesas), permitindo avaliar a função básica de intermediação financeira de um banco.

18.3.2 Diagramas de desempenho

O retorno sobre o capital próprio pode ser desenvolvido de forma mais analítica por meio do produto do giro do capital próprio e da margem líquida. O desempenho pode, também, ser avaliado pelo *leverage* multiplicado pelo retorno sobre o investimento (ativo) total. Essas propostas de diagramas de desempenho são demonstradas no Quadro 18.1.

Quadro 18.1 Formulação Analítica do *ROE*

Retorno Sobre o Patrimônio Líquido	=	**Margem Líquida**	×	**Giro do Capital Próprio**
$\frac{\text{Lucro Líquido}}{\text{Patrimônio Líquido}}$	=	$\frac{\text{Lucro Líquido}}{\text{Receita de Intermediação Financeira}}$	×	$\frac{\text{Receita de Intermediação Financeira}}{\text{Patrimônio Líquido}}$
Retorno Sobre o Patrimônio Líquido	=	***Leverage***	×	**Retorno Sobre o Investimento Total**
$\frac{\text{Lucro Líquido}}{\text{Patrimônio Líquido}}$	=	$\frac{\text{Ativo Total}}{\text{Patrimônio Líquido}}$	×	$\frac{\text{Lucro Líquido}}{\text{Ativo Total}}$

Comparativamente às empresas não financeiras (indústrias e comércio, por exemplo), os bancos apresentam caracteristicamente um retorno sobre o investimento baixo. A formação da rentabilidade do patrimônio líquido é determinada pelo endividamento mais elevado dessas instituições, convivendo com forte capacidade de alavancagem.

18.3.3 Índices de rentabilidade e *spread*

- Margem Financeira = $\dfrac{\text{Resultado Bruto da Intermediação Financeira}}{\text{Ativo Total}}$

- Custo Médio de Captação = $\dfrac{\text{Despesas Financeiras de Captação de Mercado}}{\text{Depósitos a Prazo}}$

- Retorno Médio das Operações de Crédito = $\dfrac{\text{Receitas Financeiras de Operações de Crédito}}{\text{Operações de Crédito}}$

- Lucratividade dos Ativos = $\dfrac{\text{Receitas de Intermediação Financeira}}{\text{Ativo Total}}$

- Juros Passivos = $\dfrac{\text{Despesa de Intermediação Financeira}}{\text{Passivo Total}}$

18.3.4 Índice de Eficiência

Um indicador de eficiência bastante utilizado na análise de bancos é o **Índice de Eficiência Operacional (IE)**, o qual relaciona as despesas operacionais da instituição com sua receita de intermediação financeira, ou seja:

$$\text{IE Operacional} = \frac{\text{Despesas Operacionais}}{\text{Receitas de Intermediação Financeira}}$$

Quanto menor se apresentar o índice, mais elevada se apresenta a produtividade, ou seja, o banco demonstra a necessidade de uma menor estrutura operacional para manter suas atividades.

18.4 ANÁLISE DA SENSIBILIDADE DE JUROS

As flutuações das taxas de juros decorrem, basicamente, das condições econômicas e do mercado, as quais a instituição somente avalia, sem capacidade de exercer influência direta, e de fatores internos representativos da qualidade e maturidade de seus ativos e passivos, sobre os quais o banco tem plenas condições de gerenciamento. São essas flutuações, em essência, que alteram o nível de estabilidade dos ganhos dos bancos, promovendo riscos na formação da margem financeira.

O conceito de Análise da Sensibilidade de Juros (*GAP*) refere-se a um descompasso existente entre os ativos e passivos conhecidos como **sensíveis**, ou seja, aqueles expostos aos efeitos que uma mudança nas taxas de juros pode exercer sobre a lucratividade da instituição financeira.

Dessa forma, a *GAP* constitui-se numa técnica de administrar a sensibilidade das taxas de juros de uma instituição financeira, ou seja, na forma como os juros dos ativos e passivos se correlacionam com o mercado.[1]

Nessa análise, todos os ativos e passivos são distinguidos por **sensíveis** e **não sensíveis** de acordo com a variabilidade de suas taxas de juros com parâmetros de mercado. Assim, uma taxa classificada como sensível apresenta um coeficiente de correlação com o mercado maior que zero, e uma não sensível apura um coeficiente bem próximo (ou igual) a zero.

Os ativos e passivos são definidos como **sensíveis** se seus resultados financeiros acompanharem as taxas de juros de curto prazo de mercado, ou seja, mostrarem sensibilidade com seu comportamento. As principais contas patrimoniais classificadas como sensíveis são relacionadas a seguir.

Ativos Sensíveis

- Aplicações Interfinanceiras (*open*, Depósito Interbancário ou Depósito Interfinanceiro – DI etc.)
- Títulos e Valores Mobiliários
- Créditos/Empréstimos/Financiamentos com taxas pré e pós-fixadas.

Passivos Sensíveis

- Depósitos Remunerados (Poupança, Prazo Fixo, DI etc.)
- Captações no Mercado Aberto
- Obrigações por Empréstimos

Os ativos e passivos identificados como **não sensíveis** não apresentam alterações em seus fluxos financeiros dentro de certo intervalo de tempo. Muitos desses elementos não têm juros (receitas ou despesas). Exemplos mais comuns de itens não sensíveis são relacionados a seguir.

Ativos Não Sensíveis

- Encaixes em Espécie
- Recursos em Trânsito de Terceiros
- Ativo Não Circulante

Passivos Não Sensíveis

- Depósitos à vista
- Recursos em Trânsito de Terceiros
- Patrimônio Líquido

Com base nesses conceitos, pode-se desenvolver a *GAP* de uma instituição financeira pela relação entre ativos e passivos sensíveis, conforme estabelecida a seguir.

---

1 Um dos trabalhos originais de estudo do *GAP* no Brasil encontra-se em: CARVALHO, S. A. Administrando o risco de taxas de juros em instituições financeiras. São Paulo, *Caderno de Estudos – FEAUSP*, n. 10, maio 1994.

$$\text{Índice de Sensibilidade dos Juros} = \frac{\text{Ativos Sensíveis}}{\text{Passivos Sensíveis}}$$

Alternativamente, a *GAP* pode, também, ser expressa em valores absolutos, calculados pela diferença entre o montante dos ativos e passivos sensíveis às taxas de juros.

A Figura 18.1 ilustra as três possíveis situações da *GAP*.

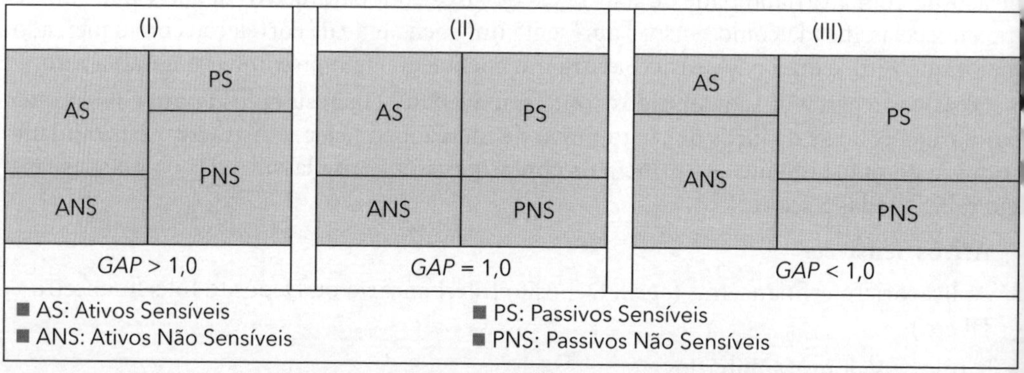

Figura 18.1 Estrutura dos ativos e passivos sensíveis.

Se os ativos sensíveis excederem os passivos sensíveis (índice *GAP* > 1,0), tem-se uma posição de maiores possibilidades de ganho para os bancos diante de um aumento das taxas de juros de curto prazo. Se essas taxas declinarem, por outro lado, a margem financeira da instituição acompanhará essa redução.

Nessa posição de *GAP* positivo, o banco parte de seus ativos indexados aos juros com passivos não sensíveis, cujos resultados de caixa não sofrem alterações por certo período de tempo. Se as taxas de juros se elevarem, os rendimentos dos ativos crescerão mais que os custos dos passivos financiadores, influenciando positivamente os resultados do banco. De maneira inversa, ocorrendo uma redução das taxas de juros, verifica-se uma pressão desfavorável sobre a margem financeira (situação I – Figura 18.1).

Um *GAP* igual a 1,0, como denota a situação II da Figura 18.1, revela uma posição de equilíbrio da margem de lucro da instituição contra o risco de flutuação das taxas de juros. Variando os juros, o impacto sobre os resultados do banco tende a se compensar pela participação igual dos ativos e passivos sensíveis.

No caso de os passivos sensíveis superarem os ativos sensíveis (*GAP* < 1,0), um aumento nas taxas de juros de curto prazo pressiona para baixo a margem financeira do banco, ocorrendo um aumento da margem na situação de declínio dos juros de mercado. A situação III da Figura 18.1 ilustra essa situação.

18.5 APLICAÇÃO PRÁTICA

Com o intuito de se desenvolver uma aplicação prática de cálculo dos indicadores de análise de bancos, considere os demonstrativos financeiros publicados por um banco, conforme ilustrados nos Quadros 18.2 e 18.3.

Quadro 18.2 Balanços patrimoniais

($ milhões)

Ativo	20X8 ($)	Passivo	20X8 ($)
Disponibilidades	2.397,2	Depósitos à vista	1.212,0
Aplicações Interfinanceiras	5.575,4	Depósitos Remunerados	11.528,0
Títulos e Valores Mobiliários	3.743,9	**Depósitos Total**	12.740,0
Operações de Crédito	9.157,7	Captações Mercado Aberto	1.966,2
Outros	996,6	Obrigação para Empréstimos	4.929,0
ATIVO CIRCULANTE	21.870,8	Obrigação para Repasses	538,7
Títulos e Valores Mobiliários	269,4	Outros	1.508,3
Operações de Crédito	1.669,9	**PASSIVO CIRCULANTE**	21.682,2
Outros	53,9	Obrigação para Repasses e Empréstimos	754,2
REALIZÁVEL A LONGO PRAZO	1.993,2	Aceites e Emissão Títulos	1.319,8
Investimentos	1.912,3	Outros	754,2
Imobilizado	1.158,2	**EXIGÍVEL A LONGO PRAZO**	2.828,2
ATIVO NÃO CIRCULANTE	3.070,5	**PATRIMÔNIO LÍQUIDO**	2.424,1
TOTAL	**26.934,5**	**TOTAL**	**26.934,5**

Quadro 18.3 Demonstrativo de resultados

($ milhões)

	X8 ($)	X7 ($)
Receitas de Intermediação Financeira	5.600,3	5.214,9
Operações de Crédito	4.284,2	3.325,5
Operações com Títulos e Valores Mobiliários	1.108,9	1.700,7
Outras Receitas	207,2	188,7
Despesas de Intermediação	(3.707,4)	(2.054,7)
Captação no Mercado	(2.262,5)	(1.960,8)
Empréstimos, Cessões e Repasses	(190,4)	375,5
Provisão Crédito Liquidação Duvidosa	(1.248,9)	(458,9)
Arrendamento Mercantil	(5,6)	(10,5)
Resultado Bruto de Intermediação Financeira	1.892,9	3.160,2
Despesas Operacionais	(1.506,5)	(2.132,9)
Resultado Operacional (Antes IE e Participações)	386,4	1.027,3
IR e Contribuição Social	(89,6)	(542,3)
Participações Estatutárias	-	(5,2)
Resultado Líquido	**296,8**	**479,8**

18.5.1 Análise vertical

A análise vertical desenvolvida nos Quadros 18.4 e 18.5 ilustra, de maneira mais ampla, o desempenho econômico-financeiro da instituição no período.

No que se refere a sua estrutura patrimonial refletida no Quadro 18.4, ressalte-se os baixos níveis de investimentos em operações de crédito, comparativamente a outras aplicações. O banco investiu 40,2% (34,0% a curto e 6,2% a longo prazo) de seus ativos em concessão de créditos, e um montante bem próximo (35,6%) em aplicações interfinanceiras e títulos e valores mobiliários.

Quadro 18.4 Análise vertical do balanço

Ativo	X8	Passivo	X8
Disponibilidades	8,9%	Depósitos à vista	4,5%
Aplicação Interfinanceira Liquidez	20,7%	Depósitos Remunerados	42,8%
Títulos e Valores Mobiliários	13,9%	**Depósito Total**	**47,3%**
Operações de Crédito	34,0%	Captação Mercado Aberto	7,3%
Outros	3,7%	Obrigação por Empréstimos	18,3%
Ativo Circulante	**81,2%**	Obrigação por Repasses	2,0%
Títulos e Valores Mobiliários	1,0%	Outros	5,6%
Operações de Crédito	6,2%	**Passivo Circulante**	**80,5%**
Outros	0,2%	Obrigação por Repasses e Empréstimos	2,8%
Realizável a Longo Prazo	**7,4%**	Aceites e Emissão Títulos	4,9%
Investimentos	7,1%	Outros	2,8%
Imobilizado	4,3%	**Exigível a Longo Prazo**	**10,5%**
Ativo Não Circulante	**11,4%**	**Patrimônio Líquido**	**9,0%**
TOTAL	100,0%	TOTAL	100,0%

Esse comportamento mais retraído da instituição com relação ao crédito pode ser atribuído, basicamente, à elevação da inadimplência de mercado verificada ao período, a qual reduziu a participação dos bancos nessa atividade. Observe que as operações de créditos do banco, tanto a curto prazo como a longo prazo, representam somente a 40,2% do total do ativo.

Pela análise vertical ilustrada no Quadro 18.4, é possível identificar, ainda, a característica do mercado bancário brasileiro de forte concentração de suas atividades no curto prazo. No exercício de X8, 81,2% dos ativos da instituição encontravam-se aplicados no circulante, denotando uma realização financeira de, no máximo, um ano. O passivo circulante totaliza, no mesmo exercício, 80,5%, sendo apurado um capital circulante líquido equivalente a 0,7% de seu ativo total.

A participação do capital próprio, como comportamento típico desse segmento da empresa é reduzido, atingindo somente 9,0% de seus ativos. Esses resultados determinam um capital de giro próprio negativo.

A análise vertical do demonstrativo de resultados é apresentada no Quadro 18.5. São calculadas as estruturas dos resultados dos exercícios de X7 e X8, ilustrando a evolução da situação do banco.

Quadro 18.5 Análise vertical dos resultados

	X8	X7
Receitas de Intermediação Financeira	**100,0%**	**100,0%**
Operação de Crédito	76,5%	63,7%
Operação c/ Títulos e Valores Mobiliários	19,8%	32,6%
Outras Receitas	3,7%	3,7%
Despesas de Intermediação Financeira	**(66,2%)**	**(39,4%)**
Captação no Mercado	(40,4%)	(37,6%)
Empréstimos, Cessões e Repasses	(3,4%)	7,2%
Provisão para Créditos Liquidação Duvidosa	(22,3%)	(8,8%)
Arrendamento Mercantil	(0,1%)	(0,2%)
Resultado Bruto de Intermediação Financeira	**33,8%**	**60,6%**
Despesas Operacionais	**(26,9%)**	**40,9%**
Resultado Operacional (Antes do Imposto de Renda (IR) e Participações)	**6,9%**	**19,7%**
IR e Contribuição Social	1,6%	10,4%
Participações Estatutárias	-	0,1%
Resultado Líquido	**5,3%**	**9,2%**

No que se refere às **receitas de intermediação financeira**, houve um **crescimento** das receitas provenientes de operações de crédito, apesar da baixa participação desses investimentos. As taxas de juros praticadas no período eram bastante altas, determinando esses ganhos mais elevados.

Deve ser destacada, nas receitas de intermediação financeira, a alta **redução** das receitas com Títulos e Valores Mobiliários (TVM), passando de 32,6% das receitas totais no exercício de X7, para 19,8% em X8.

O aumento das **despesas de intermediação financeira** deve-se, conforme comentado, principalmente aos créditos de liquidação duvidosa, os quais de 8,8% das receitas financeiras em X7 subiram para 22,3% em X8.

Os acréscimos verificados nos custos de captações podem ser atribuídos à referida elevação das taxas de juros de mercado ocorrida na época.

Em X8 observa-se, ainda, uma preocupação da instituição em reduzir suas despesas operacionais, de maneira a manter a atratividade de suas taxas de rentabilidade. Apesar dos esforços, a margem líquida (resultado líquido/receitas de intermediação) do banco reduziu-se de 9,2% em X7 para 5,3% em X8.

18.5.2 Solvência e liquidez

Os indicadores básicos de medição da solvência e liquidez são apresentados no Quadro 18.6. Uma instituição financeira opera normalmente com valores patrimoniais que têm variados níveis de liquidez, dificultando uma avaliação mais conclusiva sobre sua posição financeira. Além da liquidez dos ativos e passivos, é relevante também avaliar a maturidade e a qualidade desses elementos.

Os índices calculados no Quadro 18.6 revelam uma boa folga da posição de liquidez, apesar da baixa participação de capital próprio (o capital de giro próprio é negativo).

Quadro 18.6 Indicadores de liquidez e solvência

	20X8
Encaixe Voluntário	1,98
Liquidez Imediata	6,6
Índice Empréstimos/Depósitos	0,85
Capital de Giro Próprio	0,79
Participação dos Empréstimos	40,2%

18.5.3 Capital e risco

Diante da característica de baixa participação do capital próprio, os bancos mantêm elevada dependência de recursos de terceiros. Essa estrutura permite às instituições financeiras uma alta capacidade de alavancar seus resultados.

O *leverage* calculado no Quadro 18.7 reflete esse alto poder de alavancagem do banco. O indicador mostra que o ativo da instituição é 11,1 vezes maior que seus recursos próprios, evidenciando que, para cada 1% de rentabilidade dos ativos, os proprietários ficam com um retorno de 11,1%.

Quadro 18.7 Indicadores de capital e risco

	20X8
Independência Financeira	9%
Leverage	11,1 X
Capital/Depositantes	19,0%
Imobilização do Capital Próprio	126,7%
Sensibilidade dos Juros (*GAP*)	0,97%

A relação capital/depositantes de 19,0% indica que, para cada $ 1 de recursos de terceiros captado pela instituição, seus proprietários (acionistas) aplicaram $ 0,19, o que ratifica a conclusão da dependência financeira com que o banco opera.

Como o grau de imobilização da instituição por meio de capital próprio supera 100%, o seu patrimônio líquido não é suficiente para lastrear financeiramente as aplicações no ativo não circulante, apurando um capital de giro próprio negativo. Essa posição não é satisfatória, devendo a instituição incentivar uma participação maior de capital próprio como *funding* de suas operações.

Por outro lado, variações que venham a ocorrer nas taxas de juros de mercado pressionam pouco o desempenho da empresa pela proteção existente entre ativos e passivos sensíveis. O índice *GAP* do banco é bem próximo de 1,00 (*GAP* = 0,97), o que preserva sua margem financeira diante de flutuações dos juros a curto prazo.

Quadro 18.8 Ativos e passivos sensíveis

($ milhões)

ATIVOS SENSÍVEIS	X8	PASSIVOS SENSÍVEIS	X8
Aplicação Interfinanceira		Depósitos Remunerados	11.528,0
Liquidez	5.575,4	Captações Mercado Aberto	1.966,2
Títulos e Valores Mobiliários	4.013,2	Obrigação por Empréstimos	
Operações de Crédito	10.827,6	e Repasses	6.221,9
		Aceites e Emissões de Títulos	1.319,8
TOTAL	20.416,2	TOTAL	21.035,9

18.5.4 Rentabilidade e lucratividade

Os indicadores de rentabilidade e lucratividade do banco estão calculados no Quadro 18.9. Para melhor avaliação desses resultados, é interessante desmembrar as taxas de retorno conforme sugeridas na Seção 18.3.1, ou seja:

Retorno sobre Patrimônio Líquido	=	Margem Líquida	×	Giro do Capital Próprio
12,2%	=	5,3%	×	2,31

Quadro 18.9 Indicadores de rentabilidade e lucratividade

	X8
Retorno sobre Patrimônio Líquido	12,2%
Margem Líquida	5,3%
Retorno sobre Investimento Total	1,1%
Margem Financeira	7,0%
Custo Médio de Captação	19,6%
Retorno Médio das Operações de Crédito	39,6%
Lucratividade dos Ativos	20,8%

Retorno sobre Patrimônio Líquido	=	*Leverage*	×	Retorno sobre Investimento Total
12,2%	=	11,1 X	×	1,1%

A taxa de rentabilidade dos proprietários é formada, principalmente, pelo giro alto dos recursos próprios, permitindo que a instituição incremente esse resultado mediante capital de terceiros. Conforme foi demonstrado, a capacidade de alavancar a rentabilidade do patrimônio líquido é de 11,1 vezes, que representa o índice de *leverage* da instituição.

A empresa trabalha com um *spread* de 20,0% (39,6% – 19,6%), denotando uma atraente utilização do capital de terceiros.

18.6 VALOR ECONÔMICO AGREGADO DE BANCOS

Os bancos convivem com diversas restrições e controles legais em seus passivos, dificultando bastante o cálculo do custo de capital de terceiros. Os passivos bancários são, em verdade, insumos que se transformam em algum produto financeiro disponível para negociação, visando à realização de um lucro.

Ademais, há diversas discussões sobre a capacidade dos bancos em criar valor a partir de seus passivos, principalmente quando captam a taxas de juros reduzidas – abaixo da taxa livre de risco da economia – ou mesmo, sem nenhum ônus, como ocorre com os depósitos à vista.

Consideradas essas dificuldades na estrutura de capital, não se costuma calcular o custo de captação de terceiros (K_i) e, consequentemente, o custo médio ponderado de capital (CMPC) dos bancos. Medidas que necessitem do custo total de capital são ajustadas para outros indicadores, como é o caso do **Valor Econômico Agregado** (VEA). Na determinação desse direcionador de valor é sugerido utilizar a formulação de cálculo a partir do lucro líquido, conforme demonstrado no Capítulo 14, ou seja:

$$VEA = LL - (K_e \times PL)$$

ou

$$VEA = (RSPL - K_e) \times PL$$

Em que: (RSPL – K_e) representa o retorno em excesso gerado pelo capital próprio em relação a remuneração exigida (custo de oportunidade).

A medida do VEA, conforme discutido no Capítulo 14, reflete o lucro econômico (ou lucro residual), e não o lucro contábil. Mede o resultado em excesso ao custo de capital da empresa. Para essa medida, uma empresa somente apurará um lucro genuíno e agregará valor se o resultado líquido auferido no exercício for superior ao custo de oportunidade de seu capital.

Essa técnica de avaliação econômica é bastante útil também para expressar o desempenho dos bancos e demonstrar sua capacidade em gerar valor econômico.

Uma sugestão bastante adotada para o cálculo do VEA é o uso do Capital de Basileia como patrimônio líquido base para Cálculo do Custo de Capital. Conforme demonstrado no início deste capítulo, o capital de Basileia é o Patrimônio Líquido mínimo exigido que os bancos devem manter de modo a cobrir de seus ativos de risco. Assim:

$$VEA = LL - (K_e \times \text{PL Exigido})$$

Para ilustrar, admita os resultados de um banco conforme demonstrado a seguir, referentes aos exercícios sociais de X7 e X6:

	Ano X7	Ano X6
Lucro Líquido	$ 3.060.151	$ 2.306.339
Patrimônio Líquido	$ 14.386.994	$ 12.203.477
Passivo Total	$ 131.032.505	$ 110.353.345
Ativo Total	$ 145.419.499	$ 122.556.822

O ativo, o passivo e o patrimônio líquido do banco foram apurados pelos valores médios mantidos nos exercícios. Ao admitir um custo de oportunidade dos acionistas de 24%, o desempenho do banco não foi suficiente para remunerar a expectativa de ganho mínima dos investidores, provocando uma destruição de valor. Esse comportamento está explícito no resultado negativo do VEA para os dois exercícios. Os indicadores econômicos de desempenho são apresentados a seguir, apurando-se o VEA pelas duas formulações sugeridas:

$$VEA = (RSPL - K_e) \times PL$$ [2]

	Ano X7	Ano X6
RSPL	21,27%	18,90%
Custo do Capital Próprio (K_e)	24%	24%
RSPL – K_e	–2,73%	–5,1%
Patrimônio Líquido	$ 14.386.994	$ 12.203.477
VEA	**–$ 392.728**	**–$ 622.496**

$$VEA = LL - (K_e \times PL)$$

	Ano X7	Ano X6
Lucro Líquido	$ 3.060.151	$ 2.306.339
K_e	24%	24%
Patrimônio Líquido	$ 14.386.994	$ 12.203.477
K_e × Patrimônio Líquido	$ 3.452.879	$ 2.928.835
VEA	**–$ 392.728**	**–$ 622.496**

2 As diferenças são motivadas por arredondamento no RSPL. Os cálculos foram realizados utilizando-se todas as casas decimais.

A partir desses resultados é calculado o *Market Value Added* (*MVA®*)[3] do banco pela expressão apresentada no referido Capítulo 14, ou seja:

MVA® = VEA/CMPC

Substituindo o CMPC pelo custo de capital próprio (K_e), temos:

	Ano X7	**Ano X6**
VEA	–$ 392.728	–$ 622.496
Custo do Capital Próprio	24%	24%
MVA®	**–$ 1.636.367**	**–$ 2.593.733**
Valor do Patrimônio Líquido	**$ 12.750.627**	**$ 9.609.744**
Perda de Valor no PL	**–$ 1.636.367**	**$ 2.593.733**

O valor do patrimônio do banco é calculado adicionando-se o *MVA®* ao valor desse capital próprio. Assim:

PL (X7) = $ 14.386.994 – $ 1.636.367 = $ 12.750.627

PL (X6) = $ 12.203.477 – $ 2.593.733 = $ 9.609.744

Observe a redução de valor do patrimônio líquido do banco nos dois exercícios em razão da apuração de um VEA negativo. No exercício de X6, a perda representou 21,3% do capital próprio contábil, e no ano de X7 o desempenho indicou uma redução de valor equivalente a 11,4%.

Para conhecer o valor estimado de mercado da instituição a partir de seu desempenho em cada exercício, são feitos os seguintes cálculos:

Valor (X7) = $ 12.750.627 + $ 131.032.505 = $ 143.783.132

Valor (X6) = $ 9.609.744 + 110.353.345 = $ 119.963.089

Esses valores de mercado são, em cada ano, inferiores ao Ativo Total contábil exatamente no resultado negativo do *MVA®*, indicando a comentada destruição de valor.

3 Marca registrada da Stern Stewart & Co.

REFERÊNCIAS

ASSAF NETO, A. *Finanças Corporativas e Valor.* 8. ed. São Paulo: Atlas, 2021.

ASSAF NETO, A. *Mercado Financeiro.* 14. ed. São Paulo: Atlas, 2019.

ASSAF NETO, A. *Valuation.* 4. ed. São Paulo: Atlas, 2021.

ASSAF NETO, A.; LIMA, F. G. *Investimento em Ações.* 3. ed. São Paulo: Atlas, 2022.

ASSAF NETO, A.; MARTINS, E. *Administração Financeira.* São Paulo: Atlas, 1985.

ASSAF NETO, A.; SILVA, C. A. T. *Administração do Capital de Giro.* 4. ed. São Paulo: Atlas, 2012.

BRAGA, R. Análise Avançada de Capital de Giro. *Caderno de Estudos Contábeis*, São Paulo: FEAUSP, Fipecafi, Ipecafi, n. 3, set. 1991.

CARVALHO, S. A. de. Administrando risco de taxas de juros em instituições financeiras. São Paulo, *Caderno de Estudos Contábeis*, São Paulo: FEAUSP, n. 10, maio 1994.

CARVALHO, S. A. *Desenvolvimento de Novas Técnicas para a Gestão Bancária no Brasil.* 1993. Dissertação (Mestrado em Contabilidade e Controladoria) – Faculdade de Economia, Administração, Contabilidade e Atuária, Universidade de São Paulo, São Paulo, 1993.

EHRBAR, A. *EVA*: valor econômico agregado. Rio de Janeiro: Qualitymark, 1999.

FLEURIET, M. *A Dinâmica Financeira das Empresas Brasileiras.* 2. ed. Belo Horizonte: Fundação Dom Cabral, Consultoria Editorial, 1980.

HASTINGS, D. F. *Banking.* São Paulo: Saraiva, 2006.

HELFERT, E. A. *Técnicas de Análise Financeira.* 9. ed. Porto Alegre: Bookman, 2000.

IUDÍCIBUS, S. *Análise de Balanços.* 10. ed. São Paulo: Atlas, 2009.

LEITE, H. P. *Introdução à Administração Financeira.* 2. ed. São Paulo: Atlas, 1994.

MARION, J. C. *Contabilidade Empresarial.* 15 ed. São Paulo: Atlas, 2009.

MARTINS, E.; DINIZ, J. A.; MIRANDA, G. J. *Análise Avançada das Demonstrações Contábeis.* 3. ed. São Paulo: Atlas, 2020.

MARTINS, E. *et al. Manual de Contabilidade Societária.* 2. ed. São Paulo: Atlas, 2014.

MARTINS, E. Integração Entre os Fluxos contábeis de Resultado, de Capital de Giro Líquido e de Caixa. *Boletim IOB*, Temática Contábil e Balanços, São Paulo, n. 30, 1984.

MONTES, F. O Apelo do Banco Múltiplo. *Balanço Financeiro*, São Paulo, jul. 1988.

MYER, J. N. *Análise das Demonstrações Financeiras.* São Paulo: Atlas, 1996.

REED, E. W. *Commercial Bank Management*. New York: Harper & Row, 1963.

REED, E. W.; GILL, E. K. *Bancos Comerciais e Múltiplos*. São Paulo: Makron, 1995.

ROSE, P. S.; FRASER, D. R. *Financial Institutions*. 3. ed. Homewood: McGraw-Hill, 1988.

SILVA, J. P. *Análise Financeira das Empresas*. 13. ed. São Paulo: Atlas, 2017.

SOLOMON, E.; PRINGLE, J. J. *Introdução à Administração Financeira*. São Paulo: Atlas, 1981

STEWART, B. G. *Em Busca do Valor*. Porto Alegre: Bookman, 2005.

TOBIN, J. *Essays in Economics*: macroeconomics. Chicago: Markham, 1971.

ÍNDICE ALFABÉTICO

A

B

C

D

G

H

I

J

L

M

Q

R

2025
1 2 3 4 5 6 7 8 9 10